Della stessa autrice:

Ammazzaciccia
I dolci piemontesi in 350 ricette
La cucina bolognese
La cucina della Romagna
La cucina dell'Emilia
La cucina milanese
La cucina pugliese di mare
La cucina sarda di mare
La cucina toscana di mare
Le migliori ricette di pizze, focacce e torte salate
500 ricette con i cereali
500 ricette di zuppe e minestre
1000 ricette di carne bianca
1000 ricette di mare
Le ricette della nonna
I dolci della nonna

Decima edizione: febbraio 2019
© 2008, 2014, 2019 Newton Compton editori s.r.l., Roma

www.newtoncompton.com

ISBN 978-88-541-6472-7

Realizzazione a cura di Purple Press s.r.l., Roma
Stampato nel febbraio 2019 presso Puntoweb s.r.l., Ariccia (Roma)

LAURA RANGONI

LA CUCINA PIEMONTESE
IN 1000 RICETTE TRADIZIONALI

TUTTI I SEGRETI DI UNA GASTRONOMIA VARIA, RAFFINATA E ORIGINALE

NEWTON COMPTON EDITORI

INTRODUZIONE

Come dice la parola stessa, il Piemonte è pede montis, infatti, la maggior parte del suo territorio è caratterizzato da montagne, colline e pianure che si spingono fino alla valle Padana influenzando le colture e le produzioni agricole e quindi, di riflesso, la cucina.

In pianura si coltivano molti cereali, soprattutto riso, tanto che le province di Novara e Vercelli da sole producono circa il 60% del quantitativo nazionale di riso; molto sviluppata è anche la coltura di frutta e verdura, dal punto di vista enoico è una delle regioni più significative del nostro paese e, vista la quantità di pascoli montani, il Piemonte produce sia carne che latticini, detenendo in questi settori il primato in Italia. La zona è inoltre ricca di prodotti di altissima eccellenza come il tartufo bianco d'Alba, presente in diverse zone tra il Monferrato, l'astigiano e le Langhe. Numerosi sono anche i funghi, prevalentemente porcini, che si trovano facilmente in tutta l'area, sia collinare che montana.

Dal punto di vista gastronomico il Piemonte ha due anime: una popolare e contadina, caratterizzata da carni povere, maiale, pollame, formaggio e cereali, e un'altra nobile e regale, figlia della lunga presenza dei Savoia e della loro corte che hanno influenzato notevolmente le preparazioni alimentari ancor oggi presenti sulla nostre tavole.

Tra le città piemontesi, possiamo considerare Alba quella con una maggiore identità gastronomica. Data la ricchezza della zona, nella sua cucina prevalgono tartufi, funghi pregiati, selvaggina, un gran numero di ortaggi e soprattutto le famose nocciole delle Langhe, che sono alla base di alcune preparazioni tipiche, come ad esempio i gianduiotti e la crema gianduia. Alba è anche la patria dei tajarin, l'unica pasta che si possa dire originaria del Piemonte. Inoltre, questa è la patria di alcuni tra i più prestigiosi vini italiani, noti anche all'estero: barbaresco e barolo.

Asti è famosa in tutto il mondo per la sua grande tradizione vinicola, anche se nel territorio sono presenti estese coltivazioni di frutta e verdura, cereali e legumi, per non parlare del celebre tartufo bianco.

Cuneo, definita provincia granda, è per lo più una zona montuosa ma comunque ricca di interessanti prodotti: latte e latticini di ottima qualità, funghi, cereali come l'orzo e il grano saraceno e soprattutto tartufi, tanto che la provincia è ormai nota nel mondo come la Capitale del tartufo. Qui, inoltre, è evidente l'influenza della cucina di una minoranza etnica a fortissima identità: gli occitani.

La gastronomia della provincia di Novara è molto più simile alla lombarda che alla piemontese. Alcuni piatti tradizionali hanno come ingrediente base pesci di lago, un tempo molto comuni nel Lago Maggiore, nel Lago d'Orta e nella maggior parte degli stagni che in passato erano bacini fondamentali per l'irrigazione delle risaie. Data la presenza di comunità ebraiche, qui si è sviluppato anche l'uso della carne di oca.

Molto simile sia dal punto di vista geografico che dal punto di vista gastronomico è la cucina della provincia amministrativa di Verbania Cusio e Ossola, che arricchisce lo scarno patrimonio locale con selvaggina, funghi e prodotti caseari provenienti dalle valli circostanti.

La provincia di Vercelli contempla tipicità piemontesi e lombarde, infatti si ritrovano nella zona piatti caratteristici della pianura e della risaia: rane, pesci di stagno e preparazioni tradizionali della fascia collinare pedemontana.

Torino, città internazionale per eccellenza, non ha una vera e propria tradizione gastronomica, soprattutto a causa dello sviluppo industriale che ha visto convergere in città persone provenienti dalla provincia e dal sud del paese con le loro memorie culinarie e i loro ingredienti "esotici". L'aspetto che più caratterizza Torino è la produzione dolciaria e in particolare la lavorazione del cioccolato, che si è sviluppata sul finire del 1700 per accontentare i palati più raffinati. Un'altra prodotto tipico, famoso in tutto il mondo, è il grissino. Per il resto, possiamo affermare che la tavola torinese è senza dubbio la più cosmopolita della regione.

RICETTE DALLA PROVINCIA DI ALESSANDRIA

ANTIPASTI E PIATTI UNICI

Acciughe al verde

INGREDIENTI PER 4 PERSONE:
- 20 acciughe sotto sale
- 2 filetti di acciuga sott'olio
- 1 uovo sodo
- 1 ciuffo di prezzemolo
- 1 panino raffermo
- 1 bicchiere d'olio d'oliva
- ½ bicchiere di aceto
- sale e pepe

Dissalate le acciughe, togliete la lisca, filettatele e ponetele in un largo piatto da portata. Nel frullatore tritate finemente il prezzemolo, l'uovo sodo, le acciughe sott'olio, sale, pepe e il pane, che avrete messo a bagno nell'aceto e strizzato.

Amalgamate il bagnetto con l'olio e irrorate le acciughe. Lasciate insaporire mezza giornata prima di servire.

Agliata verde monferrina

INGREDIENTI PER 4 PERSONE:
- 4 fette di pane casereccio abbrustolite
- 1 robiola fresca
- 1 ciuffo di prezzemolo
- qualche foglia di basilico
- 4-5 spicchi d'aglio
- 1 cuore di sedano
- 1 limone
- ½ bicchiere di olio extravergine d'oliva
- sale e pepe

Tagliate a pezzetti la robiola fresca e mettetela in un mixer. A parte tritate finemente il prezzemolo, il basilico, il cuore del sedano comprese le foglioline e l'aglio, meglio se novello.

Amalgamate il trito con il succo del limone e l'olio, insaporendo con sale e pepe.

Mettete il trito assieme alla robiola e azionate il mixer per amalgamare bene il tutto. Spalmate la pasta ottenuta sulle fette di pane abbrustolite e servite.

Antipasto di cicoria di Frassineto Po

INGREDIENTI PER 4 PERSONE:

400 g di cicoria Pan di Zucchero di Frassineto Po
1 ciuffo di erba cipollina
1 ciuffo di rosmarino
1 ciuffo di prezzemolo

Per il condimento:
1 cucchiaio di panna
2 cucchiai di olio d'oliva extravergine
4 cucchiai di maionese
sale e pepe bianco

Tritate finemente rosmarino, prezzemolo ed erba cipollina.

Pulite bene la cicoria e tagliatela sottilissima, quindi mettetela in una terrina e cospargetela con le erbe finemente triturate. Amalgamate la maionese con la panna, l'olio, il sale e il pepe bianco. Versate questo composto sull'insalata e mescolate bene. Mettete in frigorifero 10 minuti prima di servire.

Antipasto di patate e castagne di Albera Ligure

INGREDIENTI PER 4 PERSONE:

4 patate
200 g di castagne secche
4 fette di pancetta
1 cipolla
20 g di burro
2 cucchiai di olio extravergine d'oliva
sale e pepe

Reidratate le castagne secche per una notte lasciandole a bagno in acqua, quindi bollitele in acqua appena salata fino a quando sentirete con i rebbi di una forchetta che saranno diventate morbide. Lessate le patate in acqua salata per una mezz'oretta, quindi scolatele e pelatele. Tritate la cipolla e mettetela a soffriggere nel burro e nell'olio con la pancetta tagliata a striscioline. Quando saranno entrambe abbrustolite, salate e pepate e spegnete il fuoco. In una terrina mettete le castagne e le patate tagliate a tocchetti, conditele con il sughetto di pancetta e cipolla, mescolate e servite.

Cipolle ripiene di Testun della Valle Erro

INGREDIENTI PER 4 PERSONE:

4 cipolle
200 g di Testun d'alpeggio
2 uova
100 g di pangrattato
100 g di gherigli di noce
50 g di burro
sale e pepe

Il Testun d'alpeggio è un formaggio prodotto con latte di pecora, il migliore stagiona almeno tre mesi.

Sbollentate le cipolle pelate in acqua salata bollente per una decina di minuti al massimo. Il tempo dipende dalla dimensione delle cipolle.
Scolatele e lasciatele raffreddare completamente.
Quando saranno fredde togliete il cuore con uno scavino, tritatelo con i gherigli delle noci e il Testun, quindi amalgamate il composto con i 2/3 del pangrattato, sale e pepe, legando il tutto con le uova.
Riempite le cipolle con il composto, adagiatele in una pirofila imburrata, quindi spolverizzatele col rimanente pangrattato. Aggiungete dei fiocchetti di burro, e infornate a forno preriscaldato a 180° per una mezz'oretta.

Crostini con filetto baciato di Ponzano Monferrato

INGREDIENTI PER 4 PERSONE:
4 fette di pane casereccio abbrustolito
40 g di burro
200 g di filetto baciato di Ponzano Monferrato

Il filetto baciato di Ponzano Monferrato è un salame molto particolare: la pasta di salame viene infatti avvolta intorno al filetto di maiale, preparato a parte con una concia a base di aglio, sale, pepe, noce moscata e vino. Ne risulta quindi un salame magro e dal sapore gentile. Abbrustolite bene le fette di pane casereccio e, ancora calde, spalmatele di burro. Sovrapponete le fette di filetto baciato e servite subito.

Crostini con Montébore cumudò di Dernice

INGREDIENTI PER 4 PERSONE:
4 fette di pane casereccio
1 bicchiere di timorasso
sale e pepe
200 g di Montébore stagionato grattugiato

Il Montébore è un formaggio abbastanza raro, di latte bovino con il 30% di latte ovino, recentemente riscoperto dopo che ne era stata abbandonata la produzione nel dopoguerra. Grattugiate il Montébore e amalgamatelo con 1 bicchiere di vino, sale e pepe a piacere. Spalmate sulle fette di pane questa crema, quindi disponetele su una teglia. Fate gratinare i crostini con il Montébore cumudò (accomodato) a forno caldo a 180° e servite subito.

Crostini con peperoni alla griglia e bagnet ross

INGREDIENTI PER 4 PERSONE:

8 fette di pane casereccio abbrustolito

2 peperoni rossi

Per il bagnet ross:
6 pomodori maturi
1 cipolla grossa
2 spicchi d'aglio
1 carota
1 bicchiere d'olio d'oliva

2 cucchiai di aceto di vino rosso
1 pizzico di peperoncino rosso piccante
1 cucchiaio di zucchero
sale

Grigliate i peperoni, ben puliti, privati dei semi e dei filamenti bianchi e tagliati a falde. Pelateli e disponeteli sul pane abbrustolito. Lavate, togliete i semi e tritate i pomodori assieme alla carota, la cipolla e l'aglio. Unite un pizzico di peperoncino, un cucchiaio d'aceto, un cucchiaino di zucchero, sale e l'olio d'oliva. Mettete il tutto in un recipiente e lasciate cuocere a fuoco lentissimo per circa 3 ore. Passate quindi le verdure al passaverdure, unite altro olio d'oliva, aggiustate di sale e servite la salsa sulle falde di peperone.

Fagiolata ai peperoni di Albera Ligure

INGREDIENTI PER 4 PERSONE:

500 g di fagioli rossi freschi
2 peperoni verdi
4 spicchi d'aglio
1 cipolla

4 cucchiai di olio extravergine d'oliva
sale e peperoncino piccante
crostini di pane abbrustolito

Mettete in una pentola i fagioli ricoperti di acqua fredda, sale, un poco d'olio e mezza cipolla e lasciateli cuocere almeno un'oretta. Accertatevi che siano cotti pungendoli con i rebbi di una forchetta. Tritate i peperoni verdi assieme all'aglio e alla mezza cipolla rimasta, quindi fate soffriggere il tutto nell'olio, mescolando. Unite i fagioli scolati, e mescolate ancora il tutto molto bene. Salate e aggiungete peperoncino rosso piccante in polvere a piacere. Potete servire con crostini di pane abbrustolito.

Farinata di Ovada

INGREDIENTI PER 4 PERSONE:

500 g di farina di ceci
½ bicchiere di olio di oliva

1 rametto di rosmarino
sale e pepe

Tritate finemente un poco di rosmarino. Prendete della farina di ceci e mettetela in una ciotola ampia, nella quale verserete un litro e mezzo di acqua. Con una frusta sbattete energicamente il composto, fino ad ottenere una pastella abbastanza liquida. Salate, pepate e aggiungete il rosmarino tritato, poi lasciate riposare per un paio d'ore. Per fare la farinata tradizionale è necessario uno stampo, chiamato testo, che però può essere sostituito da un'ampia padella di ferro o da una teglia rotonda e bassa da forno. Versate l'olio nella padella e portatelo a temperatura, poi fate scivolare il composto, inclinando il testo in modo che l'olio vada a coprire la farinata. La si può anche cuocere in forno, a 180° per una ventina di minuti.

Flan di asparagi di Valmacca

INGREDIENTI PER 4 PERSONE:
1 confezione di pasta frolla
salsa besciamella
600 g di asparagi
60 g di toma d'Alpe stagionata grattugiata
sale e pepe

Togliete la parte dura degli asparagi, lavateli accuratamente e cuoceteli, legati a mazzetto, in acqua salata per 30 minuti, quindi scolateli bene e tagliateli a pezzetti di circa un centimetro. Imburrate una teglia da forno e sistematevi la pasta frolla salata, lasciandola sbordare. All'interno mettetevi gli asparagi, ricopriteli con la besciamella e spolverizzate con abbondante toma d'Alpe stagionata grattugiata, salate e pepate. Fate gratinare il flan in forno già caldo per una trentina di minuti a 180° e servite subito.

Frittata rognosa al filetto baciato di Ponzone

INGREDIENTI PER 4 PERSONE:
6 uova
200 g di filetto baciato di Ponzone
100 g di parmigiano grattugiato
sale e pepe
olio per friggere

Tritate il filetto baciato di Ponzone. In una terrina sbattete le uova, unite il trito di salame, il parmigiano grattugiato, sale e pepe. Amalgamate bene il tutto, portate l'olio a temperatura in una padella di ferro per fritti e versatevi il composto.
Fate cuocere da una parte, poi rivoltate la frittata e lasciatela dorare anche dall'altra. Prima di servirla, asciugate l'unto in eccesso con un foglio di carta assorbente da cucina.

Insalata di bietola rossa di Castellazzo Bormida in salsa piccantina

INGREDIENTI PER 4 PERSONE:
500 g di barbabietole rosse di Castellazzo Bormida al forno
2 cucchiai di aceto di vino rosso
1 cucchiaio di farina
4 cucchiai di olio extravergine d'oliva
1 cucchiaio di senape di Digione
sale e pepe

Pelate le barbabietole (che in zona chiamano bietole e si acquistano già cotte al forno), tagliatele a fettine sottili e sistematele su un piatto da portata. In un pentolino unite l'aceto, l'olio, sale e poco pepe e stemperate il cucchiaio di senape, quindi unite la farina per addensare, facendola nevicare da un setaccio per evitare che si formino grumi.

Ponetelo sul fuoco e portate il tutto ad ebollizione senza mai smettere di mescolare.

Versate la salsina calda sopra le barbabietole, lasciate insaporire il tutto per qualche minuto e servite.

Insalata di bollito

INGREDIENTI PER 4 PERSONE:

300 g di carne da bollito di manzo *3-4 chiodi di garofano*
200 g di muscolo di manzo *500 g di fagioli freschi*
½ gallina *4 cipollotti*
1 ciuffo di prezzemolo *8 cucchiai di olio extravergine di oliva*
1 rametto di rosmarino *2 cucchiai di aceto di vino*
1 cipolla *sale e pepe*

Per questo piatto si può utilizzare il bollito avanzato, oppure prepararlo appositamente.

In questo secondo caso ponete, a freddo, la carne in una pentola capiente, con il prezzemolo, il rosmarino, una grossa cipolla steccata con 3-4 chiodi di garofano e grossi grani interi di pepe nero. Una volta che il bollito sarà pronto, lasciatelo raffreddare, quindi tagliate la carne a pezzetti piccoli o a striscioline. A parte fate cuocere in abbondante acqua leggermente salata i fagioli freschi, avendo cura di provare con i rebbi di una forchetta quando saranno morbidi senza essere spappolati.

Scolateli e metteteli in una capiente insalatiera assieme al bollito e ai cipollotti freschi tagliati a rondelle sottili. Condite il tutto con l'olio, l'aceto, sale e pepe.

Lingua di vitello con salsa rossa

INGREDIENTI PER 4 PERSONE:

1 lingua di vitello *1 cipolla*
1 rametto di rosmarino *2-3 chiodi di garofano*
1 foglia di alloro

Per la salsa:
200 g di passata di pomodoro *1 cucchiaio di aceto di vino rosso*
1 cipolla *½ bicchiere d'olio d'oliva*
1 costa di sedano *1 cucchiaio di zucchero*
50 g di peperoni sott'aceto *sale e pepe macinato al momento*
3-4 filetti di acciughe sott'olio

Fate bollire in acqua salata la lingua di vitello con l'alloro, il rosmarino e la cipolla steccata con alcuni chiodi di garofano per circa 2 ore.

A parte, fate soffriggere in padella con l'olio d'oliva un trito fine di cipolla e sedano, e quando sarà rosolato, aggiungete la salsa di pomodoro.

Lasciate evaporare l'acqua di vegetazione del pomodoro, quindi unite alla salsa le acciughe e i peperoni tritati, lo zucchero, sale e pepe e l'aceto.

Lasciate insaporire bene a fuoco lento. Spellate la lingua, tagliatela a fettine sottili e servitela ricoperta di salsa rossa.

Polenta saltata con fagiolana di Borghetto di Borbera

INGREDIENTI PER 4 PERSONE:
300 g di fagioli borlotti
1 cavolo verza
100 g di lardo
1 pomodoro maturo
1 pizzico di peperoncino
250 g di farina di granoturco
4 spicchi d'aglio
8-10 cucchiai di olio
alcune foglie di salvia
sale e pepe nero

Lavate accuratamente il cavolo, private le foglie della costola dura e tagliatele a strisce non troppo sottili. Sbollentatelo in poca acqua salata.

Se usate i fagioli in scatola saltate questa parte, altrimenti lessate i fagioli, che avrete lasciato a bagno una intera notte, in abbondante acqua salata, con sale, aglio e salvia. Una volta cotti, passateli al passaverdura e uniteli al cavolo, ben scolato e grossolanamente tritato.

A parte fate soffriggere un poco il lardo tritato, 2 spicchi d'aglio interi o tagliati a metà, il pomodoro grossolanamente triturato e il peperoncino, quindi unite il soffritto al composto di fagioli e cavolo.

Cuocete per un'ora abbondante, salate e pepate.

Aggiungete la farina da polenta e, sempre mescolando, cuocete per mezz'ora ancora, aggiungendo progressivamente un poco di acqua di bollitura della verza nel caso si dovesse addensare troppo, ma badate che resti molto soda.

Lasciate raffreddare completamente la polenta rovesciata sul tagliere.

Mettete l'olio in una padella e fate friggere velocemente le fette di polenta prima di servirla.

Polpette di Mollana della Val Borbera

INGREDIENTI PER 4 PERSONE:
300 g di Mollana della Val Borera
2 tuorli d'uovo
la mollica di 2 panini
½ bicchiere di latte
100 g di pangrattato
olio per friggere
sale e pepe

La Mollana della Val Borera è un formaggio di latte vaccino a pasta molle, stagionato una decina di giorni, quindi ancora abbastanza fresco e dal sapore burroso.

Ammollate nel latte la mollica dei panini, quindi toglietela e strizzatela bene. In una terrina amalgamate assieme, lavorando bene con le mani, la mollana sbriciolata e la mollica del pane ammorbidita, unite i tuorli delle uova, sale e pepe. Lavorate bene con le mani, e formate delle polpettine che passerete nel pangrattato.

Friggetele in olio caldissimo, poi passatele su un foglio di carta assorbente da cucina in modo da togliere l'unto in eccesso.

Previ e fagioli

INGREDIENTI PER 4 PERSONE:

2 barattoli di fagioli borlotti *1 rametto di rosmarino*
4 spicchi d'aglio *4-5 foglie di salvia*
5-6 cucchiai di olio *noce moscata*
400 g di cotenna di maiale *sale e pepe*

Sbollentate le cotenne di maiale per circa un'oretta in acqua salata per sgrassarle, quindi scolatele bene e disponetele su un tagliere. Tritate finemente 2 spicchi d'aglio, salvia e rosmarino e amalgamateli a sale, pepe e una generosa grattugiata di noce moscata.

Tagliate una striscia di cotenna di maiale lunga circa 10 cm e conditela con il trito, quindi arrotolatela su se stessa e legatela con un poco di filo bianco o tenetela ferma con uno stuzzicadenti.

Questi sono i previ. In una padella capiente mettete l'olio, fate rosolare gli spicchi d'aglio rimasti, tritati o interi a vostro piacimento, quindi unite i fagioli con il loro liquido di conservazione. Lasciate cuocere una decina di minuti, poi ponetevi a insaporire i previ per altri 10 minuti. Mescolate, salate, pepate e servite.

Rustici di segale al lardo della doja

INGREDIENTI PER 4 PERSONE:

20 fette spesse di lardo tagliate *100 g di burro*
* in 4 parti* *100 g di farina*
8 fette di pane di segale *4 uova*
1 pizzico di timo *sale e pepe nero*

Il lardo della doja viene conservato sotto sale in un tipico contenitore di terracotta (la doja appunto).

Prendete una terrina e rompeteci dentro le uova, aggiungete il sale e il pepe e sbattete vigorosamente con una forchetta, poi unite il timo seccato e la farina.

Mescolate accuratamente. Passate nella pastella, che deve risultare abbastanza densa, le fette di lardo e friggetele nel burro caldo.

Fate dorare da entrambi i lati e servitele su fette di pane di segale, che avrete fatto abbrustolire.

Sformato di ceci e zucca di Novi Ligure

INGREDIENTI PER 4 PERSONE:

250 g di zucca gialla
1 barattolo di ceci
2 uova
2 spicchi d'aglio
1 ciuffo di salvia
1 rametto di rosmarino
150 g di parmigiano grattugiato
100 g di burro
1 bicchiere di latte
4 cucchiai di olio d'oliva
sale e pepe

Pulite la zucca, tagliatela a fettine, avvolgetela in un foglio di alluminio e passatela in forno, a 200°, per circa 10 minuti.

Imburrate uno stampo a cerniera, rivestitelo completamente di carta da forno, imburrate anch'essa, quindi ricoprite i bordi dello stampo con le fettine di zucca. Sgocciolate i ceci dal liquido di conservazione e frullateli insieme con le uova, il latte, sale e pepe, in modo da ottenere una sorta di purè.

Tritate finissimamente l'aglio con salvia e rosmarino e unite il trito al purè di ceci, amalgamando con l'olio. Salate e pepate.

Trasferite il purè nello stampo preparato con la zucca, livellandolo bene, spolverizzatelo abbondantemente di formaggio grattugiato e passatelo in forno a 180° per 40 minuti circa.

Tartine con agliata del Monferrato

INGREDIENTI PER 4 PERSONE:

8 fette di pancarrè
200 g di toma fresca delle Langhe
1 ciuffo di prezzemolo
7-8 spicchi d'aglio
1 ciuffo di salvia
1 ciuffo di basilico
1 rametto di rosmarino
4 cucchiai d'olio
sale e pepe

Togliete la crosta al pancarrè e abbrustolitelo nel tostapane, quindi tagliate a metà le fette in modo da ottenere dei triangoli.

Tritate finemente rosmarino, salvia, basilico e prezzemolo assieme all'aglio, e insaporite il trito con sale e pepe.

In una terrina lavorate la toma fresca sbriciolata con il trito e aggiungete un poco di olio per amalgamare.

Servite l'agliata del Monferrato spalmata sulle tartine.

Terrina monferrina di uova al pomodoro

INGREDIENTI PER 4 PERSONE:

2 cipolle
20 g di burro
4 cucchiai di olio extravergine d'oliva
4 grossi pomodori maturi
1 pizzico di zucchero
1 rametto di rosmarino
4 uova
1 ciuffo di prezzemolo
100 g di toma stagionata grattugiata
sale e pepe
4-5 foglie di salvia

Soffriggete in un tegame con olio e burro la cipolla a fette, e quando sarà dorata unite un trito fine di salvia e rosmarino. Mescolate, e unite i pomodori tagliati a pezzi. Lasciateli cuocere a fiamma allegra affinché evapori l'acqua di vegetazione per circa mezz'ora, insaporendo con il sale e il pepe e un pizzico di zucchero per togliere l'acidità.

Dovrete ottenere una sorta di salsa che però abbia al suo interno ancora dei pezzi di pomodoro interi. Trasferite il composto in una teglia da forno, rompeteci sopra le uova, facendo attenzione che rimangano intere e cospargete il tutto con un poco di prezzemolo tritato e la toma stagionata grattugiata.

Preriscaldate il forno a 200° e lasciate cuocere per al massimo una decina di minuti.
Servite con pane tostato.

Tonno di coniglio

INGREDIENTI PER 4 PERSONE:

1 coniglio
20 foglie di salvia
10 spicchi d'aglio
4 cucchiai di olio extravergine d'oliva
sale e pepe

Fate lessare il coniglio in acqua bollente salata per circa tre quarti d'ora, quindi toglietelo dalla pentola, lasciatelo raffreddare completamente e disossatelo. Passate nel mixer la carne con la salvia e l'aglio, sale e pepe e frullate in modo da ottenere una crema. Mettete il composto in una ciotola e ricopritelo con l'olio, quindi tenetela in frigorifero e lasciatela riposare per una notte. Servite con crostini di pane abbrustoliti.

Torta di cicoria di Borgo San Martino

INGREDIENTI PER 4 PERSONE:

250 g di pasta brisée
salsa besciamella
600 g di cicoria pan di zucchero di Borgo San Martino
100 g di prosciutto cotto (in una sola fetta)
60 g di parmigiano grattugiato
sale

Pulite accuratamente la cicoria, sbollentatela in acqua salata per 10 minuti, poi scolatela e trituratela grossolanamente, dopo averla ben strizzata.

A parte con la pasta foderate una tortiera ampia, quindi fate cuocere il fondo di pasta in forno caldo a 150° per una ventina di minuti e fate in modo che non si sgonfi.

Quando il fondo è cotto, mettetevi la cicoria e il prosciutto cotto tagliato a dadini.

Ricoprite con la besciamella e spolverizzate con abbondante parmigiano grattugiato.

Fate gratinare il tutto in forno per una trentina di minuti a 200° e servite molto caldo.

Torta salata di spinaci e toma

INGREDIENTI PER 4 PERSONE:

600 g di spinaci
½ l di latte
10 g di burro
salsa besciamella
2 uova
1 spicchio d'aglio
sale e pepe

Fate lessare gli spinaci in pochissima acqua salata per 5 minuti, scolateli e lasciateli raffreddare, quindi passateli in padella con il burro e lo spicchio d'aglio tritato.

Unite la besciamella agli spinaci e insaporite con sale e pepe, quindi unite i tuorli d'uovo sbattuti e mescolate bene.

Aggiungete anche gli albumi, che avrete montato a neve, mescolando dal basso verso l'alto per non farli smontare.

Mettete il tutto in una pirofila imburrata e fate cuocere a bagnomaria per una ventina di minuti.

PRIMI PIATTI

Agliata (*tagliatelle con noci ed aglio*)
INGREDIENTI PER 4 PERSONE:

500 g di noci
300 g di tagliatelle
70 g di mollica di pane fresco
50 g di burro
6 spicchi di aglio
1 bicchiere di latte
sale

Mettete la mollica di pane in una tazza e copritela di latte in modo che s'imbeva bene. Sgusciate le noci, poi frullate i gherigli assieme all'aglio e in un secondo tempo aggiungete la mollica di pane senza strizzarla e un pizzico di sale. Mescolate bene. Portate a ebollzione una pentola con abbondante acqua salata. Cuocete le tagliatelle, scolatele al dente e conditele con il burro a crudo e la salsa di noci e aglio.

Agnolotti alessandrini tradizionali
INGREDIENTI PER 4-6 PERSONE:

Per la pasta:
400 g di farina
4 uova
½ bicchiere di vino bianco
sale

Per il ripieno:
1 cespo di scarola
100 g di parmigiano grattugiato
100 g di salsiccia
50 g di salame cotto
2 uova
sale e pepe

Per lo stufato:
500 g di polpa di manzo
50 g di burro
8 cucchiai d'olio
2 cipolle
2 carote
1 costa di sedano
2 foglie di alloro
2 spicchi d'aglio
2 chiodi di garofano
1 pezzetto di cannella
4-5 bacche di ginepro
1 bottiglia di barbera
50 g di farina
sale e pepe

Iniziate a preparare lo stufato: tagliate a pezzetti sedano, carote e cipolle e mettetele in un'ampia ciotola assieme alla carne, anch'essa tagliata a bocconi piccoli. Unite l'alloro, gli spicchi d'aglio a fettine, i chiodi di garofano, la stecca di cannella, le bacche di ginepro, sale e pepe. Ricoprite tutto con la barbera e lasciate marinare in un luogo fresco per 2 giorni.

Trascorso questo tempo, togliete la carne dalla marinata e tenetela da parte. Filtrate il vino e mettete il resto degli aromi in un capiente tegame, possibilmente di coccio, con la metà sia dell'olio che del burro, facendo rosolare il tutto a fuoco dolce. Asciugate velocemente la carne, infarinatela e mettetela a rosolare nel rimanente olio e burro. Unite la carne rosolata al sughetto, sfumandola con il vino della marinata. Lasciatela cuocere a fuoco dolce un paio d'ore. Trascorso questo tempo prelevate i ¾ dello stufato dalla pentola, scolando il liquido. Frullate il rimanente e tenetelo al caldo, poiché lo userete per condire gli agnolotti.

Per il ripieno tritate finemente lo stufato scolato.

A parte sbollentate in poca acqua salata la scarola, scolatela, strizzatela bene e tritatela, aggiungendola allo stufato. Unite anche la salsiccia spellata e il salame cotto tritato. Legate il ripieno con le uova, salate, pepate e amalgamate con il parmigiano. Mescolate a lungo con le mani fino ad ottenere un composto morbido e ben amalgamato.

Impastate la farina con le uova, il sale e un goccio di vino bianco, fino ad ottenere un composto liscio ed omogeneo. Tirate una sfoglia sottile e tagliatene delle strisce larghe circa 4-5 cm. Prendete il ripieno, fate delle palline grandi come nocciole e ponetele su una striscia di pasta, distanziati di circa un centimetro, quindi sovrapponete un'altra striscia di pasta. Pigiate con le dita per far aderire le 2 strisce quindi ritagliate gli agnolotti con la rotellina dentata.

Portate a ebollizione una pentola di acqua salata e cuocetevi gli agnolotti per una decina di minuti, quindi scolateli con una schiumarola e conditeli con l'intingolo che avete tenuto al caldo.

Agnolotti alla Casalese

INGREDIENTI PER 4-6 PERSONE:

Per la pasta:
300 g di farina bianca *sale*

Per il ripieno:
300 g di polpa di manzo *100 g di parmigiano grattugiato*
200 g di prosciutto cotto *3 uova*
 (1 sola fetta) *1 bicchiere di vino bianco*
300 g di polpa di vitello *1 costa di sedano*
½ cavolo verza *1 cipolla*
50 g di burro *1 carota*
20 g di tartufo (facoltativo) *1 ciuffo di prezzemolo*
2 spicchi d'aglio *sale e pepe*

Per il condimento:
100 g di burro *100 g di parmigiano grattugiato*
sale e pepe

Tritate sedano, carota, cipolla e uno spicchio d'aglio e metteteli a rosolare nel burro.

Unite il prosciutto cotto tagliato a listarelle, e i due tipi di carne a bocconi. Mescolate, e lasciate rosolare bene, sfumando col vino.

A parte sbollentate la mezza verza in poca acqua salata, scolatela e strizzatela. Scolate le carni e le verdure dal fondo di cottura e passatele in un mixer assieme alla verza, quindi riponete il composto in una terrina. Unite un trito fine di aglio e prezzemolo, sale e pepe, il parmigiano e, se volete, il tartufo tritato finemente.

Legate il tutto con le uova e mescolate con le mani fino ad ottenere un ripieno omogeneo.

Impastate la farina con l'acqua e il sale, lavorate l'impasto e tirate una sfoglia, dalla quale ricaverete delle strisce di circa 4-5 cm di larghezza.

Disponetevi sopra dei mucchietti di ripieno e ripiegate la sfoglia, pigiando con le dita per farla aderire attorno al ripieno.

Con la rotellina dentata tagliate degli agnolotti e lasciateli seccare una mezz'oretta.

Portate a ebollizione una pentola con abbondante acqua salata e buttate gli agnolotti, scolateli con la schiumarola quando saliranno a galla e conditeli con il burro fuso. Cospargeteli di parmigiano, salate e pepate e servite subito.

Agnolotti alla monferrina

INGREDIENTI PER 4-6 PERSONE:

Per la pasta:
400 g di farina *4 uova*
sale

Per il ripieno:
400 g di polpa di manzo *200 g di lonza di maiale*
100 g di cervella *100 g di animelle*
100 g di burro *2 uova*
1 bicchiere di barbera *1 rametto di rosmarino*
100 g di parmigiano grattugiato *sale, pepe, noce moscata*

Per il brodo:
2 l di brodo di carne *1 bicchiere di barbera*

Impastate la farina con le uova intere, aggiungendo eventualmente un goccio d'acqua e lavorate con le mani in modo che risulti una pasta soda e omogenea. Copritela con un canovaccio bagnato e intanto preparate il ripieno. Tagliate a bocconi il manzo e la lonza e fateli rosolare in 50 g di burro con il rametto di rosmarino, sale e pepe, sfumando con la barbera. Quando saranno cotti spegnete il fuoco e lasciate raffreddare.

Sbollentate sia le cervella che le animelle in acqua bollente, scolatele e fatele rosolare nel rimanente burro. Quando saranno cotte spegnete il fuoco e lasciate raffreddare.

Quando tutte le carni saranno fredde, passatele in un mixer, tritatele finemente e amalgamatele con le uova, il parmigiano, sale, pepe ed una grattata di noce moscata.

Riprendete la pasta, tirate una sfoglia, dalla quale ricaverete delle strisce di circa 4-5 cm di larghezza.

Disponetevi sopra dei mucchietti di ripieno e ripiegate la sfoglia, pigiando con le dita per farla aderire attorno al ripieno. Con la rotellina dentata tagliate degli agnolotti e lasciateli seccare una mezz'oretta.

Cuocete gli agnolotti nel brodo di carne al quale aggiungerete un bicchiere di barbera.

Agnolotti della Val Cerrina

INGREDIENTI PER 4-6 PERSONE:

Per la pasta:
400 g di farina *2 uova*
sale

Per il ripieno:
½ coniglio *250 g di punta di vitello*
6 cucchiai di olio *1 cipolla*
4 spicchi d'aglio *1 rametto di rosmarino*
1 bicchiere di bianco secco *1 bicchiere di brodo di carne*
200 g di salame cotto *2 uova*
200 g di prosciutto crudo *sale e pepe*
  grasso e magro

Per il condimento:
1 confezione di panna *50 g di parmigiano grattugiato*
sale e pepe

In una pentola capiente mettete a rosolare nell'olio il coniglio tagliato a pezzi e la punta di vitello assieme a un trito di aglio, cipolla e rosmarino. Sfumate con il vino e portate a cottura col brodo.

Quando le carni saranno cotte spegnete il fuoco e lasciatele raffreddare, poi scolatele dal sugo di cottura, disossate il coniglio e passate le carni al mixer, riponendo il composto in una ciotola.

Tritate anche il salame cotto e il prosciutto e uniteli alle carni.

Amalgamate al ripieno 2 uova e insaporite con sale e pepe, mescolando fino ad ottenere un composto morbido ed omogeneo.

Impastate la farina con le uova, un goccio d'acqua e il sale, lavorate l'impasto e tirate una sfoglia, dalla quale ricaverete delle strisce di circa 2-3 cm di larghezza.

Disponetevi sopra dei mucchietti di ripieno e ripiegate la sfoglia, pigiando con le dita per farla aderire attorno al ripieno.

Con la rotellina dentata tagliate degli agnolotti abbastanza piccoli e lasciateli seccare una mezz'oretta.

Rimettete sul fuoco il sugo di cottura del coniglio e del vitello e addensatelo con la panna.

Portate a ebollizione una pentola con abbondante acqua salata e buttate gli agnolotti, scolateli con la schiumarola quando saliranno a galla e conditeli con il sugo d'arrosto e una spolverata di parmigiano.

PRIMI PIATTI

Agnolotti di Fubine

INGREDIENTI PER 4-6 PERSONE:

Per la pasta:
400 g di farina   *sale*

Per il ripieno:
300 g di spalla di manzo   *200 g di coppa di maiale*
1 cipolla   *100 g di burro*
1 bicchiere di vino bianco   *1 bicchiere di brodo*
1 carota   *2 coste di sedano*
1 spicchio d'aglio   *1 rametto di rosmarino*
1 cotechino piccolo   *100 g di cervella*
½ cavolo verza   *3 uova*
50 g di pangrattato   *100 g di parmigiano grattugiato*
sale, pepe e noce moscata

Per il condimento:
100 g di creste di gallo   *4-5 fegatini*
100 g di burro   *30 g di funghi secchi*
1 foglia di alloro   *1 spicchio d'aglio*
4-5 foglie di salvia   *1 cucchiaio di farina*
1 bicchiere di brodo   *50 g di parmigiano grattugiato*
sale e pepe

   Tritate sedano, carota e cipolla e metteteli a rosolare nella metà del burro, possibilmente in una pentola di coccio. Unite la carne sia di manzo che di maiale tagliata a bocconi e lasciatela rosolare bene.

   Unite un trito di aglio e rosmarino e sfumate col vino, lasciandolo evaporare, quindi portate a cottura col brodo, per un'oretta, salando e pepando. Quando la carne sarà cotta, spegnete il fuoco e lasciatela raffreddare. A parte, in acqua salata, bollite il cotechino fino a quando sentirete con i rebbi di una forchetta che è morbido. In un'altra pentolina sbollentate per una decina di minuti la cervella quindi scolatela.

   Sempre a parte sbollentate anche il cavolo verza tagliato a striscioline per una decina di minuti, quindi scolatelo e strizzatelo. In una padella scaldate il rimanente burro e fatevi dorare la cervella, quindi, quando sarà ben dorata, toglietela e tenetela da parte. Nello stesso burro fate rosolare il cavolo verza grossolanamente triturato, salando e pepando e lasciandolo insaporire una ventina di minuti.

   Tritate in un mixer la carne di manzo e maiale, la cervella e il cavolo e mettete il composto in una ciotola.

   Aggiungete 3 uova, il pangrattato, il parmigiano, sale, pepe e una grattata di noce moscata. Mescolate il tutto in modo da formare un impasto morbido e omogeneo.

Impastate la farina con l'acqua e il sale, lavorate l'impasto e tirate una sfoglia, dalla quale ricaverete delle strisce di circa 4-5 cm di larghezza. Disponetevi sopra dei mucchietti di ripieno e ripiegate la sfoglia, pigiando con le dita per farla aderire attorno al ripieno. Con la rotellina dentata tagliate degli agnolotti e lasciateli seccare una mezz'oretta. Reidratate in acqua calda i funghi secchi, quindi tritateli grossolanamente. In una padella scaldate il burro e mettete a rosolare le creste di gallo grossolanamente triturate, i funghi, la foglia di alloro, la salvia, lo spicchio d'aglio intero. Fate cuocere una mezz'oretta, sfumando ogni tanto con un goccio di brodo.

Unite i fegatini sminuzzati e lasciate cuocere ancora una decina di minuti, quindi salate, pepate e addensate il sugo con un poco di farina fatta nevicare da un setaccio. Portate a ebollizione una pentola di acqua salata, cuocetevi gli agnolotti, scolateli e metteteli a insaporire nella padella del sugo. Cospargete di parmigiano e servite.

Agnolotti di Novi Ligure

INGREDIENTI PER 4-6 PERSONE:

Per la pasta:
400 g di farina   *4 uova*
sale
Per il ripieno:
200 g di lonza di maiale   *200 g di polpa di vitello*
200 g di salsiccia   *100 g di burro*
2 mazzetti di borragine (buròsl)   *2 uova*
50 g di parmigiano grattugiato   *sale e pepe*

Per il condimento:
100 g di burro   *4-5 foglie di salvia*
50 g di parmigiano grattugiato   *sale e pepe*

Passate nel mixer la carne di maiale e di vitello e mettetela a rosolare nel burro, mescolando bene. Unite la salsiccia sbriciolata e mescolate ancora.

A parte sbollentate la borragine, scolatela, strizzatela bene e tritatela finemente. In una ciotola amalgamate le carni con la borragine e il parmigiano, legate con le uova, salate, pepate e mescolate fino ad ottenere un ripieno omogeneo. Impastate la farina con le uova intere, mescolando accuratamente, quindi tirate la sfoglia con il mattarello, ricavandone delle strisce. Disponetevi sopra dei mucchietti di ripieno e ripiegate la sfoglia, pigiando con le dita per farla aderire attorno al ripieno. Con la rotellina dentata tagliate degli agnolotti e lasciateli seccare una mezz'oretta. In una padella fate friggere il burro con le foglie di salvia. Portate a ebollizione una pentola di acqua salata, cuocetevi gli agnolotti, scolateli e conditeli con il burro aromatizzato, sale, pepe e parmigiano.

Cisrà (*minestra alessandrina di ceci e costine di maiale*)

INGREDIENTI PER 4-6 PERSONE:

300 g di ceci secchi	500 g di costine di maiale
1 pezzo di cotenna di maiale	4 patate
25 g di funghi secchi	1 ciuffo di prezzemolo
2 spicchi d'aglio	1 cucchiaino di bicarbonato
1 cucchiaio di salsa di pomodoro	sale e pepe

La notte precedente la preparazione mettete a bagno i ceci con un cucchiaino di bicarbonato. Trascorso questo tempo, fateli bollire per un paio d'ore in abbondante acqua salata. Reidratate anche i funghi secchi in acqua calda per una mezz'oretta. In un'altra pentola sbollentate per 20-25 minuti la cotenna per sgrassarla. Aggiungete le costine e la cotenna tagliata a pezzetti ai ceci che bollono, colorate con un cucchiaio di salsa di pomodoro, quindi unite i funghi reidratati e tritati, le patate sbucciate e tagliate a tocchetti, sale e pepe e un trito fine di aglio e prezzemolo.

Lasciate cuocere per almeno altri 40 minuti, e servite.

Gnocchi alla bava

INGREDIENTI PER 4 PERSONE:

800 g di patate	200 g di farina
4 tuorli d'uovo	1 cucchiaio di olio
50 g di fontina	50 g di taleggio
50 g di toma grattugiata	50 g di montasio
50 g di burro	1 tartufo
sale e pepe nero	

Lavate bene le patate senza sbucciarle, mettetele in una pentola, copritele di acqua fredda e fatele lessare per 20/25 minuti. Appena saranno cotte, scolatele e sbucciatele ancora bollenti. Passatele in uno schiaccia-patate e allargate il composto ottenuto su una spianatoia, lasciandolo intiepidire un poco. Cospargete le patate con un pizzico di sale e pepe, unite l'olio, i tuorli e la farina, quindi impastate il tutto senza lavorare eccessivamente l'impasto. Lasciate riposare 3-4 minuti.

Dividete l'impasto a pezzetti, passate ognuno di essi sulla spianatoia infarinata in modo da ottenere tanti bastoncini, quindi tagliate dei pezzetti di circa 1 centimetro e schiacciateli leggermente con il pollice sul dorso di una grattugia in modo che risultino decorati.

A parte fate fondere i formaggi (meno la fontina) con il burro, in un pentolino. Cuocete gli gnocchi in abbondante acqua salata in ebollizione e scolateli man mano che affiorano, poi metteteli in un piatto da portata preriscaldato e ricopriteli con la fontina tagliata a fette sottilissime e il resto del formaggio. Prima di servire, cospargete il tutto con finissime lamelle di tartufo bianco.

Gobein (agnolotti di Tortona)

INGREDIENTI PER 4-6 PERSONE:

Per la sfoglia:
400 g di farina *4 uova*
20 g di parmigiano grattugiato *sale*

Per il ripieno:
200 g di polpa di vitello *200 g di muscolo di manzo*
200 g di lonza di maiale *100 g di burro*
1 carota *1 cipolla*
2 coste di sedano *1 spicchio d'aglio*
½ l di vino rosso *2 uova*
200 g di parmigiano grattugiato *sale, pepe, noce moscata*

Per la cottura e il condimento:
50 g di burro *2 l di brodo di carne*

Impastate la farina con le uova intere, il parmigiano e, se necessario, appena un goccio d'acqua in modo che risulti una pasta soda e liscia. Tritate finemente sedano, carota, cipolla e aglio e metteteli a rosolare nel burro, fino a quando saranno appassiti. Unite la carne a bocconi e fatela rosolare, sfumandola con il vino. Lasciatela stufare almeno un'oretta, quindi spegnete il fuoco e fate raffreddare. Scolate la carne dal sughetto di cottura, che terrete da parte. Passatela nel mixer e, in una ciotola, amalgamatela con 2 uova, il parmigiano, sale, pepe e un pizzico di noce moscata. Tirate la sfoglia con il mattarello, ricavandone delle strisce. Disponetevi sopra dei mucchietti di ripieno e ripiegate la sfoglia, pigiando con le dita per farla aderire attorno al ripieno. Con la rotellina dentata tagliate degli agnolotti e lasciateli seccare una mezz'oretta. Portate a ebollizione il brodo e cuocetevi gli agnolotti, scolandoli un poco al dente. A parte riscaldate il fondo di cottura delle carni, unite il burro, e mettetevi a insaporire gli agnolotti prima di servirli.

Lasagne alessandrine per la vigilia di Natale

INGREDIENTI PER 4 PERSONE:

1 confezione di sfoglie per lasagne *3 acciughe salate*
50 g di burro *2 spicchi d'aglio*
2 porri *6 cucchiai di olio d'oliva extravergine*
½ bicchiere di salsa di pomodoro *50 g di parmigiano reggiano*
sale e pepe *grattugiato*

Dissalate le acciughe e sciacquatele sotto acqua corrente, filettatele e trituratele grossolanamente, poi mettetele a rosolare in un tegame, possibilmente di coccio, con la metà del burro e l'olio, gli spicchi d'aglio interi, che poi eventualmente potrete togliere, sale e pepe. Mondate i porri, utilizzando solamente la parte bianca. Tagliateli a rondelle sottili e metteteli a brasare a fuoco dolcissimo nel resto del burro, per almeno una quarantina di minuti, bagnandoli con un goccio d'acqua. Unite la salsa di pomodoro, salate, pepate e lasciate cuocere ancora una ventina di minuti. Portate a ebollizione una pentola con abbondante acqua salata, lessatevi per pochi minuti le pappardelle da lasagne, scolandole con una schiumarola e facendole asciugare su un canovaccio pulito.

Ungete una teglia da forno, fate un primo strato di pasta, conditela con i porri e la salsina di acciughe, alternando più strati fino ad esaurimento degli ingredienti. Terminate l'ultimo strato spolverizzando con il parmigiano grattugiato. Cuocete in forno preriscaldato a 180° per una mezz'oretta, fino a quando non si sarà formata in superficie una crosticina dorata.

Lasagne campagnole dell'Avvento

INGREDIENTI PER 4 PERSONE:

Per la pasta:
400 g di farina   *4 uova*
sale

Per il condimento:
4 acciughe sotto sale   *50 g di burro*
4 cucchiai d'olio d'oliva extravergine   *3 spicchi d'aglio*
8 ciapùli (pomodori secchi sott'olio)   *1 ciuffo di basilico*
sale

Disponete la farina a fontana su una spianatoia, rompeteci le uova nel mezzo e impastate, con un pizzico di sale, fino a ottenere un composto sodo e liscio. Tirate la sfoglia col matterello, poi, con la rotellina dentata, tagliate delle losanghe, che lascerete seccare sul tagliere. Pulite le acciughe, senza sciacquarle, filettatele e mettetele in una pentola, preferibilmente di coccio, con gli spicchi d'aglio grossolanamente tritati, olio e burro e lasciate rosolare a fuoco dolcissimo. Dopo una ventina di minuti unite i pomodori secchi sott'olio tagliati a striscioline, lasciate insaporire una decina di minuti e spegnete il fuoco. Tritate il basilico e unitelo al sughetto. Portate a ebollizione una pentola con abbondante acqua salata e cuocetevi le losanghe di pasta, scolandole al dente. Buttatele a insaporire nella padella del sughetto per qualche minuto, mescolando, e servite.

Lasagne povere della Val di Lemme

INGREDIENTI PER 4 PERSONE:

Per la pasta:
400 g di farina 4 uova
sale

Per il condimento:
400 g di fagioli borlotti secchi 2 patate
200 g di pancetta 2 spicchi d'aglio
4-5 foglie di salvia 6 cucchiai d'olio d'oliva
sale e pepe nero

 Mettete a bagno in acqua tiepida i fagioli secchi almeno un giorno prima. Se usate fagioli in barattolo potete saltare questa fase. Trascorso questo tempo, fate bollire i fagioli secchi in abbondante acqua salata, pungendoli con i rebbi di una forchetta per saggiare quando cominceranno ad ammorbidirsi. Unite le patate, pelate e tagliate a tocchetti e fatele bollire una ventina di minuti. Disponete la farina a fontana su una spianatoia, rompeteci le uova nel mezzo e impastate, con un pizzico di sale, fino a ottenere un composto sodo e liscio. Tirate la sfoglia col matterello, poi, con la rotellina dentata, tagliate delle losanghe, che lascerete seccare sul tagliere. In una padella fate rosolare nell'olio gli spicchi d'aglio, la salvia e la pancetta tagliata a dadini, fino a quando vedrete che prende colore, quindi unite il soffritto alla pentola con fagioli e patate. Mescolate e unite anche le losanghe di sfoglia, lasciandole cuocere al dente. Salate, pepate con abbondante pepe nero e servite.

Lenzuolino del bambino (Lasagne natalizie)

INGREDIENTI PER 4 PERSONE:

Per la pasta:
400 g di farina 100 g di farina da polenta
4 uova

Per il condimento:
1 cipolla 20 g di burro
4 cucchiai d'olio d'oliva 200 g di salsiccia fresca
 extravergine 2 spicchi d'aglio
1 rametto di rosmarino 1 bicchiere di barbera
1 bustina di porcini secchi 1 bicchiere di salsa di pomodoro
50 g di parmigiano reggiano sale e pepe nero
 grattugiato

 Disponete la farina a fontana su una spianatoia, rompeteci le uova nel mezzo e impastate, con un pizzico di sale, fino a ottenere un composto sodo e liscio. Tirate la sfoglia col matterello, poi, con la rotellina dentata, tagliate delle pappardelle grandi circa 4 cm X 10, che lascerete seccare sul tagliere, posandole sulla farina di mais. Tritate la cipolla e fatela imbiondire in olio e burro con l'aglio e il rosmarino, unite la salsiccia privata della pelle e triturata, fatela rosolare, quindi sfumate con la barbera. Fate rinvenire in acqua tiepida i funghi per una mezz'oretta, strizzateli, triturateli e aggiungeteli al sughetto. Unite anche la salsa di pomodoro e alzate il fuoco per far evaporare l'acqua di vegetazione, facendo cuocere una ventina di minuti. Salate e pepate. Portate a ebollizione una pentola con abbondante acqua salata e cuocetevi le lasagne, scolandole al dente. Conditele col sugo di salsiccia e funghi, cospargetele di formaggio grattugiato e servite.

Malfatti

INGREDIENTI PER 4 PERSONE:

400 g di farina bianca
400 g di spinaci
noce moscata
100 g di formaggio grattugiato
4 uova intere
1 pugno di pangrattato
100 g di burro
sale e pepe

Sbollentate gli spinaci per pochi minuti in pochissima acqua, quindi scolateli, strizzateli e tritateli. Impastateli con la farina, le uova, un po' di pangrattato, sale, pepe e noce moscata. Mescolate accuratamente con le mani, poi formate delle piccolissime polpette irregolari. Portate a ebollizione una pentola di acqua salata e buttatevi i malfatti, quindi, quando torneranno a galla, scolateli con una schiumarola e conditeli con burro fuso e formaggio grattugiato, sale e pepe. Serviteli subito.

Minestra monferrina con legumi, trippa e carni povere

INGREDIENTI PER 4-6 PERSONE:

200 g di trippa
50 g di burro
50 g di pancetta
300 g di polpa di pomodoro
200 g di fagioli borlotti
2 cipolle
2 carote
2 coste di sedano
1 ciuffo di prezzemolo
1 chiodo di garofano
sale e pepe in grani
200 g di coda di bue
50 g di grasso di prosciutto
100 g di lingua
50 g di parmigiano grattugiato
200 g di ceci
1 porro
1 patata
1 pezzetto di cavolo
1 spicchio d'aglio
4 cucchiai di olio

Lavate e tagliate la coda, la trippa e la lingua e mettetele in una capiente casseruola ricoperte di acqua fredda salata e aromatizzata con una cipolla (in cui avrete infilato il chiodo di garofano), una costa di sedano e qualche grano di pepe. Fatele bollire per almeno due ore, scolatele e tagliatele a pezzi. Affettate il porro e tritate l'altra cipolla con le carote e il sedano rimasto, mettete le verdure in una padella antiaderente e fatele soffriggere con il burro, l'olio e la pancetta pestata. Lasciate appassire per qualche minuto, poi aggiungete la polpa di pomodoro, unite la trippa, la coda e la lingua, mescolate bene e lasciatele insaporire per qualche minuto. A questo punto copritele completamente di acqua e fatele cuocere per circa un'ora. Dopo di che aggiungete i fagioli e i ceci, il cavolo tagliato a listarelle e la patata a pezzetti e cuocete ancora per un paio d'ore, unendo, se necessario, ancora acqua bollente. Prima di togliere dal fuoco aggiungete il grasso di prosciutto, il prezzemolo e l'aglio tritati. Spolverizzate di parmigiano e servite.

Minestrone al lardo del basso Monferrato

INGREDIENTI PER 4 PERSONE:

200 g di lardo salato
1 barattolo di fagioli
2 patate
2 cipolle
2 porri
2 cucchiai di concentrato di pomodoro
2 zucchine
20 g di burro
2 spicchi d'aglio
2 carote
2 coste di sedano
sale e pepe

Pulite e tritate finemente aglio, cipolla, sedano, carota e, la parte bianca dei porri. Tagliate a striscioline sottili il lardo. Fate sciogliere il burro e mettete a rosolare il lardo e tutte le verdure triturate. Dopo aver fatto cuocere per una decina di minuti (il lardo dev'essere rosolato, un po' abbrustolito), aggiungete due l d'acqua e il concentrato di pomodoro. Intanto tagliate a pezzetti le altre verdure. Per comodità potete usare le verdure miste congelate già pronte per minestrone. Aggiungete sale e pepe e fate cuocere a fuoco lento per 2 ore.

Minestrone alessandrino detto *"amnestron ancarasò"*

INGREDIENTI PER 4 PERSONE:

200 g di tagliatelle fatte in casa
100 g di lardo venato
100 g di fave
4 patate
1 porro
1 pomodoro
1 carota
1 ciuffo di prezzemolo
1 pizzico di peperoncino rosso piccante
½ bicchiere di olio extra vergine di oliva
200 g di fagioli freschi
100 g di zucchine con i fiori
100 g di bietole
1 cipolla
2-3 coste di sedano
1 spicchio di aglio
1 ciuffo di basilico
croste di formaggio grana
sale e pepe

Lavate e tagliate a dadini tutte le verdure. Tritate il lardo con aglio, cipolla, carote, sedano, porro, pomodoro e mettete il trito in una pentola capiente nella quale avrete portato a ebollizione 3 litri e mezzo di acqua. Unite anche un trito fine di prezzemolo e basilico. Salate e dopo 5 minuti aggiungete le altre verdure, quindi lasciate bollire a fuoco dolce per circa 3 ore, unendo, a metà cottura, le croste di formaggio a pezzetti. Frullate grossolanamente con un frullatore a immersione, poi unite le tagliatelle e fatele cuocere, con l'olio d'oliva, un po' di peperoncino, sale e pepe.

Panada

INGREDIENTI PER 4 PERSONE:

1 l di brodo di carne   *20 g di burro*
2 spicchi d'aglio   *300 g di pane raffermo*
2 uova   *50 g di parmigiano grattugiato*
sale e pepe

Portate a ebollizione il brodo, unite il pezzo di burro e gli spicchi d'aglio. Dopo una decina di minuti aggiungete il pane raffermo spezzettato.

Sbattete l'uovo col parmigiano, sale e pepe, quindi unite il composto al brodo che bolle. Mescolate per amalgamare il tutto e servite caldissimo.

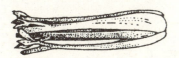

Pasta e fagioli di Casale Popolo

INGREDIENTI PER 4 PERSONE:

400 g di fagioli borlotti secchi   *200 g di pasta fresca*
40 g di burro   *4-5 foglie di salvia*
2 patate   *100 g di cotenne di maiale*
1 carota   *1 cipolla*
2 coste di sedano   *3 cucchiai di passata di pomodoro*
sale e pepe

Sbollentate per una mezz'oretta le cotiche per sgrassarle, in abbondante acqua salata.

Mettete i fagioli a bagno in acqua fredda la sera prima. Tritate insieme la carota, il sedano e la cipolla, fate sciogliere il burro in una pentola dai bordi alti, unite il battuto di verdure e lasciate soffriggere, con la salvia, quindi aggiungete il pomodoro, le patate pelate e tagliate a dadini, le cotenne tagliate a pezzetti, il sale e il pepe. Dopo 5 minuti unite i fagioli con un l e ½ di acqua fredda. Lasciate cuocere per 2 ore a fuoco moderato, quindi togliete dalla pentola circa la metà dei fagioli e frullateli. Unite il passato di fagioli e la pasta e portate a cottura, quindi servite ben calda cosparsa di pepe macinato al momento.

Rabatòn bianchi dell'alessandrino

INGREDIENTI PER 4 PERSONE:

500 g di ricotta *50 g di parmigiano grattugiato*
2 pugni di pangrattato *3 uova*
4 foglie di erbette crude *noce moscata*
sale e pepe

Per il condimento:
100 g di burro *100 g di parmigiano grattugiato*
sale

 Mescolate in una ciotola la ricotta, il parmigiano, il pangrattato e le erbette finemente tritate, quindi unite le uova e condite con sale, pepe e noce moscata. Impastate bene, quindi prendete delle palline di impasto grandi come nocciole e fatele rotolare (rabatare) sulla spianatoia cosparsa di farina, in modo da allungarle come fossero trofie. Portate a ebollizione una pentola di acqua salata e cuocetevi i rabatòn 3-4 minuti, scolandoli quando vengono a galla con una schiumarola. Disponeteli in una teglia da forno, cospargeteli di burro e parmigiano grattugiato e fateli gratinare leggermente in forno caldo a 180° per una decina di minuti.

Ravioli di Gavi

INGREDIENTI PER 4 PERSONE:

Per la pasta:
400 g di farina *4 uova*
sale

Per il ripieno:
500 g di coscia di manzo *1 cipolla*
30 g di burro *1 bicchiere di vino bianco secco*
150 g di salsiccia *2 uova*
100 g di parmigiano grattugiato *sale e pepe*

Per condire:
80 g di burro *4-5 foglie di salvia*
50 g di parmigiano grattugiato *sale e pepe*

 Tagliate a bocconi il manzo e mettetelo a rosolare in una padella ampia con il burro e la cipolla ad anelli. Fatelo abbrustolire, salate, pepate e sfumate col vino, poi spegnete il fuoco e lasciatelo raffreddare.

 Passate nel mixer il composto di manzo e la salsiccia, e amalgamate il tutto con le uova e il parmigiano. Insaporite con sale e pepe. Impastate la farina con le uova e il sale, lavorate l'impasto e tirate una sfoglia, dalla quale ricaverete delle strisce di circa 4-5 cm di larghezza. Disponetevi sopra dei mucchietti di ripieno e ripiegate la sfoglia, pigiando con le dita per farla aderire attorno al ripieno. Con la rotellina dentata tagliate dei ravioli e lasciateli seccare una mezz'oretta. Portate a ebollizione una pentola con abbondante acqua salata e buttate i ravioli, scolateli con la schiumarola quando saliranno a galla e conditeli con il burro fuso nel quale avrete fatto soffriggere le foglie di salvia. Cospargeteli di parmigiano, salate e pepate e servite subito.

Risotto al Montébore e crema di zucca

INGREDIENTI PER 4 PERSONE:

250 g di riso
¼ di Montébore
2 bicchieri di brodo vegetale
1 scalogno
300 g di zucca verde mantovana
½ bicchiere di vino Timorasso
4 cucchiai di olio extravergine di oliva
sale e pepe

Questa ricetta mi è stata fornita dallo chef di Vallenostra Agriturismo e Caseificio, unico produttore di Montébore. Cuocete la zucca con la buccia nel forno a 180° per mezz'ora circa. Quando è cotta, sbucciatela, frullatela e aggiungete al Montébore fuso in padella con poco latte, a fuoco lento. Affettate lo scalogno in una risottiera contenente un poco d'olio. Fate appassire lo scalogno, aggiungete il riso e fatelo tostare. Sfumate con il mezzo bicchiere di Timorasso. Tirate a cottura aggiungendo il brodo caldo poco a poco. Aggiustate di sale. Quando si è raggiunta la cottura desiderata, aggiungete il composto di zucca e Montébore. A piacere, si può condire con una macinata di pepe nero.

Zuppa di ceci di Merella

INGREDIENTI PER 4 PERSONE:

350 g di ceci secchi
2 filetti d'acciughe
1 rametto di rosmarino
1 spicchio d'aglio
5 cucchiai di olio
4 fette di pane casereccio
1 barattolo di pomodori pelati
1 peperoncino rosso piccante
½ bicchiere di vino bianco
sale e pepe

Lasciate a bagno i ceci per un giorno, quindi cuoceteli in abbondante acqua per almeno 2 ore. A parte in una padella fate soffriggere nell'olio un trito fine di aglio, rosmarino e acciughe per dieci minuti, quindi versate il mezzo bicchiere di vino. Lasciate evaporare il vino, unite il pomodoro e il peperoncino, continuando la cottura ancora per un quarto d'ora. Versate questo soffritto nella pentola dei ceci, e lasciate cuocere ancora almeno per altri 45 minuti. Servite la zuppa con le fette di pane abbrustolito.

Zuppa di trippa di Piazza Tanaro

INGREDIENTI PER 4 PERSONE:

500 g di trippa *100 g di pancetta*
1 l di brodo di carne *2 carote*
1 cipolla *2 coste di sedano*
2 spicchi d'aglio *2 patate*
2 cucchiai di passata di pomodoro *1 barattolo di fagioli cannellini*
½ bicchiere di vino rosso *4 cucchiai di olio extravergine di oliva*
50 g di formaggio grattugiato *sale e pepe*

Tritate accuratamente la pancetta di maiale, la cipolla, la carota, l'aglio e il sedano e metteteli a soffriggere con l'olio. Quando saranno rosolati aggiungete la passata di pomodoro, poi unite i cannellini, le patate pelate e tagliate a dadini piccoli e la trippa tagliata a striscioline.

Lasciate cuocere per mezz'ora, aggiungendo progressivamente il vino rosso. Salate e pepate a piacere. Aggiungete il brodo di carne e lasciate cuocere per un'altra mezz'ora. Prima di servire cospargete la zuppa di abbondante formaggio grattugiato.

SECONDI PIATTI

Animelle in umido di San Giorgio Monferrato

INGREDIENTI PER 4 PERSONE:

2 cipolle	*2 carote*
1 costa di sedano	*50 g di burro*
400 g di animelle	*2 mestoli di brodo*
1 tartufo	*1 cucchiaio di farina, sale e pepe*

Tritate finemente sedano, carota e cipolla e metteteli a soffriggere nel burro fino a quando saranno dorati. Immergete le animelle in acqua tiepida per mezz'ora, poi scolatele e fatele scottare in acqua bollente salata per 5 minuti, quindi raffreddatele sotto acqua corrente e togliete la pellicina che le ricopre. Tagliatele a bocconi e unitele al soffritto. Ricoprite con i 2 mestoli di brodo, salate, pepate e lasciate stufare a fuoco dolce per 40 minuti. Poco prima di servire addensate il sugo, se ce ne fosse bisogno, con un cucchiaio di farina, salate, pepate e cospargete il piatto di scaglie di tartufo.

Anitra farcita di Rocca Grimalda

INGREDIENTI PER 4 PERSONE:

1 anitra	*6 cucchiai di olio extravergine di oliva*
2 cipolle bianche	*150 g di mollica di pane*
1 bicchiere di latte	*1 bicchiere di vino bianco*
1 ciuffo di salvia	*sale e pepe*

Cuocete al forno due grosse cipolle bianche intere, con la pelle. Quando si saranno raffreddate, togliete loro la buccia e tritatele finemente, poi unitele a 150 g di mollica di pane inzuppata nel latte e strizzata con le mani per togliere il liquido in eccesso. Aggiungete la salvia tritata, sale e pepe. Farcite l'anitra con questo composto e ponetela al forno ad arrostire con l'olio per 40-50 minuti, a seconda della grossezza, sfumandola ogni tanto con il vino e girandola. Prima di servire tagliate a pezzi l'anitra e disponetela su un piatto da portata. Addensate con un poco di farina il sughetto e irrorate l'anitra.

Bocconcini di vitello con bietola rossa di Oviglio

INGREDIENTI PER 4 PERSONE:

400 g di bocconcini di vitello	*2 cucchiai di farina*
4 cucchiai di olio extravergine di oliva	*500 g di bietola rossa di Oviglio*
	10 g di parmigiano grattugiato
sale e pepe	

Sbollentate per pochi minuti i bocconcini di vitello, quindi scolateli bene. In una grossa padella antiaderente mettete l'olio e cuocetevi la bietola rossa di Oviglio, ben lavata e grossolanamente tritata, con un filo di olio e un po' di sale e pepe. Quando saranno cotti metteteli in una pirofila da forno precedentemente unta, spolverizzateli con il formaggio e unite i bocconcini di vitello infarinati. Fate ancora una passata di formaggio, aggiungete un goccino di acqua e mettete a gratinare a forno caldo a 180° per 10 minuti.

Coniglio con aglio di Molino dei Torti

INGREDIENTI PER 4 PERSONE:

1 coniglio
1 cucchiaio di farina
1 l di latte
50 g di burro
6 spicchi d'aglio
sale

Tritate finemente l'aglio; fate sciogliere in una casseruola il burro e rosolatevi l'aglio con la farina per una decina di minuti. Aggiungete il coniglio a pezzi, fatelo colorire, salatelo e copritelo con il latte. Cuocete a calore moderato per un'ora e mezzo, finché il latte non si sia consumato e rappreso. Servite subito.

Coppa di maiale arrosto

INGREDIENTI PER 4 PERSONE:

800 g di coppa di maiale
1 rametto di rosmarino
2 foglie di alloro
2 cucchiai di olio extravergine di oliva
½ bicchiere di latte
2 spicchi d'aglio
5-6 foglie di salvia
1 noce di burro
1 bicchiere di vino bianco secco
1 bicchiere di brodo
sale e pepe

In una padella fate sciogliere olio e burro. Tritate aglio e rosmarino, cospargete il pezzo di coppa di maiale e fatelo cuocere dolcemente, insaporendo con sale e pepe, la salvia e l'alloro, che poi toglierete. Sfumate col vino, lasciandolo evaporare, poi bagnate col brodo.

Quasi a fine cottura aggiungete il latte e fate addensare il sughetto di cottura. Servite subito.

Costine di maiale e ceci di Novi Ligure

INGREDIENTI PER 4 PERSONE:

1 kg di costine di maiale
50 g di burro
1 rametto di rosmarino
2 bicchieri di brodo vegetale
1 barattolo di ceci
2 spicchi d'aglio
5-6 foglie di salvia
sale e pepe

Mettete a sciogliere il burro in una padella ampia, con l'aglio, la salvia e il rosmarino. Adagiatevi le costine e fatele rosolare a fuoco allegro fino a quando saranno dorate.

Salate, pepate e coprite con il brodo. Lasciate cuocere fino a quando sarà evaporato, quindi unite i ceci in barattolo, scolandoli dal loro liquido di conservazione. Lasciateli insaporire una decina di minuti, salate, pepate e servite.

Fagiano alle castagne di Carrega

INGREDIENTI PER 4 PERSONE:

1 fagiano
1 confezione di panna
1 bicchiere di Cognac
100 g di pancetta
2 spicchi d'aglio
sale e pepe

800 g di castagne secche
2 patate
100 g di burro
1 rametto di rosmarino
1 cucchiaio di farina

Ammollate per una notte le castagne secche, poi bollitele in abbondante acqua salata fino a quando sentirete con i rebbi di una forchetta che sono diventate morbide.

Salate e pepate il fagiano e riempitelo di castagne, fasciatelo con le fettine di pancetta e mettetelo a cuocere nel burro con aglio e rosmarino a fuoco dolce per circa un'ora, rigirandolo spesso e sfumandolo con il Cognac. Bollite le patate a parte, con la buccia, per una mezz'oretta, quindi pelatele e passatele nello schiacciapatate.

Unite le castagne rimaste, salate, pepate e amalgamate con la panna.

Disponete il purè in un piatto fondo da portata, metteteci sopra il fagiano, irrorate con il sugo di cottura addensato con un cucchiaio di farina e servite subito.

Fegato di vitello al Nebbiolo

INGREDIENTI PER 4 PERSONE:

4 fette di fegato di vitello
  da circa 100 g l'una
1 bicchiere di Nebbiolo
3 cucchiai di olio d'oliva
sale e pepe

80 g di burro
2 pugni di pangrattato
1 uovo
4 cucchiai di farina
1 ciuffo di prezzemolo

Mettete in un piatto il fegato con il prezzemolo tritato, il sale, il pepe, 3 cucchiai di olio e lasciatelo marinare per un'ora.

Preparate nel frattempo un piatto con il pangrattato ed uno con la farina. Sbattete l'uovo con un pizzico di sale. Togliete dalla marinata le fette di fegato quindi passatele nella farina, poi nell'uovo e infine nel pane, facendo molta attenzione a farlo aderire bene.

Ponete sul fuoco una padella con il burro, quando questo inizierà a soffriggere aggiungete il fegato e fatelo dorare da ambo le parti.

Sfumate col Nebbiolo e lasciate addensare la salsina. Salate, pepate e servite.

Filetto di vitello in salsa agra

INGREDIENTI PER 4 PERSONE:

4 filetti di vitello
1 ciuffo di prezzemolo
4 cucchiai di olio di oliva
½ bicchiere di latte
1 pugno di olive verdi denocciolate
sale
40 g di burro
3-4 spicchi d'aglio
la mollica di 1 panino
1 manciata di capperi salati
4 cucchiai di aceto di vino

Battete bene i filetti di vitello e infarinateli. Cuoceteli nel burro, facendoli dorare da ambo le parti. A parte tritate finemente l'aglio, il prezzemolo, i capperi e le olive, e metteteli a soffriggere in una padellina con un po' di olio e il sale, per una decina di minuti.

Bagnate la mollica del pane nel latte, strizzatela e sminuzzatela finemente, poi incorporatela all'intingolo per dare maggiore solidità alla salsa. Versate il sughetto sui filetti di vitello e sfumate con l'aceto. Lasciate rapprendere la salsa e servite caldissimo.

Frittata di asparagi

INGREDIENTI PER 4 PERSONE:

400 g di asparagi
150 g di burro
2 cucchiai di panna
4 uova
2 tomini di Langa
sale e pepe

Sbollentate gli asparagi ben puliti in abbondante acqua salata, poi scolateli e passateli in padella con 50 g di burro. Ponete il restante burro in una padella e fatelo scaldare bene, quindi mettete a friggere le uova sbattute con la panna, sale e pepe. Fate rapprendere da una parte, poi muovete la padella per far staccare la frittata e, con l'aiuto di un piatto, giratela per friggerla dall'altra parte. Quando sarà dorata, mettete nel centro gli asparagi e i tomini sbriciolati, poi richiudete i lembi esterni e servite.

Gallina bollita in salsa verde

INGREDIENTI PER 4 PERSONE:

1 gallina bollita

Per la salsa verde:

5-6 acciughe salate
1 ciuffo di prezzemolo
3 spicchi d'aglio
2-3 cucchiai di capperi sotto sale
2 cucchiai di aceto di vino
50 g di tonno sott'olio
alcune foglie di salvia
1 pizzico di peperoncino rosso piccante
la mollica di 1 panino
1 bicchiere d'olio d'oliva

Tagliate a pezzi la gallina bollita e mettetela in un piatto da portata. Dissalate e diliscate le acciughe. Mettete il panino a bagno nell'aceto, lasciatelo ammorbidire poi strizzatelo. Frullate tutti gli ingredienti, emulsionate con olio di oliva fino ad ottenere una salsa vellutata. Servitela con la gallina calda.

Involtini di Cicoria Pan di Zucchero di Villanova Monferrato

INGREDIENTI PER 4 PERSONE:

2 grossi cespi di Cicoria Pan di Zucchero
la mollica di 1 panino
4 uova
100 g di pecorino grattugiato
2 spicchi d'aglio
sale e pepe

200 g di prosciutto cotto
10 g di funghi secchi
½ bicchiere di latte
100 g di parmigiano grattugiato
1 ciuffo di basilico
8 cucchiai di olio extravergine di oliva
1 ciuffo di prezzemolo

Lavate bene la cicoria, quindi prendete le foglie esterne più grandi e sbollentatele, mettendole ad asciugare su un canovaccio pulito.

Nel mixer mettete il prosciutto cotto, i funghi secchi che avrete fatto rinvenire in acqua tiepida, l'aglio, il prezzemolo e la mollica di pane bagnata nel latte e poi strizzata.

Frullate il tutto e amalgamate il composto con le uova, i due tipi di formaggio grattugiato e un trito fine di basilico.

Mescolate accuratamente poi mettete un po' di ripieno su ogni foglia di cicoria e richiudetela, eventualmente tenendola ferma con uno stuzzicadenti.

Allineate i fagottini di cicorie ripiene in un tegame, irroratele con l'olio e lasciatele cuocere a fuoco dolce per una decina di minuti. Salate, pepate e servite.

Lepre in civet di Volpedo

INGREDIENTI PER 4 PERSONE:

1 lepre
1 costa di sedano
4 spicchi di aglio
1 l di vino rosso
1 stecca di cannella
6 cucchiai di olio extravergine di oliva

1 carota
3 cipolle
4-5 foglie di alloro
3 chiodi di garofano
5-6 bacche di ginepro
sale e pepe

Lasciate la lepre a frollare per alcuni giorni in frigorifero. Quindi tagliatela a pezzi, piuttosto grossi e mettetela in una casseruola di coccio; copritela con 2 cipolle affettate, mezzo litro di vino rosso, le foglie di alloro, un po' di sale e dei grani di pepe e lasciatela a marinare, in un luogo fresco, per circa una notte.

Trascorso questo tempo, scolatela, sciacquatela ed asciugatela, poi mettetela in un tegame di coccio insieme alla carota, al sedano, all'aglio tagliati a grossi pezzi, alla terza cipolla tritata e all'olio e fatela rosolare.

Quando sarà ben dorata, salatela, pepatela, unite il resto del vino rosso, coprite il tegame e cuocete per circa 2 ore, avendo cura di aggiungere qualche mestolo di brodo se vedete che il sugo diventa troppo asciutto.

Passate il sugo al passaverdura, versatelo ben caldo sulla lepre e servite subito.

Lingua di vitello in salsa aiolì

INGREDIENTI PER 4 PERSONE:
400 g di lingua di vitello

Per la salsa:
4 spicchi d'aglio *1 uovo intero + 1 tuorlo*
1 bicchiere d'olio d'oliva *sale*

Fate bollire la lingua in acqua salata per almeno 2 ore, poi scolatela, lasciatela un poco raffreddare, spellatela e tagliatela a fette.

Mondate gli spicchi d'aglio e passateli nel frullatore insieme al sale, in modo da ottenere una pasta omogenea.

Aggiungete l'uovo, il tuorlo e un poco di olio.

Frullate, continuando ad aggiungere l'olio a filo, come per una normale maionese.

Servite la lingua di vitello calda ricoperta di aiolì.

Lumache all'alessandrina

INGREDIENTI PER 4 PERSONE:
2 kg di lumache *1 limone*
1 spicchio d'aglio *1 porro*
1 cipolla *1 carota*
1 costa di sedano *1 ciuffo di prezzemolo*
100 g di burro *2 cucchiai di farina*
½ bicchiere di vino bianco secco *1 pizzico di noce moscata*
sale e pepe

Pulite le lumache molto bene. Mettetele a bollire per almeno un paio d'ore in abbondante acqua salata e acidulata col succo di un limone. Poi scolatele e toglietele dal guscio. Fate rosolare, in una casseruola, un trito di aglio, porro, con anche parte del gambo verde, sedano, carota e cipolla con il burro; dopo una decina di minuti aggiungete il prezzemolo tritato, e addensate con una spolveratina di farina. Fate soffriggere per qualche minuto, mescolando bene, unite le lumache, condite con sale, pepe e noce moscata, sfumate con un po' di vino e portate a termine la cottura.

Merluzzo in umido al latte

INGREDIENTI PER 4 PERSONE:
500 g di filetti di merluzzo *100 g di farina*
1 bicchiere di latte *1 spicchio d'aglio*
1 ciuffo di prezzemolo *20 g di burro*
olio per friggere *sale e pepe*

Infarinate il merluzzo e friggetelo in olio bollente. Tritate finemente aglio e prezzemolo. Ungete col burro una pirofila da forno, disponetevi i filetti di merluzzo, cospargeteli col trito, salate, pepate e ricoprite col latte. Mettete il recipiente in forno caldo a 200° per circa 10 minuti.

Merluzzo in umido con cipolle

INGREDIENTI PER 4 PERSONE:
500 g di merluzzo *500 g di cipolle*
50 g di burro *2-3 mestoli di brodo di dado*
1 ciuffo di prezzemolo *1 ciuffo di erba cipollina*
sale e pepe

Fate soffriggere nel burro le cipolle tagliate a fette, a fuoco basso, e lasciatele appassire per una ventina di minuti. Aggiungete il merluzzo a pezzi e fateli rosolare per 20 minuti, girandolo. Salate, pepate e aggiungete qualche mestolo di brodo, portando a fine cottura. Prima di servire spolverizzate con prezzemolo ed erba cipollina tritati.

Muscolo di vitello in fricassea

INGREDIENTI PER 4 PERSONE:
500 g di muscolo di vitello a bocconi *2 spicchi d'aglio*
50 g di burro *100 g di prosciutto crudo*
1 bicchiere di vino bianco secco *2 cucchiai di farina*
1 cipolla *1 ciuffo di prezzemolo*
sale e pepe

Affettate sottilmente la cipolla e tritate il prosciutto, quindi metteteli a rosolare con il burro per circa 10 minuti, infine aggiungete il muscolo di vitello, e conditelo con abbondante sale e pepe. Dopo qualche minuto voltate i singoli pezzi, in modo che rosoli bene, poi fate cadere a neve da un colino la farina e bagnate con il vino, sempre mescolando. Mettete il coperchio e lasciate cuocere fino a quando sentirete con la forchetta che la carne è tenera. A questo punto tritate finemente l'aglio e il prezzemolo e aggiungeteli al composto.

Pollo alla Marengo

INGREDIENTI PER 4 PERSONE:

1 pollo
3 pomodori maturi
2 spicchi d'aglio
crostini di pane
4 uova
1 ciuffo di prezzemolo

4 cucchiai di olio extravergine d'oliva
1 bicchiere di vino bianco
1 cucchiaino di estratto di carne
100 g di gamberi di fiume
50 g di burro
sale e pepe

Questa ricetta classica viene fatta risalire alla battaglia di Marengo. Dividete in pezzi un pollo, lavateli e metteteli in una padella con l'olio già molto caldo. Fate rosolare a fuoco allegro, e appena i pezzi del pollo saranno dorati, aggiungete i pomodori a dadini, un bicchiere di vino bianco e due spicchi d'aglio schiacciati. Fate ridurre la salsa e aggiungete un po' di estratto di carne. A parte mettete una noce di burro in una padella, rosolate appena i gamberi di fiume e bagnateli con il vino. In una ulteriore padella sciogliete ciò che resta del burro e friggetevi le uova. Servite il pollo in un piatto da portata contornandolo con crostini di pane fritti nel burro, i gamberi di fiume cotti nel vino bianco e le uova fritte. Sul pollo fate nevicare del prezzemolo tritato e servite.

Rolate di tacchino di Castellazzo Bormida

INGREDIENTI PER 4 PERSONE:

400 g di petto di pollo
1 bicchiere di vino bianco
50 g di tartufo

16 fette sottili di pancetta
20 g di burro
sale e pepe

Tagliate la polpa di petto di pollo in modo che resti divisa in 16 nastri larghi circa 7-8 cm. Condite con sale e pepe l'interno delle strisce di petto di pollo, poi legatele a formare delle rolatine e fasciatele con le fette di pancetta. Cuocete le rolatine in forno a 200° per 15 minuti, conditele con sale e pepe e bagnate di tanto in tanto con burro fuso mescolato a vino bianco secco. Quando le rolate di pollo saranno cotte, mettetele sul piatto di portata, aggiungete il sugo di cottura e ricoprite con i tartufi tagliati a fettine sottilissime.

Salsiccia in salsa bianca di Pontecurone

INGREDIENTI PER 4 PERSONE:

8 pezzi di salsiccia
½ bicchiere di latte
2 cucchiai di farina
sale e pepe

50 g di burro
1 tomino fresco
2 cucchiai di vino bianco secco

Prendete una padella antiaderente e mettete a sciogliere a fuoco dolcissimo la noce di burro, poi ponetevi i pezzi di salsiccia spellata e tagliata a metà. Lasciate che la carne rosoli, buttando fuori il suo unto. Sfumate col vino e fatelo evaporare, salate e pepate. A parte in un pentolino sciogliete il burro, unite il tomino e il latte e mescolate per amalgamare bene, quindi versate la farina facendola nevicare da un setaccio.

Mescolate ancora affinché non si formino grumi e lasciate addensare la salsa. Versatela sulla salsiccia, mescolate e servite.

Scaloppine con la robiola

INGREDIENTI PER 4 PERSONE:
400 g di fesa di vitello a fettine
1 noce di burro
qualche foglia di salvia
sale e pepe
200 g di robiola
1 cucchiaio di farina bianca
½ bicchiere di vino bianco secco

Appiattite con il batticarne le fettine. Salatele e pepatele da ambo i lati e infarinatele.

In una padella fate rosolare il burro con le foglie di salvia, stendete le fettine e lasciate che prendano colore, prima da una parte e poi dell'altra. Sovrapponete la robiola a pezzetti alle scaloppine. Sfumate col vino bianco e fatelo evaporare a fuoco piuttosto sostenuto. Servite ben caldo.

Stufato di cavallo del Monferrato

INGREDIENTI PER 4 PERSONE:
800 g di polpa di cavallo
2 carote
1 costa di sedano
½ bicchiere di olio extravergine di oliva
100 g di lardo
½ litro di brodo
1 stecca di cannella
8 fette di polenta
4 cipolle
4 spicchi d'aglio
4 cucchiai di farina
100 g di burro
½ litro di barbera del Monferrato
2 chiodi di garofano
1 cucchiaio di fecola
sale e pepe

Steccate con l'aglio e lardellate la carne di cavallo, legatela con un filo da arrosti, infarinatela leggermente e mettetela in un tegame con l'olio.

Fate rosolare bene tutte le parti, poi bagnate con la barbera del Monferrato. Aggiungete le verdure tagliate a pezzetti piccoli e le spezie. Bagnate con il brodo.

Mettete un coperchio alla pentola e fate cuocere lentamente per circa 4 ore. A cottura ultimata togliete la polpa di cavallo e tenetela in caldo, e passate al colino le verdure. Fate restringere il sugo addensandolo con la fecola.

Affettate la carne, disponetela in una pirofila calda, copritela con il suo intingolo e servitela caldissima con una buona polenta.

Tacchino ripieno di castagne di Cantalupo

INGREDIENTI PER 4-6 PERSONE:
1 tacchino disossato
2 bicchieri di vino bianco secco
4 cucchiai di olio d'oliva extravergine
1 cucchiaio di farina

Per il ripieno:
600 g di castagne secche
100 g di olive nere
400 g di salsiccia
sale e pepe

Preparate il ripieno facendo bollire le castagne. Se sono fresche verrà più saporito, altrimenti potete usare anche quelle secche, avendo l'accortezza di lasciarle a bagno una notte.

Una volta bollite, frullate le castagne e mettete l'impasto in una terrina. Aggiungete la salsiccia sminuzzata molto sottile e le olive nere denocciolate, anch'esse tritate. Insaporite con sale e pepe e mescolate con le mani per rendere uniforme la farcia.

Lavate il tacchino e riempitelo con l'impasto.

Disponete il tacchino in una capiente teglia da forno con un goccio di olio e il vino bianco, coprite la teglia e cuocete a 200° per almeno 2 ore, girandolo spesso.

Una volta cotto, toglietelo e tagliatelo a fette. Addensate il sugo di cottura con un poco di farina e usate la salsa per velare le fette.

Zampetti di maiale arrostiti

INGREDIENTI PER 4 PERSONE:
4 zampetti di maiale
1 rametto di rosmarino
1 bicchiere di olio extravergine di oliva
4 spicchi d'aglio
5-6 foglie di salvia
1 bicchiere di vino bianco
sale e pepe

Fiammeggiate gli zampetti per togliere eventuali setole e lasciateli a bagno in acqua acidulata per un'oretta, poi lessateli avvolti in una pezzuola di cotone per almeno 2 ore.

Trascorso questo tempo sfasciate gli zampetti, e metteteli in una padella antiaderente assieme all'olio e a un trito di aglio, rosmarino e salvia.

Fateli rosolare per circa 10 minuti, aggiungete il vino e lasciatelo evaporare completamente. Salate e pepate prima di servire.

CONTORNI

Antica insalata di porri

INGREDIENTI PER 4 PERSONE:

4-5 porri
2 uova sode
*4-5 cucchiai di olio extravergine
 di oliva*
2 cuori di indivia riccia
½ robiola fresca
il succo di ½ limone
sale e pepe nero

Affettate finemente a rondelle il bianco dei porri e metteteli in una insalatiera. Unite i cuori di indivia riccia tagliuzzati, le uova sode a pezzetti, mezza robiola fresca spezzettata. Condite con olio extravergine di oliva, sale, pepe nero e succo di limone.

Asparagi di Valmacca al burro fuso e toma

INGREDIENTI PER 4 PERSONE:

100 g di burro
100 g di toma d'Alpe grattugiata
500 g di asparagi
sale e pepe

Portate a ebollizione abbondante acqua salata, e fatevi lessare gli asparagi. Una volta cotti e scolati, poneteli in un piatto da portata e teneteli in caldo. In un pentolino fate fondere il burro e irrorate gli asparagi. Cospargeteli con la toma grattugiata, salate, condite con una macinata di pepe nero e servite.

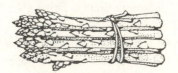

Asparagi di Valmacca all'olio e limone

INGREDIENTI PER 4 PERSONE:

500 g di asparagi
1 limone
4 cucchiai di olio extravergine d'oliva
sale e pepe

Portate a ebollizione abbondante acqua salata, e fatevi lessare gli asparagi. Una volta cotti e scolati, poneteli in un piatto da portata e teneteli in caldo. In una ciotolina emulsionate l'olio con il succo del limone, sale e pepe bianco. Condite gli asparagi con questa salsina e serviteli subito.

Asparagi in salsa alle acciughe

INGREDIENTI PER 4 PERSONE:
500 g di asparagi

Per la salsa alle acciughe:
6 acciughe salate
1 spicchio d'aglio
sale e pepe bianco

½ bicchiere di olio extra vergine di oliva
1 ciuffo di prezzemolo
500 g di patate

Portate a ebollizione abbondante acqua salata, e fatevi lessare gli asparagi. Una volta cotti e scolati, poneteli in un piatto da portata e teneteli in caldo. Togliete la lisca alle acciughe, lavatele, scolatele e tagliatele a pezzetti. Lessate le patate, lasciatele intiepidire, sbucciatele, tagliatele a fette spesse circa un centimetro, e disponetele su un piatto da portata. Scaldate in una padella dell'olio, rosolate il trito di aglio e prezzemolo, pepate e scioglietevi il più possibile le acciughe e versate l'intingolo sugli asparagi.

Asparagi in salsa aurora

INGREDIENTI PER 4 PERSONE:
500 g di asparagi

Per la salsa aurora:
2 cucchiai di farina
2 cucchiai di salsa di pomodoro
sale

1 bicchiere di latte
10 g di burro

Portate a ebollizione abbondante acqua salata, e fatevi lessare gli asparagi. Una volta cotti e scolati, poneteli in un piatto da portata e teneteli in caldo.

Fate sciogliere il burro in un pentolino, unite la farina e il sale e mescolate, quindi diluite col latte come a formare una salsa besciamella.

Mescolate bene affinché non si formino grumi, quindi colorate la salsa col pomodoro, sempre mescolando. Quando la salsa sarà addensata, versatela sugli asparagi.

Bietola rossa di Masio con aceto di lamponi

INGREDIENTI PER 4 PERSONE:
400 g di bietola rossa di Masio
  al forno
sale e pepe bianco

4 cucchiai di olio extravergine d'oliva
4 cucchiai di aceto di lamponi

Tagliate a fettine la bietola rossa e disponetela su un piatto da portata. Conditela con sale e pepe, irroratela con l'olio e sopra a tutto spruzzate un poco di aceto di lamponi. Lasciate macerare qualche minuto prima di servire.

Bietola rossa di Sezzadio in salsa agra

INGREDIENTI PER 4 PERSONE:
400 g di bietola rossa di Sezzadio al forno

Per la salsa agra:
il succo di ½ limone *8 cucchiai di olio d'oliva*
1 ciuffo di prezzemolo *1 cucchiaino di senape*
10 cl di panna *1 spicchio di aglio*
1 cucchiaio di capperi sotto aceto *sale e pepe*

Tagliate a fettine la bietola rossa e disponetela su un piatto da portata. Tritate l'aglio e amalgamatelo con la senape e il succo di limone. Unite a filo l'olio. Emulsionate la salsa e amalgamate la panna, insaporite con sale e pepe e capperi e prezzemolo finemente tritati. Condite le bietole con la salsa.

Carciofi in fricassea

INGREDIENTI PER 4 PERSONE:
4 carciofi *2 bicchieri di brodo vegetale*
1 ciuffo di prezzemolo *2 spicchi d'aglio*
½ limone *2 tuorli d'uovo*
50 g di parmigiano reggiano *6 cucchiai di olio d'oliva*
sale e pepe

Unite ai tuorli sbattuti il succo di mezzo limone, un cucchiaio di parmigiano, un pizzico di sale e di pepe e sbattete bene. Mondate i carciofi e divideteli in 4 spicchi. Soffriggeteli con l'olio nell'aglio col prezzemolo tritato per pochi minuti quindi sfumateli col brodo caldo e portateli a cottura. Prima di servire irrorate il tutto con l'uovo sbattuto e lasciate rapprendere prima di servire.

Cardi al forno

INGREDIENTI PER 4 PERSONE:
1 kg di cardi *50 g di burro*
salsa besciamella *1 limone*
1 grosso ciuffo di timo fresco *80 g di parmigiano grattugiato*
sale e pepe

Lavate bene i cardi in acqua acidulata con il succo di un limone dopo avere tolto le coste più dure e avere tagliato le altre a pezzi di 5 centimetri di lunghezza. Mettete in un tegame un poco di burro e quando incomincia a imbiondire aggiungete i cardi, regolate di sale e pepe e fate cuocere con il coperchio. Quando i cardi saranno cotti poneteli in una pirofila da forno che avrete imburrato, versatevi sopra la besciamella alla quale avrete unito il timo e mescolate bene il tutto in modo che la verdura sia ben condita. Spolverizzate abbondantemente con il parmigiano grattugiato e ponete il tutto in forno caldo a 220° per una quindicina di minuti, in modo che in superficie si formi una bella crosticina dorata. Serviteli molto caldi nella stessa pirofila di cottura.

Carote gratinate alla toma

INGREDIENTI PER 4 PERSONE:
800 g di carote
salsa besciamella
1 ciuffo di menta
50 g di toma stagionata grattugiata
10 g di burro
sale e pepe

Raschiate le carote, tagliatele a rondelle e fatele cuocere al vapore per una decina di minuti. Stendetene uno strato in una pirofila da forno unta di burro, copritele con uno strato di besciamella e spolverizzatele con la toma, sale e pepe e foglioline di menta. Alternate gli strati fino a esaurimento degli ingredienti, terminando con la toma. Infornate a forno caldo a 180° finché non si è formata una crosticina dorata.

Cicoria in umido di Villanova Monferrato

INGREDIENTI PER 4 PERSONE:
800 g di cicoria catalogna
1 spicchio d'aglio
4 cucchiai di olio extravergine d'oliva
1 bicchiere di passata di pomodoro
1 pugno di capperi salati
sale e pepe

Mondate la cicoria e sbollentatela in acqua salata per 5 minuti, poi scolatela e strizzatela. Tritate l'aglio e i capperi e fateli rosolare con l'olio per 5 minuti, unite la passata di pomodoro, insaporite con sale e pepe e fate addensare il sughetto. Unite la cicoria e lasciatela insaporire per 10 minuti, prima di servire.

Cipolle al forno con la toma

INGREDIENTI PER 4 PERSONE:
4 cipolle bianche
1 ciuffo di prezzemolo
1 bicchiere di brodo vegetale
100 g di toma stravecchia
  grattugiata
50 g di pangrattato
1 spicchio di aglio
10 cucchiai di olio d'oliva extravergine
sale

Pulite le cipolle e dividetele a metà. Tritate finemente l'aglio e il prezzemolo, mescolatelo col pangrattato e un filo d'olio. Scavate leggermente le cipolle e riempitele con la farcia. Adagiatele in una pirofila, ricopritele con la toma grattugiata, irroratele con ancora un filo d'olio e il bicchiere di brodo vegetale e infornate a caldo a 200° per una ventina di minuti.

Insalata di ceci di Novi Ligure

INGREDIENTI PER 4 PERSONE:

2 barattoli di ceci
1 cucchiaio di succo di limone
1 rametto di rosmarino
1 ciuffo di timo
sale e pepe nero
4-5 cucchiai di olio extravergine di oliva
1 ciuffo di prezzemolo
4-5 foglie di salvia
100 g di parmigiano a scaglie

Dopo averli scolati, sciacquati e riscaldati un poco in padella con due cucchiai di olio, condite i ceci con olio, limone e un trito fine di erbe aromatiche. Per ultime aggiungete le scaglie di parmigiano, il sale e una generosa macinata di pepe nero. Mescolate bene e servite subito.

Insalata di tarassaco ed erbe

INGREDIENTI PER 4 PERSONE:

200 g di foglie di tarassaco
1 mazzetto di cerfoglio
4 cucchiai di olio extra vergine di oliva
1 mazzetto di pimpinella
1 ciuffo di erba cipollina
2 cucchiai di aceto di vino
sale e pepe

Raccogliete il tarassaco solamente quando è molto giovane e tenero.

Pulitelo accuratamente e tagliuzzatelo fine fine. A parte tritate tutte le erbe con la mezzaluna per non scaldarle e unitele alle giovani foglie di tarassaco. Condite con olio, aceto, sale e pepe e servite.

Palline di spinaci

INGREDIENTI PER 4 PERSONE:

500 g di spinaci
100 g di parmigiano grattugiato
100 g di burro
sale
2 uova
50 g di pangrattato
noce moscata

Pulite bene e lavate gli spinaci, scolateli e metteteli ad appassire in una padella con la sola acqua che rimane del lavaggio per non più di 5 minuti. Spegnete il fuoco, lasciate intiepidire, strizzateli bene e tritateli. Fateli rosolare in padella con una noce di burro, facendoli quasi abbrustolire. Spegnete il fuoco, lasciate intiepidire e amalgamate con un uovo intero, il parmigiano, sale, pepe e noce moscata. Mescolate bene con le mani per ottenere un composto abbastanza solido. Sbattete l'uovo rimasto con sale e pepe. Fate delle palline con il composto di spinaci, passatelo nell'uovo sbattuto poi nel pangrattato, avendo cura che aderisca bene, quindi friggete le palline nel resto del burro, spumeggiante. Togliete le palline con una schiumarola e fate scolare l'unto in eccesso su un foglio di carta assorbente da cucina prima di servire.

Patate al forno alle erbe

INGREDIENTI PER 4 PERSONE:

800 g di patate
1 rametto di rosmarino
1 spicchio d'aglio
4-5 cucchiai di olio extravergine d'oliva
4-5 foglie di salvia
sale e pepe

Lavate e sbucciate le patate, e tagliatele a pezzetti. Tritate aglio, rosmarino e salvia e metteteli a rosolare per pochi minuti nell'olio in una teglia che possa andare in forno.

Unite le patate, salate e pepate. Infornate in forno già caldo a 180° e lasciatele cuocere circa 40 minuti, mescolandole spesso.

Patate al miele

INGREDIENTI PER 4 PERSONE:

800 g di patate
4 cucchiai di olio extravergine d'oliva
sale
1 cipolla
4 cucchiai di miele
½ bicchiere di vino bianco

Tagliate a spicchi le patate dopo averle sbucciate; tritate la cipolla e soffriggetela 5 minuti a fuoco molto basso nell'olio. Aggiungete le patate, salatele, mescolatele con un cucchiaio di legno e cuocetele a tegame coperto per 20 minuti. Cospargete le patate di miele, irroratele col vino bianco e lasciate che il sughetto si addensi, mescolando di tanto in tanto.

Patate lesse con aglio di Molino dei Torti

INGREDIENTI PER 4 PERSONE:

500 g di patate
1 bicchiere di aceto bianco
½ bicchiere di vino bianco non troppo secco
8 spicchi d'aglio
la mollica di 2 panini
sale

Pelate le patate, tagliatele a spicchi e bollitele per un quarto d'ora in poca acqua salata, quindi scolatele e disponetele in un piatto da portata, che terrete al caldo. Nel frattempo nel mixer frullate gli spicchi d'aglio e la mollica di pane, salate e diluite con l'aceto ed il vino. Mettete il tutto in un pentolino e fate bollire per qualche minuto. Versate la salsa all'aglio sulle patate, e lasciate che assorbano la salsa per qualche minuto, prima di servire.

Peperoni brasati all'agro

INGREDIENTI PER 4 PERSONE:
200 g di peperoni gialli e rossi
200 g di cipolle bianche
1 costa di sedano
4 cucchiai di aceto di vino forte
sale
200 g di pomodori da sugo
1 carota
1 bicchiere di brodo vegetale
½ bicchiere di olio di oliva
extravergine

Tritate sedano, carota e cipolla e fateli rosolare nell'olio finché saranno dorati. Tagliate a striscioline i peperoni e a rondelle i pomodori. Ponete tutto nella pirofila e fate cuocere a fuoco dolce per almeno un'ora, sfumando ogni tanto col brodo vegetale. Aggiungete l'aceto, mescolate, salate e servite.

Piselli in agrodolce

INGREDIENTI PER 4 PERSONE:
500 g di piselli in barattolo
2 cucchiai di aceto
sale e pepe
50 g di zucchero
4 cucchiai di olio extravergine d'oliva

Mettete in una pentolina lo zucchero e l'aceto, unite due cucchiai d'acqua, l'olio, sale e pepe e fate cuocere a fiamma bassa per una decina di minuti, mescolando costantemente per ben amalgamare gli ingredienti. Aggiungete i piselli, lasciate che evapori l'acqua di vegetazione e servite.

Pomodori brasati

INGREDIENTI PER 4 PERSONE:
800 g di pomodori maturi
2 spicchi d'aglio
1 bicchiere di brodo vegetale
1 ciuffo di prezzemolo
½ bicchiere di olio extravergine di oliva
sale e pepe

Tagliate a pezzetti i pomodori, salateli e lasciateli per circa un'ora a scolare in un colino, affinché eliminino l'acqua di vegetazione. Tritate finemente l'aglio e il prezzemolo e metteteli a rosolare appena nell'olio. Il prezzemolo non deve assumere una colorazione scura, per cui fate attenzione, poiché bastano pochi minuti. A questo punto aggiungete i pomodori, bagnateli col brodo vegetale, coprite la pentola e lasciatela cuocere per almeno 40-50 minuti, salando e pepando il composto e mescolando spesso.

Porri gratinati

INGREDIENTI PER 4 PERSONE:
500 g di porri
50 g di burro
sale e pepe
100 g di parmigiano grattugiato
salsa besciamella

Lessate i porri, usando solo la parte bianca, in acqua salata per 5-6 minuti, poi scolateli e tagliateli a metà. Ungete una teglia da forno con il burro e adagiatevi i porri. Copriteli di besciamella, spolverizzate di parmigiano sale e pepe e passate al forno caldo a 180° finché si sarà formata una crosticina dorata.

Purea di fave

INGREDIENTI PER 4 PERSONE:
400 g di fave fresche
1 bicchiere di brodo vegetale
20 g di burro
sale e pepe
1 cipolla
4 cucchiai di olio extravergine di oliva
50 g di parmigiano grattugiato

In un tegame fate rosolare la cipolla tritata nell'olio fino a quando cambierà colore. Insaporite con sale e pepe e aggiungete le fave, sbucciate.

Ricoprite con il brodo e lasciate cuocere a fuoco molto lento con il coperchio, finché non saranno ridotte a purea, mescolando ogni tanto con un cucchiaio di legno. Se volete che il purè sia più vellutato passate il composto al passaverdure. Rimettete il composto in pentola, amalgamate con il burro, il parmigiano grattugiato, sale e pepe nero macinato al momento, mescolate e servite.

Ratatuia alessandrina

INGREDIENTI PER 4 PERSONE:
4 melanzane
2 peperoni
2 cipolle
6 cucchiai di olio extravergine d'oliva
4 zucchine
4 pomodori maturi
5 spicchi d'aglio
sale e pepe nero

Pulite le verdure e lavatele accuratamente. Versate metà dell'olio in un tegame di terracotta, unitevi le cipolle affettate sottilmente con la mandolina e fatele appassire a fuoco dolce. Tagliate le melanzane e le zucchine a pezzetti, metteteli in una padella e fateli saltare a fiamma allegra con l'olio rimasto, fino a quando saranno lievemente abbrustolite. Trasferite le melanzane e le zucchine nel tegame delle cipolle, aggiungete i peperoni tagliati a pezzi e soffriggete il tutto per 5 minuti, mescolando. Quindi unitevi i pomodori tagliati a pezzi, l'aglio e alcune foglie di basilico spezzettate con le mani. Salate, insaporite con pepe nero macinato al momento, coprite con un coperchio e lasciate cuocere a fuoco dolce per 20 minuti, mescolando di tanto in tanto.

Spinaci brasati

INGREDIENTI PER 4 PERSONE:
800 g di spinaci
1 cipolla
2 cucchiai di vino bianco
sale e pepe
100 g di burro
1 cucchiaio di farina
1 cucchiaio di parmigiano grattugiato

Lavate e pulite gli spinaci, e lessateli per 10 minuti in pochissima acqua salata, poi scolateli e strizzateli bene. Fate sciogliere in una padella il burro, unite gli spinaci e fateli insaporire per cinque minuti.

Teneteli al caldo e preparate a parte la salsa: mettete in una casseruola un bicchiere d'acqua, la cipolla tritata finemente, il vino bianco, sale e pepe. Fate cuocere per 10 minuti e se necessario rendete la salsa più densa facendo nevicare un po' di farina da un setaccio. Distribuitela sugli spinaci, spolverizzate con il parmigiano e servite.

DOLCI

Baci di dama di Tortona

INGREDIENTI PER 4 PERSONE:
200 g di farina
130 g di burro
3 dadoni di cioccolato al latte
1 pizzico di sale
200 g di zucchero
100 g di mandorle sgusciate
2 bicchieri di brandy

Mettete le mandorle per qualche minuto nel forno caldo a tostare, poi pelatele e tritatele finemente. Versate sul tagliere la farina, mescolatevi le mandorle tritate, lo zucchero, il sale, il burro sciolto e il brandy. Impastate accuratamente e quando l'impasto sarà omogeneo modellate tante palline di pasta. Imburrate la piastra del forno, posatevi sopra le palline, avendo cura di appiattirle leggermente, quindi cuocete nel forno preriscaldato a 200° per un quarto d'ora. Lasciate raffreddare completamente.

Tritate il cioccolato a dadoni, mettetelo in una pentolina e lasciatelo sciogliere a bagnomaria, mescolando con un cucchiaio di legno.

Intingete nella crema di cioccolato la parte appiattita dei dolcetti e uniteli a coppie, per formare i baci di dama. Lasciate ben raffreddare.

Biscotti della salute di Ovada

INGREDIENTI PER 4 PERSONE:
600 g di farina
200 g di zucchero
1 bicchiere di latte
100 g di burro
100 g di semi di finocchio

Impastate la farina col burro ammorbidito, lo zucchero, il latte e i semi di finocchio. Formate una palla che lascerete riposare un paio d'ore in frigorifero. Modellate con l'impasto dei pani sottili e bislunghi, tagliandoli sulla superficie in diagonale a una distanza di circa 3 cm. Infornate a forno caldo a 150° per una decina di minuti.

Estraeteli dal forno, tagliateli lungo i tagli già fatti e stendeteli di nuovo sulla placca del forno a terminare la cottura, per altri 10 minuti.

Bounet alessandrino

INGREDIENTI PER 4 PERSONE:

5 uova
50 g di cacao amaro in polvere
100 g di amaretti
la scorza grattugiata di 1 limone
1 bicchierino di rum

1 l di latte
50 g di cioccolato al latte
200 g di zucchero
50 g di nocciole tostate
4 cucchiai di zucchero per lo stampo

Sbattete bene le uova con lo zucchero e unite a poco a poco il latte, il cacao in polvere, il cioccolato grattugiato, le nocciole tostate e tritate finemente, la scorza grattugiata e gli amaretti sbriciolati e bagnati con il rum. Fate caramellare lo stampo, versate il bounet e fate cuocere per 15 minuti a bagnomaria.

Bugie di carnevale

INGREDIENTI PER 4 PERSONE:

250 g di farina
50 g di burro
1 uovo
sale

1 bustina di vanillina
la buccia di un limone grattugiata
4 cucchiai di marsala secco
olio per friggere

Setacciate la farina con la vanillina e un pizzico di sale, unite l'uovo, la scorza di limone, il burro sciolto e il marsala. Impastate bene, fate una palla, copritela con un canovaccio e lasciate riposare la pasta per un'ora. Tirate la pasta molto sottile con il matterello, tagliatela a pezzetti di forma rettangolare che farete poi subito friggere in abbondante olio bollente. Ponete le bugie a scolare l'unto in eccesso su un foglio di carta assorbente da cucina e spolverizzatele con lo zucchero a velo.

Canestrej

INGREDIENTI PER 4 PERSONE:

500 g di farina
250 g di zucchero
50 g di cacao amaro
1 noce moscata grattugiata
1 bicchierino di rum

250 g di burro
100 g di cacao dolce
1 bustina di vaniglia
1 bicchiere di vino rosso
1 uovo

Amalgamate la farina con l'uovo, il burro ammorbidito, lo zucchero, il cacao, la vaniglia e la noce moscata fino ad ottenere un composto omogeneo. Aggiungete il vino e il rum e impastate bene. Dividete l'impasto in pezzi grossi come noci, metteteli uno alla volta nell'apposito ferro di ghisa ben caldo e unto con il burro, cuocete per alcuni minuti, rivoltando il ferro da ambo le parti, possibilmente a fuoco vivo fino a quando il canestrello acquisterà un bel colorito.

Canestrelli di Ovada

INGREDIENTI PER 4 PERSONE:
500 g di farina di grano tenero
2 bicchieri di vino bianco di Gavi
200 g di zucchero
½ bicchiere di olio di oliva
1 bustina di lievito
1 pizzico di sale

  Impastate farina, olio, vino e sale, mescolando bene con le mani, quindi unite il lievito e lo zucchero e amalgamate fino ad ottenere un impasto liscio. Prendete dei pezzettini di impasto e modellate dei bastoncini lunghi circa 8-10 cm, quindi unite le estremità a formare un anello, pigiando con le dita per chiuderli. Riscaldate il forno a 200° e cuoceteli fino a quando vedrete che sono dorati. Toglieteli dal forno e lasciateli raffreddare.

Castagne matte

INGREDIENTI PER 4 PERSONE:
300 g di farina di castagne
2 bicchieri di latte
1 bustina di lievito
3 uova
2 cucchiai di zucchero
olio per friggere

  Sbattete le uova con lo zucchero, aggiungete la farina di castagne, il latte ed il lievito, quindi impastate bene. Lasciate lievitare in un recipiente coperto per un paio d'ore. Ricavate dalla pasta delle palline, come tante piccole castagne, e friggetele in olio caldo. Cospargetele di zucchero e servite.

Cestini di pere

INGREDIENTI PER 4 PERSONE:
8 pere
100 g di cioccolato in dadoni
1 tuorlo d'uovo
100 g di zucchero
il succo di 1 limone
1 bicchierino di maraschino
1 confezione di pasta frolla dolce

  Sbucciate le pere, poi con lo scavino togliete i semi e il torsolo, infine mettetele a bagno in una terrina con acqua acidulata con il succo del limone. Grattugiate il cioccolato e amalgamatelo allo zucchero e al maraschino, poi legate con il tuorlo di un uovo. Se il ripieno dovesse essere troppo liquido, addensatelo con amaretti tritati. Togliete le pere dall'acqua, asciugatele e farcitele con il ripieno. Avvolgete le pere nella pasta frolla, come se fosse un foglio di carta. Cuocetele in forno caldo a 150° per una mezz'oretta.

Charlotte ai savoiardi

INGREDIENTI PER 4 PERSONE:
100 g di biscotti savoiardi
¼ di l di latte
80 g di zucchero
60 g di cioccolato fondente
1 barattolo di panna montata
1 bicchierino di cointreau

100 g di cioccolato al latte in dadoni
3 tuorli d'uovo
1 pizzico di sale
6 fogli di colla di pesce
1 bustina di zucchero vanigliato
1 cucchiaio di mandorle a lamelle

Mettete in una casseruola, che possa andare a bagnomaria i tuorli, sbatteteli con lo zucchero e diluiteli con il latte leggermente salato.

Mescolate bene e, senza smettere, incorporate il cioccolato dolce sminuzzato a pezzetti. Sbattete finché il composto si presenterà ben amalgamato e facendo attenzione che l'acqua del bagnomaria mantenga un bollore costante.

Togliete il recipiente dal fuoco.

Strizzate la colla di pesce precedentemente ammorbidita in acqua, unitela alla crema ancora calda, mescolando con cura; lasciate raffreddare. Incorporate alla crema metà della panna montata.

Mettete la restante panna in una siringa e conservatela nel frigorifero. Inumidite uno stampo da budino a bordi alti e riempitelo con la crema.

Mettetela in frigorifero per circa 6 ore, finché sarà gelata, poi rovesciatela su un piatto da portata. Sciogliete lo zucchero vanigliato con tre cucchiai di acqua calda e un bicchierino di cointreau; immergetevi velocemente, per un attimo, i savoiardi, lasciandoli appena ammorbidire e passateli poi nel cioccolato fondente grattugiato.

Disponete i biscotti tutt'intorno e sulla parte superiore della charlotte.

Decorate a piacere con ciuffetti di panna montata, altre scagliette di cioccolato e mandorle.

Ciambella della nonna di Cantalupo

INGREDIENTI PER 4 PERSONE:
4 uova
400 g di farina
1 scorza di limone grattugiata
1 bicchiere di latte

200 g di zucchero
100 g di burro
1 bustina di lievito per dolci

Sbattete a lungo i tuorli d'uovo con lo zucchero, aggiungete a poco a poco, sempre mescolando, la farina, il burro ammorbidito, la scorza di limone ed il bicchiere di latte tiepido nel quale avrete fatto sciogliere il lievito.

Per ultimo unite gli albumi montati a neve, mescolando dal basso verso l'alto per non farli smontare.

Prendete una tortiera col buco e, dopo averla bene imburrata, versatevi il composto. Mettete la teglia nel forno già caldo a 150° e lasciatelo cuocere per circa 40 minuti.

Crema cotta alla cannella di Casale Monferrato

INGREDIENTI PER 4 PERSONE:

2 bicchieri di latte
20 g di cacao amaro
4 tuorli
cannella in polvere

1 bicchiere di panna fresca
150 g di cioccolato fondente a dadoni
80 g di zucchero
sale

Versate il latte in una casseruola, unite la panna, la cannella in polvere e un cucchiaio di zucchero e portatelo a ebollizione.

Aggiungete il cacao e il cioccolato fondente grattugiato grossolanamente e mescolate finché tutto si sarà perfettamente sciolto. Levate la casseruola dal fuoco e lasciate raffreddare la crema.

Sbattete i tuorli e lo zucchero rimasto in una ciotola fino a quando saranno bianchi e spumosi, quindi unite a filo la crema di cioccolato.

Ponete la crema in cocotte in porcellana, copritele con un foglio di alluminio e mettetele in una teglia dai bordi alti.

Versate nella teglia acqua calda fino ad arrivare a metà delle pirofiline, trasferite la teglia in forno già caldo a 160° e cuocete per circa 40 minuti, finché la crema si sarà rassodata. Lasciatela raffreddare completamente e mettetela in frigorifero per 4 ore. Al momento di servire spolverizzatela con un pizzico di cannella.

Crostata alla crema di zucca di Alessandria

INGREDIENTI PER 4 PERSONE:

Per la pasta sablée:
175 g di farina
1 pizzico di sale
100 g di burro, molto freddo e tagliato a cubetti

1 cucchiaio di zucchero
1 bicchiere di acqua fredda
50 g di nocciole

Per il ripieno:
400 g di polpa di zucca cotta
1 dl di panna
1 cucchiaino di cannella in polvere

3 uova
100 g di zucchero

Cuocete la zucca nel forno, quindi togliete la polpa e passatela al frullatore, fino a ottenere una crema.

Mescolate farina, zucchero e sale. Unite il burro e lavorate in modo da avere un composto sabbioso.

Unite l'acqua fredda a filo e lavorate con le mani per una ventina di minuti fino ad ottenere un impasto che sembrerà formato da grosse briciole. Mettetele sul piano infarinato, fatene una palla, coprite con pellicola trasparente e mettete in frigorifero per una mezz'oretta.

Trascorso questo tempo stendete l'impasto col matterello e foderate una teglia da forno unta. Nel frattempo triturate le nocciole e tostatele pochi minuti in forno preriscaldato a 190°.

Quando hanno un bel colore dorato toglietele e distribuitele uniformemente sul fondo e sui bordi del dolce, facendole aderire con le mani.

Mettete lo stampo in frigorifero mentre preparate il ripieno. Sbattete le uova, unite il purè di zucca, la panna, lo zucchero e la cannella, mescolando rapidamente. Versate il composto nella base e cuocete in forno caldo a 180° per circa 45 minuti, fino a quando la superficie diventerà dorata.

Crumiri di Casale Monferrato

INGREDIENTI PER 4 PERSONE:

200 g di farina di mais macinata fine
100 g di burro
1 bustina di vanillina
1 cucchiaio di miele
farina per infarinare la teglia

150 g di farina bianca
120 g di zucchero
3 tuorli d'uovo
1 cucchiaio di cacao amaro
1 pizzico di sale
burro per ungere

Mescolate sul ripiano da lavoro la farina di mais e la farina di frumento, disponetele a fontana e unite lo zucchero, la vanillina, il cacao, il sale, il burro preventivamente lasciato ammorbidire a temperatura ambiente e tagliato a pezzetti, i tuorli e il miele.

Impastate con cura tutti gli ingredienti e quindi formate un panetto che lascerete riposare per una mezz'ora. Trascorso questo tempo, mettete il composto in una tasca per dolci con bocchetta a stella e spremete sul ripiano infarinato dei bastoncini lunghi circa 8-10 centimetri. Con le dita piegateli leggermente e infine posateli sulla placca del forno accuratamente imburrata e infarinata. A questo punto mettete in forno preriscaldato a 220° per circa 20 minuti, fino a ottenere un colore dorato.

Dolce giallo di Basaluzzo

INGREDIENTI PER 4 PERSONE:

300 g di carote
¾ di l di latte
50 g di burro
2 cucchiai di miele
300 g di zucca gialla

1 pizzico di zafferano
50 g di zucchero
2 cucchiai di mandorle tritate per guarnire

Raschiate, lavate e grattugiate le carote e pulite bene la zucca, poi passatele nel frullatore per ottenere una crema omogenea, infine mettetele in una terrina e ricopritele completamente con metà del latte. Fate scaldare il restante latte in una pentola: unitevi il composto di carote e zucca e fatelo bollire per un'ora e mezza.

Aggiungete poi lo zafferano, metà del burro, lo zucchero e il miele.

Lasciate bollire a fiamma bassa per altri 15 minuti, finché il composto si sarà trasformato in crema. Aggiungete la rimanenza del burro, e fate bollire per altri 15 minuti.

Disponete il composto in una terrina e cospargetelo con le mandorle tritate. Potete mangiare questo dolce sia caldo che freddo.

Frittelle di san Giuseppe

INGREDIENTI PER 4 PERSONE:
500 g di farina
200 g di uvetta
2 bicchieri di latte
½ bicchiere di olio extravergine di oliva
100 g di zucchero
3 uova
20 g di lievito di birra
zucchero a velo
1 pizzico di sale

Separate i tuorli dagli albumi. Ponete in una terrina la farina e una parte del latte, l'altra usatela per stemperare a tiepido il lievito e unite successivamente anche questa seconda parte.

Aggiungete i tuorli sbattuti, il sale, l'uvetta sultanina ammorbidita in acqua tiepida e strizzata. Mescolate bene: otterrete un impasto morbido che coprirete e porrete a lievitare per un'ora.

Montate a neve ferma gli albumi e uniteli all'impasto con delicatezza.

Friggete il composto a cucchiaiate in olio bollente.

Sgocciolate l'unto in eccesso su un foglio di carta assorbente da cucina e spolverate con lo zucchero a velo.

Meringhe di Acqui

INGREDIENTI PER 4 PERSONE:
150 g di albumi
1 confezione di panna montata
300 g di zucchero

Montate a neve ferma gli albumi con lo zucchero fino a che il composto risulti cremoso.

Con il sac-a-poche a bocchetta liscia spremete tante piccole palline della grandezza di una noce su una teglia ricoperta di carta da forno.

Preriscaldate il forno a 120° e lasciate cuocere le meringhe per 90 minuti, aprendo lo sportello del forno ogni 15-20 minuti per farle essiccare meglio. Trascorso questo tempo, lasciatele raffreddare completamente e accoppiatele a due a due, mettendo in mezzo un grosso ciuffo di panna montata.

Pan de mej

INGREDIENTI PER 4 PERSONE:
200 g di farina di mais fine
150 g di farina bianca
100 g di zucchero
2 bicchieri di latte
20 g di zucchero vanigliato
100 g di farina di mais grossa
150 g di burro
15 g di lievito di birra
3 uova
1 pizzico di sale

Fate fondere il burro in una casseruola. Sciogliete il lievito di birra con un poco di latte tiepido. Mescolate le farine e unitele allo zucchero e a un pizzico di sale, aggiungete le uova, il burro fuso intiepidito e il lievito. Impastate bene, aggiungendo, se necessario, altro latte. La pasta che ne dovrà risultare deve essere abbastanza consistente. Fate riposare la pasta, coprendola con un tovagliolo, per un'ora circa. Foderate di carta forno la piastra del forno. Ricavate dalla pasta delle palline grosse come mandarini e disponetele sulla piastra, distanziandole bene e schiacciandole leggermente.

Cospargete di zucchero vanigliato e passatele in forno caldo a 180° per 30 minuti.

Panna cotta al cioccolato

INGREDIENTI PER 6 PERSONE:
150 g di cioccolato fondente
400 ml di panna fresca
3-4 fogli di colla di pesce
4 fogli di gelatina
100 ml di latte
100 g di zucchero
1 bustina di vanillina

Tritate grossolanamente il cioccolato. Mettete a bagno la colla di pesce in acqua fredda per qualche minuto. Intanto fate scaldare in una pentola la panna, la vanillina, il latte e lo zucchero. Poco prima che bolla, unite il cioccolato, mescolate, poi spegnete il fuoco e unite la gelatina ben strizzata, mescolando accuratamente perché si sciolga.

Versate il composto in uno stampo, o, se preferite, direttamente nelle ciotoline singole e fate raffreddare. Quando la panna cotta è fredda, lasciatela in frigorifero per almeno mezza giornata. Potete guarnire il tutto con scagliette di cioccolato.

Polentina dolce con miele e noci

INGREDIENTI PER 4 PERSONE:
1 l di latte
4 cucchiai di miele
500 g di farina di castagne
1 pugno di gherigli di noce

Ponete a bollire il latte, addolcito con un cucchiaio di miele a persona, poi fate cadere a fontana la farina di castagne, rimescolando continuamente per non formare grumi e cuocete per una mezz'oretta almeno, fino ad ottenere un impasto morbido.

Rovesciate nelle ciotole la polenta dolce e guarnitela con le noci triturate.

Torcetti di Tortona

INGREDIENTI PER 4 PERSONE:
250 g di farina
1 dadino di lievito di birra
5 uova
1 pizzico di sale
150 g di burro
250 g di zucchero
5 cucchiai di latte

Mescolate la farina, lo zucchero ed il pizzico di sale, impastate con il burro che avrete fatto ammorbidire a temperatura ambiente, il lievito sbriciolato e sciolto in un poco di acqua tiepida, i tuorli delle uova ed il latte fino ad ottenere una pasta liscia e soda.

Prendete delle porzioni di pasta e lavoratela con le mani a formare dei bastoncini della lunghezza di 10 cm, che farete rotolare nello zucchero.

Sistemate su una teglia unta di burro i pezzi di pasta, chiudendoli a formare un cuore. Cuocete i torcetti in forno caldo a 200° fino a quando vedrete che saranno diventati dorati.

Torrone di Gavi

INGREDIENTI PER 4-6 PERSONE:
300 g di fichi secchi
300 g di gherigli di noce
2 albumi di uovo
la scorza di 1 limone
750 g di miele
4 cucchiai di olio
1 pizzico di cannella

Mettete il miele in una pentola antiaderente e ponetelo a scaldare sul fuoco, fino a quando inizierà a bollire.

Continuate a cuocere a fuoco bassissimo per circa 40-50 minuti, fino a quando vedrete che si cristallizza e diventa di un colore tendente al bianco. A parte montate con uno sbattitore elettrico gli albumi a neve fermissima.

Quando il miele sarà pronto, unite gli albumi, mescolando delicatamente. Per sapere se la consistenza è giusta provate a inserire un coltello: il miele si deve indurire senza essere però troppo duro. Unite a questo punto le noci triturate grossolanamente, i fichi secchi tagliuzzati a pezzetti, la cannella e la scorza di limone grattugiata. Mescolate e versate il composto su una superficie di marmo unta d'olio. L'ideale sarebbe avere uno stampo rettangolare senza fondo, per dargli la forma. Lasciate completamente raffreddare il torrone prima di servirlo.

Torta paesana di farina gialla

INGREDIENTI PER 4 PERSONE:
125 g di farina gialla
1 uovo + 1 albume
1 bicchiere di rum
50 g di nocciole
50 g di pinoli
sale

125 g di farina bianca
1 bicchiere di latte
1 bustina di lievito
50 g di gherigli di noci
50 g di zucchero

Sbattete a neve con una frusta elettrica i due albumi d'uovo, quindi aggiungete il tuorlo, anch'esso sbattuto con lo zucchero, e poi a poco a poco le due farine. Sempre mescolando, impastate con il latte, il rum e unite il lievito.

Mescolate sempre delicatamente, quindi unite nocciole, noci e pinoli tritati abbastanza finemente. Ponete il composto in una tortiera unta e cuocete in forno caldo a 180° per circa 40 minuti. Lasciate raffreddare completamente prima di servire.

Tortelloni dolci di riso con amarene di Arquata Scrivia

INGREDIENTI PER 4 PERSONE:
250 g di farina
150 g di zucchero
2 uova
½ bicchiere di vino bianco
1 pizzico di sale
zucchero a velo

150 g di riso
½ l di latte
20-30 amarene sciroppate
1 limone
20 g di burro
olio per friggere

Impastate la farina con un uovo, 70 g di zucchero, il vino e un pizzico di sale, mescolando con le mani fino ad ottenere una pasta liscia e omogenea. Formate una palla, avvolgetela in un foglio di pellicola e lasciatela riposare in frigorifero per mezz'ora.

Portate il latte a ebollizione, unite il riso e lo zucchero rimasto e cuocete a fiamma bassa per circa un quarto d'ora, fino a quando tutto il latte è stato assorbito. Spegnete il fuoco, aggiungete il burro e la scorza di limone grattugiata e lasciate raffreddare completamente.

Stendete la pasta in una sfoglia sottile ci circa 2 mm di spessore, tagliatela in tanti quadrati, disponete al centro di ognuno un cucchiaino di riso e un'amarena, piegate la pasta a triangolo, e sigillate i bordi con la punta delle dita.

Friggete i tortelloni ottenuti, pochi alla volta, in abbondante olio caldo, scolate l'unto in eccesso su un foglio di carta assorbente, lasciateli leggermente intiepidire e disponeteli su un piatto di portata, spolverizzateli con zucchero a velo e servite.

Tortino con prugne e robiola al miele di acacia

INGREDIENTI PER 4 PERSONE:
400 g di pasta sfoglia pronta
4 prugne rosse
1 cucchiaio di zucchero
250 g di robiola
4 cucchiai di miele di acacia

Lavate le prugne, dividetele a metà, togliete il nocciolo e tagliatele a fettine sottili. Tagliate a fettine anche la robiola. Stendete sottile la pasta sfoglia e foderate degli stampini singoli. Distribuite sul fondo le prugne e la robiola, alternando le fette e accavallandole leggermente, spennellate la superficie con il miele, che avrete scaldato a bagnomaria per renderlo fluido, spolverizzate con lo zucchero e fate cuocete in forno preriscaldato a 200° per un quarto d'ora circa. Servite il tortino tiepido.

Zabaione di Gavi

INGREDIENTI PER 4 PERSONE:
4 uova
8 cucchiai di barolo
4 cucchiai di zucchero
1 cucchiaino di cannella in polvere

Mettete i tuorli in una terrina, unite lo zucchero e sbattete molto bene con una frusta elettrica finché saranno ben montati e soffici.
Montate a neve gli albumi e uniteli ai tuorli, poi incorporarvi, a poco a poco, il barolo, sempre continuando a sbattere.
Prima di servire lo zabaione con biscotti secchi aggiungete la cannella.

RICETTE DALLA PROVINCIA DI
ASTI

ANTIPASTI E PIATTI UNICI

Antipasto ai peperoni

INGREDIENTI PER 4 PERSONE:

4 peperoni gialli
2 spicchi d'aglio
2 cucchiai di latte
100 g di filetti d'acciuga
4 cucchiai di olio extravergine d'oliva
sale e pepe

Tritate i filetti d'acciuga insieme agli spicchi d'aglio e fateli rosolare per pochi minuti in un tegame con l'olio, aggiungendo un goccio di latte.

Lavate i peperoni, divideteli ciascuno in quattro parti in senso longitudinale e puliteli dei semi e dei filamenti interni.

Unite i peperoni al soffritto e continuate a cuocere per una ventina di minuti a fuoco dolce, salate e pepate. Serviteli caldi.

Antipasto di fagioli all'astigiana

INGREDIENTI PER 4 PERSONE:

500 g di fagioli borlotti freschi sgranati
2 foglie di alloro
1 ciuffo di prezzemolo
1 ciuffo di timo
sale e pepe nero macinato al momento
100 g di lardo
2 spicchi d'aglio
1 cucchiaio di farina
alcune foglie di salvia
1 ciuffetto di santoreggia ("cerèa")
½ l di barbera

Fate bollire i fagioli, sgranati e puliti, per 40 minuti in acqua leggermente salata, quindi scolateli.

Tritate bene il prezzemolo, la salvia, il timo, la cerèa, il lardo e l'aglio.

Mettete il trito in una padella a fuoco dolce, e lasciate che il lardo si sciolga.

Quando comincia a soffriggere unite i fagioli, le foglie di alloro intere, che poi toglierete, sale e pepe.

Lasciate rosolare per qualche minuto, poi fate nevicare da un setaccio la farina e copriteli con la barbera.

Fate cuocere, a tegame coperto, fino a quando i fagioli saranno molto teneri e la salsa ben addensata. Serviteli caldi.

Asparagi saraceni di Vinchio con uova gratinate

INGREDIENTI PER 4 PERSONE:

8 uova
300 g di asparagi di Vinchio
70 di parmigiano reggiano grattugiato
100 g di burro
1 tazza di besciamella liquida
100 g di fontina
sale e pepe

Portate a ebollizione abbondante acqua salata, e fatevi lessare gli asparagi. Una volta cotti e scolati, tagliateli a pezzettini nelle parti tenere, e passate al frullatore il rimanente. Unite questo composto alla besciamella in una padellina, fateli rosolare con il burro e unite il parmigiano, salate e pepate. Tagliate in due le uova sode e mettetele in una pirofila da forno, copritele con gli asparagi in crema, con la fontina tagliata a fettine sottili e infornate nel forno preriscaldato a 150° per 5/6 minuti. Guarnite con le punte d'asparagi prima di servire.

Cardi di Isola d'Asti con le olive

INGREDIENTI PER 4 PERSONE:

1 cardo
100 g di olive nere denocciolate
50 g di toma stagionata grattugiata
4 cucchiai di olio extravergine d'oliva
4 cucchiai di pangrattato
sale e pepe

Pulite bene i cardi, lessateli in acqua salata per almeno un'ora, a seconda delle dimensioni, e, una volta teneri, scolateli e metteteli in un tegame assieme alle olive nere denocciolate e grossolanamente tritate. Cospargete il tutto con il pangrattato, condite con sale e abbondante pepe nero macinato al momento, spolverizzate con la toma grattugiata, quindi irrorate con un filo d'olio. Metteteli a gratinare in forno caldo per una ventina di minuti a 150°.

Cavoletti di Bruxelles gratinati con prosciutto di Cossombrato

INGREDIENTI PER 4 PERSONE:

500 g di cavoletti di Bruxelles
100 g di prosciutto di Cossombrato
sale
50 g di parmigiano reggiano grattugiato
50 g di burro

Dopo avere ben puliti i cavoletti, bolliteli in acqua salata. In una padella antiaderente fate rosolare per un poco il prosciutto tagliato a dadini nel burro, quindi versatevi sopra i cavolini tagliati a metà e mescolateli col parmigiano grattugiato. Preriscaldate il forno a 180° e infornateli fino a quando il formaggio sarà completamente sciolto.

Cipollata di castagnole Monferrato

INGREDIENTI PER 4 PERSONE:
3 cipolle
150 g di toma morbida
1 cucchiaio di paprika dolce
sale
1 peperone rosso
4 cucchiai di olio d'oliva extravergine
2 cucchiai di succo di limone
crostini di pane abbrustolito

Sbucciate la cipolla e frullatela, quindi ponete il composto in una terrinetta. Pulite il peperone, tagliatelo a falde e fatele leggermente abbrustolire sulla fiamma viva, quindi togliete la pelle e frullate anch'esso. Unite la polpa di peperone alla cipolla, aggiungete la paprika e la toma morbida, salate e mescolate accuratamente. Condite con l'olio e il succo di limone, mescolate ancora e lasciate in frigorifero per mezza giornata. Servite la cipollata con crostini di pane abbrustolito.

Crema di toma fresca e peperoni

INGREDIENTI PER 4 PERSONE:
2 peperoni
4 cucchiai di olio extravergine
  d'oliva
sale e pepe
5-6 foglie di basilico
1 cipolla
250 g di toma fresca
crostini di pane abbrustolito

Pulite i peperoni, cuoceteli in forno caldo a 180° per circa 20 minuti, quindi toglieteli, sbucciateli e tagliateli a listarelle. Affettate finemente la cipolla con la mandolina. Rosolate i peperoni e la cipolla per 5 minuti in un tegame con l'olio e sale, quindi abbassate il fuoco e cuocete per 10 minuti. Togliete dal fuoco, lasciate un poco raffreddare, poi frullate con le foglie di basilico. Mescolate in una terrina la toma fresca, il frullato di peperoni e basilico, aggiungete un poco di sale e pepe e sbattete con una frusta fino ad ottenere un composto soffice. Mettete la crema a raffreddare in frigorifero per un'ora prima di servirla con crostini di pane.

Crocchette di zucchine e ricotta della Valfenera

INGREDIENTI PER 4 PERSONE:
300 g di zucchine
50 g di parmigiano grattugiato
1 ciuffo di prezzemolo
1 pizzico di noce moscata
4 cucchiai di farina
olio per friggere
300 g di ricotta
2 uova e 2 tuorli
1 spicchio d'aglio
1 pugno di pangrattato
4 cucchiai di olio d'oliva
sale e pepe

Cuocete per pochi minuti le zucchine in padella con un bicchiere d'acqua e l'olio, quindi passatele al frullatore con la ricotta. Mescolate all'impasto i 2 tuorli e 2 cucchiaiate di parmigiano grattugiato. Insaporite con il trito di aglio e prezzemolo, con sale, pepe e noce moscata. Formate con il composto delle polpettine piatte. Passatele nella farina, poi nelle uova sbattute e infine nel pangrattato. Friggete le crocchette in abbondante olio caldo, toglietele con una schiumarola, ponetele a scolare l'unto in eccesso su un foglio di carta assorbente da cucina e servitele subito.

Crostini con salame d'asino di Moncalvo

INGREDIENTI PER 4 PERSONE:
8 fette di pane casereccio   50 g di burro
120 g di salame d'asino

Il salame d'asino di Moncalvo è preparato con carne d'asino, macinata a grana fina con circa il 30% di grasso di pancetta suina, condita e insaccata nel budello torto di manzo. Abbrustolite bene le fette di pane casereccio tagliate in due parti. Ancora calde, spalmatele col burro. Sistematevi sopra le fette di salame d'asino e servite.

Crostoni di pane abbrustolito con bagnet 'd tômatiche

INGREDIENTI PER 4 PERSONE:
8 fette di pane casereccio

Per il bagnet:
6 pomodori maturi   1 cipolla grossa
2 spicchi di aglio   1 carota
6 cucchiai di olio extravergine   2 cucchiai di aceto di vino
  di oliva   1 peperoncino rosso
1 cucchiaino di zucchero   sale

Lavate, private dei semi e passate al frullatore i pomodori. Tritate finemente anche carota, cipolla e aglio, e uniteli ai pomodori. Condite con un pizzico di peperoncino piccante a piacere, l'aceto, un cucchiaino di zucchero, sale e olio di oliva. Mettete il tutto in una pentolina a fuoco bassissimo e lasciate cuocere per circa tre ore, mescolando. Passate la salsa attraverso un colino e amalgamatela con l'olio. Servitela spalmata su crostoni di pane abbrustoliti.

Fegatini e spadone di Nizza Monferrato

INGREDIENTI PER 4 PERSONE:
800 g di cardo spadone   1 limone
400 g di fegatini di pollo   50 g di burro
1 litro di latte   100 g di parmigiano grattugiato
sale e pepe

Pulite e togliete i filamenti ai cardi e sbollentateli per almeno un'oretta in acqua acidulata col succo del limone. Fate imbiondire nel burro i fegatini tagliati a pezzetti, poi aggiungetevi i cardi, scolati e tagliati a pezzetti. Insaporite con sale e pepe e fateli soffriggere per una decina di minuti, poi aggiungete poco alla volta il latte.

Fate cuocere lentamente per un'ora circa. A cottura ultimata cospargete i cardi e i fegatini di parmigiano grattugiato.

Insalata di cappone ruspante di Nizza Monferrato

INGREDIENTI PER 4 PERSONE:

1 cappone
20 g di burro
1 porro
1 rametto di rosmarino
100 g di insalatina mista
2 cucchiai di aceto di vino rosso

il fegato del cappone
1 cipolla
1 bicchiere di vino bianco
1 ciuffo di prezzemolo
4 cucchiai di olio extravergine d'oliva
sale e pepe

Per questo piatto si può utilizzare il cappone arrosto avanzato, oppure prepararlo appositamente. In questo secondo caso ponete in una capiente casseruola un filo di olio, una noce di burro, la cipolla e il porro tagliati a rondelle ed il rosmarino.

Sopra a tutto mettete il cappone ben pulito e lasciatelo rosolare a fuoco lento, facendolo dorare su entrambi i lati per una cinquantina di minuti, poi passatelo in forno per terminare la cottura, irrorandolo con un bicchiere di vino bianco.

Una volta cotto lasciatelo parzialmente raffreddare, disossatelo, tagliatelo a striscioline e tenete la carne in caldo.

Cuocete il fegatino in una piccola padella con il restante burro, con un trito fine di prezzemolo.

Lasciate parzialmente raffreddare e schiacciatelo con i rebbi della forchetta per disfarlo, cercando di formare una salsa densa.

In una capiente insalatiera mettete l'insalatina mista, e conditela con una vinaigrette ottenuta emulsionando olio, aceto, sale e pepe.

Sopra all'insalata sistemate il cappone, quindi irrorate il tutto con la salsa di fegato. Servite subito.

Involtini di peperone di Isola d'Asti

INGREDIENTI PER 4 PERSONE:

12 falde di peperone rosso
100 g di mozzarella
1 pizzico di origano
8 cucchiai di olio extravergine d'oliva

100 g di passata di pomodoro
1 manciata di capperi salati di Pantelleria
sale e pepe

Grigliate per alcuni minuti il peperone, avendo cura che non cuocia troppo ma sia abbastanza morbido da poterlo piegare.

Stendete su un tavolo le falde di peperone. Distribuitevi sopra, su tutta la superficie, una cucchiaiata di passata di pomodoro. Lavate e sgocciolate i capperi e suddivideteli fra le fette. Tagliate a dadini piccoli la mozzarella e distribuitela sulle falde. Insaporite con un pizzico di origano, sale e pepe.

Chiudete le fette a involtino e fermatele con uno stuzzicadenti. Disponete gli involtini di peperone in una pirofila, irrorateli con l'olio e cuoceteli in forno a 180° per 5 minuti.

Peperone quadrato d'Asti farcito

INGREDIENTI PER 4 PERSONE:
4 peperoni gialli quadrati di Asti   *100 g di tonno sott'olio*
1 tubetto di maionese   *4 cucchiai di olio extravergine d'oliva*
1 acciuga sotto sale   *1 ciuffo di prezzemolo*
½ cucchiaio di aceto di vino bianco   *1 cucchiaio di capperi sotto sale*
sale e pepe

Ungete esternamente con un filo d'olio i peperoni e poneteli in una teglia da forno, quindi lasciateli arrostire a 150° per 30 minuti.

Intanto tritate finemente il prezzemolo, l'acciuga ben pulita e dissalata, il tonno e i capperi. Amalgamate con un po' di maionese e l'aceto di vino bianco.

Una volta che i peperoni saranno cotti lasciateli raffreddare, quindi pelateli e cercate di dividerli in falde uguali.

Riempite ogni falda con un poco del composto, arrotolateli e teneteli fermi con uno stecchino.

Ponete i rotolini in un piatto da portata e irrorateli con abbondante olio, sale e pepe e un trito finissimo di prezzemolo.

Piatto freddo di lingua

INGREDIENTI PER 4 PERSONE:
1 lingua di bue   *12 punte di asparagi lessate*
1 peperone rosso sott'aceto   *2 uova sode*
gelatina istantanea   *un tartufo*

Fate scottare la lingua in acqua bollente per un paio d'ore, scolatela, lasciatela un poco raffreddare e spellatela, quindi tagliatela a fettine.

Preparate la gelatina, versatene un leggero strato in una pirofila da portata e fatela solidificare in frigorifero, poi disponete le fette di lingua, copritele con un leggero strato di gelatina ancora fluida e decorate con rondelle di uova sode, scaglie di tartufo e striscioline di peperone.

Mettete al centro le punte di asparagi e rimettete in frigorifero la pirofila fino a quando la gelatina si sarà completamente solidificata.

Polenta con salsiccia e peperoni

INGREDIENTI PER 4 PERSONE:

300 g di farina di mais	*100 g di burro*
4 cucchiai di polpa di pomodoro	*2 peperoni giallo e rosso*
1 cipolla	*200 g di salsiccia*
sale e pepe	

Portate a ebollizione 2 litri di acqua salata con una noce di burro e versatevi a pioggia la farina di mais, mescolando con una frusta affinché non si formino grumi. Cuocete la polenta per almeno 40 minuti. Tagliate a listarelle il peperone e mettetelo in una padella ad appassire nel burro assieme alla cipolla tagliata a fettine sottili, per una decina di minuti, poi aggiungete la salsiccia spezzettata, sale e pepe e fate cuocere ancora una decina di minuti. Infine unite la polpa di pomodoro, alzate il fuoco e mescolate accuratamente, lasciando addensare il sugo per altri 15 minuti. Servite nei singoli piatti uno strato di polenta cosparso di sugo di salsiccia e peperoni.

Polenta e fegatini al peperone di Capriglio

INGREDIENTI PER 4 PERSONE:

300 g di farina di mais	*10 g di burro*
300 g di fegatini di pollo	*1 peperone giallo*
1 peperone rosso	*½ bicchiere di passata di pomodoro*
1 ciuffo di prezzemolo	*3-4 spicchi d'aglio*
½ bicchiere di olio di oliva extravergine	*sale e pepe*

Portate a ebollizione 2 litri di acqua salata con una noce di burro e versatevi a pioggia la farina di mais, mescolando con una frusta affinché non si formino grumi. Cuocete la polenta per almeno 40 minuti. Tritate finemente l'aglio e il prezzemolo, e metteteli a rosolare in una capiente casseruola con l'olio. Quando avranno preso colore aggiungete la passata di pomodoro, e lasciate cuocere fino a quando si sarà addensata, infine unite il peperone tagliato a striscioline di circa 2 dita di larghezza. Lasciate cuocere per 5 minuti.

Nel frattempo tagliate a pezzi i fegatini di pollo, e aggiungeteli alla pentola, coprite e lasciate cuocere per 10 minuti, mescolando di quando in quando perché non si attacchi, salate e pepate. Se il sugo si rapprende troppo potete aggiungere un poco di acqua, ma meglio ancora un goccio di vino bianco. Servite nei singoli piatti uno strato di polenta cosparso di sugo di fegatini e peperoni.

Polenta e zampetti di maiale al peperone di Motta di Costigliole

INGREDIENTI PER 4 PERSONE:

300 g di farina di mais
4 zampetti di maiale
50 g di zucchero
1 peperoncino piccante
1 peperone rosso
sale

10 g di burro
1 limone
1 cipolla
1 peperone giallo
6 cucchiai di olio di oliva extravergine
aceto

Portate a ebollizione 2 litri di acqua salata con una noce di burro e versatevi a pioggia la farina di mais, mescolando con una frusta affinché non si formino grumi.

Cuocete la polenta per almeno 40 minuti.

Fiammeggiate gli zampetti per togliere eventuali setole e lasciateli a bagno in acqua acidulata con il succo del limone per un'oretta, poi lessateli avvolti in una pezzuola di cotone per almeno 4 ore.

Se l'acqua cala nella pentola aggiungetecene.

Sfasciate gli zampetti, lasciateli raffreddare e disossateli con un coltello affilato, poi tagliateli a pezzi e metteteli a soffriggere in un trito di cipolla e olio per una decina di minuti.

A parte passate al frullatore il peperone giallo, e mettetelo a cuocere assieme agli zampetti, tenendo il fuoco allegro perché l'acqua del peperone evapori.

Unite lo zucchero, mescolando per farlo sciogliere. Aggiungete l'aceto e portate a fine cottura. Rendetelo piccante con peperoncino a piacere.

Servite nei singoli piatti uno strato di polenta cosparso di intingolo di zampetto di maiale e peperoni.

Polpettone di lingua all'astigiana

INGREDIENTI PER 4 PERSONE:

500 g di lingua di vitello
100 g di prosciutto cotto in una sola fetta
4 pugni di pangrattato
4 spicchi d'aglio
4-5 foglie di salvia
2 cucchiai di farina

1 fetta di fesa di tacchino
1 bicchiere di marsala
100 g di burro
100 g di parmigiano grattugiato
1 rametto di rosmarino
sale e pepe

Fate bollire la lingua in acqua salata per almeno due ore, poi scolatela, lasciatela un poco raffreddare e spellatela. Tagliatela a fettine, quindi fatela rosolare in padella con aglio, rosmarino e burro, spolverate un po' di farina da un setaccio, bagnate con il bicchiere di marsala e continuate la cottura per 10 minuti.

A questo punto stendete la fetta di fesa di tacchino su una spianatoia, battetela bene col batticarne, e sistemate all'interno le fette di lingua, e ancora all'interno mettete la fetta di prosciutto. Avvolgete il polpettone su se stesso e legatelo con filo da arrosto. Fatelo rosolare in padella con il burro, e aglio, rosmarino, salvia, sale e pepe, fino a quando la fesa sarà cotta.

Salame di tacchino di San Marzanotto con patate

INGREDIENTI PER 4 PERSONE:

4 salamini freschi di tacchino
1 dado per brodo
3 cucchiai di olio extravergine d'oliva
500 g di patate
1 bicchiere di vino bianco secco
sale

Il salame di tacchino di San Marzanotto è prodotto con 75% di carne di tacchino e 25% di lardo di maiale, insaporiti con vino cortese, sale e pepe. Si consuma cotto. Tagliate le patate a dadini. Sistemate in una casseruola le patate, il dado, i salamini di tacchino di San Marzanotto, il vino e l'olio e ricoprite il tutto con acqua.

Cuocete per un'ora a fuoco lento con la casseruola coperta. Salate a piacere. Servite in tavola disponendo in ogni piatto un salamino tagliato a metà nel senso della lunghezza, le verdure e irrorate con un poco del sugo di cottura.

Sformato di prosciutto in salsa di funghi

INGREDIENTI PER 4 PERSONE:

400 g di prosciutto cotto
3 uova
4 pugni di pangrattato
noce moscata
Per la salsa:
200 g di funghi freschi
1 spicchio d'aglio
½ bicchiere di latte
sale e pepe
2 cucchiai di parmigiano grattugiato
salsa besciamella
1 bicchiere di marsala secco
sale e pepe
50 g di burro
1 ciuffo di prezzemolo
½ bicchiere di panna

Fate scaldare in una pentolina la besciamella, poi togliete la salsa dal fuoco, lasciatela intiepidire, quindi unite il prosciutto tritato, il formaggio grattugiato e due cucchiai di marsala.

Incorporate anche i tuorli delle uova e, infine, gli albumi montati a neve ben ferma.

Versate il composto in uno stampo da budino imburrato e cosparso di pangrattato e cuocete in forno, a calore medio, 150°, per 30-40 minuti circa. Preparate intanto la salsa di funghi: fate soffriggere in un tegame il burro, fatevi rosolare lo spicchio d'aglio schiacciato, quindi eliminatelo.

Aggiungete i funghi affettati e cuocete a fuoco moderato bagnando, ogni tanto, con un poco di latte; salate, pepate e, a cottura ultimata, completate con la panna e il prezzemolo tritato.

Disponete lo sformato di prosciutto su un piatto da portata, versatevi sopra la salsa di funghi e servite.

Spianata astigiana con cipolla bionda

INGREDIENTI PER 4 PERSONE:

400 g di pasta di pane lievitata *500 g di cipolle*
5 cucchiai di olio di oliva *sale*
 extravergine

Tagliate a fette sottilissime le cipolle e mettetele a rosolare a fuoco lentissimo con poco olio in una padella antiaderente, fino a quando saranno dorate. Disponete la pasta di pane in una pirofila da forno, spianando bene con le mani per ottenere uno spessore sottile. Disponetevi sopra la cipolla, salate e irrorate con il rimanente olio. Infornate a forno preriscaldato a 180° per 40 minuti.

Tasca fredda ripiena di salame del cios di Calosso

INGREDIENTI PER 4 PERSONE:

1 tasca di vitello pronta *300 g di lonza di maiale tritata*
300 g di salame del cios *2 uova sode*
1 ciuffo di prezzemolo *3 spicchi d'aglio*
100 g di parmigiano grattugiato *sale e pepe*

Il salame del cios di Calosso è salame tradizionale, insaccato nel budello cieco, quindi di dimensioni maggiori, più del doppio, rispetto al salame classico.

Resta pertanto molto morbido.

Fatevi preparare la tasca dal macellaio.

Tritate il prezzemolo e l'aglio, e uniteli alla lonza di maiale e al salame anch'essi tritati; aggiungete il parmigiano grattugiato, sale e pepe.

Amalgamante bene tutti gli ingredienti lavorandoli con le mani, quindi riempite la tasca, aggiungendo nel mezzo le uova sode.

Cucite l'imboccatura della tasca con filo da cucina e avvolgete il pezzo di carne in una pezza di stoffa, che servirà a non far uscire il ripieno se per caso la tasca si rompesse. Mettete la tasca in una pentola piuttosto capiente e ricopritela d'acqua fredda. Fate bollire il tutto per circa 2 ore a fuoco moderato.

Una volta tolta la tasca dalla pezza lasciatela raffreddare completamente e tagliatela a fette.

Torta di cardi

INGREDIENTI PER 4 PERSONE:
800 g di cardi
100 g di burro
1 limone
8 cucchiai di olio extravergine di oliva
150 g di parmigiano grattugiato
2 uova
1 cucchiaio di farina
sale e noce moscata

Mondate i cardi dai filamenti, tagliateli a pezzi lunghi circa 5 cm e metteteli a bagno per mezz'ora in acqua e limone, quindi fateli bollire per almeno un'ora in acqua salata bollente con un cucchiaio di farina.

Scolateli, asciugateli, e lasciateli raffreddare, poi passateli nell'uovo sbattuto, rotolateli nella farina ed infine friggeteli in padella con abbondante olio caldo.

Quando saranno dorati, sgocciolateli, metteteli a strati in una teglia imburrata coprendo ogni strato di parmigiano grattugiato e di fiocchetti di burro, insaporendo con sale, pepe e noce moscata, e terminando con un ultimo strato di parmigiano.

Passate la teglia in forno preriscaldato a 180° per un quarto d'ora, fino a quando la torta sarà gratinata.

Torta di fiori di zucca di Canelli

INGREDIENTI PER 4 PERSONE:
400 g di farina
100 g di toma stagionata grattugiata
10 g di burro
200 g di fiori di zucca
5 cucchiai di olio extravergine d'oliva
sale

Preparate un impasto con la farina, l'olio, il sale e acqua tiepida quanto basta. Fate scottare i fiori di zucca in acqua salata per circa un minuto, poi scolateli e tritateli, quindi aggiungeteli all'impasto. Unite anche la toma grattugiata, sale e pepe e mescolate bene. Stendete uniformemente l'impasto in una teglia da forno precedentemente unta con il burro fuso. Versate sulla superficie un filo d'olio e cuocete in forno preriscaldato a 180° per circa 50 minuti.

PRIMI PIATTI

Agnolotti astigiani

INGREDIENTI PER 4 PERSONE:

Per la pasta:
4 uova *400 g di farina*

Per il ripieno:
300 g di fesa di maiale *200 g di spinaci*
100 g di prosciutto cotto *noce moscata*
½ bicchiere di marsala *1 tuorlo d'uovo*
20 g di burro *sale e pepe*

Per il condimento:
½ bicchiere di salsa di pomodoro *1 cipolla*
50 g di burro *1 bustina di funghi secchi*
50 g di parmigiano grattugiato *sale e pepe nero*

    Mettete la farina a fontana su una spianatoia, rompete le uova nel centro e impastate con le mani fino ad ottenere un composto omogeneo.
    Sciogliete in un tegamino una noce di burro e mettetevi a soffriggere la fesa di maiale a bocconi. Sbollentate gli spinaci in pochissima acqua salata, strizzateli, tritateli molto finemente con la mezzaluna, e metteteli in una terrina. Aggiungetevi sale, pepe, noce moscata, il prosciutto cotto passato al frullatore, un tuorlo d'uovo e il marsala. Passate al frullatore anche la carne e unitela al ripieno, mantecando con un po' di burro fuso. Stendete la pasta, ma abbiate l'accortezza di non farla asciugare, altrimenti non riuscirete più a chiuderla. Su metà della pasta, con un cucchiaino, mettete delle palline di ripieno, a distanza di 1 cm l'una dall'altra, poi con l'altra metà della sfoglia coprite le palline, pigiate con le dita tutto attorno alle palline per far aderire i due fogli di pasta e con l'apposito attrezzo tagliate gli agnolotti nella caratteristica forma quadrata. Preparate il sugo. Mettete il burro in una padella e fatelo soffriggere leggermente con la cipolla tritata, poi unite il pomodoro, alzando il fuoco in modo che evapori tutta l'acqua di vegetazione e si formi una bella salsa densa. A questo punto aggiungete i funghi precedentemente ammollati in acqua tiepida per una mezz'oretta, strizzati e tritati grossolanamente. Lasciate cuocere per una mezz'oretta. Portate a ebollizione una pentola con abbondante acqua salata, cuocetevi gli agnolotti, scolateli al dente, conditeli con la salsa e mantecateli con il parmigiano.

Crema di zucca

INGREDIENTI PER 4 PERSONE:
800 g di zucca gialla *1 cipolla*
1 foglia di alloro *2 coste di sedano*
30 g di burro *1 l di brodo vegetale*
1 confezione di panna *1 ciuffo di prezzemolo*
sale e pepe

Sbucciate la zucca e tagliatela a pezzetti, eliminando semi e filamenti.
Tagliate, sempre a pezzettini, la cipolla e il sedano. Sciogliete il burro nella padella e aggiungete le verdure, facendole rosolare per una decina di minuti. Coprite col brodo, aggiustate di sale ed unite la foglia di alloro.
Lasciate bollire a fuoco basso per circa 30-40 minuti. Eliminate l'alloro e passate il tutto al frullatore. Aggiungete sale e pepe, la panna e il prezzemolo tritato, mescolando accuratamente bene fuori dal fuoco. Servite a piacere con crostini di pane abbrustolito.

Fonduta di robiola di Cocconato

INGREDIENTI PER 4 PERSONE:
400 g di robiola di Cocconato *40 g di burro*
1 bicchiere di latte *4 tuorli*
sale e pepe *crostini di pane abbrustolito*

Tagliate la robiola a pezzetti e lasciatela nel latte per 3 ore.
Trasferite il formaggio ben sgocciolato in una pentola, preferibilmente di coccio, nella quale avrete fatto sciogliere il burro.
Mescolate continuamente, unendo il latte poco alla volta finché il composto diventerà cremoso, a questo punto unite le uova sbattute con sale e pepe. Servite la fonduta di robiola ben calda con crostini di pane abbrustolito.

Gnocchetti con la verza di Cerro Tanaro

INGREDIENTI PER 4 PERSONE:
500 g di gnocchetti di patate *300 g di verza*
50 g di burro *100 g di parmigiano grattugiato*
sale e pepe

Lessate in abbondante acqua salata le verze, ben mondate, lavate e tagliate a listarelle, e scolatele dopo una decina di minuti.
Nella stessa acqua mettete a bollire gli gnocchetti. A parte prendete un pentolino, fate sciogliere una noce di burro e mettete a rosolare la verza. Quando avrete scolato gli gnocchetti, conditeli con il resto del burro, la verza, sale, pepe nero macinato al momento e un'abbondante spolverata di parmigiano.

Gnocchi di spinaci con ricotta e formaggio

INGREDIENTI PER 4 PERSONE:

Per gli gnocchi:
500 g di patate *250 g di spinaci*
noce moscata *30 g di burro*
4 tuorli d'uovo *1 cucchiaio di olio*
125 g di ricotta di pecora *200 g di semola*
sale

Per condire:
50 g di parmigiano grattugiato *50 g di burro*
sale e pepe nero

Lavate bene le patate senza sbucciarle, mettetele in una pentola, copritele di acqua fredda e fatele lessare per 20-25 minuti.

Appena saranno cotte, scolatele e sbucciatele ancora bollenti. Passatele in uno schiaccia-patate e allargate il composto ottenuto su una spianatoia, lasciandolo intiepidire un poco. Cuocete gli spinaci senza aggiungere acqua se non quella che rimane attaccata alle foglie con il lavaggio per 10 minuti, scolateli, strizzateli e tritateli. Cospargete le patate con un pizzico di sale, pepe e noce moscata, unite l'olio, i tuorli, la ricotta, l'uovo, gli spinaci, la semola, il burro ammorbidito, quindi impastate il tutto senza lavorare eccessivamente l'impasto. Lasciate riposare 5 minuti.

Dividete l'impasto a pezzetti, passate ognuno di essi sulla spianatoia infarinata in modo da ottenere tanti bastoncini, quindi tagliate dei pezzetti di circa un centimetro e schiacciateli leggermente con il pollice sul dorso di una grattugia in modo che risultino decorati.

Mettete a bollire una pentola d'acqua salata e accendete il forno a 200°. Buttate nell'acqua bollente gli gnocchi, e scolateli con una schiumarola mano a mano che affiorano.

Fate sciogliere il burro in una teglia da forno, versate gli gnocchi, cospargeteli con il parmigiano, insaporite con sale e pepe e infornate per una decina di minuti, giusto il tempo di farli gratinare.

Minestra con l'asparago saraceno di Vinchio

INGREDIENTI PER 4 PERSONE:

1 kg di asparagi saraceni di Vinchio *1 l di brodo vegetale*
4 cucchiai di fecola *50 g di burro*
100 g di formaggio grattugiato *sale e pepe*

Mettete a bollire gli asparagi, ben lavati e mondati, nell'apposita pentola e, quando saranno cotti, liberateli dalla parte dura e passateli al frullatore, fino ad ottenere un purè.

A parte fate fondere il burro, e unitevi gradatamente la fecola, stemperandola con il brodo. Aggiungete il purè di asparagi e il formaggio, salate e pepate a piacere, mescolate bene e servite molto caldo.

Minestra di cardi

INGREDIENTI PER 4 PERSONE:

1 grosso cardo gobbo *1 limone*
2 cucchiai di farina *2 spicchi di aglio*
100 g di burro *2 l di brodo di carne*
2 cucchiai di olio di oliva *4 uova*
crostini di pane casereccio abbrustoliti *1 confezione di panna*
50 g di parmigiano grattugiato *1 dado per brodo*
sale e pepe

Pulite con cura il cardo, togliendo le coste esterne più dure ed i filamenti. Tagliatelo a pezzi non molto grandi e ponetelo subito in acqua acidulata con il succo del limone e con 2 cucchiai di farina bianca, per non farli annerire. Portate ad ebollizione dell'acqua salata e lessate il cardo per 25-30 minuti. A questo punto scolatelo. Soffriggete gli spicchi di aglio interi nell'olio e nel burro, togliendoli come accennano a prendere colore. Aggiungete il cardo, mescolatelo bene per far insaporire e aggiungete 2 l di brodo di carne e il dado. Fate cuocere il tutto ancora una mezz'oretta, salate e pepate. Quindi frullate con un frullatore a immersione. Sbattete le uova sul fondo della zuppiera con abbondante parmigiano e versatevi sopra la minestra di cardo, aggiungete la panna e il parmigiano grattugiato. Servitela con crostini di pane casereccio abbrustoliti.

Minestrone astigiano

INGREDIENTI PER 4 PERSONE:

300 g di tagliatelle all'uovo *6 cucchiai di olio di oliva extravergine*
 fatte in casa *500 g di patate*
2 zucchine *300 g di porri*
2 foglie di alloro *noce moscata*
50 g di parmigiano grattugiato *sale e pepe*

Pelate le patate e tagliatele a fette. Tagliate a rondelle i porri e le zucchine e metteteli a cuocere in una pentola con abbondante acqua salata e le patate, per circa mezz'ora, salando e unendo un pizzico di noce moscata e 2 foglie di alloro. Una volta cotti, togliete i porri, le zucchine e le patate con una schiumarola e trituratali grossolanamente. Cuocete la pasta nella stessa acqua delle verdure, aggiungendone dell'altra, se occorre; salate, scolate le tagliatelle e unitele al pesto di porri, zucchine e patate, condite con l'olio, il parmigiano e allungatele con qualche mestolo di acqua di bollitura. Servite calde.

Penne al gorgonzola e noci

INGREDIENTI PER 4 PERSONE:

400 g di penne
30 g di burro
1 bicchiere di latte
1 ciuffo di prezzemolo
1 spicchio d'aglio
200 g di gorgonzola
50 g di gherigli di noci
sale e pepe

In una capiente padella, fate rosolare l'aglio intero nel burro: quando avrà preso colore eliminatelo ed abbassate la fiamma.

Aggiungete il gorgonzola col latte e lasciate che fonda a fuoco molto dolce, quindi unite le noci tritate, salate e pepate.

Portate a ebollizione una pentola con abbondante acqua salata, e cuocete la pasta. Scolatela al dente e fatela insaporire nella padella del gorgonzola, cospargete con il prezzemolo tritato e servite.

Riso e ortiche

INGREDIENTI PER 4 PERSONE:

300 g di riso
50 g di parmigiano grattugiato
100 g di burro
sale e pepe
1 bicchiere di latte
200 g di punte di ortiche
1 l di brodo di pollo

Lavate accuratamente le ortiche con un paio di guanti e tritatele finemente. In una pentola portate a ebollizione il latte e il brodo, quindi buttate il riso e lasciatelo cuocere, mescolando spesso.

A metà cottura aggiungete le ortiche e portate a cottura, salate, pepate, aggiungete il burro e il parmigiano.

Mescolate per mantecare bene, poi servite subito

Riso, salsiccia e funghi

INGREDIENTI PER 4 PERSONE:

350 g di riso
200 g di porcini freschi
4 pomodori perini
1 bicchiere di vino bianco secco
100 g di parmigiano reggiano grattugiato
250 g di salsiccia
1 cipolla
1 rametto di rosmarino
50 g di burro
sale e pepe

In una pentola capace portate a bollore una buona quantità di acqua, salatela e aggiungete il riso, mescolando e riportando il più velocemente possibile a bollore.

Pulite accuratamente i porcini e tagliateli a fettine sottili. In un altro tegame soffriggete una cipolla tagliata molto finemente nel burro, aggiungete i funghi e fateli rosolare fino a quando tutta l'acqua di vegetazione sarà evaporata.

Sfumate col vino e lasciatelo evaporare.

Tagliate la salsiccia in pezzetti e fateli rosolare, in un'altra padella, con la cipolla e un rametto di rosmarino finemente tritati. Tenete il calore vivace e aggiungete, dopo circa 10 minuti, mezzo bicchiere di vino bianco secco, fatelo evaporare, quindi unite i pomodori, tagliati a dadini. Alzate il fuoco per far evaporare l'acqua di vegetazione, scolate il riso, conditelo con il composto di funghi e unitelo al sughetto di salsiccia e pomodoro. Mantecate con il parmigiano reggiano grattugiato, salate, pepate e servite.

Risotto al radicchio di Cortazzone

INGREDIENTI PER 4 PERSONE:

320 g di riso
2 spicchi d'aglio
½ l di brodo di carne
2 cucchiai di olio extravergine d'oliva
2 cespi di radicchio di Cortazzone
40 g di parmigiano reggiano grattugiato
20 g di burro
sale e pepe bianco

In una larga padella scaldate olio e burro e fateci soffriggere l'aglio, togliendolo quando sarà dorato. Unite il radicchio, mondato, lavato e tagliato a pezzetti.

Fatelo appassire a fiamma bassa, quindi unite il riso.

Mescolate e lasciatelo tostare qualche minuto, poi aggiungete progressivamente il brodo e portatelo a cottura.

Salate e pepate. Prima di servire mantecate il tutto con una noce di burro e parmigiano.

Risotto con fiori di zucca e toma

INGREDIENTI PER 4 PERSONE:

320 g di riso
½ l di brodo vegetale
50 g di burro
sale e pepe
20 fiori di zucca
1 confezione di panna
50 g di toma stagionata grattugiata

Pulite e lavate bene i fiori di zucca, quindi tagliateli a striscioline e metteteli ad appassire, in una padella ampia, nel burro. Aggiungete il riso, e portatelo quasi a cottura completa, sfumandolo col brodo. Aggiungete la panna, sale e pepe.

A fine cottura mantecate con la toma stagionata grattugiata, mescolate e servite.

Risotto con i finocchi e il rosmarino

INGREDIENTI PER 4 PERSONE:

2 finocchi
50 g di pancetta
1 litro di brodo di carne
1 rametto di rosmarino
sale e pepe

3 cipolle
50 g di burro
320 g di riso
*50 g di parmigiano reggiano
   grattugiato*

Fate rosolare le cipolle affettate fini nel burro, poi aggiungete la pancetta tritata e il cuore dei finocchi tagliato a fettine sottili e fate insaporire bene.

Aggiungete un poco di brodo, tenendo conto che i finocchi devono cuocere 20 minuti circa. Aggiungete il riso e portatelo a cottura, mescolando continuamente e aggiungendo mano a mano il brodo.

Condite con sale, pepe, un trito di rosmarino e abbondante parmigiano.

Risotto con il cardo di Isola d'Asti

INGREDIENTI PER 4 PERSONE:

320 g di riso
1 limone
2 cucchiai di olio di oliva
50 g di pancetta
70 g di parmigiano grattugiato
sale e pepe

200 g di cardo gobbo
50 g di burro
2 scalogni
1 confezione di panna
2 l di brodo di carne

Pelate il cardo, togliendo con cura i filamenti, tagliatelo a fettine sottili ed immergetele per un'ora in una ciotola con acqua fredda e succo di limone. Poi scolatelo.

Fate sobbollire il brodo.

Tritate finemente lo scalogno e la pancetta, e fateli imbiondire nell'olio in un tegame da risotto. Aggiungete il riso, rimescolate e bagnate con 4 mestoli di brodo bollente, facendolo assorbire poco alla volta. Unite le fettine di cardo.

Cuocete a fuoco vivace, mescolando di tanto in tanto e aggiungendo brodo man mano che il riso si asciuga. Dopo 16 minuti il riso dovrebbe essere al dente. Accertatevene assaggiandolo.

Aggiustate di sale, togliete dal fuoco e mantecate con burro, panna e parmigiano grattugiato. Cospargete con pepe macinato al momento e servite.

Risotto con la salsiccia

INGREDIENTI PER 4 PERSONE:

320 g di riso	*200 g di salsiccia fresca*
50 g di burro	*1 cipolla*
50 g di parmigiano reggiano grattugiato	*1 bicchiere di vino bianco secco*
	½ l di brodo di carne
sale e pepe	

Togliete la salsiccia dal budello e fatela soffriggere, un po' triturata, con un battuto di cipolla e il burro.

Quando sarà rosolata aggiungete il riso e bagnate con il vino bianco.

Lasciate evaporare ed aggiungete il brodo gradualmente, mescolando e continuando la cottura per 15 minuti.

Servite cospargendo con il parmigiano reggiano grattugiato, sale e pepe.

Risotto rosso di Buttigliera d'Asti

INGREDIENTI PER 4 PERSONE:

320 g di riso	*3 pomodori perini*
20 g di burro	*1 l di brodo di carne*
1 bicchiere di barbera d'Asti	*50 g di parmigiano reggiano grattugiato*
sale e pepe	

In una pentola fate bollire il brodo, unite il pomodoro tritato e privato dei semi e fate cuocere 15 minuti, quindi aggiungete il riso e la barbera.

A riso cotto aggiungete il burro, sale e pepe e mantecate con il parmigiano. Mescolate e servite.

Spaghetti con la cipolla bionda astigiana

INGREDIENTI PER 4 PERSONE:

400 g di spaghetti	*2 cucchiai di pane grattugiato*
50 g di parmigiano grattugiato	*1 ciuffo di prezzemolo*
2 cipolle bionde astigiane	*½ bicchiere di olio extravergine d'oliva*
sale e pepe	

Affettate le cipolle, tritate il prezzemolo e soffriggeteli in una padella con l'olio; non appena la cipolla è cotta, spolverizzate di pepe e sale.

Tostate in un tegamino il pane grattugiato con un po' d'olio e un pizzico di sale.

Lessate la pasta in abbondante acqua salata, scolatela al dente e mettetela a insaporire nella padella del condimento; mescolate e versate gli spaghetti nel piatto da portata, spolverizzando con il pangrattato e il parmigiano.

Spaghetti con la toma

INGREDIENTI PER 4 PERSONE:

400 g di spaghetti
50 g di burro
1 ciuffo di prezzemolo
100 g di toma stravecchia grattugiata
4 cucchiai di olio d'oliva
sale e pepe

Scaldate l'olio in una padella e fatevi sciogliere dolcemente a fuoco basso la toma assieme a una noce di burro, sale e pepe. Cuocete in abbondante acqua salata in ebollizione gli spaghetti e scolateli al dente, quindi conditeli con il rimanente burro fuso e la toma.

Cospargete con un poco di prezzemolo tritato, salate, mescolate bene e servite con una macinata di pepe nero al momento.

Tagliatelle astigiane alla finanziera

INGREDIENTI PER 4 PERSONE:

400 g di tagliatelle
30 g di funghi secchi
3 fegatini di pollo
1 carota
1 cipolla
1 bicchiere di vino bianco
60 g di burro
60 g di parmigiano grattugiato
3 ventrigli di pollo
1 costa di sedano
2 mestoli di brodo
sale e pepe

Ammollate i funghi in acqua tiepida per mezz'oretta. Lavate e triturate grossolanamente i fegatini. Tagliate i ventrigli, svuotateli, lavateli e tritateli. Tritate finemente anche sedano, carota e cipolla e soffriggetele nel burro fino a quando saranno dorate, aggiungete i ventrigli, i funghi strizzati e tritati, i fegatini e lasciate rosolare il tutto per qualche minuto, mescolando con cura.

Sfumate con il vino e, quando sarà evaporato, bagnate con il brodo. Fate cuocere il sugo a tegame coperto per circa una mezz'ora a fuoco moderato. Levate la pentola dal fuoco, unite un poco di burro e mescolate, badando che la salsa sia densa. Intanto cuocete in abbondante acqua salata le tagliatelle, scolatele al dente, e conditele con la salsa alla finanziera. Salate e pepate. Spolverizzate con parmigiano grattugiato e servite.

Tagliolini con ricotta e fave

INGREDIENTI PER 4 PERSONE:

400 g di tagliolini
2 spicchi d'aglio
2 coste di sedano
sale e pepe nero
1 kg di fave fresche
4 cucchiai di olio extravergine d'oliva
200 g di ricotta

Sgranate le fave e lessatele a fuoco lento, in acqua pari al doppio del loro volume.

A metà cottura aggiungete gli spicchi d'aglio, il sedano a pezzetti e l'olio d'oliva. Cuocete mescolando spesso, e quando l'acqua si sarà tutta ritirata, frullate con il frullatore a immersione fino a ottenere una crema densa e liscia alla quale unirete la ricotta, mescolando bene. Lessate i tagliolini in abbondante acqua salata, scolateli al dente e conditeli con il sugo di fave e ricotta, sale e pepe nero macinato al momento.

Tajarin con fegatini

INGREDIENTI PER 4 PERSONE:

Per la pasta:
400 g di farina bianca   *4 uova*

Per il sugo:
300 g di fegatini e cuori di pollo   *70 g di burro*
1 cipolla   *½ bicchiere di vino bianco*
1 cucchiaino di concentrato   *sale*
  di pomodoro

In un tegame fate imbiondire la cipolla tritata finemente con il burro, unite i cuoricini tritati grossolanamente, fateli rosolare e sfumateli con il vino. Appena sarà evaporato, aggiungete un mestolo di acqua bollente nel quale avrete disciolto il concentrato di pomodoro. Quando i cuori saranno quasi cotti, unite i fegatini, cuoceteli velocemente, disfateli con i rebbi di una forchetta e salate.

A parte ponete sul tagliere la farina a fontana, rompetevi dentro le uova e impastate, cercando di ottenere una pasta liscia e omogenea.

Tirate la sfoglia con il matterello e tagliate, con un coltello affilato, dei tajarin, che aprirete per farli asciugare.

Portate a ebollizione una pentola di acqua salata, cuocete i tajarin, scolateli al dente e conditeli con il sugo di fegatini, sale e pepe, mescolate e servite.

Zuppa alla trippa

INGREDIENTI PER 4 PERSONE:

600 g di trippa
2 porri
2 l di brodo
1 ciuffo di prezzemolo
crostini di pane casereccio abbrustoliti

2 cipolle
50 g di burro
50 g di parmigiano grattugiato
30 g di pancetta
sale e pepe nero

Tritate accuratamente le cipolle, i porri, utilizzando anche un poco della parte verde e la pancetta, e metteteli a soffriggere con il burro. Quando saranno rosolati aggiungete la trippa tagliata a striscioline. Lasciate cuocere per almeno un paio d'ore, aggiungendo progressivamente il brodo. Salate e pepate a piacere. Prima di servire con i crostini di pane abbrustolito a parte, cospargete la zuppa di abbondante parmigiano reggiano grattugiato, sale e pepe nero macinato al momento e prezzemolo tritato.

Zuppa di navoni (rape) e patate

INGREDIENTI PER 4 PERSONE:

2 cipolle
400 g di rape bianche
1 l di latte
crostini di pane

400 g di patate
4 cucchiai di olio extravergine d'oliva
sale e pepe

Fate rosolare 2 cipolle tritate nell'olio fino a quando vedrete che diventano dorate.
Aggiungete le rape e le patate, ben lavate, sbucciate e tagliate a pezzettini abbastanza piccoli. Aggiungete un litro di latte, sale e pepe. Lasciate cuocere 40 minuti, poi passate al passaverdura o frullate con un frullatore a immersione, fate bollire ancora qualche minuto e servite con crostini di pane abbrustolito.

Zuppa di pane, patate e rape

INGREDIENTI PER 4 PERSONE:

1 l di brodo di carne
200 g di rape piccole
30 g di burro
sale e pepe nero

3 panini raffermi
3 patate
50 g di parmigiano grattugiato

Tagliate a fette i panini e fateli tostare in forno. Pelate e affettate le rape e le patate e mettetele a bollire in acqua salata. Quando saranno cotte, dopo circa 30 minuti, scolatele e fatele rosolare con il burro in una pentola abbastanza capiente. Aggiungete progressivamente il brodo caldo. Frullate il tutto con un frullatore a immersione, poi salate e pepate. Mettete le fette di pane nelle singole fondine, servite la zuppa di patate e rape, e spolverizzate con il formaggio grattugiato, sale e pepe nero macinato al momento.

SECONDI PIATTI

Arista di maiale con asparagi saraceni di Vinchio

INGREDIENTI PER 4 PERSONE:

800 g di arista di maiale
2 cipolle
1 l di brodo
salsa besciamella
50 g di burro
1 bicchiere di cognac
200 g di asparagi saraceni di Vinchio
sale e pepe

Pulite la carne e bollitela per mezz'oretta in acqua salata, quindi tagliatela a tocchetti di una decina di centimetri.

A parte tagliate abbastanza spesse le cipolle e mettetele a rosolare nella metà del burro per una decina di minuti, fino a quando saranno dorate, quindi aggiungete i tocchetti di arista e fate rosolare anch'essi per circa 15 minuti, sfumando con il cognac.

Coprite con il brodo e lasciate cuocere per un paio d'ore, badando che il liquido evapori ma la carne non resti a secco.

Sbollentate le punte di asparago per al massimo una decina di minuti in pochissima acqua salata, quindi scolateli e metteteli a insaporire in una padella con il resto del burro, mescolando continuamente per 10 minuti.

Trascorso questo tempo, spegnete il fuoco, lasciate intiepidire poi passate le punte di asparago nel frullatore. Amalgamate la salsa di asparagi alla besciamella, salate e pepate. Servite l'arista ricoperta di salsa di asparagi.

Arrosto di maiale all'uva moscato

INGREDIENTI PER 4 PERSONE:

800 g di filetto di maiale
1 kg di uva moscato
6 cucchiai di olio d'oliva
sale e pepe

Sgranate l'uva, mettete i chicchi, ben lavati, nel passaverdure e raccogliete il succo d'uva in una ciotola.

Legate la carne con un filo da arrosti e adagiatela in una pentola, irrorando con l'olio.

Lasciate rosolare a fiamma viva, quindi aggiungete il succo d'uva.

Mettete il coperchio, abbassate la fiamma e fate sobbollire per circa un'ora.

Insaporite con sale e pepe.

Eliminate lo spago dalla carne, tagliatela a fette e copritela con la salsa al moscato, che si sarà addensata.

Arrosto di manzo alla panna

INGREDIENTI PER 4 PERSONE:

800 g di arrosto di manzo
2 carote
1 foglia d'alloro
1 bicchiere di vino rosso
sale e pepe
2 coste di sedano
1 grossa cipolla
1 rametto di rosmarino
½ l di brodo di carne
4 cucchiai di olio

Per la salsa:
125 ml di panna
1 cucchiaio di farina
1 limone

Tritate le carote, il sedano e la cipolla. Lardellate la carne e strofinatela uniformemente con sale e pepe. Mettete sul fuoco con un po' d'olio e fate rosolare bene su tutti i lati. Unite alla carne anche le verdure tritate, lasciate rosolare, quindi irrorate col vino e lasciate evaporare.

Nel frattempo fate scaldare il forno a 200°. Unite l'alloro e il rosmarino e infornate la carne. Lasciate cuocere per circa un'ora e mezzo e, ogni tanto, irrorate con del brodo.

Una vola sfornata la carne, toglietela dalla casseruola e conservatela a parte, in caldo.

Mescolate la panna inacidita con il succo del limone con la farina, quindi unitela al fondo di cottura e fate cuocere. Quando la salsa sarà omogenea e densa passatela al setaccio e, se occorre, aggiustate di sale e pepe. La carne si serve tagliata a fette e accompagnata dalla salsa.

Arrosto al peperone di Capriglio

INGREDIENTI PER 4 PERSONE:

800 g di noce di vitello
2 carote
350 g di peperoni di Capriglio
½ bicchiere di latte
1 bicchiere di brodo
½ bicchiere di olio extravergine di oliva
3 cipolle
1 bicchiere di vino bianco
4 cucchiai di farina
1 bicchiere di brandy
50 g di burro
sale e pepe

Mettete la noce di vitello, già arrotolata e legata con un filo da arrosti, in una capiente casseruola e fatela rosolare con un poco di burro e 2-3 cucchiai di olio.

Salatela, pepatela, unite le carote e le cipolle tritate finemente, irrorate con un bicchiere di vino e un bicchiere di brandy e fate evaporare. Coprite e fate cuocere a fuoco lento per un'ora e mezzo, bagnando di tanto in tanto con il brodo.

Nel frattempo pulite i peperoni, privandoli dei semi e dei filamenti interni bianchi, tagliateli a striscioline e fateli rosolare in una noce di burro e un paio di cucchiai di olio per 5 minuti. Salateli, pepateli, spolverizzateli con un poco di farina e irrorateli con mezzo bicchiere di latte. Mescolate su fuoco basso finché non si sarà formato un sugo piuttosto denso e spegnete il fuoco. Lasciate raffreddare l'arrosto, poi tagliatelo a fette sottili e disponetele nuovamente nella casseruola, bagnandole bene con il sughetto di cottura.

Ricoprite la carne con i peperoni e fate insaporire una decina di minuti, poi servite.

Batsoà di Asti

INGREDIENTI PER 4 PERSONE:

4 zampetti di maiale
½ l di vino bianco
1 ciuffo di prezzemolo
1 carota
1 cipolla
olio per friggere

½ l di aceto di vino bianco
1 limone
2 uova
1 costa di sedano
1 pugno di pangrattato
sale e pepe

Pulite accuratamente gli zampetti, bruciando le setole sulla fiamma viva e tagliateli a metà. Mettete in una pentola capiente l'aceto, il vino, 2 l di acqua fredda, sedano, carota e cipolla e portate a ebollizione, salando e pepando.

Quando bollirà unite gli zampetti e fateli cuocere fino a quando la carne comincerà a staccarsi dalle ossa. Scolate gli zampetti e fateli raffreddare completamente. Sbattete le uova con un po' di sale, passatevi gli zampetti, quindi impanateli e friggeteli in olio molto caldo. Quando avranno un bel colore dorato toglieteli e fate scolare l'unto in eccesso su un foglio di carta assorbente da cucina. Potete servirli con spicchi di limone.

I batsoà derivano il loro nome dal francese *bas de soie* (calze di seta).

Bistecche ai capperi di Villanova d'Asti

INGREDIENTI PER 4 PERSONE:

4 bistecche di vitello
4 cucchiai di olio d'oliva extravergine
1 manciata di capperi salati di Pantelleria

2 cipolle
1 pizzico di timo secco
1 bicchiere di marsala
sale e pepe

Sbucciate le cipolle, disponetele in una padella antiaderente, irroratele con dell'olio d'oliva e ricopritele con timo sbriciolato e acqua salata. Lasciate cuocere per mezz'oretta a recipiente scoperto fino a quando l'acqua si sarà asciugata, aggiungete allora un bicchiere di marsala che farete evaporare. A parte infarinate leggermente le fette di vitello e ponetele a rosolare con un poco di olio e i capperi triturati.

Quando saranno dorate toglietele dal fuoco e servitele coperte con le cipolle e il sughetto di cottura con il marsala. Salate e pepate.

Brasato d'asino di Calliano

INGREDIENTI PER 4 PERSONE:

1 kg di carne di asino
50 g di burro
1 bicchiere di vino rosso
1 cipolla
½ l di brodo
sale e pepe
50 g di pancetta
1 bicchiere di olio
1 carota
1 costa di sedano
1 barattolo di pomodori pelati

Steccate la carne con qualche strisciolina di pancetta. Scaldate due cucchiai d'olio e un po' di burro e mettetevi a rosolare la carne. Quando ha preso uniformemente colore, bagnatela con un bicchiere di vino rosso e lasciatelo evaporare. Aggiungete la cipolla affettata, la carota ed il sedano a pezzetti, la polpa di pomodoro, salate e pepate. Bagnate con un mestolo di acqua calda. Raggiunta l'ebollizione, abbassate il fuoco e continuate la cottura per 2 ore, aggiungendo brodo mano a mano che il sugo si addensa troppo. A cottura ultimata togliete la carne e passate il sugo al mixer, quindi servite il brasato di asino velato dal suo sughetto.

Brasato di piemontese in salsa di radicchio

INGREDIENTI PER 4 PERSONE:

*500 g di spalla di manzo
    piemontese*
1 confezione di panna
1 carota
50 g di lardo
1 l di brodo di carne
1 cucchiaio di fecola
½ litro di aceto
50 g di burro
1 cipolla
4-5 grani di pepe nero
2-3 chiodi di garofano
4 cespi di radicchio
sale e pepe

Mettete a marinare il manzo in una terrina con un bicchiere di aceto, i chiodi di garofano e i grani di pepe e lasciatevelo per 12 ore. Tritate la cipolla e i cespi di radicchio, ben mondati, con il lardo e soffriggeteli con poco burro nella casseruola per 10 minuti. Tagliate a pezzetti la carota, unitela al manzo e mettete il tutto nella casseruola, lasciando ben rosolare da tutte le parti. Versate l'aceto della marinata filtrato, un po' d'acqua e dopo 5 minuti unite anche la panna. Salate, pepate, coprite e lasciate cuocere per 3 ore, bagnando ogni tanto col brodo. Togliete la carne, tagliatela a pezzetti, disponetela sul piatto da portata e bagnatela con il sugo di cottura passato al setaccio e addensato eventualmente con un poco di fecola di patata.

Caponèt del Monferrato

INGREDIENTI PER 4 PERSONE:
16 grosse foglie di verza

Per il ripieno:
1 cipolla
200 g di salsiccia magra
200 g di spinaci
30 g di burro
3 uova
1 rametto di rosmarino
1 ciuffo di maggiorana
3 carote
1 bistecca di maiale
1 fetta di prosciutto cotto da circa 100 g
1 cucchiaio di olio d'oliva
50 g di parmigiano grattugiato
1 ciuffo di timo
sale e pepe

Soffriggete la cipolla e le carote tritate con il rametto di rosmarino in burro e olio. Aggiungete la bistecca, il prosciutto cotto e la salsiccia, tutto tagliato a pezzetti e lasciate rosolare, poi unite gli spinaci e fateli appassire. Spegnete il fuoco e lasciate raffreddare il tutto, quindi frullatelo nel mixer. Unite a questo composto le uova ed il parmigiano, timo e maggiorana tritate finemente. Aggiustate di sale e pepe.

Sbollentate le foglie della verza in acqua non salata per pochi minuti, toglietele con una schiumarola e appoggiatele su uno strofinaccio pulito ad asciugare. Farcitele col ripieno e arrotolatele, tenendole chiuse con un poco di filo bianco da arrosti. Disponetele in una pirofila unta e cuocetele in forno preriscaldato a 200° per 10 minuti.

Cappone di san Damiano d'Asti ripieno

INGREDIENTI PER 4-6 PERSONE:
1 cappone disossato
2 bicchieri di vino bianco secco
4 cucchiai di olio d'oliva extravergine
1 cucchiaio di farina

Per il ripieno:
600 g di castagne
200 g di lonza di maiale tritata
sale e pepe
400 g di salsiccia
2 cipolle

Preparate il ripieno facendo bollire le castagne. Se sono fresche verrà più saporito, altrimenti potete usare anche quelle secche, avendo l'accortezza di lasciarle a bagno una notte. Una volta bollite, frullate le castagne e mettete l'impasto in una terrina. Aggiungete la salsiccia sminuzzata molto finemente col coltello, le cipolle tritate e la lonza. Insaporite con sale e pepe e mescolate con le mani per rendere uniforme la farcia. Disossate il cappone, lavatelo bene e riempitelo con l'impasto. Disponete il cappone in una capiente teglia da forno con un goccio di olio e il vino bianco, coprite la teglia e cuocete a 200° per almeno due ore, girandolo spesso. Una volta cotto, toglietelo e tagliatelo a fette.

Addensate il sugo di cottura con un poco di farina e usate la salsa per velare le fette.

Cappone di Vesime alle mele

INGREDIENTI PER 4 PERSONE:

1 cappone
2 cucchiai di strutto
1 spicchio di aglio
1 bicchiere di vino rosso
sale e pepe

2 mele golden
4 cucchiai di olio extravergine di oliva
5-6 foglie di salvia
½ l di brodo di carne

Pulite bene il cappone e tagliatelo a pezzi. Preparate un tegame capiente, metteteci strutto e olio e soffriggete per qualche istante i pezzi di cappone coperti con un trito fine di aglio e salvia; fate dorare da tutte le parti, bagnate con il vino e lasciate evaporare. Aggiungete il brodo e lasciate stufare a fuoco dolce almeno un'oretta.

Trascorso questo tempo, ricoprite i pezzi di cappone con le mele tagliate a fettine, salate, pepate e fate cuocere lentamente fino a quando sentirete con i rebbi di una forchetta che la carne è tenera.

Se il sugo si dovesse addensare troppo bagnate con un goccio d'acqua.

A cottura ultimata, versate su un piatto da portata il cappone, ricoperto dal sughetto e servite in tavola.

Coniglio all'astigiana

INGREDIENTI PER 4 PERSONE:

1 coniglio
50 g di pancetta
1 ciuffo di prezzemolo
1 spicchio d'aglio
1 foglia di alloro
4 cucchiai di olio extra vergine di oliva

4 cipolle
20 g di burro
1 rametto di rosmarino
1 ciuffo di salvia
1 bicchiere di Grignolino
1 ciuffo di timo
sale e pepe

Tagliate il coniglio a pezzi. Affettate finemente la cipolla e tritate salvia, timo, rosmarino, aglio e alloro. Pestate la pancetta e fatela soffriggere lentamente in un tegame di terracotta con il burro e qualche cucchiaiata di olio.

Aggiungete la cipolla e lasciatela appassire a fuoco lento, unite i pezzi di coniglio ed il trito di erbe. Salate, pepate, lasciate rosolare la carne a fuoco vivace e sfumatela con il grignolino.

Quando inizia a bollire abbassate la fiamma al minimo e lasciate cuocere il coniglio per un paio d'ore, mescolando di tanto in tanto, e aggiungendo un poco di acqua nel caso in cui la preparazione si asciugasse troppo.

Dieci minuti prima di togliere dal fuoco tritate finemente il prezzemolo e cospargete il tutto. Mescolate e servite.

Coniglio con i peperoni

INGREDIENTI PER 4 PERSONE:

1 coniglio
1 ciuffo di prezzemolo
3 peperoni, uno giallo, uno rosso e uno verde
1 peperoncino rosso piccante
8 cucchiai di olio extravergine d'oliva
4 pomodori freschi maturi
2 bicchieri di vino bianco
2 cipolle
sale

Tagliate a rondelle sottili le cipolle, e friggetele assieme al coniglio a pezzi nell'olio, con fuoco allegro, per 10 minuti, poi togliete il tutto e tenete in caldo. Nello stesso olio mettete i pomodori tagliati a cubetti e i peperoni tagliati a listarelle.

Fate evaporare l'acqua dei pomodori, a fuoco allegro, per circa 10 minuti, infine rimettete la cipolla e il coniglio.

Sfumate con il vino bianco. Lasciate cuocere a fuoco lento per una buona ora e salate.

Quando le verdure saranno pronte, aggiungete il peperoncino, e fate andare a fuoco vivacissimo per alcuni minuti.

Cotoletta alla monferrina

INGREDIENTI PER 4 PERSONE:

4 cotolette di vitello
50 g di fontina
4 cucchiai di farina
1 bicchiere di marsala secco
4 filetti d'acciuga
sale e pepe
100 g di prosciutto cotto
1 tartufo bianco
50 g di burro
1 spicchio d'aglio
1 confezione di panna

Tagliate a metà, orizzontalmente, 4 cotolette di vitello un po' spesse, apritele a portafoglio e farcitele con una fettina di prosciutto cotto, una di fontina e qualche lamella di tartufo. Chiudetele, tenendole ferme con uno stuzzicadenti, passatele prima nella farina, poi fatele rosolare nel burro per qualche minuto. Sfumate con il marsala, unite uno spicchio d'aglio schiacciato, 4 filetti d'acciuga tritati, e la panna, salate e pepate. Lasciate addensare la salsa e servite.

Filetto di sanato piemontese alle prugne

INGREDIENTI PER 4 PERSONE:

800 g di filetto di sanato piemontese
1 bicchiere di vino bianco secco
sale e pepe
40 g di burro
8 prugne secche
4 cucchiai di olio d'oliva

In un tegame scaldate il burro e quattro cucchiai di olio, adagiatevi la carne legata e cuocete in forno preriscaldato a 180° per una ventina di minuti, rigirando il filetto per fargli prendere colore. Salate e pepate. Sfumate con il vino e fatelo evaporare. Aggiungete le prugne, che avrete lasciato ammorbidire nell'acqua tiepida, denocciolate, strizzate e tagliate a metà. Continuate la cottura per 3/4 d'ora. Tagliate a fette il filetto e servite con il sughetto di prugne.

Finanziera astigiana

INGREDIENTI PER 4 PERSONE:

100 g di creste di gallo
100 g di fesa di vitello
100 g di filoni di vitello
100 g di carote
1 cipolla
1 mazzetto di aromi misti
1 bicchierino di marsala secco
sale e pepe nero

100 g di fegatini di pollo
100 g di animelle di vitello
100 g di funghi porcini sott'olio
qualche cetriolino sott'aceto
1 costa di sedano
1 cucchiaio di aceto di barolo
½ bicchiere di olio extravergine di oliva
4 cucchiai di farina

Fate bollire in acqua salata le animelle di vitello, dopo averle ben pulite, con un mazzetto di aromi misti. In una capiente padella fate imbiondire un trito fine di sedano, carota e cipolla nell'olio per alcuni minuti, aggiungete le creste di gallo, i filoni, le animelle, la fesa, i fegatini, tutto ben tagliato a pezzetti e leggermente infarinato, poi i funghi.

Aggiungete i cetrioli, spruzzate il tutto con il marsala e l'aceto e aggiustate di sale e pepe. Lasciate insaporire e servite.

Frittata di robiola di roccaverano e salame

INGREDIENTI PER 4 PERSONE:

150 g di robiola non troppo fresca
50 g di salame cotto in una fetta sola
1 bicchiere di olio d'oliva

4 uova
2 scalogni
1 cipolla
sale e pepe

In una terrina sbattete le uova, poi aggiungete la robiola e il salame cotto tagliati a dadini, un pizzico di sale e di pepe. Mescolate bene. Tagliate a fettine sottili gli scalogni e la cipolla e fateli rosolare in padella con un po' di olio d'oliva. Quando saranno dorati lasciateli intiepidire e uniteli al composto.

Nella stessa padella aggiungete ancora un po' di olio, portatelo a temperatura e cuocete la frittata prima da una parte e poi dall'altra, girandola con un piatto.

Passatela su carta assorbente per scolare l'unto in eccesso e servitela ben calda.

Griva monferrina

INGREDIENTI PER 4 PERSONE:
600 g di fegato di maiale
1 rametto di rosmarino
2 spicchi d'aglio
olio per friggere
rete di maiale
2 foglie di alloro
qualche bacca di ginepro
sale e pepe

    Tagliate a dadini il fegato di maiale e insaporitelo con un trito fine di alloro, bacche di ginepro, aglio e rosmarino, salatelo e pepatelo. Avvolgete una manciata di dadini nella reticella di maiale, chiudetela come a formare una sorta di sacchettino, tenendo ferma la rete con stuzzicadenti e friggetela nell'olio molto caldo. Lasciate scolare l'unto in eccesso su un foglio di carta assorbente da cucina prima di servire.

Lonza di maiale al miele

INGREDIENTI PER 4 PERSONE:
800 g di lonza di maiale
½ bicchiere di vino bianco secco
1 arancia
2 spicchi di aglio
½ l di brodo
50 g di burro
80 g di miele
3 cucchiai di zucchero
1 rametto di rosmarino
sale e pepe

    Legate la lonza con spago da cucina e mettetela a rosolare, in una teglia da forno, nel burro con il rosmarino e l'aglio; rigiratela di tanto in tanto in modo che prenda colore su tutta la superficie. Sfumate con il vino bianco, lasciate evaporare, salate, pepate e proseguite la cottura a fuoco lento per circa 2 ore, bagnando di tanto in tanto con brodo caldo e con il sughetto della carne. In una ciotolina, mescolate il miele con lo zucchero, il succo e la scorza grattugiata dell'arancia. Irrorate con il composto di miele la carne, trasferitela in forno preriscaldato a 200° e proseguite la cottura per una mezz'oretta. Rigiratela spesso in modo che si abbrustolisca bene. Sfornatela, tagliatela a fette e servitela ricoperta di sughetto al miele.

Manzo piccante

INGREDIENTI PER 4 PERSONE:
400 g di bocconcini di manzo
1 barattolo di pomodori pelati
1 cipolla
sale e peperoncino piccante
4 cucchiai di olio extravergine di oliva
3-4 carote
1 costa di sedano

    Fate un trito di cipolla, carota e sedano. Mettete i bocconcini di manzo in una pentola di coccio, con l'olio, le verdure e un barattolo di pomodori pelati schiacciati con i rebbi di una forchetta. Aggiungete un peperoncino piccante sbriciolato e ponete sul fuoco.

    Lasciate cuocere coperto per una mezz'oretta, mescolando, poi togliete il coperchio, fate rapprendere il sugo e servite.

Manzo piemontese in casseruola all'astigiana

INGREDIENTI PER 4 PERSONE:
*800 g di spalla di manzo
  piemontese
1 rametto di rosmarino
alcune bacche di ginepro
1 bicchiere di latte
sale e pepe*

*100 g di pancetta magra
½ bicchiere di olio d'oliva
2 spicchi di aglio
1 cucchiaio di aceto di vino
2 bicchieri di brodo*

Legate con uno spago da arrosti il pezzo di spalla, fasciandolo con le fette di pancetta. In una pirofila un po' alta disponete l'arrosto, ricopritelo con olio, aceto, un trito fine di rosmarino e aglio, le bacche di ginepro, sale, pepe. Fate rosolare bene su fuoco basso e cuocetela per circa un'ora, bagnando con il brodo, poi con il latte. Pungete la carne con i rebbi di una forchetta per sentire quando sarà cotta, quindi alzate il fuoco per farle prendere colore da ogni parte. Servite l'arrosto tagliato a fette e ricoperto con il fondo di cottura.

Piccioni alla monferrina

INGREDIENTI PER 4 PERSONE:
*4 piccioni
1 carota
1 costa di sedano
2 cucchiai di aceto
sale e pepe*

*1 cipolla
1 bicchiere di brodo
50 g di burro
1 cucchiaio di farina*

Tagliate in 4 pezzi i piccioni. Metteteli a rosolare in un tegame con la cipolla, la carota e il sedano tritati grossolanamente e il burro. Cuoceteli adagio, e, a metà cottura, fate nevicare da un setaccio un cucchiaio di farina. Aggiungete un bicchiere di brodo, 2 cucchiai di aceto, salate e pepate. Portateli a cottura e serviteli ben caldi.

Punta di vitello alle erbe

INGREDIENTI PER 4 PERSONE:
*400 g di punta di vitello
  (già preparata con l'apposita sacca)
10 g di funghi secchi
1 spicchio d'aglio
50 g di mollica di pane
50 g di lardo
1 rametto di rosmarino
4 cucchiai di parmigiano
4 cucchiai di olio d'oliva
½ bicchiere di vino bianco*

*80 g di prosciutto cotto
50 g di burro
1 tartufo
4 cucchiai di latte
80 g di trita di vitello
1 ciuffo di prezzemolo
4-5 foglie di salvia
1 uovo
1 bicchiere di brodo
sale e pepe*

Mettete i funghi a rinvenire in acqua calda per mezz'ora circa. Strizzateli bene e metteteli a rosolare con un poco di burro insieme alla trita di vitello, al lardo, al prosciutto tritato, al tartufo, e a un trito fine di aglio, rosmarino, salvia e prezzemolo. Quando il tutto sarà ben colorito, togliete dal fuoco e passate nel tritacarne. Ammorbidite la mollica di pane con un poco di latte ed unitela al composto, legate con l'uovo e mantecate con il parmigiano grattugiato. Condite con sale e pepe il composto e mescolate bene. Farcite la punta di vitello con il ripieno appena preparato, cucitela e legatela in modo che tenga la forma. Rosolate il burro rimasto con l'olio in una casseruola e fate colorire la carne, bagnando prima con il vino e poi con il brodo. Cuocete la tasca per un'ora e mezza, bagnando con un goccio d'acqua se si dovesse seccare troppo, poi tagliatela a fette e servite.

Tapulon di Moncalvo (carne trita d'asino)

INGREDIENTI PER 4 PERSONE:

800 g di carne di asino tritata
2-3 bacche di ginepro
25 g di lardo
2 cipolle
1 bicchiere di brodo di carne
1 rametto di rosmarino
50 g di burro
2 cucchiai di olio d'oliva
1 bicchiere di vino rosso
sale e pepe

Fate rosolare le cipolle finemente tritate assieme al rosmarino e alle bacche di ginepro con il lardo tagliato a dadini, il burro e l'olio. Quando saranno dorate unite la carne d'asino tritata e cuocete, mescolando per farla ben sgranare, per dieci minuti. Unite il vino, coprite e lasciate cuocere per altri 10 minuti. Sfumate con il brodo, aggiustando di sale e pepe. Lasciate evaporare e servite, magari con una bella polenta.

Umido di maiale con cardi di Isola d'Asti

INGREDIENTI PER 4 PERSONE:

1 kg di cardi gobbi
1 cucchiaio di farina
1 cipolla
200 g di lonza di maiale
1 spicchio d'aglio
sale e pepe
1 limone
2 bicchieri di vino rosso
100 g di pancetta
30 g di burro
4 cucchiai di olio extravergine d'oliva

Pulite i cardi, togliendo con attenzione i filamenti, tagliateli a pezzi di 6-7 centimetri, mettendoli a bagno in una ciotola di acqua fredda acidulata con il succo di limone perché non anneriscano. In una pentola capiente piena d'acqua mettete la farina, un pizzico di sale e i cardi. Fateli bollire per almeno 50 minuti, quindi scolateli. Fate appassire la cipolla tritata con la pancetta a dadini in 4 cucchiaiate d'olio e nel burro, unite i cardi, un pizzico di sale e pepe, uno spicchio d'aglio intero schiacciato e un bicchiere di vino rosso, mettete il coperchio e lasciateli stufare a fuoco moderato per mezz'ora circa. Unite la lonza a tocchetti e il resto del vino e fate cuocere una mezz'oretta ancora prima di servire.

CONTORNI

Asparago saraceno di Vinchio in salsa al verde

INGREDIENTI PER 4 PERSONE:

400 g di asparagi
4 filetti d'acciuga
1 cucchiaio di capperi sotto sale
½ bicchiere d'olio d'oliva
sale
1 ciuffo di prezzemolo
la mollica di 1 panino
1 spicchio d'aglio
2 cucchiai di aceto di vino

Pulite gli asparagi, liberandoli dalla parte dura e lavateli bene. Poneteli, legati a mazzetto, a bollire in acqua leggermente salata per una ventina di minuti, quindi scolateli e poneteli ad asciugare su un canovaccio pulito.

Disponeteli in un piatto da portata e teneteli al caldo.

Unite l'aglio, le acciughe e i capperi dissalati al prezzemolo e tritate finemente il tutto nel mixer. Imbevete la mollica del panino nell'aceto, strizzatela leggermente e unitela al trito precedentemente preparato. Frullate nuovamente.

Amalgamate il tutto, mescolando energicamente, aggiungete abbondante olio d'oliva e un pizzico di sale. Irrorate di salsa gli asparagi e servite.

Carciofi ripieni alla toma

INGREDIENTI PER 4 PERSONE:

6 carciofi
80 g di pangrattato
sale e pepe
150 g di toma stagionata grattugiata
4 cucchiai di olio d'oliva

Pulite bene i carciofi, tagliate le punte e le foglie più dure e poneteli a lessare in acqua bollente salata, levandoli quando saranno al dente: è importante che siano ancora molto sodi.

Intanto in una terrina mettete il pane grattugiato, la toma, unitevi sale, pepe e l'olio. Mescolate energicamente in modo da amalgamare il tutto molto bene.

Prendete i carciofi, che saranno intiepiditi e fate un piccolo spazio al centro schiacciando le foglioline più tenere e con il ripieno ottenuto riempite ogni carciofo.

Sul fondo di una pirofila unta disponete i carciofi ripieni alla toma.

Infornate e fate cuocere a calore medio, 150° per una buona mezz'ora.

Cardi fritti

INGREDIENTI PER 4 PERSONE:
800 g di cardi
50 g di parmigiano reggiano grattugiato
1 cucchiaio di farina bianca
sale e pepe
2 uova
2 pugni di pangrattato
100 g di burro
1 limone

Pulite i cardi, togliendo loro i fili, lavateli, tagliateli a pezzi e metteteli a bagno in acqua acidulata con il succo del limone.

Dopo una mezz'oretta lessateli in abbondante acqua salata nella quale avrete stemperata la farina, per un'ora circa.

Scolateli, e metteteli ad asciugare su un foglio di carta da cucina.

Sbattete le uova con la forchetta, salate, pepate e unite il parmigiano, quindi passatevi i cardi. Rotolateli nel pangrattato, quindi friggeteli nel burro finché non diventeranno dorati. Serviteli caldi, contornati da spicchi di limone.

Cardi ripieni di formaggio

INGREDIENTI PER 4 PERSONE:
1 kg di cardi
100 g di parmigiano reggiano grattugiato
1 spicchio d'aglio
120 g di burro
1 limone
1 ciuffo di prezzemolo
sale e pepe

Pulite i cardi, tagliateli a pezzi piuttosto lunghi, almeno 10 cm, e metteteli a bagno con l'acqua e il succo di limone.

Fateli cuocere in acqua salata per 45 minuti e scolateli.

Fate sciogliere 80 g di burro e amalgamatelo con parmigiano, insaporendo con sale e pepe e un trito fine di aglio e prezzemolo.

Usate questa farcia per riempire le coste dei cardi.

Prendete una larga teglia da forno, imburratela e disponetevi i cardi in un solo strato, quindi irrorateli con un po' di burro fuso.

Preriscaldate il forno a 200° e mettete a gratinare i cardi, fino a quando vedrete che in superficie si sarà formata una crosticina dorata. Sfornate e servite.

Cardo di Motta di Costigliole in salsa all'aglio e noci

INGREDIENTI PER 4 PERSONE:

1 kg di cardi *1 limone*

Per la salsa:
400 g di gherigli di noci spelati *2 spicchi di aglio*
100 g di burro *la mollica di 1 panino*
1 bicchiere di latte *1 pizzico di sale grosso da cucina*
50 g di parmigiano grattugiato *1 bicchiere di brodo*

Lavate e pulite i cardi, togliete le parti fibrose e tagliateli a pezzi di circa 5 cm. Lasciateli a bagno con acqua acidulata col succo di limone perché non anneriscano. Lessateli per un'oretta in acqua salata. Scolateli, poi lasciateli asciugare su un canovaccio pulito.

Passate nel frullatore le noci e mettete il trito in una terrinetta. Tritate poi l'aglio insieme con il sale grosso e unite questo composto alle noci.

Amalgamate bene, aggiungete la mollica di pane intrisa in un po' di latte e strizzata.

Fate sciogliere il burro, aggiungetelo al pesto, mescolando e amalgamando bene, infine aggiungete il parmigiano grattugiato e mescolate ancora. Se la salsa fosse troppo densa, diluitela con un poco di brodo. Usate questa salsa per condire i cardi e serviteli ben caldi.

Cardo di Motta di Costigliole in umido

INGREDIENTI PER 4 PERSONE:

1 kg di cardi *3 acciughe sotto sale*
1 carota *1 costa di sedano*
1 peperone giallo *1 cipolla*
1 spicchio d'aglio *3 pomodori perini*
1 pizzico di peperoncino rosso piccante *1 ciuffo di prezzemolo*
  5 cucchiai di aceto
½ bicchiere d'olio d'oliva *sale e limone*

Dissalate e lavate accuratamente, pulite e filettate le acciughe. Fatele sciogliere in molto olio, a fuoco lentissimo. Aggiungete un trito finissimo di carote, sedano, cipolle, pomodoro, peperone, qualche spicchio d'aglio, un peperoncino rosso.

Lasciate cuocere a fuoco medio per circa 30 minuti, mescolando continuamente. Unite una manciata abbondante di prezzemolo, anch'esso finemente tritato, sfumate con l'aceto bianco e lasciate evaporare per alcuni minuti.

Spegnete il fuoco e aggiungete un pizzico di sale e una punta di zucchero. Lavate e pulite i cardi, togliete le parti fibrose e tagliateli a pezzi di circa 5 cm. Lasciateli a bagno con acqua acidulata col succo di limone perché non anneriscano.

Lessateli per un'oretta in acqua salata. Scolateli, poi metteteli a insaporire nella salsa per una ventina di minuti.

Carotine novelle al forno

INGREDIENTI PER 4 PERSONE:
600 g di carotine novelle
1 cucchiaino di zucchero
100 g di parmigiano reggiano grattugiato
150 g di burro
1 pizzico di timo seccato
2 cucchiai di vino bianco
sale

Raschiate le carotine novelle, lavatele e affettatele. Fate soffriggere la metà circa del burro in una padella e gettatevi le fettine di carote. Durante la cottura conditele con un cucchiaino di zucchero, il timo e un pizzico di sale. Completate la cottura con un goccio di vino e con il burro rimasto, quindi spolveratele con il parmigiano reggiano grattugiato e mettetele a gratinare in forno già caldo a 180° per una decina di minuti almeno.

Cavolfiore e patate al forno

INGREDIENTI PER 4 PERSONE:
1 cavolfiore
80 g di pangrattato
1 spicchio d'aglio
1 cucchiaio di salsa di pomodoro
1 rametto di timo fresco
½ bicchiere di latte
4 cucchiai di olio extravergine d'oliva
4-5 patate
100 g di formaggio stagionato grattugiato
1 ciuffo di prezzemolo
1 rametto di rosmarino
½ bicchiere di vino bianco secco
sale e pepe

Pulite il cavolfiore, lavatelo bene e tagliatelo in cimette. Pelate le patate e tagliatele a tocchetti, quindi mettetele a lessare in acqua bollente leggermente salata assieme al cavolfiore. Ammollate nel latte la metà del pangrattato, quindi strizzatelo e mettetelo in una terrina con sale e pepe. Tritate il prezzemolo e le altre erbe con l'aglio, quindi unite il trito al pangrattato ammollato, e mescolatevi due cucchiai di olio e la salsina di pomodoro diluita in un due dita di vino bianco. Scolate il cavolfiore e le patate un poco al dente, e disponetele a strati in una pirofila unta di olio, alternando con il composto di pane ed erbe e con il formaggio stagionato.

Spolverizzate la superficie con il rimanente pangrattato, irrorate con un filo di olio e passate in forno a gratinare per pochi minuti.

Cipolle agrodolci

INGREDIENTI PER 4 PERSONE:
500 g di cipolle
4 cucchiai di aceto di vino rosso
4 cucchiai di olio extravergine di oliva
3 cucchiai di zucchero
4 cucchiai di vino bianco secco
sale

Portate a ebollizione una pentola con abbondante acqua salata e sbollentate le cipolle per circa 10 minuti, poi scolatele, tagliatele a pezzi e sistematele in una pirofila da forno unta. Copritele con lo zucchero e il sale, e irroratele con l'aceto e il vino mescolati.

Ponete la teglia in forno preriscaldato a 180° per dieci minuti, alzando la temperatura a 250° per un attimo prima di toglierle dal forno per farle glassare.

Cipolle bionde astigiane ripiene

INGREDIENTI PER 4 PERSONE:
4 grosse cipolle bionde astigiane
la mollica di 1 panino
1 ciuffo di prezzemolo
50 g di parmigiano reggiano grattugiato
sale e pepe
150 g di prosciutto cotto
1 bicchiere di latte
1 uovo
1 bicchiere di brodo vegetale
50 g di burro

Sbucciate le cipolle, scottatele in acqua bollente per 3-4 minuti, poi scolatele e lasciatele raffreddare.

Svuotate le cipolle al centro. Bagnate la mollica di pane con il latte, strizzatela e mescolatela con il prosciutto cotto passato nel frullatore, il prezzemolo, anch'esso tritato, l'uovo, il sale e il pepe.

Mettete sul fondo di ogni cipolla un pezzettino di burro e un pizzico di parmigiano reggiano grattugiato, riempitele con il composto preparato, disponete sulla cima un altro pezzetto di burro e un altro pizzico di parmigiano reggiano grattugiato. Imburrate una pirofila da forno, disponetevi le cipolle, bagnatele con una tazza di brodo vegetale e cuocetele in forno già caldo a 150° per 30 minuti circa.

Cipolle bionde di Castelnuovo Scrivia al forno

INGREDIENTI PER 4 PERSONE:
8 cipolle
1 bicchiere di marsala
4 cucchiai di olio d'oliva
sale e pepe

Sbucciate le cipolle, scottatele in acqua bollente per 3-4 minuti, poi scolatele e lasciatele raffreddare. Ungete una pirofila da forno e metteteci le cipolle. Irroratele con il marsala, salatele, pepatele e infornatele a caldo per una mezz'oretta.

Insalata di sedano e funghi

INGREDIENTI PER 4 PERSONE:

300 g di champignon freschi *4-5 coste di sedano*
8 cucchiai di olio d'oliva *1 limone*
1 ciuffo di prezzemolo *sale e pepe bianco*

Pulite il sedano, togliendo i filamenti e tagliandolo a pezzetti sottili. Pulite i funghi e tagliateli a fettine sottilissime, unendoli al sedano. Conditeli con l'olio, al quale avrete amalgamato sale, pepe e il succo del limone. Prima di servire cospargeteli di prezzemolo tritato.

Insalata di sedano, noci e rape

INGREDIENTI PER 4 PERSONE:

200 g di rape bianche *4 coste di sedano*
1 pugno di gherigli di noci *4 cucchiai di olio extravergine d'oliva*
1 pugno di uvetta sultanina *sale e pepe*

Pelate le rape e tagliatele a fettine sottili. Pulite il sedano, togliendo i filamenti e tagliandolo a pezzetti sottili. Mettete il tutto in un'insalatiera. Aggiungete l'uvetta già lavata e fatta rinvenire in acqua. Condite con l'olio, sale e pepe e cospargete il tutto con le noci tritate. Mescolate bene e servite.

Patate in salsa di capperi

INGREDIENTI PER 4 PERSONE:

500 g di patate *2 cucchiai di farina*

Per la salsa:
30 g di burro *1 manciata di capperi salati di*
1 cucchiaino di aceto *Pantelleria*
1 cucchiaio di vino *sale e pepe*

Bollite le patate con la pelle per una mezz'oretta, in abbondante acqua salata, quindi scolatele, pelatele, tagliatele a fette e disponetele su un piatto da portata. Dissalate i capperi sotto acqua corrente, quindi tritateli finemente con la mezzaluna. Metteteli in un tegamino a rosolare col burro. Sfumate con aceto e vino, fate addensare un poco, eventualmente aggiungendo una punta di farina. Irrorate con la salsa di capperi le patate bollite e servite.

Peperoni in salsa di acciughe

INGREDIENTI PER 4 PERSONE:
4 peperoni gialli e rossi

Per la salsa:
5-6 filetti di acciughe sott'olio *1 cipolla*
1 spicchio d'aglio *1 ciuffo di prezzemolo*
2 cucchiai di olio d'oliva *10 g di burro*
sale e pepe bianco

Pulite e private di semi e filamenti interni bianchi i peperoni, tagliateli a falde e fateli cuocere alla griglia. Quando saranno cotti, pelateli e disponeteli su un piatto da portata che terrete al caldo.

Fate rosolare, in una casseruola, lo spicchio d'aglio tritato con olio e burro, aggiungete il prezzemolo tritato con la cipolla, le acciughe, sale e pepe. Lasciate cuocere a fuoco dolce fino a quando la salsina diventerà densa e le acciughe saranno disfatte. Irrorate con la salsa i peperoni e servite.

Piselli brasati alle erbe

INGREDIENTI PER 4 PERSONE:
1 barattolo di piselli *50 g di burro*
1 cipolla *1 ciuffo di prezzemolo*
1 ciuffo di erba cipollina *2-3 foglie di salvia*
1 rametto di timo *sale e pepe*

Tritate la cipolla e le erbe e mettetele a rosolare nel burro. Dopo qualche minuto unite i piselli con il loro liquido di conservazione e lasciate che evapori. Salate e pepate prima di servire.

Pomodori alla contadina

INGREDIENTI PER 4 PERSONE:
400 g di pomodori maturi *1 carota*
1 costa di sedano *1 cipolla*
1 spicchio d'aglio *½ bicchiere di vino rosso*
4 cucchiai di olio extravergine d'oliva *sale e pepe*

Tritate finemente sedano, carota e cipolla e metteteli a rosolare nell'olio. Quando saranno appassiti unite i pomodori tagliati a fette non troppo sottili e lasciate che evapori l'acqua di vegetazione.

Sfumate col vino, salate, pepate e lasciate brasare una ventina di minuti.

Rape in salsa agra

INGREDIENTI PER 4 PERSONE:
400 g di rape bianche
2 spicchi d'aglio
1 cucchiaio di aceto di vino
sale e pepe
50 g di burro
1 acciuga sotto sale
1 cucchiaio di senape

Bollite le rape in abbondante acqua salata per una ventina di minuti, tenendole abbastanza al dente. La durata della cottura dipende dalle dimensioni, per cui provate a pungerle con i rebbi di una forchetta.

Scolatele, pelatele, tagliatele a tocchetti e mettetele in un'insalatiera, che terrete al caldo. A parte dissalate l'acciuga e tritatela.

In un pentolino fate fondere il burro e rosolate l'aglio finemente tritata. Quando avrà preso un po' di colore unite l'acciuga, il vino e la senape. Mescolate, insaporite con poco sale e un po' di pepe e versate la salsa sulle rape. Mescolate ancora e servite.

Sedano saltato

INGREDIENTI PER 4 PERSONE:
1 sedano bianco
100 g di burro
sale e pepe
50 g di parmigiano reggiano
 grattugiato

Pulite le coste del sedano, togliendo i fili, lavatelo e tagliatelo a pezzi di circa 5 cm.

Fatelo rosolare a fuoco allegro nel burro fino a quando diventerà dorato. Cospargetelo di parmigiano, condite con sale e una macinata di pepe nero e servite subito.

Spadone di Castelnuovo Belbo al burro

INGREDIENTI PER 4 PERSONE:
1 kg di cardo spadone
100 g di parmigiano reggiano
 grattugiato
sale e pepe
1 limone
1 l di latte
100 g di burro

Lavate e pulite i cardi, togliete le parti fibrose e tagliateli a pezzi di circa 5 cm. Lasciateli a bagno con acqua acidulata col succo di limone perché non anneriscano. Lessateli per un'oretta in acqua salata.

Scolateli, poi allineateli a strati in una pirofila da forno, alternandoli con abbondante burro fuso, sale e pepe e parmigiano reggiano grattugiato. Ricopriteli completamente di latte, salateli e pepateli. Infornate a forno già caldo a 180° e fateli cuocere fino a quando il latte si sarà assorbito e addensato. A quel punto lasciateli gratinare, e, non appena si sarà formata una crosticina dorata, sfornateli e servite.

Spinaci al burro

INGREDIENTI PER 4 PERSONE:

1 kg di spinaci
1 cipolla
sale e pepe

100 g di burro
8 cucchiai di parmigiano reggiano grattugiato

Lavate e pulite gli spinaci, lessateli per 5 minuti in pochissima acqua salata, scolateli e strizzateli bene. Fate sciogliere in una padella il burro, fate rosolare la cipolla tritata finemente, fino a quando sarà lievemente dorata, quindi unite gli spinaci e fateli insaporire per cinque minuti.

Salate, pepate e spolverizzate il tutto con il parmigiano reggiano grattugiato. Mescolate fino a quando si sarà sciolto il formaggio e servite.

Taccole al bianco

INGREDIENTI PER 4 PERSONE:

500 g di taccole
30 g di burro
sale e pepe

2 spicchi d'aglio
1 confezione di panna

Pulite le taccole, sbollentatele per 10 minuti in acqua bollente salata, quindi scolatele bene. Tritate grossolanamente l'aglio e mettetelo a soffriggere in una padella con il burro, gettatevi le taccole e fate rosolare a fuoco dolce.

Unite la panna e lasciate addensare il tutto. Prima di servire insaporite con sale e pepe, mescolando bene.

Taccole al pomodoro

INGREDIENTI PER 4 PERSONE:

500 g di taccole
30 g di burro
sale e pepe

1 cipolla
1 barattolo di pomodori pelati

Pulite le taccole, sbollentatele per 10 minuti in acqua bollente salata, quindi scolatele bene. Tritate grossolanamente la cipolla e mettetela a soffriggere in una padella con il burro, gettatevi le taccole e fate rosolare a fuoco dolce.

Unite il pomodoro schiacciato con i rebbi di una forchetta e lasciate evaporare l'acqua di vegetazione.

Fate cuocere fino ad addensare la salsa. Prima di servire insaporite con sale e pepe, mescolando bene.

Verdure miste al pomodoro

INGREDIENTI PER 4 PERSONE:

1 peperone
2 coste di sedano
2 spicchi d'aglio
1 mestolo di brodo
sale e pepe
1 melanzana
4 pomodori pelati
1 ciuffo di prezzemolo
4 cucchiai di olio extravergine di oliva

Pulite tutte le verdure e tagliatele a tocchetti. Fatele rosolare in un tegame con l'olio, l'aglio e il prezzemolo tritati, sale e pepe. Quando vedrete che sono un po' abbrustolite unite i pomodori, schiacciati con i rebbi di una forchetta.

Bagnate con il brodo man mano che consumano la loro acqua e lasciate cuocere a fuoco moderato per 45 minuti circa.

Zucchine ripiene

INGREDIENTI PER 4 PERSONE:

8 zucchine non troppo grosse
1 scatoletta di tonno
8-10 gherigli di noci
4 cucchiai di olio extravergine di oliva
1 uovo
2 cipolle
20 g di parmigiano grattugiato
sale e pepe

Lavate le zucchine e fatele lessare intere in acqua salata per 10 minuti scarsi. Pulite e tritate le cipolle e fatele soffriggere in poco olio.

Scolate le zucchine, lasciatele raffreddare, eliminate le estremità e tagliatele a metà per il lungo, poi svuotatele con uno scavino, aggiungendo la polpa spezzettata alle cipolle.

Mentre cipolle e zucchine cuociono ancora per qualche minuto, fate un trito con il tonno sgocciolato.

Accendete il forno a 180°. Unite al composto le cipolle e la polpa di zucchine, il parmigiano, le noci finemente pestate e l'uovo, aggiustate di sale e pepe e mescolate bene. Posate le zucchine in una teglia da forno unta.

Riempitele con il trito, conditele con un filo d'olio e cuocete nel forno caldo per circa 15 minuti.

DOLCI

Bavarese al profumo di moscato di Asti

INGREDIENTI PER 4 PERSONE:

3 tuorli
½ l di latte
8 g di gelatina in fogli
2 baccelli di vaniglia

150 g di zucchero
½ l di panna
½ bicchiere di moscato dolce di Asti

Ammollate la gelatina in acqua fredda. In una casseruola fate scaldare il latte con i baccelli di vaniglia, quando raggiungerà il bollore spegnete il fuoco e lasciate raffreddare, quindi eliminate i baccelli. Sbattete i tuorli con lo zucchero fino a quando saranno spumosi: incorporate poco a poco il latte, mescolando con un cucchiaio di legno.

Montate la panna. Mettete al fuoco e fate addensare la crema: strizzate la gelatina e fuori dalla fiamma unitela al composto.

Allo stesso modo unite la panna montata, mescolando accuratamente, e il moscato. Ponete il composto in stampini da budino individuali e mettete in frigorifero a raffreddare per almeno 4 ore.

Coppi di Langa di Canelli

INGREDIENTI PER 4 PERSONE:

200 g di farina di nocciole Tonda Gentile delle Langhe
170 g di burro a temperatura ambiente
½ cucchiaino di cannella in polvere

200 g di farina
170 g di zucchero
1 uovo
4 cucchiai di miele millefiori dell'Alto Monferrato
1 bustina di lievito

Mescolate bene il burro ammorbidito e lo zucchero.

Montate a neve ferma l'albume e unitelo al composto di burro, mescolando dal basso verso l'alto, fino ad ottenere un crema liscia. Unite delicatamente la farina di nocciole e impastate. Poi unite la farina bianca, il miele e il lievito e impastate ancora fino ad avere un composto omogeneo.

Stendete la pasta col matterello e ritagliate dei pezzi di pasta a forma di coppi (tegole). Imburrate una teglia da forno, disponetevi i coppi, un po' distanziati, preriscaldate il forno a 180° e cuocete i biscotti fino a quando saranno dorati, facendo attenzione a non bruciarli.

Dessert alla panna di Castelnuovo Belbo

INGREDIENTI PER 4 PERSONE:

5 tuorli
150 g di panna fresca
10 g di gelatina in fogli
5 cucchiai di zucchero
150 g di canditi misti tagliati a dadini

Mettete a bagno i fogli di gelatina in acqua tiepida per 10 minuti. Con uno sbattitore elettrico, montate i tuorli d'uovo con lo zucchero, fino a renderli chiari e spumosi, quindi unite la gelatina strizzata, i canditi e la panna che avrete montata precedentemente. Versate il composto ottenuto in uno stampo da budino e lasciatelo riposare in frigorifero per almeno due ore. Al momento di servire, immergete lo stampo per qualche istante in acqua bollente, quindi capovolgete il dessert sul piatto da portata e servite.

Dolce di mascarpone e caffè

INGREDIENTI PER 4 PERSONE:

300 g di savoiardi
2 bicchieri di caffè forte
qualche chicco di caffè per guarnire
550 g di mascarpone
4 cucchiai di zucchero

Mettete in una ciotola un bicchiere di caffè e allungatelo con mezzo bicchiere d'acqua. Immergetevi rapidamente alcuni savoiardi, poi strizzateli e con questi rivestite il fondo e le pareti di uno stampo per dolci di forma rettangolare. Ponete in una terrina il mascarpone, incorporatevi lo zucchero e il rimanente caffè, continuando a mescolare lentamente. Ricoprite i savoiardi con un velo di mascarpone poi fate un nuovo strato di savoiardi inzuppati nel caffè e continuate ad alternare gli strati fino a esaurimento dei biscotti, che dovranno formare l'ultimo strato. Lasciate riposare il dolce in frigorifero per mezz'ora, poi capovolgetelo su di un piatto da portata, e otterrete una bella mattonella rettangolare. Ricopritela interamente con il mascarpone rimasto, aiutandovi con un coltello bagnato per livellare bene il composto e farlo aderire al dolce. Guarnite la mattonella con chicchi di caffè e tenetela in frigorifero fino al momento di servirla.

Dolce di polenta

INGREDIENTI PER 4 PERSONE:

100 g di burro
100 g di zucchero
1 pizzico di sale
la scorza di 1 limone
3 uova
1 cubetto di lievito di birra
100 g di farina di mais
zucchero al velo

Mettete in una terrina il burro; se fosse molto duro converrà prima ammorbidirlo un po' a bagnomaria, e con un cucchiaio di legno lavoratelo per circa un quarto d'ora, in modo da renderlo cremoso. Aggiungete allora un tuorlo d'uovo, e continuate a montare.

Quando l'uovo si sarà amalgamato al burro, aggiungetene un altro, e così di seguito, fino a mettere in tutto i 3 tuorli. È importante non aggiungere un altro uovo se il precedente non si è ben amalgamato; gli albumi li metterete da parte per servirvene dopo.

Senza smettere mai di mescolare, aggiungete, nel burro montato, una alla volta, a cucchiaiate ben colme lo zucchero, facendolo cadere a pioggia.

Dopo lo zucchero mettete nella terrina il lievito di birra sciolto in un dito d'acqua appena tiepida, un pizzico di sale, e la farina gialla setacciata.

Lavorate ancora il composto e quando tutti gli ingredienti saranno bene uniti versate nella terrina i 3 albumi montati a neve, mescolando adagio col cucchiaio di legno, ed infine aggiungete la scorza grattugiata di un limone. Imburrate e infarinate uno stampo liscio col buco in mezzo e versateci il composto, mettete in forno a calore moderato, a 120° e fate cuocere per 40 minuti circa. Sfornate il dolce su una gratella o un setaccio, e quando sarà freddo mettetelo in un piatto e spolverizzatelo leggermente di zucchero a velo. Il composto non deve superare i due terzi dello stampo, poiché cuocendo, per l'azione del lievito e degli albumi d'uovo, salirà fino all'orlo della teglia stessa.

Dolce di zucca di Cortazzone

INGREDIENTI PER 4 PERSONE:

300 g di pasta frolla *500 g di polpa di zucca*
1 confezione di panna liquida *3 uova*
60 g di burro *100 g di pinoli*
noce moscata in polvere *1 cucchiaio di cannella in polvere*

In una casseruola mettete il burro e lasciatevi cuocere la zucca, mondata e tritata, fino a renderla cremosa e densa. Frullate il composto con le uova, la panna, la cannella e la noce moscata. La purea deve risultare liscia e cremosa. Unite i pinoli e amalgamate delicatamente con un cucchiaio di legno. Stendete la pasta frolla e foderate una tortiera, versatevi l'impasto ed infornate a forno preriscaldato a 180° per circa 40 minuti. Lasciate raffreddare e servite.

Finocchini di Refrancore

INGREDIENTI PER 4-6 PERSONE:

9 uova *400 g di zucchero*
400 g di farina *1 cucchiaio di miele*
2 cucchiai di semi di finocchio *1 bustina di lievito*
poche gocce di essenza di anice

Montate le uova intere con lo zucchero, sbattendo bene con una frusta elettrica, quindi aggiungete progressivamente la farina, il lievito, l'essenza di anice, i semi di finocchio ed il miele ed impastate con le mani fino ad ottenere un composto omogeneo. Ungete una teglia da forno, adagiatevi uno strato di pasta alto tre dita e livellate il tutto con il palmo delle mani bagnato. Infornate in forno preriscaldato a 200° per una mezz'oretta, fino a quando vedrete che la crosticina è dorata.

A questo punto togliete la teglia dal forno e lasciate raffreddare il composto. Togliete la base dalla teglia e tagliatene delle striscioline verticali larghe un dito e lunghe 7-8 cm. Rimettete i finocchini in forno caldo per farli tostare un poco, poi toglieteli, lasciateli raffreddare e serviteli.

Gialletti al cacao

INGREDIENTI PER 4 PERSONE:

300 g di farina di mais macinata molto fine
1 bicchiere di cognac
50 g di burro
20 g di lievito di birra
la scorza di 4 limoni
100 g di farina di frumento
100 g di uvetta sultanina
50 g di zucchero
100 g di cacao dolce in polvere
1 pizzico di sale

Mettete a bagno l'uvetta nel cognac e lasciatela rinvenire per un paio d'ore.

Sciogliete il lievito di birra in un goccio di acqua calda e mischiatelo con la metà della farina di frumento. Otterrete così una sorta di panino, che avvolgerete in uno straccio e metterete a lievitare vicino a una fonte di calore, per esempio sopra un calorifero.

Unite la farina di frumento che vi è rimasta assieme a quella di mais e allo zucchero, e impastatela con il burro fuso, il cognac nel quale è stata a bagno l'uvetta e il pizzico di sale. Quando il panino è lievitato, dopo circa un'ora, aggiungetelo all'impasto, lavorate il tutto molto bene poi unite l'uvetta, la scorza dei 4 limoni finemente triturata e il cacao.

Dividete l'impasto in tante palline che lascerete lievitare per un'ora, poi cuocetele nel forno preriscaldato a 150° per mezz'ora.

Panetti dei morti

INGREDIENTI PER 4-6 PERSONE:

400 g di biscotti secchi
150 g di zucchero
8-10 fichi secchi
100 g di nocciole
2 cucchiai di cacao in polvere
1 uovo
200 g di farina
1 bicchiere di Moscato d'Asti dolce
100 g di mandorle
1 pizzico di cannella in polvere
1 bustina di lievito

Tritate col frullatore i biscotti secchi fino a quando saranno molto fini e mescolateli con la farina e lo zucchero.

Impastate il tutto con il vino, l'albume e il lievito sciolto in un goccino d'acqua tiepida.

Aggiungete all'impasto la frutta secca grossolanamente triturata e impastate ancora, quindi unite la cannella e il cacao.

Dovrete ottenere un impasto abbastanza sodo. Dividetelo in piccoli pezzi, delle dimensioni di un panino, e incideteli in superficie con il segno della croce. Spennellateli sulla superficie con il tuorlo d'uovo sbattuto.

Disponeteli su una placca unta e cuoceteli in forno già caldo a 120° per 10 minuti.

Panna cotta ai lamponi

INGREDIENTI PER 4-6 PERSONE:

Per la panna cotta:
100 ml di latte
100 g di zucchero
400 ml di panna fresca
3-4 fogli di colla di pesce

Per la salsa ai lamponi:
3 cestini di lamponi
il succo di ½ limone
4 cucchiai di zucchero
4-5 cucchiai d'acqua

Mettete a bagno la colla di pesce in acqua fredda per qualche minuto: otterrete una gelatina. Intanto fate scaldare in una pentola la panna, il latte e lo zucchero. Poco prima che bolla, spegnete il fuoco e unite la gelatina ben strizzata, mescolando accuratamente perché si sciolga. Versate il composto in uno stampo, o, se preferite, direttamente nelle ciotoline singole e fate raffreddare. Quando la panna cotta è fredda, lasciatela in frigorifero per almeno mezza giornata. A parte prendete un pentolino e fate cuocere a fuoco dolcissimo i lamponi con lo zucchero, il succo del limone e un po' di acqua. Mescolate spesso e fate cuocere una ventina di minuti. La salsa deve essere abbastanza densa, della consistenza di uno sciroppo. Toglietela dal fuoco, filtratela attraverso un colino per eliminare i semini dei lamponi e fatela raffreddare completamente. Al momento di servire fate le porzioni di panna cotta e cospargetele di salsa ai lamponi.

Pere Martin sec al moscato d'Asti

INGREDIENTI PER 4 PERSONE:

8 pere Martin sec
300 g di zucchero
6 savoiardi
4 bicchieri di moscato d'Asti
il succo di 1 limone
6 cucchiai di amaretto di Saronno

Per guarnire:
100 g mandorle a scaglie tostate

Per la crema inglese:
2 tuorli
½ stecca di vaniglia
70 g di zucchero
2 bicchieri di latte

Sbucciate le pere, dividetele a metà lasciando il picciolo e immergetele in acqua fredda acidulata con il succo del limone.

Mettete dell'acqua in una casseruola con lo zucchero, il moscato d'Asti, qualche goccia di succo di limone e le pere. Portate ad ebollizione a fuoco moderato. Spegnete e lasciate raffreddare le pere nel loro sciroppo.

Per preparare la crema inglese sbattete in una pentolina i tuorli con lo zucchero, quindi unite la stecca di vaniglia e il latte caldo a poco a poco, sempre mescolando. Ponete la pentolina sul fuoco e mescolate in continuazione, portando la crema a cottura senza farla bollire. Quando la crema non si staccherà più dal cucchiaio sarà pronta, allora togliete la stecca di vaniglia e lasciate raffreddare completamente.

Inzuppate i savoiardi nell'amaretto di Saronno, quindi disponeteli nelle singole ciotole. Sopra posate la pera tagliata a fettine e ricoprite il tutto con la crema inglese. Guarnite con le scaglie di mandorle e servite.

Pesche bianche alla gelatina di alchermes

INGREDIENTI PER 4 PERSONE:

1 disco di pan di Spagna
50 g di zucchero
1 bicchierino di alchermes
4 fogli di colla di pesce
2 pesche bianche

Affettate le pesche a spicchi sottili e cuocetele per 5 minuti a fuoco medio in uno sciroppo ottenuto facendo sciogliere lo zucchero in un bicchiere d'acqua. Togliete le pesche con una schiumarola, rimettete sul fuoco lo sciroppo e aggiungetevi la colla di pesce messa precedentemente a bagno in acqua fredda per 10 minuti e ben strizzata.

Mescolate per farla sciogliere, aggiungete l'alchermes e lasciate raffreddare.

Ricavate dal pan di Spagna 4 dischi che metterete sul fondo di 4 ciotoline individuali, distribuitevi le pesche e versatevi sopra lo sciroppo all'alchermes. Servite subito.

Ravioloni alla ricotta

INGREDIENTI PER 4 PERSONE:

500 g di farina
1 cucchiaio di succo di limone
250 g di zucchero
1 bustina di zucchero a velo
olio per friggere
70 g di burro
500 g di ricotta fresca
scorza di limone grattugiata
1 pizzico di cannella

Su una spianatoia ponete la farina a fontana, al centro mettete il burro fuso e cominciate a impastare. Unite il succo di limone diluito in un po' di acqua tiepida e impastate fino ad ottenere un impasto consistente e non troppo morbido.

Ricopritelo con un canovaccio e lasciatelo riposare per almeno 30 minuti.

Passate la ricotta al setaccio per renderla fine e mescolatevi lo zucchero e la scorza grattugiata del limone.

Spianate la pasta con il matterello in una sfoglia sottile. Tagliate dei quadrati di circa

10 cm di lato. Ponete su ognuno un po' di ricotta, ripiegate a pasta, chiudendo bene i bordi fra di loro con la punta delle dita. Praticate dei forellini con uno stuzzicadenti sui ravioloni per non farli scoppiare. Friggete i ravioloni in abbondante olio bollente, scolate l'unto in eccesso su un foglio di carta assorbente, spolverizzateli ancora caldi con zucchero a velo e cannella in polvere e servite.

Sbattüèla astigiana

INGREDIENTI PER 4 PERSONE:
50 g di farina
½ bicchiere di latte
1 pizzico di cannella
1 pizzico di sale
4 cucchiai di olio di semi
1 uovo
1 cucchiaio di zucchero
1 bustina di zucchero a velo
50 g di burro

Mettete in una tazza la farina bianca, aggiungete il latte mescolando per evitare la formazione di grumi, quindi aggiungete un uovo intero, sale, un cucchiaio di zucchero ed un pizzico di cannella in polvere. Continuate a mescolare fino ad ottenere una pastella liscia e fluida. Scaldate sul fuoco una padella con olio e burro, quando friggono versate lentamente il composto a cucchiaiate in modo da formare delle frittelle, che rigirerete con una paletta per dorarle da ambedue le parti. Scolate l'unto in eccesso su un foglio di carta assorbente da cucina e, prima di servirle, calde, spolveratele di zucchero a velo.

Semifreddo di melone e amaretti

INGREDIENTI PER 4 PERSONE:
750 g di polpa di melone
100 g di amaretti sbriciolati
1 dl di panna
150 g di zucchero
3 tuorli d'uovo
¼ di l di acqua

Passate la polpa del melone al mixer. Mettete a bollire l'acqua con lo zucchero e cuocete fino ad ottenere uno sciroppo denso. Montate i tuorli con una frusta elettrica fino a renderli bianchi e spumosi, quindi unite lo sciroppo a filo e continuate e lavorare il composto fino a che sarà quasi freddo. Unite la polpa di melone, gli amaretti e per ultima la panna montata, mescolando dall'alto verso il basso. Mettete il composto in uno stampo da plum cake e lasciate gelare in freezer almeno 4 ore prima di servire.

Tirà di Rocchetta Tanaro

INGREDIENTI PER 4 PERSONE:

500 g di farina
120 g di latte
3 tuorli d'uovo
1 pizzico di sale

130 g di zucchero
120 g di burro
1 cubetto di lievito di birra

Stemperate il lievito in un goccio di acqua tiepida, aggiungete 3 cucchiai di farina e mescolate, per creare l'impasto di base, che lascerete lievitare almeno tre ore in una ciotola coperta da uno strofinaccio umido, in un luogo caldo. Trascorso questo tempo aggiungete 4-5 cucchiai di farina e 2 cucchiai di acqua tiepida, impastate brevemente e rimettete la palla a lievitare per altre 3 ore. Ponete la rimanente farina, il pizzico di sale e lo zucchero su una spianatoia, formate al centro un buco e versatevi il burro fuso. Cominciate a impastare, allungando progressivamente con il latte tiepido. Aggiungete i tuorli, mescolate bene e per ultimo incorporate la palla di impasto lievitato. Mescolate ancora ben bene per amalgamare, poi dividete l'impasto finale in due parti. Tiratene ognuna con le mani fino a formare una sorta di grosso salame, che intreccerete con l'altro. Rimettete a lievitare la tirà per un paio d'ore, quindi preriscaldate il forno a 180°. Spennellate la superficie del dolce con un albume d'uovo sbattuto e ponetelo in forno a cuocere fino a quando avrà raggiunto un bel colore ambrato, circa 30 minuti.

Tirulën di Isola d'Asti

INGREDIENTI PER 4 PERSONE:

500 g di farina
1 bicchiere di latte
100 g di nocciole
la scorza grattugiata di 1 limone

180 g di zucchero
100 g di burro
1 bustina di lievito in polvere

Mettete sulla spianatoia la farina a fontana assieme a 150 g di zucchero, fate un buco al centro e ponetevi il burro fuso, le nocciole finemente triturate e la scorza di limone grattugiata fine. Impastate con il latte, e per ultimo aggiungete il lievito. Quando la pasta sarà ben amalgamata, prendetene delle porzioni grandi come gnocchi, rotolateli nel rimanente zucchero, poi disponeteli su una teglia unta. Infornate a forno caldo a 180° per 15-20 minuti, a seconda della grossezza. Toglieteli quando vedrete che sono dorati.

Torta al mascarpone di Roccaverano (Asti)

INGREDIENTI PER 4 PERSONE:

450 g di mascarpone
3 uova
1 scorza di limone grattugiata
1 cucchiaio di estratto di vaniglia

150 g di zucchero
100 g di farina
2 cucchiai di succo di limone

In una ciotola larga mescolate lo zucchero e il mascarpone, montandoli con uno sbattitore elettrico per almeno 5 minuti alla massima velocità fino a formare una crema soffice. Aggiungete i tuorli delle uova uno alla volta, sempre montando bene. Aggiungete la farina, la scorza di limone, il succo di limone e l'estratto di vaniglia. Impastate e lasciate riposare il composto per un quarto d'ora. In un'altra ciotola montate a neve gli albumi delle uova, poi versateli nell'impasto ottenuto con il mascarpone e mescolate accuratamente per incorporarli. Adagiate l'impasto in una teglia e cuocete in forno preriscaldato a 180° per circa 40 minuti. Lasciate raffreddare completamente prima di servire.

Torta al miele

INGREDIENTI PER 4 PERSONE:

350 g di farina
4 uova
½ bicchiere di rum
500 g di miele
100 g di burro

Mettete 300 g di miele in una ciotola, unitevi i tuorli, il burro ammorbidito, 300 g di farina e 3 cucchiai di rum.

Lavorate bene il tutto fino ad ottenere un composto omogeneo. Montate gli albumi a neve con uno sbattitore elettrico ed uniteli poco alla volta all'impasto, mescolando dal basso verso l'alto.

Fate scaldare il forno a 150°.

Imburrate e infarinate una teglia, versatevi l'impasto e infornate. Lasciate cuocere circa mezz'oretta, poi toglietela dal forno e lasciate raffreddare.

Nel frattempo fate sciogliere il miele restante nel rum, mettete il dolce su un piatto da portata e servitelo dopo averlo irrorato con il miele sciolto.

Torta del palio di Asti

INGREDIENTI PER 4 PERSONE:

500 g di farina
4 uova
150 g di burro
1 bicchierino di maraschino
200 g di zucchero
2 cucchiai di miele
150 g di cioccolato fondente in cubetti

Con uno sbattitore elettrico montate le uova con lo zucchero, per almeno una decina di minuti, fino a quando il composto sarà quasi bianco.

Unite poi la farina, il maraschino e il burro ammorbidito, mescolate accuratamente e versate il composto in una tortiera unta.

Preriscaldate il forno a 180° e infornate la torta per mezz'oretta. Trascorso questo tempo toglietela e lasciatela raffreddare completamente.

A parte fate sciogliere a bagnomaria il cioccolato fondente con il miele e ricoprite completamente il dolce. Ponete a glassare in frigorifero prima di servire.

Torta di fagioli di Casorso

INGREDIENTI PER 4 PERSONE:

350 g di fagioli di Casorso *150 g di zucchero*
80 g di burro *1 limone*
1 bustina di lievito *2 uova*

Fate bollire i fagioli in acqua per 2 ore, scolateli, passateli al passaverdura e lasciate raffreddare la purea ottenuta. Con uno sbattitore elettrico montate le uova con lo zucchero, fino a quando diventeranno quasi bianche, quindi incorporate il burro fuso, il lievito e la buccia di limone grattugiata.

Mescolate bene il tutto, unite la purea di fagioli, mescolate ancora e versate il composto in uno stampo unto di burro. Fate cuocere in forno caldo a 150° per 45 minuti. Servite la torta fredda.

Torta di ricotta e nocciole

INGREDIENTI PER 4 PERSONE:

100 g di burro *100 g di zucchero*
100 g di ricotta *100 g di nocciole spellate*
4 uova

Mettete nel mixer il burro ammorbidito e lo zucchero, frullate, quindi unite i tuorli d'uovo e rifrullate.

Aggiungete la ricotta e le nocciole tritate, e frullate ancora bene.

Montate a neve ben ferma gli albumi e uniteli al composto, mescolando dal basso verso l'alto. Imburrate uno stampo da plum cake, disponetevi il composto e cuocetelo in forno già caldo a 150° per circa un'ora. Sformate e lasciate raffreddare prima di servire.

Torta di robiola di Roccaverano

INGREDIENTI PER 4-6 PERSONE:

180 g di biscotti secchi *80 g di burro*
1 pizzico di cannella *300 g di robiola di Roccaverano*
200 g di panna *150 g di zucchero*
3 uova *1 limone non trattato*
2 cucchiai di farina *1 bustina di vanillina*

Passate al mixer i biscotti, e amalgamateli al burro fuso e alla cannella.

Ungete una teglia e versatevi dentro il composto. Premete bene sul fondo e lasciate la base in frigorifero a indurire.

Preriscaldate il forno a 180° e intanto mescolate la panna con la robiola, i tuorli, lo zucchero, la farina, il succo e la scorza di limone grattugiata. Montate a neve gli albumi e incorporateli al composto, aromatizzate con la vanillina e mescolate ancora dall'alto in basso per non smontare la crema. Versate il preparato nello stampo: livellate con un coltello bagnato, coprite con un foglio di alluminio e cuocete in forno per mezz'ora.

Togliete l'alluminio e fate cuocere per altri 10 minuti, poi spegnete il fuoco. Servite la torta a temperatura ambiente.

Torta di tagliolini di Asti

INGREDIENTI PER 4 PERSONE:

Per la pasta:
250 g di farina *100 g di zucchero*
150 g di burro *1 uovo*
1 limone *sale*

Per i tagliolini:
100 g di farina *1 uovo*

Per il ripieno:
300 g di mandorle tritate *300 g di zucchero*
1 bicchierino di liquore all'anice *1 noce di burro*
zucchero a velo

Impastate la farina con lo zucchero, l'uovo, il burro fuso, il sale e la scorza grattugiata del limone, fatene una palla e mettetela a riposare in frigorifero per mezz'ora.

Impastate la farina e l'uovo, tirate una sfoglia molto sottile e ricavate dei tagliolini finissimi. Mescolate le mandorle con lo zucchero.

Stendete la pasta in una tortiera imburrata e infarinata, fate uno strato di tagliolini, poi uno strato di zucchero e mandorle, ancora tagliolini e terminate con mandorle e zucchero. Distribuite sulla superficie qualche fiocchetto di burro.

Cuocete in forno preriscaldato a 170° per circa mezz'ora.

Sfornate la torta, bagnatela ancora calda col liquore all'anice, spolverizzatela con lo zucchero a velo, lasciate raffreddare e servite.

Torta di uva e crema

INGREDIENTI PER 4-6 PERSONE:
500 g di pasta frolla *500 g di uva nera sgranata*
500 g di crema pasticcera *farina e burro per lo stampo*

Srotolate la pasta frolla, rivestite uno stampo a bordi bassi, imburrato ed infarinato. Versatevi la crema sulla quale sistemerete i chicchi d'uva, disposti a cerchi concentrici. Ponete la torta nel forno caldo a 200° per circa 45 minuti. Appena il dolce sarà pronto sfornatelo e lasciatelo raffreddare bene, prima di servire.

RICETTE DALLA PROVINCIA DI
BIELLA

ANTIPASTI E PIATTI UNICI

Antipasto di cervella

INGREDIENTI PER 4 PERSONE:
600 g di cervella di vitello
1 mazzetto di odori misti
2-3 cucchiai di panna
2 cucchiai di aceto di vino bianco
2 tazze di maionese
sale e pepe bianco

Tenete la cervella per almeno mezz'ora in acqua fredda, poi staccate la pellicina che la ricopre e rimettetela a bagno per un'altra ora perché diventi bianca. Fatela bollire per mezz'ora con acqua acidulata con un poco di aceto e con il mazzetto di odori misti poi sgocciolatela e lasciatela intiepidire, infine tagliatela a fettine. Disponetele su un piatto da portata, accavallandole l'una sull'altra. Coprite tutto di maionese, alla quale avrete aggiunto sale, pepe bianco e due o tre cucchiai di panna da cucina montata.

Budino di funghi di Castelletto Cervo

INGREDIENTI PER 4 PERSONE:
1 kg di funghi misti (prataioli, finferli, porcini, chiodini, anche surgelati)
3 cipolle
4 cucchiai di pangrattato
3 uova
1 cucchiaio di panna
3 cucchiai d'olio d'oliva
½ litro di latte
2 panini
1 ciuffo di prezzemolo
1 spicchio d'aglio
2 cucchiai di farina
3 cucchiai di toma stagionata grattugiata
sale e pepe

Bagnate i panini con il latte caldo. Pulite i funghi e tagliateli a fettine. Tritate il prezzemolo e l'aglio, e tagliate a rondelle le cipolle. Scaldate l'olio e rosolatevi prima le cipolle e il trito di prezzemolo e aglio, quindi unite i funghi e lasciate cuocere 10 minuti a fuoco allegro affinché evapori l'acqua di vegetazione. Strizzate bene i panini, spappolateli bene e aggiungeteli al soffritto, poi impastate con il pangrattato e la farina. Levate il composto dal fuoco, lasciatelo raffreddare, poi aggiungete le uova, il formaggio grattugiato e la panna. Salate, pepate e versate il composto in uno stampo da budini, leggermente imburrato. Cuocete nel forno già caldo a 180° per una quarantina di minuti. Lasciate riposare per qualche minuto, poi rovesciate lo stampo su un piatto da portata, e servitelo subito molto caldo.

Cappelle di funghi gratinate di Piedicavallo

INGREDIENTI PER 4 PERSONE:
600 g di funghi (a cappella grossa)
1 pugno di pane grattugiato
1 uovo
1 cipolla
20 g di burro
sale e pepe
30 g di parmigiano reggiano grattugiato
1 spicchio d'aglio
1 ciuffo di prezzemolo
4 cucchiai di olio

    Pulite i funghi, staccate i gambi e tritateli, rosolateli con l'aglio, la cipolla ed il prezzemolo finemente tritati per una decina di minuti in una padella nella quale avrete messo a sciogliere il burro. Aggiungete il parmigiano e l'uovo e regolate di sale e pepe. Amalgamate tutti gli ingredienti e farcite con il composto le cappelle. Adagiatele in una pirofila unta, cospargetele di pane grattugiato, bagnatele con un filo d'olio e passatele in forno caldo a 180° a gratinare per un quarto d'ora circa.

Cavolfiore alle noci di Quaregna

INGREDIENTI PER 4 PERSONE:
1 cavolfiore
30 g di gherigli di noci
1 spicchio d'aglio
1 ciuffo di prezzemolo
1 rametto di rosmarino
½ bicchiere di vino bianco secco
sale e pepe
80 g di pangrattato
100 g di toma stagionata grattugiata
1 cucchiaio di salsa di pomodoro
1 rametto di timo fresco
½ bicchiere di latte
4 cucchiai di olio d'oliva

    Pulite il cavolfiore, lavatelo bene e lessatelo in acqua bollente leggermente salata. Ammollate nel latte la metà del pangrattato, quindi strizzatelo e mettetelo in una terrina con sale e pepe. Tritate il prezzemolo e le altre erbe, l'aglio e i gherigli di noce, quindi unite il trito al pangrattato ammollato, e mescolatevi due cucchiai di olio e la salsina di pomodoro diluita in un poco di vino bianco. Scolate il cavolfiore un poco al dente, dividetelo in cimette e disponetelo a strati in una pirofila unta di olio, alternando con il composto di pane, erbe e noci e con il formaggio stagionato. Spolverizzate la superficie con il rimanente pangrattato, irrorate con un filo di olio e passate in forno a gratinare per pochi minuti.

Cestini di pane di Candelo

INGREDIENTI PER 4-6 PERSONE:

16 panini al latte
1 confezione di panna
100 g di paté di fegato di oca
sale e pepe bianco
100 g di burro
100 g di prosciutto cotto
2 cucchiai di brandy

Togliete la parte superiore dei panini e scavate la mollica. Montate a spuma 100 g di burro che avrete fatto ammorbidire, con un poco di sale e una macinata di pepe.
In una ciotola lavorate il paté, con un cucchiaio di brandy fino a renderlo cremoso, poi incorporatevi la metà del burro. Mettete il prosciutto nel frullatore con la panna, riducetelo in crema, unitelo all'altra parte del burro, poi ponete il composto di prosciutto in un sac a poche con bocchetta a stella e decorate 8 panini. Lavate il sac a poche e ripetete l'operazione con il composto di paté. Lasciate consolidare un'oretta in frigorifero, poi servite i cestini di pane con l'aperitivo.

Cipolle ripiene alle noci e tomini di capra della Valle Cervo

INGREDIENTI PER 4 PERSONE:

4 cipolle
2 uova
100 g di pane grattugiato
1 pizzico di noce moscata
30 g di burro
200 g di tomini di capra
   della Valle Cervo
100 g di gherigli di noci tritati
sale e pepe nero

Sbucciate le cipolle, sbollentatele per cinque minuti in abbondante acqua salata, quindi toglietele e sgocciolatele bene.
Tagliatele a metà e togliete loro il cuore; che triterete finemente, poi amalgamate la polpa di cipolla con le noci tritate e il formaggio di capra lavorato con la forchetta.
Salate e pepate. Riempite le cipolle con il composto, poi disponetele in una pirofila imburrata. Spolverizzate col pane grattugiato, e aggiungete alcuni fiocchetti di burro. Fate gratinare per 20 minuti in forno caldo.

Crostini con toma e cipolle abbrustoliti

INGREDIENTI PER 4 PERSONE:

300 g di toma fresca
50 g di burro
4 fette di pane casereccio
1 cipolla
sale

Fate abbrustolire le fette di pane. Mettete il burro in una padella e fatevi rosolare a fuoco dolce la cipolla tagliata a rondelle sottilissime con l'apposito attrezzo. Una volta che la cipolla sarà dorata aggiungete la toma e fatela sciogliere, poi alzate il fuoco e mescolate. Fate cuocere fino a quando si formerà una crostina e il formaggio sarà diventato croccante. Mettete il composto di toma e cipolle sul pane e servite.

Crostini di toma e funghi di Sordevolo

INGREDIENTI PER 4 PERSONE:
500 g di funghi misti
2 spicchi d'aglio
4 cucchiai di toma stagionata piccante grattugiata
4 cucchiai di olio d'oliva
1 mestolo di brodo
4 fette di pane casereccio
sale e pepe nero

Pulite i funghi accuratamente, quindi tritateli e fateli rosolare con l'aglio in un po' di olio. Lasciateli cuocere per circa 20 minuti, bagnandoli ogni tanto con il brodo. Aggiustateli di sale e pepe, amalgamateli con la toma stagionata piccante grattugiata e spalmateli sulle fette di pane abbrustolite.

Crostoni con coppa cotta bieleisa

INGREDIENTI PER 4 PERSONE:
8 fette di pane casereccio
200 g di coppa cotta bieleisa
1 tubetto di maionese

La coppa cotta bieleisa è un prodotto a base di coppa disossata di maiale con l'aggiunta di sale, pepe, cannella, chiodi di garofano e macis, che stagiona immersa nel vino e nelle spezie, poi cotta. Abbrustolite bene i crostoni di pane, fino a quando saranno croccanti. Cospargeteli con un filo di maionese e serviteli con la coppa tagliata a fettine abbastanza sottili.

Frittata alle erbette con beddo di Pralungo

INGREDIENTI PER 4 PERSONE:
500 g di erbette
1 ciuffo di prezzemolo
4 uova
olio per friggere
½ bicchiere d'olio d'oliva
2 cipollotti freschi
200 g di beddo di Pralungo
sale e pepe

Lavate accuratamente le erbette, poi sbollentatele per pochi minuti e scolatele. Una volta fredde, strizzatele bene e tritatele assieme al prezzemolo e ai cipollotti, tenendo anche un poco di gambo. A parte rompete le uova in una terrina e sbattetele, aggiungete il trito di erbette, sale e pepe. Portate l'olio a temperatura nella padella e aggiungetevi il composto.

Quando la frittata sarà cotta da una parte rivoltatela con un piatto e fatela dorare dall'altra parte.

Passatela in un foglio di carta da cucina per scolare l'unto in eccesso prima di servirla. Ponete la frittata in una teglia da forno unta, ricopritela di beddo di Prolungo a dadini e infornate a forno caldo a 180° il tempo sufficiente a far sciogliere il formaggio.

Frittelle di tarassaco

INGREDIENTI PER 4 PERSONE:

40-50 capolini gialli di tarassaco *2 uova*
50 g di farina *2 cucchiai di zucchero*
2 cucchiai di aceto bianco *noce moscata*
sale e pepe nero *olio per friggere*

Togliete la parte verde ai fiori del tarassaco, quindi lavateli e asciugateli delicatamente.

Formate una pastella con le uova sbattute, la farina, lo zucchero, l'aceto, sale, pepe e noce moscata. Mettete i fiori nella pastella e friggeteli in abbondante olio (devono galleggiare) caldo per pochi minuti, quindi poneteli a scolare su un foglio di carta da cucina e servite.

Lingua di vitello al vino bianco

INGREDIENTI PER 4 PERSONE:

1 lingua di vitello *1 cipolla*
1 spicchio d'aglio *1 ciuffo di prezzemolo*
1 rametto di rosmarino *1 costa di sedano*
1 carota *1 bicchiere di vino bianco*
1 bicchiere di brodo *½ bicchiere d'olio d'oliva*
100 g di burro *sale e pepe*

Fate bollire in acqua leggermente salata la lingua di vitello per 40-50 minuti. A parte tritate una cipolla, uno spicchio d'aglio, un rametto di rosmarino, una carota, una costa di sedano e mettete questo trito a soffriggere lentamente nell'olio.

Scolate la lingua, toglietele la pelle, tagliatela a fette non troppo sottili e aggiungetela al soffritto, lasciando che si insaporisca, salate e pepate.

Bagnate con un bel bicchiere di vino bianco, e fate cuocere ancora per una ventina di minuti, bagnando, se necessario, con un po' di brodo di bollitura della lingua. Spolverizzate con prezzemolo tritato.

Se il sughetto fosse troppo liquido, addensatelo con un cucchiaio di farina fatta nevicare da un setaccio.

Polenta con fegato alla grappa

INGREDIENTI PER 4 PERSONE:

Per la polenta:
400 g di farina di mais
1 noce di burro
1 l e ½ di acqua
sale

Per il fegato:
400 g di fegato
50 g di burro
2 spicchi d'aglio
sale e pepe
8 cucchiai di grappa di barolo
2 cucchiai di vino bianco
1 pizzico di dragoncello secco

Portate a ebollizione l'acqua col sale e la noce di burro e mettetevi a cuocere dolcemente la farina di mais per al minimo mezz'ora, mescolando spesso perché non si formino grumi. Ne deve risultare una polenta piuttosto morbida. Fate sciogliere il burro in una padella, mettetevi a soffriggere l'aglio e il dragoncello per pochi minuti, poi aggiungete il fegato e bagnate con il vino, salate e pepate. Quando il vino sarà evaporato unite la grappa e con un fiammifero incendiatela. Portate in tavola la pentola fiammeggiante e servite con la polenta.

Polenta e murtarat

INGREDIENTI PER 4 PERSONE:
400 g di farina di mais
200 g di murtarat
sale
1 l e ½ di acqua
100 g di burro

Il murtarat è un formaggio stagionato, di consistenza molto dura, che viene grattugiato o tagliato a scagliette. Il nome murtarat significa "mortaretto" e indica il sapore estremamente forte e piccante. Portate a ebollizione l'acqua col sale e una noce di burro e mettetevi a cuocere dolcemente la farina di mais per al minimo mezz'ora, mescolando spesso perché non si formino grumi. Ne deve risultare una polenta piuttosto morbida. Mettete la polenta nelle fondine, conditela col burro fuso e sale e ricopritela di murtarat a scagliette.

Pomodori all'aglio alla brace con scaglie di toma stagionata

INGREDIENTI PER 4 PERSONE:
4 pomodori
4 cucchiai di olio extravergine
  d'oliva
1 pizzico di zucchero
200 g di scaglie di toma stagionata
1 spicchio di aglio
5-6 foglie di basilico fresco
sale e pepe macinato al momento

In una ciotola mescolate bene l'olio con l'aglio e il basilico finemente tritati, lo zucchero e il pepe. Mettete i pomodori tagliati a fette su una griglia calda per alcuni minuti finché saranno cotti ma ancora morbidi e compariranno delle strisce nere. Conditeli con olio, il trito di aglio e basilico, sale e pepe e le scaglie di toma stagionata.

Salame di Giora alla griglia

INGREDIENTI PER 4 PERSONE:
200 g di patate
200 g di lardo
1 rametto di rosmarino
4 spicchi d'aglio
sale, pepe e noce moscata
200 g di ritagli di maiale (polpa di costine, sottogola, trita grassa, ecc.)
5-6 foglie di salvia
4-5 coccole di ginepro

Portate a ebollizione una pentola di acqua salata e bollite le patate per mezz'oretta almeno, quindi scolatele, pelatele e passatele allo schiacciapatate, raccogliendole in una ciotola. Tritate nel tritacarne sia i ritagli di carne che il lardo e uniteli alle patate. Unite anche un trito fine di aglio, rosmarino, salvia, coccole di ginepro. Insaporite con abbondante sale, pepe nero e noce moscata. Insaccate il composto in budelline torte (si possono acquistare nelle macellerie) e lasciate che il salamino si asciughi per al massimo 4-5 giorni. Al momento di consumarlo, mettete una padella di ferro sulla stufa in modo che si scaldi bene, tagliate a metà i salamini e fateli abbrustolire un poco, senza aggiungere alcun condimento. Potete gustarli con fette di pane casereccio abbrustolito.

Salsiccia di riso di Curino

INGREDIENTI PER 4 PERSONE:
300 g di riso
1 bicchiere di vino rosso
sale e pepe nero
300 g di cotiche
4 spicchi d'aglio

La salsiccia di riso è detta anche salame bastardo o salame dei poveri, ed è una ricetta molto antica, che ancora poche persone preparano in casa. Portate a ebollizione abbondante acqua salata e sbollentatevi le cotiche, ben pulite, per un'oretta almeno, quindi scolatele e tritatele con il tritacarne, riponendole in una ciotola.

Un tempo usavano il brodo di bollitura delle cotiche per cuocervi il riso, ma io consiglio di usare acqua pulita per evitare che la preparazione venga eccessivamente unta. Quindi riportate a ebollizione abbondante acqua salata e cuocetevi il riso, scolatelo e unitelo alle cotiche. Unite l'aglio tritato molto finemente, il vino, sale e abbondante pepe nero. Insaccate il composto in budelline torte (si possono acquistare nelle macellerie) e lasciate che il salamino si asciughi per al massimo 4-5 giorni. Al momento di consumarlo, mettete una padella di ferro sulla stufa in modo che si scaldi bene, tagliate a metà le salsicce di riso e fatele abbrustolire un poco, senza aggiungere alcun condimento. Potete gustarle con fette di pane casereccio abbrustolito.

Tartelette di Oropa

INGREDIENTI PER 4 PERSONE:

Per le tartelette:
60 g di farina integrale
1 cucchiaino di zucchero
1 tuorlo

60 g di farina bianca
4-5 cucchiai d'olio d'oliva
1 cucchiaino di senape in polvere

Per il condimento:
1 carota
60 g di gorgonzola
1 cuore di sedano

1 cipolla
sale e pepe
1 pera

 Riunite in una ciotola le farine, la senape in polvere, sale, lo zucchero, l'olio, il tuorlo, e impastate fino ad ottenere un composto piuttosto sodo, che lascerete riposare in un luogo fresco per mezz'ora. Tagliate la pera a fettine e il sedano, la carota e la cipolla alla julienne. Stendete la pasta in una sfoglia sottile e rivestite sei stampini da tartelette unti. Cuocete le tartelette in forno caldo a 180° per 15 minuti circa. Lavorate con un cucchiaio di legno il gorgonzola con olio, sale e pepe, quindi ponetene una cucchiaiata in ogni tartelletta. Sopra disponete un poco di sedano, carota e cipolla e qualche fettina di pera, quindi servite.

Toma fritta di Campiglia Cervo

INGREDIENTI PER 4 PERSONE:

200 g di toma non ancora
 stagionata
olio per friggere

2 uova
50 g di farina
sale e pepe

 Preparate una pastella sbattendo bene le uova, e incorporandovi la farina, avendo cura che non si formino grumi, il sale e il pepe, ed eventualmente un goccio di acqua. Tagliate il formaggio a fette non troppo sottili e mettetelo nella pastella. Mettete in una padella abbastanza olio perché le fette di formaggio ne risultino coperte, portatelo a temperatura e friggete le fette di toma fresca molto velocemente. Fate scolare l'unto in eccesso su un foglio di carta assorbente da cucina prima di servire.

Torta di erbe selvatiche di Balma Biellese

INGREDIENTI PER 4 PERSONE:

400 g di erbe selvatiche miste
 (bardana, timo, maggiorana,
 silene, erba di san Pietro, aglio
 ursino, malva, ortica,
 tarassaco, ecc.)

300 g di farina
2-3 spicchi d'aglio
4 cucchiai di olio extravergine di oliva
sale

 Lavate accuratamente le erbe e, dopo averle bollite per 10 minuti, mettetele in uno strofinaccio e arrotolatelo su se stesso, in modo che tutta l'acqua di cottura scoli via. Trituratele finemente assieme all'aglio e mettetele a soffriggere in una padella con l'olio. Quando saranno cotte toglietele dal fuoco e lasciatele raffreddare. Nel frattempo mettete la farina su un tagliere e formate una fontana, con il sale. Aggiungete acqua quanto basta per ottenere una pasta soda, lavoratela bene e stendetela con il matterello. Ponete le verdure al centro della sfoglia e arrotolatela su se stessa, fino a ottenere un involto. Infornate a forno preriscaldato a 180° e fare cuocere per 30 minuti circa. Servite caldo.

Torta povera di riso ed erbe selvatiche

INGREDIENTI PER 4 PERSONE:

200 g di riso
60 g di burro
1 pugno di pangrattato
1 pizzico di noce moscata

1 l di latte
200 g di caprino fresco
800 g di erbe selvatiche
sale e pepe

Pulite, lavate e lessate le erbe. Scolatele, strizzatele e sminuzzatele. Fatele quindi insaporire in una padella antiaderente con la metà del burro. A parte cuocete il riso nel latte, scolatelo e mescolatelo alle erbe. Unite il caprino sminuzzato, le erbe con il riso, sale, pepe e noce moscata. Mescolate con cura e mettete il composto in una tortiera grande, unta di burro e spolverizzata di pangrattato. Livellate bene, cospargete con fiocchetti di burro, un filo di pangrattato e infornate, a 200°, fino a quando la torta sarà dorata.

Uova ripiene alle acciughe

INGREDIENTI PER 4 PERSONE:

4 uova
50 g di burro
sale

6 filetti di acciuga sott'olio
150 g di insalatina

Fate bollire per 7 minuti le uova, poi lasciatele sotto l'acqua corrente fredda, infine sgusciatele, tagliatele in due e posate gli albumi su un piatto da portata nel quale avrete fatto un letto di insalatina. Frullate assieme i tuorli con le acciughe e il burro ammorbidito, salate, quindi riempite gli albumi con la salsa ottenuta e servite.

Zampetto di maiale fritto con patate e rosmarino

INGREDIENTI PER 4 PERSONE:

4 zampetti di maiale
100 g di burro
1 rametto di rosmarino
sale e pepe

1 limone
4 patate
2 spicchi d'aglio

Fiammeggiate gli zampetti per togliere eventuali setole e lasciateli a bagno in acqua acidulata per un'oretta, poi lessateli avvolti in una pezzuola di cotone per almeno 2 ore. Se l'acqua cala nella pentola aggiungetecene. Sfasciate gli zampetti, lasciateli raffreddare e disossateli con un coltello affilato. Tritate finemente l'aglio e il rosmarino, e metteteli a soffriggere nella metà del burro per 5 minuti, poi aggiungete le patate tagliate a fiammifero e lasciatele friggere completamente per circa 20 minuti.

Togliete le patate fritte e mettetele in un piatto di portata, tenendo al caldo.

Aggiungete altro burro nella padella e friggeteci dentro gli zampetti di maiale, infine posateli sul letto di patate, salate, pepate e servite.

Zucca fritta

INGREDIENTI PER 4 PERSONE:

4 cucchiai di olio extravergine d'oliva
sale e pepe

8 fette sottili di zucca
4 cucchiai di farina

Lessate per pochi minuti la zucca, scolatela bene e asciugatela.
Preparate una pastella con acqua, farina, sale e pepe.
Passate le fette di zucca nella pastella e friggetele in olio ben caldo.
Asciugatele su un foglio di carta da cucina prima di servirle.

Zucchine e riso gratinati alla biellese

INGREDIENTI PER 4 PERSONE:

300 g di riso
200 g di pomodori pelati
1 cipolla
30 g di burro
½ cucchiaino da caffè di zucchero

200 g di zucchine
1 spicchio d'aglio
4 cucchiai di olio di oliva
70 g di parmigiano grattugiato
sale e pepe

Pulite, lavate le zucchine e tagliatele a fettine non troppo sottili. Sbucciate lo spicchio d'aglio. Pulite, lavate, asciugate e tritate finemente la cipolla; fate soffriggere zucchine, aglio e cipolla nell'olio per 10 minuti, mescolando.

Triturate grossolanamente i pelati e aggiungeteli alle zucchine, unite zucchero e sale e fate cuocere fino a quando l'acqua di vegetazione sarà completamente evaporata e il sughetto si sarà addensato.

Portate a ebollizione una pentola con abbondante acqua salata, cuocetevi il riso e scolatelo abbastanza al dente, poi conditelo col burro e sistematelo sul fondo di una pirofila da forno ben unta.

Sovrapponetevi le zucchine, e mantecate con formaggio grattugiato. Cospargete con pepe macinato al momento e fate gratinare il composto in forno già caldo a 180° fino a quando vedrete che in superficie si è formata una crosticina dorata.

PRIMI PIATTI

Agnolotti alla biellese
INGREDIENTI PER 4 PERSONE:
500 g di farina
100 g di salsiccia
3 uova
150 g di parmigiano grattugiato
100 g di burro
100 g di cervella di manzo
1 mazzo di bietole
2 l di brodo di carne
sale e pepe
noce moscata

Lessate le bietole per pochi minuti in acqua salata, scolatele, strizzatele, tritatele e passatele per qualche minuto in un tegame con un po' di burro. Lessate anche la salsiccia e la cervella, spellate e pulite, in acqua salata, per una ventina di minuti, poi scolatele. Tritate finemente tutti i tipi di carne e metteteli in un recipiente. Aggiungete le bietole, tre cucchiai colmi di parmigiano reggiano grattugiato, un pizzico di noce moscata, le uova e amalgamate il tutto fino ad ottenere un composto omogeneo. Aggiustate di sale e pepe il ripieno e intanto preparate la pasta. Impastate la farina e le uova, lavorando a lungo con le mani, poi stendete la sfoglia abbastanza sottile, con un matterello. Sistemate su una parte di sfoglia delle palline di ripieno ben distanziate l'una dall'altra. Coprite con un'altra porzione di sfoglia e premete con le dita tra una pallina e l'altra per far aderire bene la pasta, quindi con la rotellina dentata tagliate dei quadrati che avranno al centro il ripieno. Cuocete gli agnolotti nel brodo, scolateli al dente e ripassateli con il burro fuso, quindi serviteli ricoperti da formaggio grattugiato.

Brudera
INGREDIENTI PER 4 PERSONE:
250 g di riso
1 cipolla grossa
1 bicchiere di sangue di maiale
sale e pepe
300 g di costine di maiale
¼ di gallina
100 g di burro

Preparate un brodo facendo bollire in acqua salata le costine di maiale e la gallina per un paio d'ore. Soffriggete metà cipolla tritata fine in una noce di burro, salate, pepate e unite metà della carne tolta dalle costine di maiale. Mettete un altro po' di burro in una casseruola, fate soffriggere l'altra metà della cipolla sottilmente affettata, quindi unite il riso, un mestolo di brodo e la carne delle costine di maiale rimaste. Portate a cottura il riso aggiungendo di tanto in tanto, quando occorre, un po' di brodo. Poco prima della completa cottura del riso versate nel recipiente un bicchiere di sangue di maiale e, mescolando bene, lasciate sul fuoco ancora per 5 minuti circa. Servite il riso condito con il sugo di cipolla e costine.

Cannelloni con salsiccia e spinaci

INGREDIENTI PER 4 PERSONE:

Per i cannelloni:
400 g di farina *4 uova*
sale

Per il ripieno:
300 g di salsiccia fresca *200 g di spinaci*
2 spicchi d'aglio *50 g di burro*
1 cipolla *1 carota*
1 costa di sedano *2 bicchieri di vino rosso*
4 cucchiai di salsa di pomodoro *50 g di parmigiano*
noce moscata *sale e pepe*

Lessate gli spinaci, scolateli, strizzateli bene, passateli nel tritacarne e fateli rosolare nella metà del burro fuso.

In un tegamino di coccio fate rosolare sempre nel burro la carota, il sedano e la cipolla, tritate finissimamente. A queste aggiungete la salsiccia, pestata a coltello, sale, pepe e noce moscata, fatela rosolare bene, poi aggiungete il vino e fate cuocere lentamente per almeno mezz'ora. Aggiungete la salsa di pomodoro, coprite con un coperchio e lasciate cuocere per un'ora. Il composto si deve addensare.

Preparate la pasta, rompendo le uova dentro la farina posta a fontana sulla spianatoia.

Lavorate con le mani e stendetela col matterello e, come per le lasagne, tagliate dei quadrati di circa 5 cm per lato, bolliteli subito in abbondante acqua salata, fateli asciugare qualche minuto, poi stendeteli sul tagliere e su ogni riquadro ponete uno strato di spinaci e la salsiccia che avrete scolato dal sugo. Arrotolate i cannelloni su se stessi e disponeteli in una pirofila imburrata. Versate sui cannelloni il rimanente del sugo, mettete qualche fiocchetto di burro e un po' di parmigiano. Passateli in forno preriscaldato a 180° per 20 minuti per farli gratinare e servite caldissimi.

Crema di porri

INGREDIENTI PER 4 PERSONE:

4 porri *1 limone*
1 dado per brodo *noce moscata*
2 patate *1 confezione di panna*
100 g di burro *½ bicchiere di vino bianco*
sale e pepe

Lavate bene i porri, e tritatene due, mentre gli altri due li affetterete fini. Ponete il brodo sul fuoco, unite tutti i porri, quelli tritati e quelli affettati, e fate bollire per mezz'ora, finché saranno quasi cotti. Regolate di sale, pepe e noce moscata, unite le patate grattugiate fini, il vino bianco e il burro, quindi lasciate sobbollire. Aggiungete a questo punto, poco alla volta, la panna, mescolando con cura. Battete le uova, solo i tuorli, con il limone e mettetele da parte. Assaggiate e, se le verdure sono ben cotte, togliete dal fuoco e lasciate raffreddare un poco: unitevi le uova lavorate con il succo del limone e battete bene con la frusta. Servite caldissima, eventualmente con crostini di pane fritti nel burro.

Fonduta di Oropa

INGREDIENTI PER 4 PERSONE:

400 g di toma fresca
1 confezione di panna
200 g di burro
crostini di pane
1 cucchiaio di farina bianca
4 tuorli d'uovo
sale e pepe nero

Tagliate a pezzetti la toma fresca, mettetela in una pentola antiaderente, aggiungete la farina bianca e mezza confezione di panna.

Fate sciogliere il tutto a bagnomaria, mescolando lentamente. Amalgamate i tuorli d'uovo ben sbattuti con la panna rimasta ed il burro ammorbidito e aggiungete il sale e il pepe. Mescolate continuamente, e non lasciate mai bollire la fonduta. Servitela con crostini di pane.

Gnocchetti di patate alla montanara

INGREDIENTI PER 4 PERSONE:

Per gli gnocchetti:
800 g di patate
4 uova
sale
200 g di farina
1 cucchiaio di olio d'oliva

Per il condimento:
200 g di pancetta
2 cipolle
5 cucchiai di passata di pomodoro
sale e pepe
2 cucchiai di olio d'oliva
2 spicchi d'aglio
50 g di toma stagionata grattugiata

Lavate le patate senza sbucciarle, mettetele in una pentola, copritele di acqua fredda e fatele lessare per 20-25 minuti. Appena saranno cotte, scolatele e sbucciatele ancora bollenti. Passatele in uno schiacciapatate e allargate il composto ottenuto su una spianatoia, lasciandolo intiepidire un poco. Cospargete le patate con un pizzico di sale, unite l'olio, i tuorli e la farina, quindi impastate il tutto senza lavorare eccessivamente l'impasto. Lasciate riposare 3-4 minuti.

Dividete l'impasto a pezzetti, passate ognuno di essi sulla spianatoia infarinata in modo da ottenere tanti bastoncini, quindi tagliate dei pezzetti di circa un centimetro e schiacciateli leggermente con il pollice sul dorso di una grattugia in modo che risultino decorati. Fate rosolare in un padella le cipolle e l'aglio finemente tritati con la pancetta a pezzetti nell'olio. Aggiungete la passata di pomodoro, salate, pepate e cuocete per circa 20 minuti, lasciando addensare il sugo. A parte portate a ebollizione una pentola di acqua salata, e cuocetevi gli gnocchetti, scolandoli con una schiumarola non appena tornano a galla, quindi serviteli conditi con il sugo e spolverizzati con la toma stagionata grattugiata.

Gnocchi di castagne di Pralungo

INGREDIENTI PER 4 PERSONE:

300 g di farina di castagne *150 g di farina bianca*
1 uovo *50 g di parmigiano grattugiato*
50 g di burro *sale e pepe*

Disponete a fontana sulla spianatoia i due tipi di farina con una presa di sale, sgusciatevi al centro l'uovo, quindi impastate, aggiungendo tanta acqua tiepida quanta ne occorre per ottenere un impasto piuttosto sodo.

Lavorate l'impasto fino a renderlo elastico, fatene una pagnotta, infarinatelo e avvolgetelo in un panno umido e lasciatelo riposare per un'ora circa. Tirate con il matterello una sfoglia non troppo sottile, che potete tagliare con gli appositi stampini se li avete.

Altrimenti prendete delle nocciole di pasta, allungatele un poco e comprimetele con gli indici delle mani, dando loro una forma simile a uno gnocco. Cuoceteli in abbondante acqua salata in ebollizione, scolateli al dente, e conditeli con burro fuso, sale, pepe e formaggio grattugiato.

Gnocchi di grano saraceno con salame e toma

INGREDIENTI PER 4 PERSONE:

500 g di farina di grano saraceno *4 cucchiai di salsa di pomodoro*
4 cucchiai di olio extra vergine *100 g di salame crudo*
* di oliva* *100 g di parmigiano grattugiato*
100 g di burro *1 cipolla*
1 cucchiaio di farina *1 bicchiere di latte*
50 g di toma stagionata *sale e pepe*

Disponete la farina a fontana sulla spianatoia e unite il sale. Fate un buco in mezzo e versateci un bicchiere di acqua tiepida, impastando almeno mezz'oretta, fino ad ottenere una pasta abbastanza liscia e omogenea. Tagliate dei pezzetti grandi come una castagna e passateli nel retro di una grattugia per dare loro il tipico aspetto a quadrettini.

Tritate la cipolla e mettetela a dorare in un pentolino con il burro e il salame crudo grossolanamente tritato.

Quando la cipolla sarà pronta, aggiungete il pomodoro, sale e pepe.

Preparate una besciamella con un po' di burro, latte e farina e unitela al pomodoro quando sarà ben cotto. Cuocete gli gnocchi di grano saraceno in abbondante acqua salata e scolateli non appena saliranno in superficie, poi conditeli con la salsa al salame crudo e spolverate con abbondante toma stagionata grattugiata.

Gnocchi gratinati

INGREDIENTI PER 4 PERSONE:

800 g di gnocchi di patate *200 g di toma stagionata grattugiata*
100 g di burro *sale e pepe*

Fate fondere il burro. A parte portate a ebollizione una pentola con abbondante acqua salata, versatevi gli gnocchi e scolateli con una schiumarola non appena vengono a galla.

Conditeli col burro fuso, sale e pepe. Disponete gli gnocchi in una pirofila da forno unta, ricopriteli con la toma stagionata grattugiata, insaporiteli con sale e pepe e poneteli in forno preriscaldato a 200° a gratinare.

Maccheroni alla contadina con beddo della Valle Cervo

INGREDIENTI PER 4 PERSONE:

400 g di maccheroni *20 g di zucca*
½ bicchiere di passata di pomodoro *1 barattolo di fagioli borlotti*
1 zucchina *4 cucchiai di olio extravergine d'oliva*
1 ciuffo di salvia *1 rametto di rosmarino*
150 g di beddo della Valle Cervo *sale e pepe*

Decorticate, private dei semi e tagliate a piccoli dadi la zucca. Mondate e tagliate a rondelle poi a filettini la zucchina.

Scaldate in una padella 4 cucchiaiate d'olio, profumatele con una cucchiaiata di trito di salvia e rosmarino. Unite i dadini di zucca e i filettini di zucchina e rosolateli a fuoco allegro in modo che evapori l'acqua di vegetazione. Aggiungete i fagioli, sgocciolati dall'acqua di conservazione.

Mescolate, lasciate insaporire, quindi completate con la passata di pomodoro. Salate, pepate, e lasciate sobbollire il sugo mentre, a parte, cuocete i maccheroni in abbondante acqua salata. Scolateli un po' al dente e conditeli con il sugo preparato.

Completate con una macinata di pepe, 2 cucchiaiate d'olio a crudo e ricopriteli con beddo della Valle Cervo a scagliette.

Minestra di fiori

INGREDIENTI PER 4 PERSONE:

15 piantine di margheritina con la radice
20 foglie di fragoline
20 punte di luppolo
5-6 piantine di tarassaco
1 cipolla
50 g di lardo
sale

15 piantine di violetta con la radice
15 piantine di primule con radice
20 punte di rovo
20 punte di ortiche
1 ciuffo di prezzemolo
3 patate
300 g di riso

Lavate e pulite bene le erbe. Questo è sicuramente il lavoro più lungo.

Mettetele a cuocerle in acqua salata con il lardo pestato, le patate pelate e tagliate a dadini piccoli e la cipolla a rondelle per circa 25-30 minuti.

Frullate il tutto con un frullatore a immersione. Aggiungete il riso e lasciate cuocere per altri 20-25 minuti, salate e servite.

Minestra di zucca verde alla contadina

INGREDIENTI PER 4 PERSONE:

1 zucca verde
4 spicchi d'aglio
100 g di burro
crostini di pane casereccio abbrustoliti

100 g di lardo
1 ciuffo di prezzemolo
50 g di formaggio d'Alpe grattugiato
sale e pepe

Togliete la buccia alla zucca, tagliatela a fette sottili e mettetela a cuocere con 2 l di acqua salata bollente.

Dopo circa 20 minuti aggiungete un trito di lardo, aglio e prezzemolo.

Fate insaporire e lasciate cuocere ancora 10 minuti.

Una volta che la zucca sarà tenera aggiungete il burro, il formaggio d'Alpe grattugiato, salate e pepate. Servite con crostini di pane abbrustoliti.

Pasta con verza e zucchine

INGREDIENTI PER 4 PERSONE:

400 g di pasta corta
1 cipolla
1 pizzico di noce moscata
50 g di toma stagionata grattugiata

2 zucchine
2 foglie di cavolo verza
4 cucchiai di olio extravergine di oliva
sale

Lavate le verdure e affettatele sottilmente, quindi fatele saltare nell'olio a fuoco allegro affinché evapori l'acqua di vegetazione. Salate e fate stufare a fiamma bassa per 10 minuti. Portate a ebollizione una pentola con abbondante acqua salata e cuocetevi la pasta corta, penne o conchiglie, a vostro gusto. Quando la pasta è al dente, scolatela e versatela nel tegame delle verdure, aggiungete la noce moscata e il sale, spolverizzate con la toma grattugiata, fate insaporire il tutto per un paio di minuti e servite.

Raviolini di magro di Candelo

INGREDIENTI PER 4 PERSONE:

Per il ripieno:
500 g di ricotta
2 uova
un pizzico di noce moscata
100 g di parmigiano
4-5 foglie di basilico
sale e pepe

Per la sfoglia:
400 g di farina
sale
4 uova

Per condire:
150 g di burro
sale e pepe nero
5-6 foglie di basilico

Amalgamate sulla spianatoia la farina, le uova, un pizzico di sale e lavorate quanto basta ad ottenere un composto omogeneo, quindi lasciatelo riposare per almeno mezz'ora. Stemperate la ricotta in una terrina, unite le uova, sale, pepe e noce moscata e un trito fine di basilico. Amalgamate col parmigiano grattugiato e mescolate bene. Tirate quindi la sfoglia con il matterello, cercando di ottenerla abbastanza sottile.

Tagliatela quindi in tanti quadrati di circa 5 cm di lato e su ciascuno di essi ponete un po' di ripieno, richiudetelo a triangolo facendo ben aderire i bordi.

Bollite i raviolini in abbondante acqua salta, scolateli al dente e conditeli con burro fuso e basilico spezzettato con le mani.

Riso alla biellese con toma di Macagno

INGREDIENTI PER 4 PERSONE:

400 g di riso
50 g di burro
sale
200 g di toma di Macagno
1 l di brodo di carne

Portate il brodo a ebollizione e cuocetevi il riso per circa 15 minuti, lasciando asciugare progressivamente il brodo. In un padellino fate fondere il burro senza che frigga, quindi unitelo al riso, assieme alla toma, sale e pepe. Mescolate con il cucchiaio di legno e lasciate sciogliere il formaggio finché vedrete che fila, quindi servite subito.

Riso con la fonduta di toma e peperoni

INGREDIENTI PER 4 PERSONE:

300 g di riso
5-6 foglie di basilico
1 cipolla
sale e pepe
2 peperoni
4 cucchiai di olio extravergine d'oliva
250 g di toma fresca

Pulite i peperoni, cuoceteli in forno caldo a 180° per circa 20 minuti, quindi toglieteli, sbucciateli e tagliateli a listarelle. Affettate finemente la cipolla con la mandolina. Rosolate i peperoni e la cipolla per 10 minuti in un tegame con l'olio e sale, quindi abbassate il fuoco e cuocete per 10 minuti. Togliete dal fuoco, lasciate un poco raffreddare, poi frullate con le foglie di basilico. Mescolate in una terrina la toma fresca, il frullato di peperoni e basilico, aggiungete un poco di sale e pepe e sbattete con una frusta fino ad ottenere un composto soffice. Rimettete la crema in un pentolino e scaldatela a fuoco molto dolce. Portate a ebollizione abbondante acqua salata, cuocete il riso, scolatelo al dente e conditelo con la fonduta di toma e peperoni.

Riso con pancetta e rosmarino

INGREDIENTI PER 4 PERSONE:

300 g di riso
1 rametto di rosmarino
sale e pepe
100 g di pancetta saporita
50 g di burro

Portate a ebollizione una pentola con abbondante acqua salata e cuocetevi il riso fino a metà cottura. Scolatelo e mettetelo a soffriggere in un'ampia padella nella quale avrete fatto sciogliere il burro e rosolare dolcemente i dadini di pancetta. Quando il riso sarà cotto al punto giusto insaporite con sale, pepe, e un trito finissimo di rosmarino. Mescolate e servite.

Riso filante alla verza

INGREDIENTI PER 4 PERSONE:

300 g di riso
1 cuore di verza
2 cipolle
sale e pepe
50 g di burro
100 g di caprino fresco
1 l di brodo vegetale

Mondate e pulite accuratamente la verza, tagliatela a striscioline sottili e mettetela a sbollentare nel brodo per una decina di minuti, quindi scolatela, trituratela grossolanamente e mettetela a stufare dolcemente in padella con la metà del burro. Riportate a ebollizione il brodo e cuocetevi il riso, scolandolo un poco al dente. Mettete il riso nella padella con la verza. A parte tritate le cipolle e mettetele rosolare in un'altra padella con il resto del burro. Quando saranno dorate unite il caprino fresco, mescolando per amalgamare bene il tutto. Aggiungete la salsa di caprino nella padella del riso con la verza, insaporite con sale e pepe e servite.

Tagliatelle agli asparagi e salsiccia

INGREDIENTI PER 4 PERSONE:

400 g di tagliatelle all'uovo
200 g di punte di asparago
50 g di parmigiano reggiano grattugiato
50 g di burro
100 g di salsiccia fresca
sale e pepe

Pulite e lavate accuratamente gli asparagi, conservando solamente le punte e la parte morbida. Sbollentateli per pochi minuti in acqua salata, scolateli e teneteli da parte. Togliete la pelle alla salsiccia fresca e sbriciolatela. Scaldate il burro in una padella e fate rosolare la salsiccia fino a quando sarà quasi abbrustolita, quindi unite le punte di asparago e lasciate insaporire il tutto. Portate a ebollizione una pentola con abbondante acqua salata, cuocetevi le tagliatelle, scolatele al dente e fatele saltare nella padella con il condimento di asparagi e salsiccia. Salate, pepate, spolverizzate con il parmigiano reggiano grattugiato e servite subito.

Taglierini alle verdure

INGREDIENTI PER 4 PERSONE:

4 cipolle
1 spicchio d'aglio
800 g di pomodori perini
1 dado da brodo
50 g di toma stagionata
1 costa di sedano
3-4 foglie di basilico
4 cucchiai di olio di oliva
400 g di taglierini
sale e pepe

Tritate finemente le verdure, mettetele in una pentola con l'olio di oliva, sale, pepe, e un dado. Cuocete lentamente per circa 40 minuti, mescolando di tanto in tanto. Portate a ebollizione una pentola di acqua salata, lessate i taglierini, scolateli al dente e conditeli con il sugo di verdura. Salate, pepate, spolverizzate con la toma stagionata grattugiata e servite.

Tagliolini ai fegatini di pollo

INGREDIENTI PER 4 PERSONE:

400 g di tagliolini all'uovo
200 g di fegatini di pollo
1 cipolla
1 pizzico di timo
50 g di burro
1 bicchierino di cognac
1 spicchio d'aglio
sale e pepe

Tritate finemente la cipolla e l'aglio e metteteli a soffriggere nel burro, fino a quando vedrete che prendono colore.

Pulite accuratamente i fegatini di pollo e metteteli a cuocere nella padella con la cipolla, schiacciandoli con i rebbi di una forchetta per sminuzzarli. Conditeli con sale, pepe e un pizzico di timo. Sfumate con il cognac, lasciatelo in parte evaporare e spegnete il fuoco. Portate a ebollizione una pentola con abbondante acqua salata, cuocetevi i tagliolini all'uovo, scolateli al dente e ripassateli nella padella con il sugo di fegatini, mescolando bene, quindi servite ben caldi.

Tagliolini funghi e panna

INGREDIENTI PER 4 PERSONE:

400 g di tagliolini freschi all'uovo *250 g di funghi freschi misti*
1 confezione di panna fresca *1 spicchio d'aglio*
50 g di burro *4 cucchiai di olio extravergine di oliva*
1 ciuffo di prezzemolo *sale e pepe*

Pulite i funghi, eliminando la parte della radice e lavandoli bene sotto l'acqua corrente, poi tagliateli a fettine. In un tegame con il burro e l'olio, fate rosolare lo spicchio d'aglio, che poi toglierete. Unite i funghi, un pizzico di sale, una manciata di pepe, il prezzemolo finemente triturato e fate soffriggere a fiamma vivace per 10 minuti, fino a quando i funghi hanno buttato fuori la loro acqua di vegetazione. Abbassate il fuoco e cuocete ancora una decina di minuti almeno.

Nel frattempo cuocete i tagliolini freschi all'uovo in abbondante acqua salata, scolateli al dente, conditeli in una zuppiera con la panna fresca e i funghi.

Tajarin al sugo di salsiccia

INGREDIENTI PER 4 PERSONE:

Per la pasta:
400 g di farina *4 tuorli d'uovo*
sale

Per il sugo:
300 g di salsiccia *1 cipolla*
1 carota *1 costa di sedano*
1 spicchio di aglio *1 rametto di rosmarino*
1 bicchiere di olio extravergine *1 bicchiere di salsa di pomodoro*
sale e pepe

Tritate finemente la salsiccia e mettetela a rosolare nell'olio con un trito fine di sedano, carota, cipolla, aglio e rosmarino. Lasciate cuocere per una decina di minuti, mescolando spesso, poi unite la salsa di pomodoro ed aggiustate di sale e pepe. Fate cuocere a fuoco lento per un'ora circa.

A parte ponete sul tagliere la farina a fontana, rompetevi dentro le uova e impastate, cercando di ottenere una pasta liscia e omogenea.

Tirate la sfoglia con il matterello e tagliate, con un coltello affilato, dei tajarin, che aprirete per farli asciugare.

Portate a ebollizione una pentola di acqua salata, cuocete i tajarin, scolateli al dente e conditeli con il sugo di salsiccia, mescolate e servite.

Zucca e pan bagnato

INGREDIENTI PER 4 PERSONE:

400 g di zucca gialla *4-5 cucchiai di olio d'oliva*
1 noce di burro *300 g di pane raffermo*
½ l di latte *2 uova*
100 g di toma fresca *200 g di toma semistagionata*
50 g di toma stagionata *sale e pepe*

Mettete il pane raffermo a imbibirsi nel latte e sbriciolatelo con le mani.

Aggiungete il formaggio fresco e quello semistagionato tagliati a pezzettini, mescolate e lasciate riposare il composto almeno un'oretta.

A parte tagliate a fettine la zucca, dopo averla ben pulita, e friggetela nell'olio, quindi mettete a scolare le fettine su un foglio di carta assorbente da cucina. Foderate con le fettine di zucca una teglia da forno imburrata. Aggiungete al pane e formaggio le uova, il sale e il pepe e versate il tutto nella teglia.

Cospargete la superficie con il burro a pezzetti e la toma stagionata grattugiata. Cuocete in forno preriscaldato a 180° per 45-50 minuti.

Zuppa di trippa e fagioli

INGREDIENTI PER 4 PERSONE:

500 g di trippa *1 l di buon brodo di carne*
2 carote *1 cipolla*
2 coste di sedano *3-4 spicchi d'aglio*
2 cucchiai di passata di pomodoro *1 barattolo di fagioli borlotti*
½ bicchiere di vino rosso *4 cucchiai di olio di oliva extravergine*
50 g di parmigiano grattugiato *sale e pepe nero*

Tritate accuratamente la cipolla, la carota, l'aglio e il sedano e metteteli a soffriggere con l'olio. Quando saranno rosolati aggiungete la passata di pomodoro, poi unite i cannellini e la trippa tagliata a striscioline.

Lasciate cuocere per mezz'ora, aggiungendo progressivamente il vino rosso. Salate e pepate a piacere. Aggiungete il brodo di carne e lasciate cuocere per altra mezz'ora.

Prima di servire cospargete la zuppa di abbondante parmigiano reggiano grattugiato e pepe nero macinato al momento.

SECONDI PIATTI

Agnello biellese alle erbe

INGREDIENTI PER 4 PERSONE:
1 cosciotto d'agnello
5-6 foglie di salvia
4 spicchi d'aglio
1 bicchiere di olio extravergine
  d'oliva
sale e pepe
2 foglie di alloro
1 rametto di rosmarino
1 grosso ciuffo di timo
1 bicchiere di vino bianco secco
2 bicchieri di brodo vegetale

Ungete una teglia con un po' d'olio, adagiatevi l'agnello e insaporite con sale e pepe. Introducete sotto e ai lati della carne alcune foglie d'alloro e di salvia, l'aglio tagliato a fettine, il rosmarino e il timo, quindi aggiungete il resto dell'olio. Ponete l'agnello in forno a 200°, riducendo dopo 10 minuti la temperatura a 180°; rivoltate il cosciotto per cuocerlo da ogni lato. Bagnate con vino bianco, poi col brodo, in modo da mantenere tenera la carne, continuando la cottura fino a quando la carne non sarà ben arrostita. Servite caldo.

Arrosto di coniglio al latte

INGREDIENTI PER 4 PERSONE:
1 coniglio
1 cucchiaio di farina
1 l di latte
50 g di burro
100 g di prosciutto cotto (una sola fetta)
sale e pepe

Tritate il prosciutto. Fate sciogliere in una casseruola il burro e rosolatevi il prosciutto con la farina per una decina di minuti. Aggiungete il coniglio a pezzi, fatelo colorire, salatelo e copritelo con il latte. Cuocete a calore moderato per un'ora e mezzo, finché il latte non si sia consumato e rappreso. Insaporite con sale e pepe e servite subito.

Arrosto di maiale di Masserano

INGREDIENTI PER 4 PERSONE:
600 g di lonza di maiale
il succo di 2 limoni
1 cucchiaio di scorza di limone
  tritata finemente
2 cucchiai di farina
50 g di burro
1 bicchiere di vino bianco
2 spicchi di aglio
sale e pepe

Sciogliete il burro in una teglia che possa andare in forno, unite il succo e la buccia tritata del limone e l'aglio tritato finemente e lasciate cuocere per qualche minuto.

Unite la carne e ponete la teglia in forno preriscaldato a 200°. Dopo una decina di minuti girate l'arrosto e irroratelo col vino. Lasciate cuocere per un'oretta o più (il tempo dipende dalle dimensioni dell'arrosto), bagnando il pezzo di carne col sughetto di cottura. Togliete la lonza dal forno e tagliatela a fette. Addensate il sughetto di cottura con un poco di farina fatta nevicare da un setaccio e irrorate le fette. Servite subito.

Baccalà con polenta

INGREDIENTI PER 4 PERSONE:
800 g di baccalà
8 cucchiai di olio d'oliva
2-3 acciughe
1 ciuffo di prezzemolo
½ bicchiere di brodo vegetale
4 fette di polenta
50 g di burro
4-5 cucchiai di farina
1 spicchio di aglio
1 limone
sale e pepe

Tagliate in pezzi abbastanza grossi il baccalà, ben lavato e mondato dalle lische, infarinateli e fateli rosolare in padella con olio e burro, e un trito di aglio e acciughe.

Fate dorare su ogni lato i pezzi, poi aggiungete mezzo bicchiere di brodo vegetale. Salate e pepate. Lasciate cuocere lentamente per 15-20 minuti e servitelo con fettine di limone e un trito fine di prezzemolo su fette di polenta lievemente abbrustolita.

Bistecca di maiale con mostarda di mele della Valle Elvo

INGREDIENTI PER 4 PERSONE:
4 bistecche di polpa di maiale
sale e pepe
30 g di burro

Per la mostarda di mele:
800 g di mele
1 bicchiere di succo di mele
150 g di zucchero
4 cucchiai di vino rosso
2 limoni
½ bicchiere di aceto di vino bianco
30 g di senape in polvere

Sbucciate le mele, tagliatele a pezzetti e bagnatele con il succo di un limone in modo che non anneriscano.

In un pentolino scaldate il succo di mele con l'aceto e lo zucchero, mescolando dolcemente fino a quando lo zucchero sarà sciolto. Unite le mele con il succo del secondo limone e lasciate cuocere a fuoco dolcissimo per un'oretta. Aggiungete la senape sciolta nel vino, mescolate e lasciate cuocere un'altra decina di minuti. Mettete a sciogliere il burro in una padella e, quando sarà spumeggiante, cuocetevi le bistecche di maiale, girandole per farle quasi abbrustolire. Insaporite con sale e pepe e servitele ricoperte di mostarda di mele.

Braciole di maiale alla senape

INGREDIENTI PER 4 PERSONE:

4 braciole di maiale
4 cucchiai di senape
sale e pepe
50 g di toma stagionata grattugiata
50 g di burro

Cuocete le braciole di maiale in padella con una noce di burro a fuoco vivo per pochi minuti, girandole un paio di volte.

Nel frattempo fate sciogliere in un tegame il rimanente burro, unite la senape, toma stagionata grattugiata, il sale e il pepe.

Ricoprite le braciole con questa cremina, lasciatele insaporire e servite.

Cappone ripieno

INGREDIENTI PER 4-6 PERSONE:

1 cappone
1 bicchiere di brodo
3 tuorli d'uovo
100 g di prosciutto cotto
50 g di burro
1 pugno di uvetta sultanina
1 cipolla, 1 carota
100 g di pancetta
100 g di mollica di pane
100 g di parmigiano grattugiato
1 pizzico di noce moscata
100 g di prugne denocciolate
100 g di salsiccia
1 pugno di gherigli di noce
1 costa di sedano
sale e pepe

Pulite il cappone e disossatelo. Se la cosa vi sembra troppo difficile, fatelo fare al macellaio. Preparate il ripieno con la mollica di pane inzuppata nel brodo, il parmigiano, i tuorli d'uovo, sale, pepe e noce moscata.

Tagliate a dadini il prosciutto e la salsiccia e uniteli al composto.

Lasciate a bagno l'uvetta e le prugne secche in acqua tiepida per mezz'oretta, poi trituratele, assieme alle noci, e aggiungete il tutto al ripieno.

Dopo aver riempito il cappone con il ripieno e averlo cucito, fasciatelo strettamente in una pezzuola pulita e legatelo.

Fatelo bollire in acqua salata per due ore a fuoco lento. A cottura ultimata togliete il panno. Preparate un sugo con il burro, la pancetta tagliata a dadini, la cipolla, il sedano e la carota e fateli soffriggere per una decina di minuti.

Condite con sale e pepe e aggiungete di tanto in tanto un po' di brodo ottenuto dalla cottura del cappone.

Ponete il cappone in questo sugo fino a che si sia insaporito.

A tavola tagliate a fette il cappone e servitelo con la salsa di cottura.

Cosciotto di capretto cotto nel fieno maggengo e patate alla cenere della Valle Cervo

INGREDIENTI PER 4-6 PERSONE:

2 cosciotti di capretto
7-8 spicchi d'aglio
7-8 foglie di salvia
4-5 spicchi d'aglio
fieno maggengo di montagna
10 patate di media grossezza
sale e pepe

1 bicchiere di olio d'oliva
1 rametto di rosmarino
1 rametto di timo fresco
1 bicchiere di vino bianco
1 bicchiere di latte
50 g di burro

Togliete l'osso ai cosciotti (se pensate di non riuscire, fateveli disossare dal macellaio) e metteteli in una grossa casseruola da forno, cosparsi di sale e pepe, irrorateli con l'olio e cospargetevi con un trito grossolano di salvia, rosmarino, timo e aglio.

Fateli rosolare sul fornello a fuoco allegro e, quando saranno dorati in superficie, bagnateli con il vino. Lasciatelo evaporare a fiamma vivace, quindi abbassate il fuoco e lasciate cuocere per una mezz'oretta, girando la carne perché si rosoli da entrambe i lati.

Avvolgete i cosciotti in due fogli di carta da forno e metteteli in una larga teglia da forno. Ricopriteli di fieno, che avrete bagnato per non farlo bruciare, e metteteli in forno preriscaldato a 110° per 3 ore.

A parte sciogliete il fondo di cottura dei cosciotti con un bicchiere di latte, staccate il fondo con un cucchiaio di legno e cuocete per 5 minuti la salsa, che poi passerete in un colino per eliminare eventuali residui. Una volta filtrata, rimettetela sul fuoco per farla addensare. Lavate bene le patate, raschiando con una spugna la buccia, avvolgetele in un foglio di alluminio e lasciatele cuocere lentamente sotto la cenere, con appena un poco di brace. L'ideale è usare il camino. Se non lo possedete potete ugualmente disporre le patate in una teglia da forno, ricoprirle con la cenere e farle cuocere a forno caldo a 150° per 30-40 minuti.

Al momento di servire, scartate i cosciotti, togliendo il fieno, tagliateli e sistemateli in un piatto da portata, irroratelo con la salsa e contornatelo con le patate cotte sotto alla cenere, solamente tagliate a metà e cosparse ognuna con un fiocco di burro.

Faraona al cartoccio

INGREDIENTI PER 4 PERSONE:

1 faraona
6 cucchiai di olio di oliva extravergine
4 spicchi d'aglio

100 g di pancetta tesa a fettine
1 ciuffo di salvia
1 rametto di rosmarino
sale e pepe

Mettete nel buzzo della faraona il rosmarino, l'aglio e la salvia interi.

Disponete la faraona nel centro di un foglio di carta di alluminio, avvolgetela con le fettine di pancetta, che eventualmente terrete ferme con qualche stuzzicadenti, irroratela con olio d'oliva, sale e pepe e richiudete il cartoccio. Fate cuocere in forno a 200° per 40-50 minuti circa. Servite direttamente dal cartoccio.

Filetto alle mele

INGREDIENTI PER 4 PERSONE:
800 g di filetto di manzo
6 mele renette
1 bicchiere di vino bianco secco
1 limone
50 g di burro
sale e pepe

Lavate le mele, tagliatele a fette spesse e spruzzatele di succo di limone affinché non anneriscano. Tagliate il filetto a fette.

Fate fondere il burro in una padella e scottatevi le fette di carne, voltandole, quindi toglietele e tenetele al caldo.

Mettete in padella le fette di mela e fatele soffriggere per pochi minuti, girandole con una paletta, quindi rimettete il filetto, insaporite con sale e pepe e sfumate col vino.

Lasciatelo evaporare e servite.

Filetto saltato al verde

INGREDIENTI PER 4 PERSONE:
800 g di filetto di manzo in 4 fette
50 g di burro
1 ciuffo di prezzemolo
sale e pepe

Cospargete le fette di filetto di sale e pepe e cuocetele in padella con la metà del burro.

A parte passate nel mixer il restante burro e amalgamatelo con il prezzemolo, sale e pepe. Quando i filetti saranno cotti, serviteli caldi cosparsi di burro al prezzemolo.

Lombo di maiale alle erbe

INGREDIENTI PER 4 PERSONE:
800 g di lombo di maiale
6-7 foglie di salvia
1 pizzico di origano
1 bicchiere di olio di oliva
sale e pepe
3 spicchi di aglio
1 rametto di timo
1 rametto di rosmarino
1 bicchiere di vino bianco secco

Tritate le foglie di salvia, il timo e il rosmarino. 3 ore prima di cuocerlo, cospargete l'arrosto con il trito, l'origano e gli spicchi d'aglio grossolanamente triturati, salatelo, pepatelo e lasciatelo insaporire.

Preriscaldate il forno a 200°. Sistemate l'arrosto di lombo in una teglia, irroratelo con l'olio, quindi bagnatelo col vino.

Infornate la teglia e, dopo una decina di minuti, girate l'arrosto.

Quando avrà preso colore da tutte le parti, abbassate il forno a 180° e lasciatelo cuocere per un'oretta, sfumandolo ogni tanto col sughetto di cottura. Trascorso questo tempo estraete la teglia dal forno, tagliate a fette il lombo di maiale e servitelo irrorato di sugo.

Lonza al macagn

INGREDIENTI PER 4 PERSONE:

800 g di lonza di maiale a fettine *50 g di burro*
100 g di macagn *1 cipolla*
4 cucchiai di latte *sale e pepe*

Tritate finemente la cipolla e mettetela a soffriggere dolcemente nel burro fino a quando prenderà colore. Mettete a rosolare le fettine di maiale assieme alla cipolla, girandole con una forchetta affinché la cottura sia uniforme.

Cospargete il tutto con il formaggio a pezzettini, bagnate con il latte e insaporite con sale e pepe. Servite quando il formaggio sarà sciolto e la salsa si sarà addensata.

Maiale caramellato al limone di Massazza

INGREDIENTI PER 4 PERSONE:

800 g di lombo di maiale *50 g di burro*
1 bicchiere di brodo *1 bicchiere di vino bianco secco*
50 g di zucchero *½ bicchiere di succo di limone*
1 limone *1 cucchiaio di brandy*
sale e pepe

In una capiente teglia da forno sistemate il pezzo di maiale con il burro e fatelo rosolare molto lentamente, girandolo da tutte le parti. Sfumate con il vino bianco e il brodo, continuando la cottura a fuoco lento. Pungete la carne con i rebbi di una forchetta per controllare la cottura. Unite il cucchiaio di brandy, il succo di limone, sale e pepe.

A parte, in un pentolino, sciogliete lo zucchero a fuoco lentissimo e fate caramellare le fette di limone. Togliete la carne dalla teglia, tagliatela a fette e sistematela sui singoli piatti. Nappatela con il sughetto di cottura e servitela con qualche fetta di limone caramellato sopra.

Petto di pollo alla panna

INGREDIENTI PER 4 PERSONE:

4 petti di pollo *150 g di toma stagionata grattugiata*
50 g di burro *1 confezione di panna fresca*
sale e pepe *4 cucchiai di farina*

Battete i petti di pollo, passateli nella farina e metteteli a rosolare dolcemente in padella con il burro. Salate e pepate.

Appena prima di togliere dal fuoco cospargeteli con la toma stagionata grattugiata.

Irrorateli con la panna e portate a termine la cottura lentamente a recipiente coperto, per altri 10 minuti. Servite subito.

Petto di pollo alla valligiana

INGREDIENTI PER 4 PERSONE:

4 petti di pollo
40 g di toma stagionata grattugiata
1 pugno di pangrattato
sale e pepe
2 uova
120 g di prosciutto cotto
120 g di fontina
20 g di burro
50 g di parmigiano

Disponete i quattro petti di pollo sul tavolo, batteteli con il pestacarne e mettete sopra a ciascuno una fetta di prosciutto cotto e una di formaggio.

Ripiegateli in due in modo da formare una sorta di portafogli.

A parte sbattete le uova con sale e pepe e un poco di parmigiano, passateci dentro i petti di pollo poi rotolateli nel pangrattato.

Salate e pepate, fate dorare nel burro per una ventina di minuti, e servite in tavola.

Polenta conscia d'Oropa

INGREDIENTI PER 4-6 PERSONE:

300 g di farina da polenta
100 g di burro
50 g di parmigiano grattugiato
300 g di toma magra
2 spicchi d'aglio
sale e pepe

Mettete sul fuoco una pentola con 3 l di acqua, salate e quando bolle buttate la farina di mais, avendo cura di tenere la polenta piuttosto morbida. Se si dovesse indurire troppo, aggiungete un bicchiere di latte caldo. Mescolate continuamente e fate cuocere per una quarantina di minuti a fuoco moderato.

Dopo mezz'ora aggiungete la toma tagliata a pezzetti e mescolate per amalgamare bene, salate e pepate.

Negli ultimi minuti di cottura fate sciogliere il burro in un pentolino insieme agli spicchi d'aglio schiacciati.

Rovesciate la polenta in una zuppiera, conditela con il burro bollente e il parmigiano grattugiato, mescolate ancora molto bene e servite.

Pollo ripieno con verdure

INGREDIENTI PER 4 PERSONE:

1 pollo	50 g di mollica di pane
½ bicchiere di brodo	50 g di parmigiano grattugiato
3 tuorli d'uovo	1 pizzico di noce moscata
100 g di prosciutto crudo	20 g di burro
100 g di pancetta magra	1 cipolla
1 costa di sedano	1 carota
200 g di patate	sale e pepe

Fatevi disossare un pollo dal macellaio. Preparate il ripieno con la mollica di pane inzuppata nel brodo, il parmigiano, i tuorli d'uovo, sale, pepe e noce moscata.

Tagliate a dadini il prosciutto e uniteli al composto.

Dopo aver riempito il pollo con il ripieno e averlo cucito, fasciatelo strettamente in una pezzuola pulita e legatelo.

Fatelo bollire in poca acqua salata per due ore a fuoco lento.

A cottura ultimata togliete il panno.

Preparate un sugo con il burro, la pancetta tagliata a dadini, la cipolla, il sedano e la carota e fateli soffriggere per una decina di minuti. Condite con sale e pepe e aggiungete di tanto in tanto un po' di brodo ottenuto dalla cottura del pollo.

Ponete a cuocere le patate, ben pulite e tagliate a dadini, e, quando saranno quasi cotte unite il pollo, lasciando insaporire.

Prosciutto farcito al profumo di bosco

INGREDIENTI PER 4 PERSONE:

8 fette spese di prosciutto cotto	30 g di burro
50 g di parmigiano grattugiato	sale e pepe

Per la farcitura:

1 ciuffo di prezzemolo	1 spicchio d'aglio
20 piccoli funghi porcini o misti	30 g di burro
½ bicchiere di vino bianco secco	sale e pepe

In un tegame fate soffriggere nel burro un trito fine di prezzemolo e aglio per un minuto, aggiungete i funghi ben puliti e tagliati a pezzi piccoli, fateli rosolare 10 minuti e versate il vino.

Lasciate evaporare, e cuocete fino a quando l'intingolo si sarà completamente ristretto. Prendete le fette di prosciutto cotto e farcitele con il composto di funghi, quindi arrotolatele a formare una sorta di cannellone.

Fate sciogliere il burro in una pirofila da forno, disponetevi i cannelloni di prosciutto farcito al profumo di bosco, insaporite con sale e pepe e spolverizzate con il formaggio grattugiato. Fate gratinate in forno preriscaldato a 180° per pochi minuti e servite.

Quagliette ripiene

INGREDIENTI PER 4 PERSONE:

4 cucchiai di olio di oliva extravergine
50 g di formaggio grattugiato
8 foglie di salvia
½ bicchiere di vino bianco
4 petti di pollo
150 g di prosciutto cotto
1 uovo
10 g di burro
sale e pepe

Prendete le fettine di petto di pollo e battetele col batticarne. Frullate assieme il prosciutto e mezzo petto di pollo, amalgamando il tutto con un uovo e con formaggio grattugiato, quindi distribuite l'impasto sulle fettine, arrotolatele fermandole con uno stecchino nel quale avrete infilato una foglia di salvia e un pezzetto di prosciutto. Prendete un tegame, allineatevi le quagliette e fatele rosolare in burro e olio fino alla completa cottura, salate e pepate. Se si dovessero seccare, bagnatele con un goccio di vino bianco.

Salsiccia e funghi della Valle Cervo

INGREDIENTI PER 4 PERSONE:

800 g di funghi freschi misti
1 cipolla
½ bicchiere di passata di pomodoro
1 foglia di alloro
sale e pepe
300 g di salsiccia
½ bicchiere d'olio d'oliva
½ bicchiere di vino rosso
1 ciuffo di prezzemolo

Pulite accuratamente i funghi e tagliateli a pezzetti. In una casseruola, rosolate nell'olio la cipolla tritata, aggiungete la salsiccia a tocchetti e, una volta rosolata, unite i funghi. Sfumate col vino, aggiustate di sale e pepe, e lasciate evaporare l'acqua di cottura, quindi unite il pomodoro, l'alloro e il prezzemolo tritato. Portate a cottura, cuocendo a fuoco medio per una mezz'oretta.

Stinco di maiale al forno

INGREDIENTI PER 4 PERSONE:

2 stinchi di maiale tagliati a metà verticalmente
1 ciuffo di salvia
2 spicchi d'aglio
1 bicchiere di vino rosso
½ bicchiere di olio d'oliva
2 cipolle
1 rametto di timo
1 rametto di rosmarino
sale e pepe

Disponete in una teglia da forno gli stinchi di maiale, irrorateli con l'olio e cospargeteli con le cipolle tagliate a rondelle e un trito di aglio, timo, salvia e rosmarino. Mettete nel forno già caldo a 180° e dopo una ventina di minuti irrorate con un bicchiere di vino rosso. Salate e pepate. Fate cuocere per almeno un'ora e mezzo, a seconda della grossezza degli stinchi, sfumando eventualmente con un goccio d'acqua se si dovessero seccare troppo.

Tofeja biellese

INGREDIENTI PER 4 PERSONE:
800 g di fagioli borlotti secchi
4 costine di maiale
2 spicchi d'aglio
½ bicchiere di olio d'oliva
500 g di cotenna di maiale
1 cipolla
1 ciuffo di prezzemolo
sale e pepe

In una pignatta di terracotta fate soffriggere nell'olio la cipolla finemente tritata, nel frattempo preparate un trito di aglio e prezzemolo e cospargetelo sulla parte interna della cotenna. Formate degli involtini, legateli e deponeteli nella pignatta. Unite le costine di maiale, i fagioli secchi che avrete tenuto a bagno per 12 ore in acqua, salate, pepate e ricoprite con acqua. Una volta si cuoceva in forno a legna per 7-8 ore, oggi si può cuocere su fuoco moderato per non meno di 6 ore.

Trippa fritta con cipolle

INGREDIENTI PER 4 PERSONE:
800 g di trippa
4 cipolle
sale e pepe
2 cucchiai di aceto
50 g di burro

Mettete in una pentola 2 l di acqua, l'aceto, una cipolla e sale, immergete la trippa e fatela cuocere fino a quando sentirete che è tenera.

Scolatela quando è quasi cotta, buttatela in acqua fredda e tagliatela a striscioline.

Tagliate a fettine sottili le rimanenti cipolle e fatele rosolare con il burro, aggiungete la trippa e fatele prendere un bel color biondo, aggiustate di sale e pepe, e servite.

Vitello con funghi alla contadina

INGREDIENTI PER 4 PERSONE:
800 g di arrosto di vitello
1 spicchio d'aglio
60 g di burro
1 bicchiere di vino bianco secco
1 cucchiaio di farina
1 ciuffo di prezzemolo
300 g di piccoli funghi porcini
o misti
2 cucchiai di aceto di vino bianco
sale e pepe

In un tegame fate soffriggere nel burro un trito fine di prezzemolo e aglio per un minuto, aggiungete i funghi anch'essi tritati, aggiungete un cucchiaio di farina, versate un bicchiere di vino e l'aceto. Mescolate, aggiustate di sale e pepe, e mettete a cuocere il pezzo di arrosto di vitello.

Irrorate con il brodo, girando il pezzo di carne e lasciatelo cuocere per un'oretta o più a seconda delle dimensioni.

Quando vedrete che è cotto, tagliate l'arrosto a fette e servitelo ricoperto di sughetto ai funghi.

CONTORNI

Cavolfiore al forno con toma e tartufo

INGREDIENTI PER 4 PERSONE:
1 cavolfiore
30 g di tartufo
1 spicchio d'aglio
1 ciuffo di prezzemolo
½ bicchiere di latte
4 cucchiai di olio extravergine d'oliva
80 g di pangrattato
100 g di toma stagionata grattugiata
1 cucchiaio di salsa di pomodoro
1 rametto di rosmarino
½ bicchiere di vino bianco secco
sale e pepe

Pulite il cavolfiore, lavatelo bene e lessatelo in acqua bollente leggermente salata. Ammollate nel latte la metà del pangrattato, quindi strizzatelo e mettetelo in una terrina con sale e pepe. Tritate il prezzemolo, il rosmarino e l'aglio, quindi unite il trito al pangrattato ammollato, e mescolatevi due cucchiai di olio e la salsina di pomodoro diluita in un due dita di vino bianco. Scolate il cavolfiore un poco al dente, dividetelo in cimette e disponetelo a strati in una pirofila unta di olio, alternando con il composto di pane e erbe, con il tartufo tagliato a lamelle sottili e con la toma stagionata grattugiata. Spolverizzate la superficie con il rimanente pangrattato, irrorate con un filo di olio e passate in forno a gratinare per pochi minuti.

Cipolle brasate al barbera

INGREDIENTI PER 4 PERSONE:
500 g di cipolle bianche
2 bicchieri di barbera
50 g di burro
sale e pepe

Affettate finemente le cipolle, ben mondate e pulite. Mettetele a soffriggere dolcemente nel burro, fino a quando vedrete che sono dorate. Ci vorrà almeno un'oretta. Salate, pepate, aggiungete la barbera e lasciatele brasare a fuoco lento fino a quando il vino sarà evaporato.

Cipolle ripiene di funghi

INGREDIENTI PER 4 PERSONE:

400 g di funghi misti
100 g di patate
50 g di burro
1 pizzico di timo
2 cipolle
1 pugno di pangrattato
¼ di l di latte
sale e pepe

Scottate le cipolle in acqua bollente salata per 5 minuti, scolatele e lasciatele raffreddare. Tagliatele a metà e svuotatele un poco all'interno. Pulite accuratamente i funghi e tritateli finemente, quindi fateli rosolare con un poco di burro, fino a quando avranno buttato fuori la loro acqua. Lessate le patate e pelatele, passatele nello schiacciapatate e mettete il passato sul fuoco con il burro. Mescolate aggiungendo latte caldo, sale, i funghi, salate e pepate. Togliete dal fuoco, lasciate intiepidire e quindi amalgamatevi il cuore delle cipolle tritato. Riempite le cipolle col composto preparato, disponetele in una teglia unta d'olio, cospargetele col pangrattato, mettete su ognuna due fiocchetti di burro e un pizzico di timo e passate al forno caldo a 180° a gratinare.

Cipolle ripiene di toma

INGREDIENTI PER 4 PERSONE:

150 g di toma fresca
1 mestolo di brodo
1 ciuffo di prezzemolo
30 g di burro
1 pugno di pangrattato
4 cipolle
1 uovo
20 g di formaggio stagionato grattugiato
sale e pepe

Pelate le cipolle, scottatele nell'acqua bollente per 5 minuti e scolatele.
Tritate la toma fresca, e mettetela in una ciotola con il prezzemolo finemente triturato, l'uovo, il formaggio grattugiato, sale e pepe, mescolando bene. Scavate la parte centrale delle cipolle, tritatele, unitele all'impasto e farcitele. Imburrate una pirofila, mettetevi le cipolle con un poco di brodo e infornate per circa 2 ore a 180°. A cottura ultimata, spolverizzate con pangrattato e gratinate per 10 minuti.

Fagioli al ginepro

INGREDIENTI PER 4 PERSONE:

800 g di fagioli rossi freschi
1 bicchiere di vino rosso
50 g di pancetta
5-6 bacche di ginepro
2 cucchiai di farina bianca
50 g di burro
1 cipolla
1 rametto di rosmarino
sale e pepe

Fate cuocere nell'acqua non salata i fagioli rossi, pungendoli con i rebbi di una forchetta per saggiarne la consistenza. Quando saranno cotti scolateli e metteteli in una casseruola con un pezzo di burro, un pizzico di farina bianca, un trito fine di pancetta, rosmarino e cipolla. Unite le bacche di ginepro. Lasciateli insaporire, poi aggiungete il bicchiere di vino rosso, fatelo evaporare, salate, pepate e servite.

Fagioli alla biellese

INGREDIENTI PER 4 PERSONE:
500 g di fagioli in barattolo
100 g di toma fresca
2 cucchiai di aceto di vino
100 g di prosciutto cotto (1 sola fetta)
½ bicchiere di olio extravergine d'oliva
sale e pepe

Scolate i fagioli dal loro liquido di conservazione e risciacquateli sotto il getto dell'acqua fredda. Lasciateli scolare bene, poi metteteli in una capiente insalatiera.

Aggiungete il prosciutto tagliato a listarelle e la toma fresca a dadini. Mescolate con cura.

Condite con olio, sale, pepe e aceto e servite.

Fagiolini al pomodoro e grappa

INGREDIENTI PER 4 PERSONE:
500 g di fagiolini
½ bicchiere di passata di pomodoro
4 cucchiai di olio extravergine d'oliva
2 spicchi d'aglio
1 bicchierino di grappa di barolo
sale e pepe
1 cucchiaino di zucchero

Pulite i fagiolini, sbollentateli per 5-6 minuti in acqua bollente salata, quindi scolateli bene.

Tritate grossolanamente l'aglio e mettetelo a soffriggere in una pentola assieme all'olio, gettatevi i fagiolini e fate rosolare a fuoco dolce.

Aggiungete il pomodoro, sale, pepe e lo zucchero, mescolando bene. Irrorate con la grappa, alzate il fuoco e fate insaporire 5 minuti prima di servire.

Fagioli e zucca stufati

INGREDIENTI PER 4 PERSONE:
1 barattolo di fagioli
4 cucchiai di olio extravergine di oliva
noce moscata
sale e pepe
300 g di polpa di zucca
4 cucchiai di polpa di pomodoro
1 ciuffo di prezzemolo
2 spicchi d'aglio

Tritate aglio e prezzemolo e metteteli a soffriggere per pochi minuti in un goccio d'olio, unite il pomodoro, una grattata di noce moscata, sale e pepe. Lasciate addensare il sugo, quindi mettete a insaporire i fagioli, scolati dal loro liquido di conservazione, e la zucca, tagliata a dadini piccoli, facendoli cuocere per non più di 10 minuti; infine toglieteli e lasciateli intiepidire prima di servire.

Fagiolini saltati burro e salvia

INGREDIENTI PER 4 PERSONE:

500 g di fagiolini
4-5 foglie di salvia
sale e pepe
100 g di burro
½ bicchiere di vino bianco

Sbollentate i fagiolini per 10 minuti, poi scolateli subito e poneteli su un foglio di carta da cucina ad asciugare.

Sciogliete il burro in una padella e mettetevi a soffriggere le foglie di salvia. Dopo qualche minuto unite i fagiolini e lasciateli quasi abbrustolire, mescolando.

Salate, pepate, sfumate col vino e fatelo evaporare, quindi servite.

Insalata di fagioli, cipolle e cavolo

INGREDIENTI PER 4 PERSONE:

1 barattolo di fagioli
1 cuore di verza
4-5 cucchiai di olio extravergine di oliva
2 cipollotti freschi
1 cucchiaio di succo di limone
sale e pepe nero

Dopo averli scolati, sciacquati e scolati, mettete i fagioli in un'ampia insalatiera.

Mondate i cipollotti e tagliate a fettine sottilissime a parte bianca. Uniteli ai fagioli.

Mondate e tagliate a striscioline anche il cuore di verza e unitelo all'insalata.

Condite con sale, pepe, olio e succo di limone, mescolate e servite.

Insalata di fave, patate e fagiolini

INGREDIENTI PER 4 PERSONE:

200 g di fave fresche
400 g di fagiolini
2 spicchi d'aglio
sale e pepe
2 patate
1 ciuffo di prezzemolo
6 cucchiai di olio extravergine d'oliva

Mondate e sgusciate le fave, e mettetele in un'insalatiera.

Mondate i fagiolini e pelate le patate.

Sbollentate sia i fagiolini che le patate, tagliati a tocchetti, in abbondante acqua salata per circa 10-15 minuti. Il tempo dipende dalla dimensione delle verdure. Scolate il tutto e ponetelo nell'insalatiera.

Tritate finemente aglio e prezzemolo e unitelo all'insalata.

Condite con olio, sale e pepe e servite.

Insalata di funghi e noci

INGREDIENTI PER 4 PERSONE:
*200 g di funghi porcini piccoli
 e sodi*
sale e pepe
100 g di gherigli di noci
4 cucchiai di olio extravergine d'oliva

Affettate sottili i porcini, dopo averli ben puliti, e tagliate a fettine sottili con la mandolina, quindi metteteli in una terrina e conditeli con olio d'oliva, sale e pepe.
Prima di servire tritate grossolanamente le noci e cospargetene l'insalata.

Insalata di verza con cipolla, uvetta e noci

INGREDIENTI PER 4 PERSONE:
1 cuore di verza
1 pugno di uvetta sultanina
6 cucchiai di olio d'oliva
1 cipolla bianca
1 pugno di gherigli di noce
sale e pepe

Lasciate in ammollo in acqua tiepida l'uvetta per almeno mezz'ora. Mondate e tagliate a striscioline finissime il cuore della verza e mettetelo in una capiente insalatiera. Strizzate l'uvetta e unitela all'insalata. Tagliate a rondelle sottili la cipolla e triturate grossolanamente le noci. Unite il tutto alla verza. Condite con olio, sale e pepe, mescolate e servite.

Insalatona di Piedicavallo

INGREDIENTI PER 4 PERSONE:
*2 cucchiai di olio extravergine
 d'oliva*
100 g di patate
1 cucchiaio di aceto di vino bianco
200 g di pomodori maturi
1 uovo sodo
1 cipolla
1 cuore di sedano
1 cucchiaio di mostarda
sale e pepe

Lessate le patate con la pelle, poi scolatele, spellatele e tagliatele a fettine. Lavate i pomodori, privateli dei semi e tagliate anch'essi a fettine. Sgusciate l'uovo e tritatelo grossolanamente. Mettete in una terrina le patate e l'uovo, aggiungete la cipolla finemente tritata e il sedano tagliato a fiammifero. Condite con una salsa ottenuta amalgamando il sale, il pepe, l'aceto, l'olio e la mostarda e servite.

Involtini di peperoni

INGREDIENTI PER 4 PERSONE:
2 peperoni
1 uovo
1 ciuffo di prezzemolo
sale e pepe
4 caprini freschi
1 ciuffo di erba cipollina
4 cucchiai di olio d'oliva

Rassodate l'uovo, passatelo sotto l'acqua fredda, sgusciatelo, poi sbriciolate il tuorlo e tritate l'albume. Tagliate a metà per il lungo le falde di peperone e cuocetele alla griglia, fatele raffreddare e spelatele.

Tritate insieme erba cipollina e prezzemolo. In una terrina mescolate l'uovo, il trito di erba cipollina e prezzemolo, i caprini, sale e pepe.

Mettete un po' di composto al centro di ogni falda di peperone e fermate gli involtini con uno stuzzicadenti. Cospargeteli con un filo di olio e serviteli.

Patate al marsala

INGREDIENTI PER 4 PERSONE:
500 g di patate
1 bicchiere di marsala
sale
1 dado per brodo
3 cucchiai di olio d'oliva

Tagliate le patate a dadini. Sistemate in una casseruola le patate, il dado, il marsala e l'olio e ricoprite il tutto con un goccio di acqua.

Cuocete per 20-25 minuti a fuoco lento con la casseruola coperta. Salate e servite.

Patate e lenticchie in salsa rossa

INGREDIENTI PER 4 PERSONE:
1 barattolo di lenticchie
4 cucchiai di polpa di pomodoro
noce moscata
sale e pepe
4 patate
1 ciuffo di prezzemolo
2 spicchi d'aglio
4 cucchiai di olio

Bollite per una mezz'oretta le patate, poi scolatele, sbucciatele e tagliatele a dadini. Tritate aglio e prezzemolo e metteteli a soffriggere per pochi minuti in un goccio d'olio, unite il pomodoro, una grattata di noce moscata, sale e pepe.

Lasciate addensare il sugo, quindi mettete a insaporire le lenticchie e le patate, facendole cuocere per non più di 10 minuti, infine toglietele e servitele subito.

Patate fritte alla salsiccia

INGREDIENTI PER 4 PERSONE:
500 g di patatine novelle piccole
olio, abbondante, per friggere
100 g di salsiccia
sale e pepe bianco

Pelate le patatine, tagliatele a metà e sbollentatele in abbondante acqua salata per 10 minuti. Pelate e sbriciolate la salsiccia.

Fate scaldare l'olio in una padella antiaderente e friggete le patate assieme alle briciole di salsiccia per 10-15 minuti in abbondante olio e a fuoco non altissimo. Togliete il tutto con una schiumarola e ponete a scolare l'unto in eccesso su un foglio di carta assorbente da cucina. Salate, pepate e servite.

Patate gratinate ai funghi

INGREDIENTI PER 4 PERSONE:

4-5 patate
300 g di funghi freschi
1 ciuffo di prezzemolo
1 bicchiere di vino bianco secco
sale e pepe

1 cipolla
3 cucchiai di parmigiano grattugiato
1 limone
2 cucchiai di olio extravergine di oliva

Bollite le patate per una mezz'oretta circa, scolatele, pelatele e tagliatele a fette. Pulite i funghi, sciacquandoli sotto acqua corrente. Asciugateli e tagliateli a fettine. Mondate la cipolla e tagliatela a fette non troppo sottili. Adagiatele in una larga pirofila unta e sopra la cipolla mettete uno strato di fettine di funghi. Irrorate il tutto con il vino, salate e pepate. Adagiate poi le fette di patata sul tappeto di cipolle e funghi, conditele con l'olio e poche gocce di succo di limone, salatele e pepatele, infine cospargetele di parmigiano e di prezzemolo tritato. Introducete la pirofila nel forno già caldo a 200° e fate cuocere per 10 minuti circa, facendo gratinare.

Patate in salsa di cipolle

INGREDIENTI PER 4 PERSONE:

4-5 patate
2 cipollotti freschi
4 cucchiai di olio d'oliva

1 ciuffo di erba cipollina
2 tomini freschi
sale e pepe

Bollite le patate per una mezz'oretta circa, scolatele, pelatele e tagliatele a fette. Nel frullatore frullate insieme la parte bianca dei cipollotti, ben mondati, con l'erba cipollina, sale e pepe. Unite i tomini e frullate ancora.

Amalgamate con l'olio e cospargete la salsa sulle patate bollite.

Patate in umido alla cipolla

INGREDIENTI PER 4 PERSONE:

4-5 patate
50 g di burro
1 pizzico di origano

2 cipolle
½ bicchiere di salsa di pomodoro
sale e pepe

Tagliate a rondelle sottili le cipolle e mettetele a soffriggere dolcemente nel burro fino a quando avranno preso colore.

Pelate le patate, tagliatele a tocchetti e mettetele a rosolare con le cipolle. Quando anche le patate avranno preso colore, aggiungete la salsa di pomodoro e un goccio d'acqua e lasciate stufare il tutto lentamente.

Pungete con i rebbi di una forchetta per saggiare il punto di cottura.

Salate, pepate, insaporite con un poco di origano, mescolate e servite.

Peperoni ripieni di Candelo

INGREDIENTI PER 4 PERSONE:

4 peperoni
1 cucchiaio di salsa di pomodoro
1 ciuffo di prezzemolo
sale e pepe
400 g di funghi freschi
½ bicchiere d'olio d'oliva
1 cipolla
50 g di parmigiano grattugiato

Pulite bene i funghi, tagliateli a fettine. In un tegame rosolate nell'olio la cipolla tritata, e, quando sarà dorata, unite i funghi, lasciando che evapori l'acqua di vegetazione.
Condite con sale e pepe. Fate rosolare, poi aggiungete il pomodoro, lasciate insaporire per 10 minuti. Lasciate raffreddare un po' il composto, aggiungete parmigiano grattugiato e un trito fine di prezzemolo. Mescolate e riempite i peperoni, ben svuotati di semi e filamenti interni e tagliati a metà. Disponete i peperoni in una teglia unta, quindi fateli cuocere per mezz'ora circa in forno caldo a 150°.

Verze stufate alla biellese

INGREDIENTI PER 4 PERSONE:

800 g di verze
4 cucchiai di olio extravergine di oliva
1 mestolo di brodo vegetale
1 cipolla
½ bicchiere di aceto di vino bianco
½ bicchiere di conserva di pomodoro
sale e pepe

Pulite le verze, lavatele, tagliatele a strisce e lessatele per 5 minuti circa in acqua salata. Tagliate a fettine la cipolla, quindi mettete il tutto a soffriggere con l'olio in una casseruola a fuoco molto moderato. Quando la cipolla sarà imbiondita, aggiungete prima il pomodoro, poi le verze, l'aceto, poco sale e il pepe. Mescolate con il cucchiaio di legno e lasciate cuocere per un'ora circa, aggiungendo brodo se necessario.

Zucca e castagne in umido

INGREDIENTI PER 4 PERSONE:

200 g di castagne secche
4 cipollotti novelli
2 mestoli di brodo vegetale
4 cucchiai di olio extravergine d'oliva
400 g di zucca
sale e pepe

Lasciate a bagno in acqua tiepida le castagne per una notte, poi scolatele e mettetele a bollire in abbondante acqua salata finché sentirete con i rebbi di una forchetta che sono morbide, ma ancora un poco al dente.
Pulite bene la zucca e tagliatela a fettine sottilissime. Tritate i cipollotti, compresa una parte del gambo, e metteteli a rosolare nell'olio.
Quando saranno dorati aggiungete la zucca e le castagne, bagnate con il brodo e portate a cottura. Insaporite con sale e pepe prima di servire.

Zucca in umido coi funghi

INGREDIENTI PER 4 PERSONE:

200 g di funghi misti (anche surgelati)
2 cipolle
1 ciuffo di prezzemolo
200 g di polpa di zucca
30 g di burro
2 grossi pomodori
sale e pepe

Mondate i funghi, lavateli rapidamente in acqua fredda corrente, asciugateli bene e tagliateli, secondo la grossezza, a metà o in quarti.

Fate sciogliere il burro in una casseruola e soffriggetevi le cipolle tagliate a rondelle sottili. Unite sale, pepe e soffriggete ancora 2 minuti, poi aggiungete i pomodori affettati, i funghi e la zucca tagliata a dadini.

Cuocete 30 minuti a fuoco medio. Prima di servire cospargete il tutto con il prezzemolo tritato.

DOLCI

Amaretti alla crema Gianduia

INGREDIENTI PER 4 PERSONE:

12 amaretti grossi
80 g di cacao amaro
50 g di nocciole sgusciate e tritate
100 g di zucchero
70 g di burro
2 uova

Lavorate le uova con lo zucchero, sbattendole bene finché saranno bianche. Aggiungete il cacao e il burro sciolto, le nocciole e lasciate riposare in frigo per 4 ore almeno.

Servite gli amaretti cosparsi di crema Gianduia

Aspic al melone e Arneis

INGREDIENTI PER 4 PERSONE:

1 melone grosso
2 cucchiai di zucchero a velo
4 fogli di colla di pesce
1 bicchiere di succo d'arancia
1 bicchiere di arneis

Lavate il melone, eliminate i semi e la scorza: passate la polpa al mixer con lo zucchero. Ammorbidite la colla di pesce in acqua fredda.

Fate bollire il succo d'arancia e l'arneis: strizzate la colla di pesce e fatela sciogliere nel liquido caldo.

Mescolate la gelatina al passato di melone.

Mettete il composto in uno stampo e lasciate rapprendere in frigorifero per almeno 2 ore. Prima di servire, immergete per un attimo lo stampo in acqua calda.

Bignole (bignè farciti al cioccolato e caffè)

INGREDIENTI PER 4 PERSONE:

125 g di burro
4 uova + 2 tuorli
2 cucchiai di fecola
150 g di cioccolato fondente
150 g di farina
1 bicchiere di latte
1 caffè forte
100 g di zucchero

Prendete una pentola con 250 g di acqua e portatela a ebollizione. Mettetevi dentro il burro e fatelo sciogliere. Unite la farina, mescolate e lasciate raffreddare completamente la crema. Quando sarà fredda unite le uova una alla volta, mescolando molto accuratamente. Mettete il composto in una tasca da pasticceria e spremete dei bignè su una placca da forno unta. Fate cuocere in forno caldo a 180° per una ventina di minuti.

A parte scaldate il latte, incorporate il caffè, il cioccolato tritato, la fecola, e i tuorli lavorati con lo zucchero. Quando i bignè saranno cotti, con una siringa da dolci riempiteli con la crema di cioccolato e caffè.

Biscotti di Campiglia Cervo

INGREDIENTI PER 4 PERSONE:

500 g di farina
100 g di strutto
1 bustina di lievito
1 scorza di limone grattugiata
4 uova
200 g di zucchero
1 bustina di vaniglia
¼ di l di latte

Impastate con cura tutti gli ingredienti su un tagliere.

Lavorate l'impasto per qualche minuto, poi spianatelo in modo da ottenere uno spessore di mezzo centimetro.

Prende alcuni stampini da biscotti della forma che preferite e ritagliate l'impasto. Disponete i biscotti su una placca da forno unta e fateli cuocere a forno caldo a 150° per una ventina di minuti.

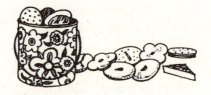

Biscotti di meliga biellesi

INGREDIENTI PER 4 PERSONE:

200 g di farina gialla fine
150 g di farina bianca
100 g di zucchero
2 bicchieri di latte
20 g di zucchero vanigliato
100 g di farina gialla grossa
150 g di burro
15 g di lievito di birra
3 uova
sale

Fate fondere il burro in una casseruola. Sciogliete il lievito di birra con poco latte.

Mescolate le farine e unitela allo zucchero e a un pizzico di sale, aggiungendo anche le uova, il burro fuso e il lievito. Impastate bene, aggiungendo, se necessario, altro latte.

La pasta che otterrete deve essere abbastanza consistente. Fate riposare la pasta, coprendola con un tovagliolo, per un'ora circa.

Ungete la piastra del forno e spolverizzatela con la farina. Ricavate dalla pasta delle pallottoline e disponetele sulla piastra, distanziandole bene e schiacciandole con il palmo della mano. Cospargetele di zucchero vanigliato e passatele in forno caldo a 150° per 30 minuti.

Bounet biellese

INGREDIENTI PER 4 PERSONE:
8 uova
60 g di cacao amaro in polvere
100 g di amaretti
1 l di latte
300 g di zucchero
2 caffè

Mettete a bagno gli amaretti nel caffè. Sbattete le uova con lo zucchero e unite il cacao, il latte e gli amaretti sbriciolati e impregnati con il caffè. Caramellate lo stampo, riempitelo con il budino e cuocete per 15 minuti a bagnomaria.

Brutti ma buoni alle nocciole

INGREDIENTI PER 4 PERSONE:
150 g di nocciole
2 albumi
160 g di zucchero

Montate gli albumi a neve fermissima in una casseruola, unite lo zucchero, aggiungete le nocciole tritate finemente e mescolate.

Fate cuocere a fuoco moderato fino a quando l'impasto si staccherà dalle pareti e dal fondo della casseruola.

Togliete dal fuoco e formate dei mucchietti grossi come una noce. Disponeteli sulla placca del forno e fateli cuocere per 40 minuti a 150°.

Canestrelli biellesi

INGREDIENTI PER 4 PERSONE:
250 g di farina bianca
250 g di zucchero
1 bustina di lievito
1 bicchierino di rum
sale
250 g di farina di mais
250 g di burro
½ l di vino rosso
1 uovo
2 cucchiai di strutto

Per il ripieno:
crema Gianduia

Mescolate la farina, lo zucchero, il burro ammorbidito, l'uovo sbattuto, il vino e il rum e il sale. Lavorate l'impasto fino a renderlo piuttosto sodo, quindi dividetelo in palline della grandezza di una noce.

Scaldate lo stampo di ferro su entrambe le facce, ungete con un poco di strutto e deponete una noce di impasto sullo stampo, quindi chiudetelo e pressatelo, contate pochi minuti e togliete le cialde.

Una volta cotti, cospargete una cialda con crema gianduia, sovrapponete un'altra cialda e servite i canestrelli ancora tiepidi o freddi, a piacere.

Castagne col Barolo

INGREDIENTI PER 4 PERSONE:
1 kg di castagne secche
200 g di zucchero
½ litro di barolo

Reidratate per una notte le castagne secche in acqua tiepida.
Togliete la pellicina alle castagne e mettetele in una pentola.
Aggiungete mezzo litro di barolo e lo zucchero e fate cuocere il tutto per almeno un'oretta, a fuoco dolce. Servite in coppette, eventualmente guarnendo con ciuffi di panna montata.

Crema di latte fritta di Cossato

INGREDIENTI PER 4 PERSONE:
100 g di farina
1 l di latte
1 scorza di limone
olio per friggere
100 g di zucchero
4 uova
2 grossi pugni di pangrattato

Stemperate la farina e lo zucchero in una terrina con il latte freddo. Sbattete i tuorli, poi uniteli al composto insieme alla scorza di limone grattugiata finemente. Fate amalgamare bene tutti gli ingredienti, poi versateli in una casseruola e fateli cuocere a fuoco lento, continuando a mescolare per circa un'oretta. Versate la crema cotta in un piatto fondo unto d'olio e lasciatela raffreddare. Quando la crema sarà solida, tagliatela a fette un po' spesse e passatele negli albumi sbattuti e poi nel pangrattato. Friggete in olio abbondante, poi servite le fette di crema fritta ricoperte di zucchero.

Croccanti del Ciavarin di Candelo

INGREDIENTI PER 4 PERSONE:
200 g di zucchero
250 g di farina di mais
1 bicchiere di latte
1 bustina di lievito
150 g di farina di mandorle
4 uova
1 fialetta di acqua di fiori d'arancio

Unite le due farine e lo zucchero a fontana sul tagliere, nel mezzo rompeteci le uova e impastate, aggiungendo il latte e l'essenza di fiori d'arancio. Per ultimo unite il lievito.
Dovete ottenere un impasto consistente che spianerete con il matterello ad uno spessore di circa 2 cm.
Ritagliate dei quadrettini, poneteli un po' distanziati su una teglia da forno unta e cuocete in forno preriscaldato a 200° fino a quando saranno dorati, croccanti e molto friabili.

Dolce di polenta al cioccolato

INGREDIENTI PER 4 PERSONE:

100 g di burro
100 g di zucchero
1 pizzico di sale
100 g di cacao dolce in polvere
zucchero al velo

3 uova
1 cubetto di lievito di birra
100 g di farina gialla
la buccia di 1 limone

Mettete in una terrina il burro; se fosse molto duro converrà prima ammorbidirlo un po' a bagnomaria, e con un cucchiaio di legno lavoratelo per circa un quarto d'ora, in modo da renderlo cremoso.

Aggiungete un tuorlo d'uovo, e continuate a montare. Quando l'uovo si sarà amalgamato al burro, aggiungetene un altro, e così di seguito, fino a mettere in tutto i 3 tuorli. È importante non aggiungere un altro uovo se il precedente non si è ben amalgamato.

Senza smettere mai di mescolare, aggiungete, nel burro montato, una alla volta, a cucchiaiate lo zucchero, facendolo cadere a pioggia, leggermente.

Dopo lo zucchero mettete nella terrina il lievito di birra sciolto in un dito d'acqua appena tiepida, un pizzico di sale, e la farina gialla setacciata.

Lavorate ancora un altro pochino il composto e quando tutti gli ingredienti saranno bene uniti versate nella terrina i cinque albumi montate a neve, mescolando adagio col cucchiaio di legno per non smontarli, ed infine aggiungete la buccia grattugiata di un limone e il cacao dolce in polvere. Imburrate e infarinate uno stampo liscio col buco in mezzo e versateci il composto, mettete in forno a calore moderato a 120°, e fate cuocere per 40 minuti circa.

Sfornate il dolce su una gratella o un setaccio, e quando sarà freddo mettetelo in un piatto e spolverizzatelo leggermente di zucchero al velo.

Dolcetti di Biella

INGREDIENTI PER 4 PERSONE:

400 g di farina
1 uovo
1 cucchiaio di marsala
½ bicchiere di latte

250 g di zucchero
150 g di burro
1 vasetto di marmellata di albicocche

Versate la farina sulla spianatoia, aggiungete lo zucchero, l'uovo, il burro ammorbidito, il latte e il marsala.

Impastate velocemente e lasciate riposare per un'ora circa.

Stendete la pasta, ricavatene delle forme rotonde con un tagliapasta o uno stampino, spalmate un poco di marmellata sopra ogni biscotto e ricoprite con un altro strato di pasta. Disponete i dolcetti in forno caldo a 180° per 15 minuti.

Fiacà di Andorno Micca

INGREDIENTI PER 4 PERSONE:
250 g di farina di mais
200 g di burro
50 g di uvetta sultanina
250 g di farina bianca
150 g di zucchero
1 bustina di lievito

I fiacà sono tradizionali schiacciatine di pane dolce.

Ammollate l'uvetta in acqua tiepida per almeno mezz'ora, poi strizzatela. Ponete le due farine sulla spianatoia, fate un buco al centro e mettetevi lo zucchero, l'uvetta, il burro fuso e per ultimo il lievito. Impastate energicamente fino ad ottenere un composto morbido e omogeneo.

Lasciate riposare l'impasto per un'ora, ponendolo sotto a un canovaccio bagnato, quindi reimpastatelo brevemente, dividetelo in tanti pezzi per formare delle pagnottine tonde, che lascerete ancora lievitare una mezz'oretta.

Preriscaldate il forno a 200°, quindi con il palmo delle mani "fiaccate" (schiacciate: fiacà significa ammaccato) le pagnottine, disponetele sulla piastra del forno unta e lasciatele cuocere fino a quando saranno dorate.

Friceu 'd fiur 'd gasia (frittelle di fiori di acacia)

INGREDIENTI PER 4 PERSONE:
100 g di farina
½ l di latte
2 uova intere + 2 albumi
8-10 grappoli di fiori di acacia
50 g di zucchero + 4 cucchiai per spolverizzare
1 pizzico di sale
olio per friggere

Togliete accuratamente il picciolo dai grappoli dei fiori di acacia, e lavateli delicatamente, lasciandoli scolare su un canovaccio pulito.

Preparate una pastella con la farina, lo zucchero, il sale, il latte e le uova sbattute, lavorando bene affinché sia ben amalgamata.

Immergete i fiori nella pastella e friggeteli in abbondante olio ben caldo.

Fate scolare l'unto in eccesso su un foglio di carta assorbente da cucina, quindi spolverateli di zucchero e servite.

Giacometta al barolo

INGREDIENTI PER 4 PERSONE:
4 uova
400 g di zucchero
1 bustina di lievito in polvere
800 g di farina
1 bicchiere di latte
1 bicchiere di barolo

In una terrina capiente rompete le uova e sbattetele con lo zucchero. Incorporate la farina, lavorando l'impasto con un cucchiaio, e man mano che diventa duro aggiungete il latte e il barolo. Per ultimo incorporate il lievito. Prendete uno stampo a forma di cuffietta (in vendita nei negozi di casalinghi) e versatevi dentro l'impasto. Infornate a forno preriscaldato a 180° e lasciate cuocere almeno mezz'ora.

Pan d'Oropa

INGREDIENTI PER 4-6 PERSONE:

2 pere
1 cucchiaio di cacao amaro
100 g di burro
2 uova
100 g di cioccolato fondente
100 g di farina bianca per l'impasto
100 g di zucchero a velo
sale

Fate fondere il cioccolato a bagnomaria. Intanto sbucciate le pere e tagliatele a dadini.

Con lo sbattitore elettrico montate gli albumi a neve ben ferma con un pizzico di sale. Montate anche il burro ammorbidito con lo zucchero fino a quando diventa gonfio e cremoso. Unite uno alla volta i tuorli, poi il cioccolato fuso intiepidito, la farina, il cacao, gli albumi montati a neve e le pere.

Amalgamate delicatamente, versate il composto in uno stampo da plumcake imburrato e infarinato e fatelo cuocere in forno già caldo a 180° per circa 50 minuti. Se dopo 20-25 minuti vedete che la superficie del dolce tende a diventare troppo scura, copritela con un foglio di alluminio. Sfornate il dolce, lasciatelo intiepidire, poi sformatelo su un piatto e lasciatelo raffreddare completamente prima di servirlo.

Paste di meliga di Massazza

INGREDIENTI PER 4 PERSONE:

300 g di farina di mais macinata finissima
1 pizzico di sale
280 g di burro
4 tuorli
200 g di farina
1 scorza di limone grattugiata
1 bustina di vanillina
250 g di zucchero

Unite sulla spianatoia le farine, la scorza di limone grattugiata, la vanillina, il sale e il burro, che avrete fatto ammorbidire, mescolate velocemente, unite lo zucchero e i tuorli.

Amalgamate bene la pasta senza lavorarla troppo, quindi formate una palla che metterete in frigorifero per almeno un'ora. Riempite una sacca da pasticcere con l'impasto e formate sulla placca del forno, foderata con carta da forno, dei piccoli anelli che cuocerete a 200° per circa 10 minuti, finché inizieranno a diventare color biscotto. Togliete le paste di meliga dal forno e lasciatele raffreddare prima di servire.

Polenta dolce biellese

INGREDIENTI PER 4 PERSONE:

300 g di farina
4 uova
1 pugno di uvetta sultanina
1 bustina di lievito per dolci

200 g di farina di mais macinata fine
200 g di zucchero
2 cucchiai di succo di limone

  Con uno sbattitore elettrico montate uova con lo zucchero, fino ad ottenere un composto biancastro. Unite i due tipi di farina, mescolando per non formare grumi, l'uvetta sultanina che avrete fatto ammollare in acqua tiepida poi strizzata, il succo di limone e il lievito. Mescolate ancora e mettete il composto in stampi da plum cake. Preriscaldate il forno a 180° e cuocete la polenta dolce per 35-40 minuti. Togliete lo stampo dal forno e fate raffreddare completamente.

Torta ai frutti del bosco di Andorno Micca

INGREDIENTI PER 4 PERSONE:

300 g di pasta frolla
50 g di farina
½ l di latte
3 vaschette di frutti di bosco misti

100 g di zucchero
4 tuorli
1 busta di vanillina
burro e farina per la tortiera

  Preriscaldate il forno a 180°. Tirate la pasta ricavandone un disco e posatela in una teglia imburrata e infarinata. Bucherellate il fondo con una forchetta, coprite con un foglio di carta da forno o di alluminio, riempite di fagioli secchi o riso in modo che non si sollevi durante la cottura e fate cuocere per circa 40 minuti, poi togliete la base dal forno e lasciatela raffreddare. Nel frattempo preparate la crema. In una terrina montate i tuorli con lo zucchero e la vanillina, aggiungete la farina e il latte, lavorando il composto con uno sbattitore elettrico. Ponete sul fuoco e portate a ebollizione, mescolando in continuazione fino a quando vedrete che si addensa. A quel punto spegnete il fuoco e lasciate raffreddare completamente. Lavate e pulite i frutti di bosco. Versate la crema sulla crostata, distribuitela in maniera uniforme. Decorate con i frutti di bosco e tenete al fresco fino al momento di servire.

Torta biellese di nocciole

INGREDIENTI PER 4 PERSONE:

200 g di nocciole
200 g di zucchero
2 uova

200 g di farina
200 g di burro
la buccia di un limone grattugiata

  Lavorate lo zucchero con il burro ammorbidito, aggiungete la farina, i tuorli d'uovo, le nocciole finemente tritate, il limone e gli albumi d'uovo montati a neve ferma. Mettete il composto in una tortiera unta. Ponete a cuocere in forno preriscaldato a 180° per 40 minuti circa. Lasciate raffreddare completamente prima di servire.

Torta del buscajet di Gaglianico

INGREDIENTI PER 4 PERSONE:

1 l di latte
150 g di semolino
1 pugno di uvetta sultanina
4-5 amaretti
la scorza di 1 limone
150 g di zucchero
180 g di burro
1 bicchiere di vino bianco
6 uova
200 g di biscotti secchi

Lasciate ammorbidire l'uvetta nel vino bianco per almeno mezz'ora.

Mettete il latte in una pentolina con la scorza di limone e portatelo a ebollizione, quindi versate a pioggia il semolino e, mescolando continuamente, lasciate cuocere per 10 minuti. Spegnete il fuoco e unite 100 g di burro, l'uvetta, gli amaretti sbriciolati e, quando il composto sarà completamente raffreddato, unite i tuorli d'uovo, mescolando accuratamente.

A parte montate a neve fermissima gli albumi e aggiungeteli al composto, mescolando dal basso verso l'alto per amalgamarli bene.

Passate nel mixer i biscotti secchi fino a ridurli in polvere, quindi impastateli con il rimanente burro, che avrete fatto sciogliere. Ponete questo impasto sul fondo di una tortiera, versatevi nel mezzo il composto e ponete a cuocere in forno preriscaldato a 180° per mezz'oretta.

Torta di nocciole

INGREDIENTI PER 4 PERSONE:

150 g di burro
3 uova intere + 3 tuorli
100 g di fecola
1 bustina di vaniglia
100 g di zucchero
100 g di farina di nocciole
300 g di farina
zucchero a velo

Fate fondere il burro e mescolatelo allo zucchero. Con lo sbattitore elettrico sbattete le uova intere e i tuorli, quindi unite il composto al burro e zucchero, mescolando accuratamente. Dovete ottenere un impasto omogeneo e spumoso. Unite poco a poco la fecola, la farina, la farina di nocciole e la vaniglia. Amalgamate con cura, quindi ponete l'impasto in una tortiera imburrata. Preriscaldate il forno a 180° e fate cuocere per circa 40 minuti. Una volta sfornata, cospargete la torta di zucchero a velo.

Torta matsafam biellese

INGREDIENTI PER 4 PERSONE:

1 grossa pagnotta di pane raffermo	*1 l di latte*
	150 g di zucchero
50 g di burro	*7-8 pesche*
1 pugno di pangrattato	

Imburrate una teglia da forno e spolveratela con il pangrattato. Tagliate a fette il pane raffermo e mettetele a bagno nel latte per ammorbidirle, poi disponetele tutto intorno alla teglia, ricoprendole di zucchero.

Pelate le pesche, tagliatele a fettine e mettete le fettine sul pane, quindi fate un altro strato di fette di pane immerse nel latte e zuccherate.

Ponete dei riccioli di burro sulla superficie della torta e fatela cuocere in forno caldo a 180° per circa 40-50 minuti, fino a quando vedrete che si forma una crosticina dorata.

Togliete la torta dal forno e lasciatela raffreddare completamente.

Torta Palpiton di Mongrando Biellese

INGREDIENTI PER 4 PERSONE:

8 pere	*100 g di burro*
100 g di zucchero	*300 g di amaretti*
la scorza di 1 limone	*2 pezzi di pane raffermo*
1 bicchiere di latte	*100 g di cacao in polvere*
6 uova	*100 g di uvetta sultanina*
1 bicchierino di fernet	*sale*

Sbucciate e tagliate a fettine le pere. In una pentola fate fondere il burro con lo zucchero, la scorza di un limone (solo la parte gialla), tagliata a listarelle, ed un pizzico di sale. Unite le pere e lasciatele cuocere una ventina di minuti, quindi spegnete il fuoco e lasciate intiepidire.

Inzuppate nel latte il pane raffermo e sbriciolatelo con le mani, quindi unitelo alle pere. Aggiungete gli amaretti sbriciolati, il cioccolato in polvere, un altro poco di scorza di limone grattugiata ed un bicchierino di fernet. Mescolate, quindi aggiungete le uova sbattute e l'uvetta sultanina. Mescolate ancora in modo da ottenere un impasto denso ed omogeneo. Ungete una teglia da forno larga e bassa, versatevi il composto e fate cuocere in forno caldo a 180° per circa 50 minuti, fino a quando vedrete che la torta avrà un colore bruno scuro.

RICETTE DALLA PROVINCIA DI
CUNEO

ANTIPASTI
E PIATTI UNICI

Albese
INGREDIENTI PER 4 PERSONE:
*600 g di polpa sceltissima di manzo
   tagliata a fettine sottilissime
1 tartufo d'Alba
sale e pepe*

*il succo di 1 limone
1 spicchio d'aglio
½ bicchiere d'olio d'oliva*

 Disponete le fettine di carne su un piatto da portata, aggiungete lo spicchio d'aglio tagliato a fettine e conditela con l'olio, il succo di limone, sale e pepe ben emulsionati. Servitela con lamelle di tartufo affettate al momento.

Carne cruda trita
INGREDIENTI PER 4 PERSONE:
*600 g di polpa sceltissima di
   manzo tritata
½ bicchiere d'olio d'oliva*

*il succo di 1 limone
2-3 spicchi d'aglio
sale e pepe*

 Disponete la carne trita su un piatto da portata dopo averla condita con l'olio, il succo del limone, l'aglio tritato finissimamente, sale e pepe. Servitela accompagnata da un'insalatina.

Carote di San Rocco Castagnaretta gratinate al nostrale d'Alpe
INGREDIENTI PER 4 PERSONE:
*700 g di carote
200 g di nostrale d'Alpe
1 cipolla
2 cucchiai di pangrattato
sale e pepe*

*4 cucchiai di olio extravergine d'oliva
100 g di salsa di pomodoro
50 g di burro
1 ciuffo di basilico*

 Preparate prima il sugo: rosolate nel burro la cipolla tagliata a pezzi grossi, quindi aggiungete la salsa di pomodoro, insaporite di sale e pepe e per ultimo aggiungete il basilico. Fate sobbollire e addensare. Spuntate le carote, pelatele, lavatele, asciugatele e tagliatele a rondelle. Mettete in una casseruola l'olio, fatelo scaldare un poco e aggiungete le carote. Fatele rosolare brevemente, mescolando con un cucchiaio di legno. Versate mezzo bicchiere di acqua, insaporite con una presa di sale e un pizzico di pepe appena macinato e continuate la cottura a fuoco moderato, per 20 minuti circa, mescolando di tanto in tanto. Prendete una pirofila da forno, ungetela, alternate uno strato di carote, un po' di nostrale d'Alpe sbriciolato e un cucchiaio di salsa di pomodoro. Cospargete l'ultimo strato di formaggio e pangrattato. Mettete la teglia in forno preriscaldato a 200° e fatela gratinare fino a quando vedrete che sulla superficie si è formata una crosticina dorata.

Carpaccio di manzo affumicato con Castelmagno

INGREDIENTI PER 4 PERSONE:

500 g di manzo affumicato
1 limone
sale e pepe
50 g di Castelmagno stagionato
4 cucchiai di olio extravergine d'oliva

Disponete il manzo affumicato tagliato a fettine sottilissime su un grande piatto da portata. Preparate una citronette emulsionando il succo di un limone, l'olio extravergine d'oliva, un pizzico di sale e una macinata di pepe nero e irrorate il carpaccio. In ultimo, tagliate il Castelmagno a scagliette e disponetelo sul manzo affumicato. Servite subito.

Crostini ai tartufi

INGREDIENTI PER 4 PERSONE:

1 tartufo bianco di Alba
2 filetti d'acciuga
1 spicchio d'aglio
4 cucchiai di olio extravergine d'oliva
150 g di burro
1 ciuffo di prezzemolo
4 fette di pane casereccio
sale

Tritate molto finemente i filetti d'acciuga con l'aglio e il prezzemolo e fateli rosolare a fuoco dolcissimo nell'olio con un pizzico di sale. Pulite bene il tartufo con l'apposito spazzolino.

Tagliate a metà le fette di pane, in modo da formare dei crostini e fatele friggere in una padella con il burro. Quando le fette saranno dorate disponetevi sopra il composto di aglio, prezzemolo e acciughe e copritele con le lamelle di tartufo.

Crostini al bruss

INGREDIENTI PER 4 PERSONE:

200 g di bruss
4 fette di pane casereccio
50 g di burro

Il bruss è un formaggio molle, spalmabile, ottenuto dalla fermentazione di pezzi di formaggi o ricotta con grappa.

Tagliate a metà le fette di pane, in modo da formare dei crostini e fatele bruschettare in forno. In un pentolino sciogliete il burro e il bruss, mescolando per amalgamarli bene. Spalmate il composto di burro e bruss sopra ai crostini e servite.

Crostini con prosciutto crudo della Valle Gesso

INGREDIENTI PER 4 PERSONE:
200 g di prosciutto crudo della Valle Gesso
50 g di burro
4 fette di pane casereccio

Tagliate a metà le fette di pane, in modo da formare dei crostini e fatele bruschettare in forno. Cospargete le fette ancora calde di burro, che avrete lasciato ammorbidire a temperatura ambiente.
Sovrapponete le fette di prosciutto e servite.

Fegato d'oca all'albese

INGREDIENTI PER 4 PERSONE:
500 g di fegato d'oca
1 tartufo d'Alba
½ bicchiere di brodo ristretto
sale
50 g di burro
2 bicchierini di marsala secco
1 cucchiaio di farina

Affettate il fegato d'oca, disponete le fettine su un piatto, conditele con il sale, cospargetele con il marsala e lasciatele marinare per un paio d'ore.
Trascorso questo tempo sgocciolatele, asciugatele, infarinatele leggermente e fatele rosolare a fuoco vivo, in un tegame, con il burro. Abbassate la fiamma e portate a termine la cottura a calore moderato, quindi sgocciolatele su un piatto da portata e tenetele in caldo.
Versate nel sughetto di cottura il marsala della marinata, fate ridurre a fuoco vivo, completate con il brodo, mescolate e versate il sughetto, caldo, sul fegato d'oca. Cospargete con il tartufo tritato e servite ben caldo.

Frittata cuneese gratinata alla toma

INGREDIENTI PER 4 PERSONE:
100 g di toma stagionata
2 cipolle
100 g di peperoni
sale e pepe
4 uova
30 g di burro
1 ciuffo di prezzemolo
olio per friggere

Affettate sottili le cipolle e mettetele a stufare a fuoco dolcissimo nel burro, fino a quando non avranno raggiunto un colore dorato. Ponete in forno o cuocete alla griglia i peperoni, pelateli e tagliateli a striscioline sottili. Sbattete le uova in una ciotola, aggiungete le cipolle, i peperoni, il prezzemolo tritato, sale e pepe.

Portate l'olio a temperatura nella padella e aggiungetevi il composto. Quando la frittata sarà cotta da una parte rivoltatela con un piatto e fatela dorare dall'altra parte.

Ponete poi la frittata in una teglia da forno, e ricopritela con la toma stagionata a scagliette. Ponete a gratinare in forno caldo a 180° fino a quando non si sarà sciolto il formaggio.

Frittata di castagne

INGREDIENTI PER 4 PERSONE:

4 uova
1 cucchiaio di brandy
20 g di burro
20 castagne arrostite
1 pizzico di cannella
sale

Potete usare benissimo le caldarroste avanzate.

Pelate le castagne arrosto, eliminando sia la buccia esterna che la pellicina, quindi tritatele finemente. Sbattete le uova, salate abbondantemente e aggiungete un pizzico di cannella in polvere.

Unite le castagne tritate alle uova e insaporite con un cucchiaio di brandy. In una padella fate sciogliere 20 g di burro, quindi aggiungetevi il composto. Quando la frittata sarà cotta da una parte rivoltatela con un piatto e fatela dorare dall'altra parte.

Passatela in un foglio di carta da cucina per scolare l'unto in eccesso prima di servirla.

Frittelle di patate e gioda di Mondovì

INGREDIENTI PER 4 PERSONE:

2 patate
100 g di gioda
2 cucchiai d'olio d'oliva
sale e pepe
2 zucchine
2 uova
20 g di burro

Grattugiate le patate pelate e le zucchine, quindi togliete il liquido che hanno buttato fuori, mettendole a scolare su un colino per qualche minuto. Mettete le verdure in una ciotola e aggiungete il gioda a scagliette, le uova, sale e pepe. In una padella, fate riscaldare l'olio ed il burro.

Con il composto di verdure formate delle frittelle e fatele cuocere a fuoco medio, girandole frequentemente per dorarle da ambo i lati. Fate scolare l'unto in eccesso su un foglio di carta assorbente da cucina prima di servire.

Galantina di cappone di Morozzo

INGREDIENTI PER 6-8 PERSONE:

1 cappone
200 g di lingua salata
1 noce moscata
30 g di tartufi
sale e pepe

800 g di coscia magra di vitello
200 g di lonza di maiale
20 pistacchi
1 bicchiere di marsala

    Fatevi disossare il cappone dal macellaio. Passate nel tritacarne la metà della coscia magra di vitello, l'altra metà tagliatela con pazienza a dadini piccoli, assieme alla lingua e alla lonza. Tagliate a lamelle un po' spesse i tartufi.

    In una terrina mescolate il tutto con la noce moscata grattugiata, sale e pepe e un bicchiere di marsala, poi aggiungete i pistacchi sgusciati.

    Riempite con questa farcia il cappone, cucite le estremità per non far uscire il ripieno, poi fasciatelo con una pezza di tela ben pulita e cucite anche quella. Ponete sul fuoco una pentola molto capiente con acqua leggermente salata e fate bollire il cappone per un paio d'ore. A cottura ultimata spegnete il fuoco e lasciatelo completamente raffreddare nel suo brodo. Una volta freddo, togliete la tela e tagliatelo a fettine sottili.

Insalata di carne cruda ai tartufi d'Alba

INGREDIENTI PER 4 PERSONE:

400 g di carpaccio di manzo
4 cucchiai di olio extravergine
  d'oliva
1 cucchiaino di aceto di vino rosso

100 g di insalata mista (lattuga,
  scarola, rucola, riccia)
20 g di tartufo d'Alba
sale e pepe

    Preparate una vinaigrette con olio, aceto, pepe e sale, e irrorate il carpaccio, che avrete disposto in un largo piatto da portata, sopra a un letto di insalatina mista.

    Affettate a lamelle sottili il tartufo e aggiungetelo alla carne.

    Lasciate insaporire un'oretta prima di servire.

Insalata di gallina bianca di Saluzzo in maionese

INGREDIENTI PER 4 PERSONE:

1 gallina bianca di Saluzzo bollita
1 ciuffo di prezzemolo
1 vasetto di maionese

1 cipolla
1 cucchiaio di vino bianco
sale e pepe

    Disossate la gallina bollita e tagliatela a striscioline sottili, quindi mettetela in un piatto da portata. Tritate finemente la cipolla e il prezzemolo e metteteli in una ciotola con la maionese, il vino, sale e pepe, quindi mescolate accuratamente. Dovreste ottenere una salsa non troppo densa: ricopritene le striscioline di gallina e servite.

Lumache di Cherasco fritte

INGREDIENTI PER 4 PERSONE:

2 kg di grosse lumache	*2 limoni*
50 g di farina	*abbondante olio per friggere*
sale e pepe	

Lasciate spurgare le lumache una giornata, poi lessatele in abbondante acqua salata, scolatele, toglietele dai gusci e asciugatele bene. Infarinatele, salatele, pepatele e friggetele in abbondante olio ben caldo. Rigirate più volte le lumache e sgocciolatele ben dorate dopo circa 10 minuti. Disponete le lumache su un piatto di servizio, contornatele con spicchi di limone e servitele subito ben calde.

Polenta con crema di Castelmagno

INGREDIENTI PER 4 PERSONE:

Per la polenta:

400 g di farina di mais	*2 l d'acqua*
100 g di Castelmagno	*sale*

Per la crema:

1 confezione di panna	*125 g di Castelmagno*
50 g di parmigiano grattugiato	*sale e pepe nero*

In una grossa pentola, portate a ebollizione l'acqua per la polenta, salatela e, quindi, versatevi la farina a pioggia. Mescolando in continuazione con un cucchiaio di legno o l'apposito bastone, lasciate che riprenda l'ebollizione, quindi abbassate il fuoco e cuocete la polenta per almeno 45 minuti. A fine cottura, aggiungete il Castelmagno tagliato a dadini e mescolate fino a quando non si sarà completamente sciolto; quindi, togliete la polenta dal fuoco, sistematela in una terrina e lasciatela raffreddare. A parte in una terrinetta unite la panna, il Castelmagno sbriciolato e il parmigiano grattugiato, un pizzico di sale e pepe. Mescolate fino a ottenere una crema. Tagliate la polenta a fette e disponetele in una teglia da forno unta. Sopra ogni fetta ponete 2 cucchiai di crema di Castelmagno e passate il tutto nel forno caldo a 180° per 10 minuti circa.

Pollo all'albese

INGREDIENTI PER 4 PERSONE:

4 fette di petto di pollo	*1 tartufo*
1 limone	*30 g di parmigiano reggiano*
4 cucchiai di olio d'oliva	*grattugiato*
1 spicchio d'aglio	*sale e pepe*

Sbollentate per pochi minuti i petti di pollo, quindi lasciateli raffreddare e tagliateli a listarelle sottili. Sistemateli in una terrina, conditeli con una citronette ottenuta emulsionando olio d'oliva, il succo di un limone, sale e pepe bianco. Aggiungete alla salsa il parmigiano reggiano grattugiato, lo spicchio d'aglio tritato finissimo, e mescolate bene.

Pulite il tartufo con l'apposita spazzolina, quindi tagliatelo a lamelle sottili e ricopritene il pollo. Fate marinare in frigorifero per un'oretta prima di servire.

Polpettine di Boves con le noci

INGREDIENTI PER 4 PERSONE:

200 g di insalata mista
60 g di gherigli di noci
6 cucchiai di olio d'oliva extravergine
sale e pepe
60 g di pangrattato
1 cucchiaio di senape
200 g di formaggio di Boves fresco
100 g di parmigiano grattugiato

Miscelate il formaggio di Boves con il parmigiano grattugiato e le noci finemente tritate e formate delle palline grandi come ciliege, rotolatele nel pangrattato sino a ricoprirle completamente e schiacciatele leggermente.

Scaldate un poco di olio in una padella e friggetevi le polpettine di formaggio per 5 minuti, facendo attenzione che non si rompano quando le volterete per dorarle da tutte e due le parti. Lavate le insalate e centrifugatele, quindi tagliuzzatele e condite con sale, pepe e la senape che avrete stemperato nell'olio rimasto.

Mescolate l'insalata, sistematela su un largo piatto da portata, adagiatevi sopra le polpettine di formaggio di Boves con le noci belle calde e servite subito.

Rape ripiene di robiola di Bossolasco

INGREDIENTI PER 4 PERSONE:

8 rape grosse
1 rametto di timo
5-6 spicchi d'aglio
sale e pepe
200 g di robiola di Bossolasco
1 rametto di rosmarino
50 g di burro

Pelate le rape e svuotatele con un cucchiaino, poi lessatele per circa 10 minuti e fatele raffreddare. Fate un battuto con l'aglio, il timo e il rosmarino, abbondante pepe nero e la robiola di Bossolasco grossolanamente triturata, salate.

Riempite le rape e disponetele su di una teglia da forno ben unta, cospargetele di burro fuso e fatele cuocere in forno caldo a 180° per circa 35 minuti.

Sformato con le gambesecche

INGREDIENTI PER 4 PERSONE:

200 g di funghi gambesecche *1 bicchiere di latte*
60 g di farina *60 g di burro*
4 tuorli + 2 albumi *1 spicchio d'aglio*
50 g di parmigiano grattugiato *½ bicchiere d'olio d'oliva*
sale e pepe

Fate rosolare i cappelli delle gambesecche, ben puliti, con 2 cucchiai d'olio e uno spicchio d'aglio intero. Appena l'acqua dei funghi sarà evaporata, togliete l'aglio e frullateli.

In una casseruola a fuoco medio, mescolate 40 g di burro con la farina e stemperate con il latte freddo per formare una bèchamel.

Aggiungete il trito di funghi e cuocete per 5 minuti. Spegnete il fuoco e lasciate un poco raffreddare, quindi incorporate i tuorli e mescolate bene, poi incorporate al composto gli albumi montati a neve con un po' di sale e il parmigiano grattugiato.

Imburrate uno stampo da budino, versatevi il composto e fatelo cuocere a bagnomaria in forno caldo a 200° per una ventina di minuti. Sformate e servite ben caldo.

Soma con 'l Mlon di Saluzzo

INGREDIENTI PER 4 PERSONE:

4 fette di pane casereccio *4 spicchi d'aglio*
200 g di Mlon di Saluzzo *sale e pepe*

Il Mlon di Saluzzo è un insaccato prodotto con guanciale e carne trita, insaporita con barbera e diversi tipi di spezie, e fatto stagionare.

Prendete del pane casereccio e tagliatene alcune fette, come per fare una bruschetta. Ogni fetta deve essere tagliata in due. Prendete uno spicchio d'aglio per ogni fetta e strofinatelo sul pane. Sopra mettete il Mlon di Saluzzo tagliato a fette. Mettete le some nel forno preriscaldato a 180° per qualche minuto, in modo da far sciogliere il lardo e tostare leggermente il pane. Salate e pepate.

Tomini elettrici

INGREDIENTI PER 4 PERSONE:

200 g di tomini freschi *4 spicchi d'aglio*
2 bicchieri d'olio d'oliva *1-2 peperoncini rossi piccanti*
la punta di 1 cucchiaio di zucchero *sale*
4 fette di pane casereccio

Mettete i tomini in un contenitore chiudibile, cospargeteli di aglio tritato e pezzetti di peperoncino, sale e zucchero. Infine sommergeteli di olio d'oliva di ottima qualità. Lasciateli insaporire almeno una giornata. Prendete del pane casereccio e tagliatene alcune fette, come per fare una bruschetta. Ogni fetta deve essere tagliata in due. Abbrustolite il pane nel forno fino a quando diventerà croccante. Cospargete le fette di pane di tomino e servite.

Tomino di Langa in padella

INGREDIENTI PER 4 PERSONE:

200 g di tomini di Langa *½ bicchiere d'olio d'oliva*
1 spicchio d'aglio *sale e pepe*
4 fette di pane casereccio

Portate a temperatura in un tegame un goccio d'olio. Fate imbiondire uno spicchio d'aglio intero, che poi toglierete. Aggiungete i tomini, girando il tegame in modo che non si attacchino. Fateli dorare da entrambe le parti, voltandoli con una paletta. Cospargete di sale e pepe e serviteli ben caldi. Prendete del pane casereccio e tagliatene alcune fette, come per fare una bruschetta. Ogni fetta deve essere tagliata in due. Abbrustolite il pane nel forno fino a quando diventerà croccante. Servite i tomini di Langa in padella sulle fette di pane abbrustolito.

Tumin 'd crava alle erbe

INGREDIENTI PER 4 PERSONE:

200 g di Tumin 'd crava *4 fette di pane casereccio*
4 spicchi d'aglio *1 ciuffo di basilico*
1 ciuffo di prezzemolo *1 ciuffo di erba cipollina*
sale e pepe nero

Prendete del pane casereccio e tagliatene alcune fette, come per fare una bruschetta. Ogni fetta deve essere tagliata in due. Abbrustolite il pane nel forno fino a quando diventerà croccante. Con un mixer tritate finissimamente le erbe e l'aglio, quindi amalgamatele al Tumin 'd crava con sale e pepe nero macinato al momento, mescolando bene.

Cospargete le fette di pane di Tumin 'd crava alle erbe e servite.

Umido di castagne di Venasca e fagioli di Boves

INGREDIENTI PER 4 PERSONE:

500 g di fagioli di Boves secchi *300 g di castagne secche di Venasca*
100 g di lardo *2 spicchi d'aglio*
2-3 foglie di alloro *1 cucchiaio di farina*
1 ciuffo di prezzemolo *5-6 foglie di salvia*
1 ciuffetto di timo *½ l di vino rosso*
sale e pepe nero macinato al momento

La sera prima mettete a bagno sia i fagioli che le castagne per reidratarle. Tritate bene il prezzemolo e la salvia col timo, insieme al lardo e all'aglio. Mettete a bollire nella stessa pentola, con abbondante acqua salata, le castagne e i fagioli. Controllate la cottura pungendoli con i rebbi di una forchetta.

Scolateli e uniteli al trito, con le foglie di alloro intere, lasciandoli rosolare per qualche minuto in un tegame. Cospargeteli con la farina e copriteli con il vino e con un mestolo di acqua di cottura dei fagioli. Pepate e salate. Lasciate infine cuocere, a tegame coperto, fino a quando castagne e fagioli siano ben teneri e la salsa ridotta e spessa.

PRIMI PIATTI

Agnolotti al tartufo

INGREDIENTI PER 4 PERSONE:

Per la sfoglia:
400 g di farina bianca *4 uova*
sale

Per il ripieno:
150 g di lonza di maiale *150 g di prosciutto crudo*
150 g di carne di vitello *100 g di burro*
1 tartufo bianco *1 uovo*
50 g di parmigiano grattugiato *½ bicchiere di vino bianco*
sale e pepe

Per il condimento:
1 tartufo *50 g di parmigiano grattugiato*
100 g di burro *sale*

Ponete in una pentola capiente il burro e le carni di vitello e di maiale macinate, fatele rosolare dolcemente, poi aggiungete il vino. Quando la carne sarà cotta spegnete il fuoco, unite il prosciutto tritato finemente, un tartufo tagliato a scaglie fini, un uovo, il parmigiano grattugiato, sale e pepe.

Mescolate accuratamente per amalgamare il ripieno.

Impastate la farina e le uova, lavorando a lungo con le mani, poi stendete la sfoglia abbastanza sottile, con un matterello.

Ponete delle palline di ripieno sopra la sfoglia stesa, ripiegatela, pigiate con le dita per farla aderire, e tagliate gli agnolotti. Portate a ebollizione una pentola capiente con abbondante acqua salata, quindi cuocete gli agnolotti, scolateli accuratamente, versatevi sopra del burro fuso e cospargeteli di parmigiano e di tartufo. Servite immediatamente.

Agnolotti verdi con fonduta di castelmagno

INGREDIENTI PER 4 PERSONE:

Per la pasta:
450 g di farina
4 tuorli d'uovo
sale

75 g di spinaci in foglia già mondati
1 cucchiaio di olio

Per la fonduta:
500 g di Castelmagno non troppo stagionato
1 bicchiere di latte
sale

150 g di farina
3 uova
150 g di burro

Sbriciolate il formaggio e mettetelo in una ciotola con il latte, lasciandolo ammorbidire un'oretta, quindi frullatelo fino ad ottenere una crema. Aggiungete 50 g di burro e fate sciogliere sul fuoco, mescolando e curando che non arrivi a bollore.

Aggiungete la farina e mescolate accuratamente, lasciando addensare, poi spegnete il fuoco. Quando il composto sarà un po' intiepidito unite le uova e amalgamatelo bene.

Se fosse ancora troppo liquido unite un altro po' di farina.

Cuocete gli spinaci in pochissima acqua salata, scolateli, strizzateli e passateli al frullatore quindi amalgamateli con la farina, le uova e un cucchiaio di olio. Impastate a lungo con le mani, quindi tirate la sfoglia con un matterello su una spianatoia infarinata.

Disponete sulla sfoglia dei cucchiaini da caffè di fonduta, ripiegate la pasta e ritagliate grossi agnolotti con una rotella dentata.

Cuoceteli in abbondante acqua bollente salata e conditeli con 100 g di burro fuso.

Calhetas occitane

INGREDIENTI PER 4 PERSONE:

400 g di pane raffermo
4 uova
1 confezione di panna
100 g di burro

1 l di latte
2 tome fresche
100 g di farina
sale

Sminuzzate il pane raffermo e mettetelo a bagno nel latte per un paio d'ore.

Aggiungete le uova, una toma, la farina e mescolate bene. Portate a ebollizione una pentola con abbondante acqua salata, quindi con un cucchiaio formate delle palline di impasto e buttatele poco alla volta nell'acqua.

Una volta cotte circa 10 minuti scolate le calhetas in una teglia da forno e conditele con burro fuso, panna e la seconda toma tagliata a dadini. Fate gratinare nel forno già caldo a 200° per 10 minuti e servite.

Corsetins di segale alla occitana

INGREDIENTI PER 4 PERSONE:

500 g di farina di segale
120 g di toma stagionata grattugiata
1 dadino di lievito di birra
100 g di burro
sale

Sciogliete il lievito in una tazza di acqua tiepida. Ponete sulla spianatoia la farina di segale con un po' di sale, aggiungete il lievito e impastate. Se necessario unite ancora un po' di acqua. Mettete la pasta a lievitare per un paio d'ore in un luogo caldo, poi impastatela di nuovo. Tagliatene delle fettine e fatele rotolare su se stesse, come per ottenere dei grissini.

Tagliate dai grissini dei pezzetti di pasta di circa un centimetro, schiacciandone ognuno con il pollice, come a formare una orecchietta.

Cuocete i corsetins in abbondante acqua bollente salata per circa 15 minuti. Scolateli con la schiumaiola e conditeli con la toma grattugiata e burro fuso.

Crespelle con il Castelmagno

INGREDIENTI PER 4-6 PERSONE:

Per le crespelle:
250 g di farina di grano saraceno
1 bicchiere di latte intero
sale
3 uova
40 g di burro
1 ciuffo di prezzemolo

Per la farcia:
150 g di Castelmagno
1 bicchiere di latte intero
sale e pepe
150 g di toma stagionata
100 g di burro

In una ciotola mettete la farina, unite un pizzico di sale, un poco di prezzemolo tritato e il latte. Mescolate fino a ottenere una pastella liscia e abbastanza fluida, alla quale aggiungerete le uova sbattute. Coprite e lasciate riposare per un'ora.

Poi, sciogliete il burro a bagnomaria e amalgamatelo alla pastella. In una padella antiaderente fate sciogliere un pezzettino piccolo di burro a fiamma bassa, lasciate che frigga poi versate un mestolino di pasta, dopo un minuto girate la crespella prendendola con le dita e fate cuocere un minuto anche dall'altra parte.

Toglietela dalla padella e lasciatela raffreddare. Ripetete l'operazione fino ad esaurimento della pastella.

In un pentolino, fate scaldare il latte con il burro, aggiungetevi il Castelmagno e la toma grattugiata, aggiustate di sale e pepe e fate addensare bene il formaggio, mescolando con un cucchiaio di legno. Stendete sulle crespelle 2 cucchiai del composto di formaggio, avvolgete le crespelle su se stesse o piegatele in quattro, come preferite, e sistematele in una pirofila da forno imburrata. Cospargete la superficie con un po' di toma grattugiata e passatele in forno preriscaldato a 180° per 15-20 minuti.

Crosets occitane

INGREDIENTI PER 4 PERSONE:

Per le crosets:
600 g di farina
2 cucchiai di olio di oliva
1 pizzico di sale
1 uovo
acqua

Per il condimento:
100 g di burro
1 bicchiere di latte
avanzi di formaggio stagionato
1 cipolla
1 confezione di panna
pepe

Mettete la farina a fontana sul tagliere, al centro rompeteci l'uovo, aggiungete l'olio, il sale e tanta acqua quanta è necessaria per impastare. Lavorate con le mani fino a quando l'impasto sarà morbido, poi lasciatelo riposare una mezz'oretta.

Riprendete la pasta, formate come dei lunghi grissini, quindi tagliatene dei pezzetti e schiacciateli con il pollice, come per formare delle orecchiette. Tritate la cipolla, mettetela a soffriggere nel burro, quindi aggiungete il latte e alzate il fuoco perché si condensi. A questo punto unite i pezzetti di formaggio, la panna, sale e pepe.

Portate a ebollizione una pentola di acqua salata, buttate i crosets e fateli cuocere fino a quando l'acqua riprenderà a bollire, circa 3-5 minuti, poi scolateli con una schiumarola e conditeli con il sugo.

Donderets rossi occitani

INGREDIENTI PER 4 PERSONE:

1 kg di patate
4 uova
100 g di burro
sale
100 g di farina
150 g di formaggio grattugiato
½ bicchiere di passata di pomodoro

Lavate bene le patate senza sbucciarle, mettetele in una pentola, copritele di acqua fredda e fatele lessare per 20-25 minuti. Appena saranno cotte, scolatele e sbucciatele ancora bollenti. Passatele in uno schiaccia-patate e allargate il composto ottenuto su una spianatoia, lasciandolo intiepidire un poco. Cospargete le patate con un pizzico di sale, unite il formaggio grattugiato, i tuorli e la farina, quindi impastate il tutto senza lavorare eccessivamente l'impasto. Lasciate riposare 3-4 minuti. Dividete l'impasto a pezzetti, passate ognuno di essi sulla spianatoia infarinata in modo da ottenere tanti bastoncini, quindi tagliate dei pezzetti di circa un centimetro e schiacciateli leggermente con il pollice sul dorso di una grattugia in modo che risultino decorati. Fate sciogliere il burro in una padella e unite la passata di pomodoro, lasciandola addensare bene, quindi salate. Portate a ebollizione una pentola d'acqua salata e buttatevi dentro i donderets a cucchiaiate. Appena l'acqua bollirà di nuovo scolate i donderets con la schiumarola. Conditeli con il sugo di pomodoro e abbondante formaggio grattugiato.

Fesqueiròls occitani

INGREDIENTI PER 4 PERSONE:
400 g di farina *2 uova*
2 bicchieri di latte

Per il condimento:
1 uovo sodo *100 g di ricotta*
200 g di piselli freschi *200 g di pancetta arrotolata*
1 cipolla *1 spicchio d'aglio*
1 cucchiaio di passata di pomodoro *100 g di formaggio grattugiato*
1 ciuffo di timo *1 ciuffo di salvia*
1 ciuffo di prezzemolo *sale e pepe*

Impastate la farina sulla spianatoia con le uova e il latte. Mescolate accuratamente con le mani in modo da ottenere una pasta liscia, che stenderete con il matterello in una sfoglia sottile. Tagliate dei quadrettoni di circa 2 cm di lato. Fate rosolare la cipolla e i piselli con la pancetta grossolanamente pestata, aggiungete il pomodoro e un trito fine di aglio, timo, salvia e prezzemolo salate e pepate e lasciate cuocere fino a quando sarà addensato bene. Portate a ebollizione una pentola di acqua salata, e cuocetevi i fesquièrols, quindi scolateli e conditeli con il sugo, la ricotta sbriciolata e l'uovo sodo tagliato fine e abbondante formaggio grattugiato.

Gnocchi al Castelmagno

INGREDIENTI PER 4 PERSONE:
800 g di patate a pasta gialla *4 tuorli*
1 cucchiaio di olio di oliva *200 g di farina*
50 g di burro *150 g di Castelmagno*
3 cucchiai di panna *4 gherigli di noce*
sale e pepe

Lavate bene le patate senza sbucciarle, mettetele in una pentola, copritele di acqua fredda e fatele lessare per 20-25 minuti. Appena saranno cotte, scolatele e sbucciatele ancora bollenti. Passatele in uno schiacciapatate e allargate il composto ottenuto su una spianatoia, lasciandolo intiepidire un poco. Cospargete le patate con un pizzico di sale, unite l'olio, i tuorli e la farina, quindi impastate il tutto senza lavorare eccessivamente l'impasto. Lasciate riposare 3-4 minuti. Dividete l'impasto a pezzetti, passate ognuno sulla spianatoia infarinata in modo da ottenere tanti bastoncini, quindi tagliate dei pezzetti di circa un centimetro e schiacciateli leggermente con il pollice sul dorso di una grattugia in modo che risultino decorati.

Sbriciolate il Castelmagno e mettetelo in una larga padella con il burro, la panna, sale e pepe e fatelo sciogliere su fiamma bassissima, mescolando con un cucchiaio di legno.

Portate ad ebollizione una pentola con abbondante acqua salata, gettate gli gnocchi e non appena saliranno a galla toglieteli con una schiumarola.

Gettateli quindi nella padella con il formaggio sciolto e fateli saltare, quindi serviteli immediatamente cospargendo la superficie con le noci tritate grossolanamente.

Gnocchi con la sora di Ormea

INGREDIENTI PER 4 PERSONE:

800 g di patate
4 tuorli d'uovo
200 g di sora di Ormea
1 confezione di panna
sale e pepe nero

200 g di farina
1 cucchiaio di olio d'oliva
1 cipolla
50 g di burro

Lavate bene le patate senza sbucciarle, mettetele in una pentola, copritele di acqua fredda e fatele lessare per 20-25 minuti. Appena saranno cotte, scolatele e sbucciatele ancora bollenti. Passatele in uno schiaccia-patate e allargate il composto ottenuto su una spianatoia, lasciandolo intiepidire un poco. Cospargete le patate con un pizzico di sale, unite l'olio, i tuorli e la farina, quindi impastate il tutto senza lavorare eccessivamente l'impasto. Lasciate riposare 3-4 minuti.

Dividete l'impasto a pezzetti, passate ognuno sulla spianatoia infarinata in modo da ottenere tanti bastoncini, quindi tagliate dei pezzetti di circa un centimetro e schiacciateli leggermente con il pollice sul dorso di una grattugia in modo che risultino decorati.

A parte tritate finemente la cipolla e mettetela a soffriggere nel burro fino a quando prenderà colore. A quel punto unite il formaggio a pezzetti e mescolate per farlo sciogliere, amalgamando con la panna. Salate e pepate. Cuocete gli gnocchi in abbondante acqua salata in ebollizione e scolateli man mano che affiorano, poi metteteli a insaporire nella padella del formaggio. Mescolate bene e servite.

Lasagne al tartufo

INGREDIENTI PER 4 PERSONE:

Per la pasta:
400 g di farina *4 uova*
sale

Per il condimento:
200 g di parmigiano *salsa besciamella*
4 cucchiaini di estratto di carne *1 tartufo*
sale e pepe

Impastate la farina con le uova, fino a formare una bella pasta soda e ben lavorata, che farete riposare circa mezz'ora, poi stenderete sul tagliere in una sfoglia sottile. Con il tagliapasta formate dei quadrotti di una decina di centimetri. Portate a ebollizione una pentola grande con molta acqua salata, e immergetevi per qualche minuto le lasagne, poi scolatele e appoggiatele sulla tavola o su una superficie piana, sopra una tovaglia di lino o di cotone, in modo che si assorba l'acqua in eccesso. Portate a ebollizione una pentola grande con molta acqua salata, e immergetevi per qualche minuto le lasagne, poi scolatele e appoggiatele sulla tavola o su una superficie piana, sopra una tovaglia di lino o di cotone, in modo che si assorba l'acqua in eccesso. Prendete una teglia da forno, ungetela con un po' di burro, mettete uno strato di pasta, uno di besciamella addizionata con l'estratto di carne, condite con il tartufo tagliato a fettine sottili e una manciata di formaggio. Alternate più strati, avendo cura di terminare con uno strato di besciamella ricoperta di formaggio. Preriscaldate il forno a 180° e lasciategliele per circa 20-25 minuti, fino a quando la crostina avrà assunto una bella colorazione rosa.

Maccheroni con panna e salsiccia di Bra

INGREDIENTI PER 4 PERSONE:

400 g di maccheroni *300 g di salsiccia*
1 cipolla *1 carota*
1 costa di sedano *1 spicchio di aglio*
1 rametto di rosmarino *1 bicchiere di olio extravergine*
1 confezione di panna *sale e pepe*

La salsiccia di Bra è molto magra, poiché è fatta con l'80% di vitellone.
Tritate finemente la salsiccia e mettetela a rosolare nell'olio con un trito fine di sedano, carota, cipolla, aglio e rosmarino.
Lasciate cuocere per una decina di minuti, mescolando spesso, poi unite la panna ed aggiustate di sale e pepe. Portate a ebollizione una pentola di acqua salata, cuocete i maccheroni, scolateli al dente e conditeli con il sugo di salsiccia, mescolate e servite.

Minestra di carote di San Rocco Castagnaretta

INGREDIENTI PER 4 PERSONE:

400 g di carote
2 patate
1 cipolla
sale
400 g di porri
4 cucchiai di olio extravergine di oliva
1 l di brodo vegetale

  Lavate le carote e i porri e tagliateli a rotelle. Fate soffriggere la cipolla tritata fine con un po' d'olio quindi aggiungete le carote e i porri, e un po' di sale. Fate insaporire per 5 minuti. Aggiungete le patate tagliate a piccoli pezzi. Coprite col brodo, e lasciate cuocere a pentola coperta per 20 minuti. Frullate con un mixer fino a ottenere una crema molto densa. Aggiustate di sale, aggiungete un filo di olio a crudo, e servite. Volendo, si può servire con crostini di pane abbrustoliti.

Minestra di castagne con riso alla cuneese

INGREDIENTI PER 4 PERSONE:

500 g castagne secche
100 g di burro
1 pizzico di cannella in polvere
400 g di riso
100 g di formaggio grattugiato
sale

  Lasciate a bagno una notte le castagne perché si reidratino. Fatele cuocere in una pentola con acqua salata e, quando saranno morbide, aggiungete il riso e allungate con acqua bollente salata se serve. Quando il riso sarà cotto, condite la minestra con burro, sale, formaggio, e un pizzico di cannella in polvere. Servite subito.

Ravioles di Blins

INGREDIENTI PER 4 PERSONE:

800 g di patate
1 uovo intero
2 cucchiai di olio d'oliva
1 confezione di panna
200 g di toma fresca di Bellino
200 g di farina di grano duro
100 g di burro
sale

  Cuocete le patate in abbondante acqua salata con la buccia, quindi scolatele, pelatele ancora calde e passatele allo schiacciapatate. Mescolate quindi il composto con la toma fresca, amalgamando bene sul tagliere, poi aggiungete l'uovo, l'olio, un po' di sale e impastate. Aggiungete progressivamente la farina fino a ottenere un impasto consistente che stenderete grossolanamente. Tagliate dall'impasto delle fette e fatele rotolare sul tagliere, fino a ottenere una sorta di grissino abbastanza spesso, circa 2 cm. Staccate da questo rotolino dei pizzichi di pasta e fateli rotolare tra le dita, per ottenere una sorta di fuso, simile alle trofie. Portate a ebollizione una pentola di acqua bollente salata e buttatevi le ravioles, che scolerete quando tornano a gala. Conditele con il burro fuso e la panna.

Riso con funghi e menta della valle grana

INGREDIENTI PER 4 PERSONE:

300 g di riso
1 confezione di panna
50 g di burro
1 scalogno
50 g di parmigiano grattugiato
sale e pepe

300 g di porcini
1 ciuffo di menta
4 cucchiai di olio extravergine di oliva
1 bicchiere di vino bianco secco
1 l di brodo di carne

Pulite bene i funghi e tagliateli in pezzi non troppo piccoli. Mettete il brodo in una pentolina e portate ad ebollizione. Tritate finemente lo scalogno e fatelo imbiondire nell'olio in un tegame da risotto. Aggiungete i funghi, la menta tritata ed il riso.

Mescolate, sfumate con il vino e lasciate evaporare. Bagnate con 4 mestoli di brodo bollente, continuando la cottura a fuoco vivace, mescolando di tanto in tanto e aggiungendo brodo man mano che il riso si asciuga. Dopo sedici minuti il riso dovrebbe essere al dente. Accertatevene assaggiandolo. Aggiustate di sale, togliete dal fuoco e mantecate velocemente con panna, burro e formaggio grattugiato. Servite cospargendo con pepe nero macinato al momento e un trito finissimo di menta fresca.

Risotto al tartufo d'Alba

INGREDIENTI PER 4 PERSONE:

300 g di riso
30 g di tartufo d'Alba
100 g di burro
sale e pepe

50 g di parmigiano grattugiato
1 l di brodo
2 cucchiai di olio d'oliva

Tostate per qualche minuto il riso con metà del burro e l'olio, quindi portatelo a cottura versando progressivamente brodo mano a mano che si asciuga.

Quando sarà cotto salate e pepate, aggiungete il burro rimasto, il parmigiano e il tartufo tagliato a lamelle sottilissime. Mescolate ancora e servite subito.

Risotto con chiocciole di Borgo San Dalmazzo

INGREDIENTI PER 4 PERSONE:

300 g di riso
1 cucchiaio di farina gialla
1 ciuffo di prezzemolo
1 bicchiere di brodo
1 cipolla
8 cucchiai di olio extravergine
 d'oliva
sale e pepe

1 kg di lumache
3 cucchiai di aceto
½ bicchiere di vino bianco secco
1 costa di sedano
1 carota
100 g di formaggio grattugiato
4 spicchi d'aglio

Preparate una pentola d'acqua salata, aggiungete un cucchiaio di farina gialla, 3 cucchiai d'aceto, metteteci le lumache e lasciate bollire per 3 ore. Passato questo tempo, scolate le lumache, sgusciatele e lavatele sotto il getto dell'acqua corrente.

Fate soffriggere in una casseruola la cipolla, il sedano, la carota e l'aglio finemente tritati, poi unite le lumache e fate rosolare una decina di minuti, salate e pepate.

Sfumate con il vino bianco, lasciatele evaporare e aggiungete il riso, fatelo insaporire, mescolando e aggiungendo il brodo a poco a poco. Una volta cotto al dente, guarnite con il prezzemolo tritato. A parte servite il formaggio grattugiato.

Risotto con pere e Nostrale d'Alpe

INGREDIENTI PER 4 PERSONE:

300 g di riso *200 g di Nostrale d'Alpe*
1 grossa pera kaiser o decana *½ l di brodo di carne*
1 bicchiere di vino bianco *1 cipolla*
50 g di burro *sale e pepe nero*

Tritate la cipolla e mettetela a rosolare nel burro fino a quando sarà dorata, quindi unite il riso e lasciatelo tostare per pochi minuti. Sfumate con il vino bianco e mescolate, lasciandolo evaporare. Quindi portate a cottura il riso, aggiungendo mano a mano il brodo caldo. Nel frattempo, tagliate a dadini piccolissimi la pera e a pezzi il Nostrale d'Alpe. Quando il riso sarà cotto al dente mantecatelo con il Nostrale d'Alpe, mescolando per far sciogliere il formaggio, unite i dadini di pera, insaporite con sale e pepe nero macinato al momento e servite.

Sformato di riso al tartufo bianco

INGREDIENTI PER 4 PERSONE:

300 g di riso *50 g di burro*
1 bicchiere di brodo *50 g di parmigiano grattugiato*
1 tartufo d'Alba *1 bicchiere di Arneis*
1 scalogno *sale e pepe*

Per la crema:
1 confezione di panna *40 g di burro*
50 g di parmigiano grattugiato *sale*

Tritate lo scalogno e fatelo rosolare dolcemente nel burro, unite il riso, lasciatelo tostare qualche minuto, quindi sfumatelo con l'arneis. Lasciate evaporare il vino a fuoco vivo, poi portate a cottura il riso, versando progressivamente brodo mano a mano che si asciuga. Tagliate a lamelle sottilissime il tartufo. A parte fate fondere il burro, unite la panna, il sale ed il pepe, lasciate addensare a fuoco vivo e versatevi metà scaglie di tartufo ed il parmigiano, mescolate bene e togliete dal fuoco. Amalgamate il restante tartufo ed il parmigiano con il riso, poi ponetelo in 4 stampini ben imburrati e posate delicatamente gli sformatini sui piatti singoli. Ricopriteli con la crema calda e servite subito.

Taglierini occitani di Roaschia

INGREDIENTI PER 4 PERSONE:

400 g di taglierini fatti a mano
200 g di pancetta affumicata
2 bicchieri di vino rosso
sale e pepe
4 cipolle
80 g di burro
4 cucchiai di olio d'oliva

Fate rosolare in una padella con burro e olio le cipolle tagliate a fettine sottili, e quando saranno dorate aggiungete la pancetta affumicata tagliata a dadini.

Lasciate abbrustolire un poco, poi sfumate con il vino rosso e lasciate cuocere altri 10 minuti, mescolando con un cucchiaio di legno. Portate a ebollizione una pentola con abbondante acqua salata, cuocete i taglierini, scolateli al dente e metteteli a insaporire nella padella con il sugo, quindi mescolate bene e servite, salando e pepando.

Tagliatelle al prosciutto crudo della Valle Gesso

INGREDIENTI PER 4 PERSONE:

400 g di tagliatelle all'uovo
4 cucchiai di olio extravergine di oliva
200 ml di panna da cucina
50 g di parmigiano reggiano grattugiato
1 cipolla
20 g di burro
200 g di prosciutto crudo della della Valle Gesso
sale e pepe

Mondate la cipolla, tagliatela a rondelle fini e fatela stufare in una padella con burro e olio. Quando avrà preso colore, aggiungete il prosciutto grossolanamente tritato e la panna. Salate e pepate. Lasciate un poco addensare, poi spegnete il fuoco. Portate a ebollizione una pentola di acqua salata, cuocete le tagliatelle, scolatele al dente, buttatele a insaporire nella padella del sugo, mantecate con il parmigiano reggiano grattugiato e servite.

Tagliolini alla crema di tartufo

INGREDIENTI PER 4 PERSONE:

300 g di tagliolini
1 confezione di panna
1 tartufo
sale e pepe
100 g di parmigiano grattugiato (facoltativo)
50 g di burro

Tagliate finemente il tartufo, con l'apposita mandolina, dopo averlo ben pulito. Fate sciogliere il burro a fuoco lentissimo e unite il tartufo. Aggiungete la panna da cucina, sale e pepe, e mescolate, facendo cuocere per 5 minuti. Cuocete i tagliolini in abbondante acqua salata, scolateli al dente, poi conditeli con il sugo di tartufo e panna. È sconsigliato l'uso del formaggio.

Tundiret (gnocchetti occitani alla panna)

INGREDIENTI PER 4 PERSONE:
1 kg di patate
1 bicchiere di latte
100 g di formaggio d'Alpe grattugiato
sale e pepe nero
5 uova
150 g di farina
1 confezione di panna
100 g di burro

Lavate bene le patate senza sbucciarle, mettetele in una pentola, copritele di acqua fredda e fatele lessare per 20-25 minuti.

Appena saranno cotte, scolatele e sbucciatele ancora bollenti. Passatele in uno schiacciapatate e allargate il composto ottenuto su una spianatoia, lasciandolo intiepidire un poco.

Cospargete le patate con un pizzico di sale, unite il latte, i tuorli e la farina, quindi impastate il tutto senza lavorare eccessivamente l'impasto. Lasciate riposare 3-4 minuti. Portate a ebollizione una pentola di acqua salata e, con un cucchiaio, prelevate delle piccole porzioni di pasta e buttatele nell'acqua. Appena vengono a galla scolate i tundiret con una schiumarola e conditeli con il burro fuso, la panna e il formaggio d'Alpe grattugiato. Salate, pepate, mescolate e servite.

Zuppa di pane e toma di montagna

INGREDIENTI PER 4 PERSONE:
500 g di pane integrale raffermo
200 g di toma di montagna stagionata
1 l di brodo di carne
100 g di burro
sale

Affettate il pane, fatelo friggere per qualche minuto nel burro, quindi disponete le fette in una teglia da forno unta e copritele con uno strato di toma di montagna stagionata tagliata a pezzetti. Stendete un altro strato di fette di pane e uno di formaggio.

Versate sopra il brodo di carne caldo, e il rimanente burro fuso, salate. Infornate a forno caldo a 200° per circa un quarto d'ora, fino a quando la zuppa si ricoprirà di una crosticina dorata.

SECONDI PIATTI

Agnello di Stura con funghi in salsa d'aglio
INGREDIENTI PER 4 PERSONE:

600 g di spezzatino d'agnello
1 ciuffo di prezzemolo
1 cipolla
4 cucchiai di olio d'oliva extravergine
1 bicchiere di brodo
sale e pepe

400 g di funghi misti freschi
1 rametto di rosmarino
6 spicchi d'aglio
50 g di burro
1 bicchiere di vino bianco secco
1 bicchiere di latte

Pulite i funghi, e tagliateli a pezzetti. Tritate insieme il prezzemolo, il rosmarino, l'aglio e la cipolla.

Fate rosolare il trito con l'olio per pochi minuti, quindi unite i funghi, insaporiteli con sale e pepe e lasciate che emettano l'acqua di vegetazione. Sfumateli col latte e lasciateli cuocere una mezz'oretta, mescolando. Sistemate lo spezzatino di agnello in una teglia da forno con il burro e fatelo rosolare a fiamma viva, girando spesso i pezzi. Salate e pepate. Ricoprite l'agnello con i funghi in salsa all'aglio, sfumate con vino e brodo e mettete il tutto in forno già caldo a 180° per un'oretta, mescolando ogni tanto.

Agnello sambucano al forno con cipolline
INGREDIENTI PER 4 PERSONE:

800 g di agnello a pezzi
2 spicchi di aglio
2 coste di sedano
50 g di salsa di pomodoro
100 g di pancetta
1 bicchiere di vino rosso
½ bicchiere di olio d'oliva

50 g di burro
2 cipolle
2 carote
500 g di cipolline pelate
1 bicchiere di brodo
50 g di farina
sale e pepe

Mondate e lavate tutte le verdure; tagliate a pezzi la carne d'agnello e infarinatela.

In un tegame con il burro fate rosolare le cipolle tritate fino a quando avranno preso colore, unite la carne e insaporite con sale e pepe. Lasciate rosolare, girando i pezzi.

Quando la carne sarà ben dorata, aggiungete un trito fine di aglio, carota e sedano e la salsa di pomodoro.

Mescolate con cura e lasciate cuocere per un'ora circa a fiamma dolce e a recipiente coperto. Sfumate col brodo. Nel frattempo fate dorare in una padella con l'olio la pancetta tagliata a dadini, fino a quando sarà quasi abbrustolita, quindi aggiungete le cipolline, lasciatele rosolare uniformemente, sfumatele col vino e portatele a cottura.

Unite le cipolline all'agnello, lasciate insaporire ancora una decina di minuti e servite.

Agnellone tardoun di Demonte in teglia

INGREDIENTI PER 4 PERSONE:

1 cosciotto d'agnello
½ bicchiere di olio d'oliva
8-10 bacche di ginepro
1 spicchio di aglio
1 limone
1 carota
½ l di vino bianco
sale e pepe

50 g di burro
1 rametto di timo
1 cipolla
1 ciuffo di prezzemolo
1 costa di sedano
½ bicchiere di aceto di vino
1 bicchiere di brodo

Mettete il cosciotto di agnello a marinare per mezza giornata in una capiente terrina con sedano, carota, cipolla e aglio tagliati a pezzetti e un trito di timo, prezzemolo e scorza di limone. Unite anche le bacche di ginepro, sale, pepe, l'aceto e il vino.

Trascorso questo tempo, mettete il cosciotto in una teglia da forno con olio e burro e bagnatelo con brodo. Infornate in forno preriscaldato a 200° e lasciatelo cuocere un paio d'ore, sfumandolo ripetutamente con la marinata filtrata.

Arrostini di quaglie tartufate

INGREDIENTI PER 4 PERSONE:

8 quaglie pulite
1 tartufo
100 g di burro
2 cucchiai di farina o fecola
  di patata

200 g di prosciutto crudo
4 cucchiai di olio extravergine di oliva
1 bicchiere di vino bianco
sale e pepe

Pulite e fiammeggiate le quaglie, poi avvolgetele con le fettine di prosciutto, eventualmente tenendole ferme con stuzzicadenti. Infornate a 150° per 20-30 minuti (a seconda della grossezza dei pezzi) con l'olio e il burro, salate e pepate.

Voltate spesso gli arrostini per assicurarvi che cuociano bene da entrambe le parti. A metà cottura cospargete il tutto di lamelle di tartufo e irrorate con il vino bianco.

Quando saranno cotte, togliete le quaglie dal forno, disponetele sul piatto da portata, e tenete al caldo. Prendete il fondo di cottura, con il tartufo, ponetelo in un pentolino con un po' di farina o di fecola di patata, fate addensare e cospargete con questa salsa le quaglie, quindi servite.

Arrosto ai funghi

INGREDIENTI PER 4 PERSONE:

800 g di noce di vitello	*3 cipolle*
2 carote	*1 bicchiere di vino bianco*
350 g di funghi porcini	*4 cucchiai di farina*
1 bicchiere di latte	*1 bicchiere di brandy*
1 bicchiere di brodo	*½ bicchiere di olio*
100 g di burro	*sale e pepe*

Mettete la noce di vitello, già arrotolata o legata, in una capiente casseruola e fatela rosolare con un poco di burro e 2-3 cucchiai di olio. Salatela, pepatela, unite le carote e le cipolle tritate finemente, irrorate con un bicchiere di vino e un bicchiere di brandy e fate evaporare. Coprite e fate cuocere a fuoco lento per un'ora e mezzo, bagnando di tanto in tanto con il brodo. Nel frattempo pulite i funghi, tagliateli a fettine e fateli rosolare in una noce di burro e un cucchiaio di olio per 5 minuti. Salateli, pepateli, spolverizzateli con un poco di farina e irrorateli con mezzo bicchiere di latte.

Mescolate su fuoco basso finché non si sarà formato un sugo piuttosto denso e spegnete il fuoco. Lasciate raffreddare l'arrosto, poi tagliatelo a fette sottili e disponetele nuovamente nella casseruola, bagnandole bene con il sughetto di cottura. Ricoprite la carne con i funghi e fate insaporire una decina di minuti, poi servite.

Bale d'aso di Monastero Vasco

INGREDIENTI PER 4 PERSONE:

2 Bale d'aso	*sale*

Le Bale d'aso sono un insaccato rotondo, ed è dalla forma che prende il nome. La parte esterna è trippa di vitellone, cucita a mano e riempita con un impasto composto dal 30% di carne bovina, 20% di carne di asino e 50% di carne e grasso di suino.

Mettete le Bale d'aso in una pentola capiente e ricopritele completamente di acqua fredda. Salate e portate a ebollizione. Fate cuocere per almeno un paio d'ore, poi scolatele e tagliatele a fette. Potete servirle con polenta o con purè di patate.

Braciole di maiale con fagioli

INGREDIENTI PER 4 PERSONE:

4 braciole di maiale	*4-5 foglie di salvia*
50 g di burro	*½ bicchiere di vino rosso*
250 g di pomodori pelati	*1 barattolo di fagioli borlotti*
½ bicchiere di brodo di dado	*sale e pepe nero*

Fate rosolare il burro con la salvia in un tegame, unite le braciole, fatele imbiondire dalle due parti, salate, pepate, e versate il vino che farete evaporare. Aggiungete i pomodori spezzettati e fate cuocere lentamente per circa 15-20 minuti. Se necessario, aggiungete un poco di brodo e i fagioli circa a metà cottura. Servite le braciole su un piatto di portata, con intorno i fagioli e ricoperte dal sugo di cottura.

Cappone di Monasterolo di Savigliano coi funghi

INGREDIENTI PER 4 PERSONE:

1 cappone
120 g di lardo venato
4 cucchiai di olio di oliva extravergine
8-10 bacche di ginepro
800 g di funghi porcini
50 g di burro
2-3 foglie di alloro
1 l di brodo
sale e pepe

Farcite l'interno del cappone con le bacche di ginepro tritate e amalgamate con un po' di burro e sale. Avvolgetelo con il lardo e legatelo con lo spago da cucina, insaporite con sale e pepe e mettete in forno in una casseruola capiente con l'olio e l'alloro. Lasciate cuocere almeno un'oretta e mezzo a 180°, irrorando ogni tanto con il brodo. Mezz'oretta prima di toglierlo dal forno togliete il fondo di cottura, mettetelo in una padella e cuocetevi i porcini, ben puliti e affettati. Togliete il cappone dal forno, tagliatelo a pezzi e servitelo.

Carne cruda all'albese

INGREDIENTI PER 4 PERSONE:

500 g di noce di vitello
1 spicchio d'aglio
1 tartufo bianco
sale e pepe
1 acciuga sotto sale
il succo di 1 limone
1 bicchiere di olio extravergine d'oliva

Tritate finemente la carne, possibilmente a mano, così non si scalda. Lavate l'acciuga per togliere il sale, quindi eliminate la lisca, tritatela assieme all'aglio. Mescolate la carne con l'olio, sale, pepe e trito di acciuga e aglio. Sistemate la carne in un recipiente di vetro o di ceramica e lasciatela riposare per circa un'ora. Poco prima di servire, aggiungete il limone e mescolate ancora. Al momento di servire cospargete il tutto con sottili lamelle di tartufo bianco.

Carpaccio di manzo di Carrù al Caso di Elva

INGREDIENTI PER 4 PERSONE:

300 g di magatello di manzo di Carrù affettato sottilmente
½ bicchiere di olio d'oliva
300 g di funghi freschi
100 g di Caso di Elva
sale e pepe

Ungete di olio una teglia da forno ed adagiatevi le fettine di carne. Pulite i funghi, tagliateli a fettine sottili con la mandolina e disponeteli sulla carne. Insaporite il tutto con sale e pepe e irrorate con il resto dell'olio. Ricoprite il composto con il Caso di Elva a scagliette, quindi ponete in forno preriscaldato a 200° per 5 minuti. Servite immediatamente.

Coniglio al tartufo

INGREDIENTI PER 4 PERSONE:
1 coniglio
1 foglia di alloro
1 bicchiere di vino bianco
½ bicchiere di olio
sale e pepe
1 rametto di rosmarino
1 ciuffo di timo
1 bicchiere di brodo
1 tartufo

Tritate finemente rosmarino, alloro, timo, cospargetene il coniglio e ponete il tutto a rosolare in una capiente casseruola con l'olio, sale e pepe.

Girate spesso i pezzi. Quando i pezzi di carne saranno dorati sfumate con il vino e portate a cottura con il brodo, per almeno 40-50 minuti, aggiungendo un goccio d'acqua se il composto dovesse asciugarsi troppo.

Quando il coniglio sarà tenero e il sugo di cottura ben ristretto, cospargete il tutto con abbondanti lamelle di tartufo e servite subito.

Cotoletta al tartufo d'Alba

INGREDIENTI PER 4 PERSONE:
2 uova
4 cotolette di vitello
30 g di burro
50 g di parmigiano grattugiato
sale e pepe
2 pugni di pangrattato
1 tartufo d'Alba
100 g di fontina dolce
olio per friggere

Sbattete le uova aggiungendo un pizzico di sale e pepe e il parmigiano. Passate le cotolette nell'uovo sbattuto, poi nel pangrattato e friggetele in olio ben caldo, quindi ponete a scolare l'unto in eccesso su un foglio di carta da cucina.

Disponete le cotolette in una teglia da forno unta col burro, ricoprite la superficie di ogni cotoletta con sottili lamelle di tartufo, poi mettete su ognuna alcune sottili fettine di fontina.

Mettere la teglia in forno caldo a 180° per 10 minuti, il tempo necessario per far fondere il formaggio e servite subito.

Cotolette di prosciutto al Tenero di Bra

INGREDIENTI PER 4 PERSONE:

8 fette di prosciutto cotto spesse 2 cm
4 cucchiai di farina
sale
4 fette di Tenero di Bra
2 uova
1 pugno di pangrattato
olio per friggere

Mettete una fetta di formaggio su 4 delle fette di prosciutto, poi ricopritelo con le restanti fette, in modo da formare una sorta di portafoglio.

Schiacciate con le mani e passate il tutto nella farina, poi nell'uovo sbattuto e infine nel pangrattato, salate. Fate friggere le cotolette di prosciutto in olio ben caldo e scolate l'unto in eccesso su un foglio di carta assorbente da cucina prima di servire.

Faraona alla crema con tartufo d'Alba

INGREDIENTI PER 4 PERSONE:

1 faraona
1 cipolla
4-5 foglie di salvia
1 bicchiere di vino bianco
sale e pepe nero in grani
50 g di burro
1 rametto di rosmarino
1 tartufo d'Alba
1 confezione di panna

Pulite la faraona e tagliatela a pezzi.

Sciogliete il burro in una pirofila, unitevi i pezzi di faraona e fateli rosolare a fuoco dolce, per una ventina di minuti.

Tritate la cipolla molto finemente, aggiungetela alla faraona, assieme a un mazzetto composto da salvia e rosmarino, poi condite il tutto con sale e pepe appena macinato. Bagnate con un bicchiere di vino bianco, mescolate e lasciate cuocere a fuoco moderato per mezz'ora, quindi togliete il mazzetto di erbe. Aggiungete la panna, ricoprite il tutto con sottili lamelle di tartufo, e lasciate addensare la salsa, sempre mescolando. Regolate di sale e pepe e servite.

Filetto di bue di Carrù con toma di Celle Macra

INGREDIENTI PER 4 PERSONE:

800 g di filetto di bue grasso di Carrù
1 bicchierino di cognac
200 g di toma di Celle Macra
50 g di burro
sale e pepe

Fate sciogliere il burro in una padella ampia e mettetevi a soffriggere i filetti di bue grasso ben battuti. Fateli dorare da entrambe le parti.

Unite la toma di Celle Macra e mescolate per farlo sciogliere. Salate e pepate e sfumate con il cognac. Alzate il fuoco per farlo evaporare e servite subito.

Filetto di bue di Carrù in salsa di scalogno all'agro

INGREDIENTI PER 4 PERSONE:
4 filetti di bue grasso di Carrù

Per la salsa:
100 g di burro
4-5 scalogni
2 cucchiai di aceto di vino
2 tuorli d'uovo
1 limone
sale e pepe bianco in grani

Preparate prima la salsa: sciogliete il burro senza farlo friggere. Fate bollire 2 cucchiaiate d'aceto con mezzo scalogno tritato fino a quando il liquido sarà ridotto di circa la metà, quindi spegnete il fuoco e lasciatelo raffreddare. Mettete i tuorli in un tegamino insieme con l'aceto e un pizzico di sale. Immergete il tegamino in un'altra pentola contenente acqua e lavorate a bagnomaria le uova con la frusta, fino a quando incominceranno ad addensarsi. Unite il burro, versandolo a filo e continuando sempre a mescolare. Incorporate il succo di un limone, una macinata di pepe bianco e sale.

Cuocete alla griglia i filetti, più o meno al sangue, a seconda dei gusti personali e serviteli ricoperti di salsa allo scalogno.

Il prete nei fagioli

INGREDIENTI PER 4 PERSONE:
500 g di fagioli secchi
1 rametto di rosmarino
150 g di cotiche piccole di maiale
2 pugni di pangrattato
sale e pepe
5 spicchi d'aglio
1 grossa cotica di maiale tutta un pezzo
1 radice di rafano
100 g di lardo

Questo piatto veniva preparato soprattutto in occasione dell'uccisione del maiale, quando si poteva finalmente mangiare a sazietà. La sera precedente si mettevano a bagno i fagioli, che venivano fatti cuocere lentamente anche per una giornata, con abbondante aglio e rosmarino. Si prendeva poi una bella cotica grossa di maiale, e la si farciva. La farcia consisteva in pezzetti di lardo pestato, parti di scarto del maiale quali cotiche, orecchie, nasino, coda, zampetto bolliti e triturati finemente assieme ad aglio, rosmarino, una grattugiata di radice di rafano, pan pesto amalgamati con midollo o grasso.

La cotica ripiena veniva legata e messa a cuocere per una giornata in mezzo ai fagioli.

Insalata di gallina bianca di Saluzzo alla senape

INGREDIENTI PER 4 PERSONE:

400 g di gallina bollita
2 cm di pasta d'acciughe
1 ciuffo di prezzemolo
6 cucchiai di olio di oliva extravergine
1 uovo sodo
2 cucchiai di senape piccante di Digione
1 ciuffo di erba cipollina
sale

Preparate prima la salsa: mettete nel frullatore l'uovo sodo, 3 cucchiai di olio, la senape, la pasta di acciughe e pochissimo sale. Frullate finché avrete ottenuto una salsina liscia.

Tagliate la gallina disossata a dadini e conditela con la salsa.

Tritate il prezzemolo e l'erba cipollina, mescolate e servite.

Involtini con tomini del bot della Val Varaita

INGREDIENTI PER 4 PERSONE:

4 fette di polpa di manzo di circa 100 g l'una
2 cucchiai di salsa di pomodoro
1 pugno di farina
4 fette di pancetta affumicata
4 tomini del bot
4 cucchiai di brodo
sale e pepe

Battete bene le fette di polpa di manzo fino a renderle sottili.

Su ogni fetta di manzo sistemate qualche fettina sottile di pancetta.

Sopra alla pancetta posizionate un tomino del bot.

Arrotolate la fetta di carne e legate l'involtino con un pezzo di filo da arrosto.

Passate gli involtini nella farina, e metteteli a rosolare nel burro a fuoco dolce, girandoli affinché prendano colore da tutte le parti. Salateli, pepateli, aggiungete il brodo e il pomodoro. Lasciateli cuocere una decina di minuti, per far addensare il sughetto di cottura e servite.

Piccioni alla cuneese

INGREDIENTI PER 4 PERSONE:

4 piccioni
2-3 pomodori da salsa
1 bicchiere di vino rosso
100 g di lardo
1 mestolo di brodo
sale e pepe

Fate un battuto con il lardo, sale e pepe e mettetelo a rosolare in un tegame a fuoco lento per una decina di minuti. Appena sarà disfatto unite i piccioni, lasciateli imbiondire, bagnate con il vino e fate evaporare, alzando il fuoco. A questo punto unite i pomodori tritati e lasciate cuocere a fuoco lento, aggiungendo, a poco a poco, il brodo, per una mezz'oretta.

Polpette alla cuneese

INGREDIENTI PER 4 PERSONE:

300 g di coscia di vitello *100 g di lardo*
la buccia di 1 limone *1 spicchio d'aglio*
1 ciuffo di prezzemolo *2 uova*
50 g di burro *sale e pepe*

Passate nel mixer la carne di vitello, il lardo, la scorza di un limone (usate solamente la parte gialla poiché la bianca è molto amara), uno spicchio d'aglio, il prezzemolo, salate, pepate e aggiungete 2 uova, amalgamate bene il tutto e formate tante pallottole grosse come una noce, quindi rotolatele nella farina bianca.

Friggete le pallottole in abbondante burro finché abbiano un bel colore dorato, fate scolare l'unto in eccesso su un foglio di carta assorbente da cucina e servitele caldissime.

Quaglie farcite al tartufo d'Alba

INGREDIENTI PER 4 PERSONE:

8 quaglie pulite *4 cucchiai di olio extravergine di oliva*
150 g di pancetta di maiale *1 panino*
½ bicchiere di latte *1 tartufo*
1 carota *2 spicchi d'aglio*
qualche bacca di ginepro *1 ciuffo di timo*
1 bicchiere di vino bianco *500 g di patate*
olio per friggere *sale e pepe*

Pulite le quaglie, fiammeggiatele e lavatele, poi disossatele. Ammollate il pane nel latte. Tritate la pancetta con il timo, unite il pane, il tartufo a lamelle, il sale e il pepe e riempite le quaglie.

Arrostitele nel forno già caldo a 200° per 20 minuti con l'olio, gli spicchi d'aglio, la carota a rondelle e le bacche di ginepro, girandole continuamente e sfumandole col vino. Pelate le patate, tagliatele alla julienne e friggetele. Servite ogni quaglia su un letto di patate.

Salsiccia al formentino di Cossano Belbo alla brace con purè

INGREDIENTI PER 4-6 PERSONE:

800 g di salsicce fresche *200 g di patate*
  di Cossano *100 g di toma stagionata grattugiata*
50 g di burro *sale*

Le salsicce di Cossano sono magre e insaporite col furmentin (vino bianco secco tipico della zona) e insaccate in budellini di capretto. Portate a ebollizione una pentola con abbondante acqua salata e bollite le patate, ben pelate e spazzolate, con la buccia, per una ventina di minuti. Il tempo dipende dalla dimensione delle patate.

Terminato questo tempo, scolatele, pelatele e schiacciatele con i rebbi di una forchetta.

Unite il burro e il formaggio alle patate, salate, mescolate e rimettete il tutto su fuoco molto lento. A parte grigliate le salsicce sulla brace. Mescolate il purè per amalgamarlo, ponetelo nei singoli piatti e sovrapponetevi le salsicce. Servite subito.

Tacchino ripieno di castagne

INGREDIENTI PER 4-6 PERSONE:

1 tacchino disossato
2 bicchieri di vino bianco secco
4 cucchiai di olio d'oliva extravergine
1 cucchiaio di farina

Per il ripieno:
600 g di polpa di castagne
100 g di olive nere
400 g di salsiccia
sale e pepe

Preparate il ripieno facendo bollire le castagne. Se sono fresche verrà più saporito, altrimenti potete usare anche quelle secche, avendo l'accortezza di lasciarle a bagno una notte. Una volta bollite, frullate le castagne e mettete l'impasto in una terrina.

Aggiungete la salsiccia sminuzzata molto sottile e le olive nere denocciolate anch'esse tritate.

Insaporite con sale e pepe e mescolate con le mani per rendere uniforme la farcia.

Disossate il tacchino, lavatelo bene e riempitelo con l'impasto. Disponete il tacchino in una capiente teglia da forno con un goccio di olio e il vino bianco, coprite la teglia e cuocete a 200° per almeno 2 ore, girandolo più volte. Una volta cotto, toglietelo e tagliatelo a fette.

Addensate il sugo di cottura con un poco di farina e usate la salsa per velare le fette.

Trippa e Fagioli di Boves

INGREDIENTI PER 4 PERSONE:

500 g di trippa (possibilmente cuffia)
1 bicchiere di vino bianco
4 cucchiai di passata di pomodoro
1 cipolla
200 g di fagioli di Boves
½ bicchiere di olio d'oliva
sale e pepe

Ammollate i fagioli un giorno prima, quindi scolateli e bolliteli in abbondante acqua salata, saggiando con i rebbi di una forchetta il punto di cottura.

Scolateli, ma conservate qualche cucchiaio del brodo di bollitura.

Sbollentate per almeno una mezz'oretta la trippa in abbondante acqua salata, poi scolatela e tagliatela a strisce.

Tagliate a fette la cipolla e mettetela a rosolare nell'olio assieme alla trippa. Dopo una decina di minuti bagnate con il vino e fatelo evaporare, quindi aggiungete il pomodoro, sale e pepe e fatela cuocere ancora una mezz'oretta, eventualmente bagnando col brodo di bollitura dei fagioli.

CONTORNI

Asparagi al forno con tomino della Valmala

INGREDIENTI PER 4 PERSONE:

800 g di asparagi
½ bicchiere di vino bianco
sale e pepe
200 g di tomino della Valmala
150 g di burro

Pulite gli asparagi, privandoli delle parti legnose, poi lessateli al dente per una decina di minuti (ma il tempo di cottura dipende dalle dimensioni), scolateli e metteteli ad asciugare sopra un telo di cotone.

Disponete gli asparagi in una pirofila da forno unta. Sovrapponete i tomini sbriciolati. Irrorateli con il burro fuso, insaporite con sale e di pepe, sfumateli con un po' di vino bianco, quindi infornate a forno già caldo a 200° per circa 10 minuti.

Asparagi e funghi

INGREDIENTI PER 4 PERSONE:

400 g di funghi misti anche surgelati
2 cucchiai di olio extravergine di oliva
1 ciuffo di prezzemolo
400 g di asparagi
30 g di burro
2 cipolle
1 ciuffo di erba cipollina
sale e pepe

Mondate i funghi, lavateli rapidamente in acqua fredda corrente, asciugateli bene e tagliateli, secondo la grossezza, a metà o in quarti.

Pulite gli asparagi, privandoli delle parti legnose, poi lessateli al dente per una decina di minuti (ma il tempo di cottura dipende dalle dimensioni), scolateli e metteteli ad asciugare sopra un telo di cotone. Fate sciogliere il burro in una casseruola e soffriggetevi le cipolle tagliate a rondelle sottili e l'erba cipollina per 5 minuti.

Unite sale, pepe e soffriggete ancora 2 minuti, poi aggiungete i funghi. Cuocete 30 minuti a fuoco medio. Unite gli asparagi e lasciateli insaporire una decina di minuti. Prima di servire cospargete il tutto con il prezzemolo tritato.

Barbabietole al forno ripiene di cipolle e Tenero di Brà

INGREDIENTI PER 4 PERSONE:
6 barbabietole al forno
150 g di Tenero di Brà
sale e pepe
2 cipolle rosse
4 cucchiai di olio extravergine d'oliva

Pelate le barbabietole e, con uno scavino, svuotatele della polpa. Passate nel frullatore la polpa delle barbabietole, la cipolla e il Tenero di Brà fino ad ottenere un composto omogeneo. Salate e pepate. Farcite le barbabietole al forno con questo composto e sistematele in una teglia da forno unta. Fate cuocere 10 minuti in forno preriscaldato a 180°.

Barbabietole rosse alle acciughe

INGREDIENTI PER 4 PERSONE:
600 g di barbabietole al forno
1 spicchio di aglio
1 cucchiaio di aceto di vino
sale e pepe
4 acciughe
1 ciuffo di prezzemolo
4 cucchiai di olio d'oliva

Sbucciate le barbabietole, tagliatele a fette poi a cubetti e sistematele in una capiente insalatiera.

Tritate finemente aglio e prezzemolo e insaporite col trito le barbabietole. In un pentolino fate sciogliere a fuoco dolcissimo nell'olio le acciughe, dissalate, diliscate e tritate. Unite l'aceto e insaporite con pochissimo sale e pepe.

Usate questo intingolo per condire le barbabietole, mescolate e lasciate insaporire un'oretta prima di servire.

Borlotti di Castelletto Stura in salsa all'acciuga

INGREDIENTI PER 4 PERSONE:
1 kg di borlotti freschi
2 spicchi di aglio
4 acciughe sotto sale
sale e pepe
5-6 cucchiai di olio d'oliva
1 ciuffo di prezzemolo
2 cucchiai di aceto di vino

Se usate fagioli secchi, lasciateli in ammollo almeno una notte prima di cucinarli. Lessate i fagioli per un'ora almeno, saggiandone il punto di cottura con i rebbi di una forchetta. Scolateli e lasciateli intiepidire, ma non raffreddare completamente.

In una padellina scaldate l'olio e fate sciogliere a fuoco lento le acciughe, dissalate, diliscate e triturate. Quando vedrete che sono quasi sciolte unite un trito finissimo di aglio e prezzemolo, poco sale e pepe. Sfumate con l'aceto e alzate la fiamma per farlo un poco evaporare, quindi condite i fagioli con la salsina. Mescolate e servite.

Carciofi al Nostrale d'alpe

INGREDIENTI PER 4 PERSONE:
4 carciofi
30 g di burro
4-5 cucchiai di latte
sale e pepe
100 g di Nostrale d'alpe
50 g di parmigiano reggiano grattugiato

Mondate bene i carciofi, togliendo le foglie esterne più dure, tagliateli a spicchi piccoli e fateli cuocere al vapore fino a quando sentirete che sono teneri. In una pentolina fate sciogliere il burro, unite il Nostrale e il parmigiano, sfumate col latte e mescolate fino a quando i formaggi saranno completamente fusi. Insaporite con sale e pepe e cospargete con la salsa al Nostrale i carciofi.

Carciofi alla boscaiola

INGREDIENTI PER 4 PERSONE:
4 carciofi
200 g di funghi freschi
2 spicchi di aglio
1 limone
sale e pepe
30 g di burro
1 confezione di panna
4 cucchiai di olio d'oliva
1 ciuffo di prezzemolo

Mondate i carciofi, togliete le foglie esterne più dure, tagliateli a spicchi e immergeteli in acqua fredda acidulata col succo di limone. Cuoceteli in acqua bollente salata con l'aggiunta di succo di limone o al vapore, pungendoli con i rebbi di una forchetta per saggiarne la morbidezza. Pulite i funghi, triturateli grossolanamente e metteteli a rosolare nell'olio insieme a un trito fine di aglio e prezzemolo, lasciando che evapori l'acqua di vegetazione. Unite la panna, il sale e il pepe e portateli a cottura in una ventina di minuti. In una padella scaldate il burro e fate rosolare i carciofi, girandoli per insaporirli bene, quindi cospargeteli di salsa ai funghi, lasciate cuocere ancora pochi minuti e servite.

Carote in salsa al tomino di San Giacomo di Boves

INGREDIENTI PER 4 PERSONE:
500 g di carote
1 scalogno
30 g di burro
sale e pepe
150 g di tomini di San Giacomo di Boves
1 confezione di panna

Raschiate bene le carote, tagliatele a rondelle e cuocetele a vapore per una decina di minuti. A parte tritate lo scalogno e fatelo rosolare nel burro fino a quando sarà appassito. Unite il tomino e mescolate per scioglierlo, quindi amalgamate con la panna, salate e pepate. Condite le carote con la salsa al tomino e servite.

Carote piccanti di san Rocco Castagnaretta

INGREDIENTI PER 4 PERSONE:
500 g di carote
1 peperoncino rosso piccante
4 cucchiai di passata di pomodoro
sale
1 spicchio d'aglio
4 cucchiai di olio extravergine d'oliva
1 ciuffo di prezzemolo

Raschiate bene le carote, tagliatele a rondelle e cuocetele a vapore per una decina di minuti. Fate rosolare nell'olio lo spicchio d'aglio e il peperoncino, unite le carote e lasciatele abbrustolire un poco.

Aggiungete la passata di pomodoro e salate. Mescolate, fate evaporare l'acqua di vegetazione e, quando il sughetto si sarà addensato, spolverizzate col prezzemolo tritato, insaporite col sale e servite.

Fagioli al tegame alla cuneese

INGREDIENTI PER 4 PERSONE:
450 g di fagioli freschi
1 foglia di alloro
1 carota
1 chiodo di garofano
70 g di burro
1 ciuffo di prezzemolo
1 costa di sedano
1 cipolla
il succo di 1 limone
sale e pepe

Sgranate i fagioli e metteteli in una pentola con sedano, carota, cipolla, l'alloro e il chiodo di garofano.

Ricopriteli di acqua e lasciateli cuocere almeno un'oretta. Saggiate la cottura pungendoli con i rebbi di una forchetta, poi scolateli. Fate sciogliere il burro in un tegame, unite i fagioli, sale, pepe, succo di limone e un trito fine di prezzemolo. Lasciateli insaporire una decina di minuti e servite.

Fagioli di Boves in umido con timo della Valle Grana

INGREDIENTI PER 4 PERSONE:
500 g di fagioli freschi di Boves
2 spicchi d'aglio
100 g di pancetta
1 ciuffo di timo fresco della Valle Grana
sale e pepe nero macinato

Fate bollire i fagioli, sgranati e puliti, per 40-50 minuti in acqua leggermente salata, quindi scolateli, tenendo da parte un poco di acqua di bollitura.

Tritate il timo fresco, la pancetta e l'aglio. Mettete il trito in una padella a fuoco dolce, e lasciate che il grasso della pancetta si sciolga.

Quando comincia a soffriggere unite i fagioli, sale e pepe. Lasciate rosolare per qualche minuto, poi bagnate con qualche cucchiaio di acqua di bollitura.

Fate cuocere, a tegame coperto, fino a quando i fagioli saranno molto teneri e la salsa addensata. Serviteli caldi.

Finocchi alla crema di porro

INGREDIENTI PER 4 PERSONE:

4 finocchi
1 bicchiere di latte
2 cucchiai di farina
sale e pepe
1 porro
50 g di parmigiano grattugiato
4 cucchiai di olio extravergine d'oliva

Pulite i finocchi, tagliateli in quattro e fateli cuocere per 10 minuti in acqua bollente salata. Scolateli e lasciateli raffreddare, poi tagliateli a striscioline.

Tritate il porro e fatelo soffriggere in padella 5 minuti con l'olio, regolate di sale e pepe, quindi unite la farina ed il latte, facendo addensare la salsa a fuoco basso.

Disponete i finocchi in una pirofila da forno unta: copriteli con la salsa e spolverizzate con il parmigiano. Gratinate in forno caldo a 180° fino a quando non si formerà una crosticina dorata.

Funghi di Brondello alla panna

INGREDIENTI PER 4 PERSONE:

800 g di funghi di Brondello
1 ciuffo di prezzemolo
4 cucchiai di olio extravergine di oliva
1 spicchio d'aglio
1 confezione di panna fresca
sale e pepe

Pulite bene i funghi, tagliate i più grossi a metà verticalmente e metteteli a rosolare in un tegame con l'olio, e un trito fine ottenuto con l'aglio e il prezzemolo per almeno una decina di minuti, lasciando che evapori l'acqua di vegetazione.

Aggiungete sale e pepe e lasciateli cuocere a fuoco vivo per 15 minuti circa. Irrorateli con la panna e cuocete per altri 5 minuti.

Funghi di Castellar alla crema

INGREDIENTI PER 4 PERSONE:

500 g di funghi di Castellar
4 cucchiai di olio extravergine di oliva
1 confezione di panna
il succo di 1 limone
2 cucchiai di vino bianco
2 cucchiai di aceto di vino
sale e pepe

Pulite i funghi, lavateli rapidamente in acqua acidulata col succo di limone, asciugateli, poi tagliateli a fettine.

Scaldate l'olio in un tegame e fatevi rosolare per 2-3 minuti i funghi con l'aglio, aggiungete la panna, il sale e il pepe.

Bagnate con il vino bianco, coprite e cuocete a fuoco moderato per 15-20 minuti circa. Irrorate con l'aceto e servite.

Funghi di Pagno in umido

INGREDIENTI PER 4 PERSONE:

1 kg di funghi misti di Pagno
3-4 cucchiai di farina
2 cucchiai di passata di pomodoro
100 g di burro
1 bicchiere di vino bianco
sale e pepe

Tagliate i funghi ben puliti a pezzi grossi, sciogliete il burro in una casseruola e fate dorare a fiamma viva i funghi, dopo averli leggermente infarinati, salati e pepati. Abbassate la fiamma e completate la cottura per 20-30 minuti circa, togliendo i pezzi dalla casseruola e mettendoli in una terrina a mano a mano che arrivano al giusto punto di cottura. Tenete in caldo. Aggiungete al fondo di cottura il vino e la salsa di pomodoro, e alzate il fuoco per ridurlo di 2/3. A questo punto unite i pezzi di fungo, coprite la pentola e fate insaporire per 5 minuti.

Gratin di cavolfiore con toumin del mel

INGREDIENTI PER 4 PERSONE:

1 cavolfiore
100 g di parmigiano grattugiato
salsa besciamella
200 g di toumin del mel
30 g di burro
sale e pepe

Mondate bene il cavolfiore e dividetelo in cimette. Lessatelo in acqua bollente salata per pochi minuti, poi scolatelo. Ungete una teglia da forno con il burro e adagiatevi il cavolfiore. Coprite il cavolfiore di besciamella, sbriciolatevi sopra i toumin del mel, spolverizzate di parmigiano grattugiato, sale e pepe e passate a gratinare in forno caldo a 180° per una ventina di minuti, finché si sarà formata una crosticina dorata.

Patate alla menta della Valle Grana

INGREDIENTI PER 4 PERSONE:

500 g di patate
2 spicchi d'aglio
8 cucchiai di olio extravergine d'oliva
1 ciuffo di menta fresca della Valle Grana
sale e pepe

Pulite bene le patate e mettetele a bollire in acqua salata per una mezz'oretta, poi scolatele, pelatele, tagliatele a fette e disponetele in un piatto da portata.

Tritate finemente l'aglio e la menta, amalgamate il trito con l'olio e insaporitelo con sale e pepe. Cospargete con questa salsina le patate e servite.

1. Cipolle ripiene di Testun della Valle Erro Provincia di Alessandria. (© Neubauten studio)

2. Minestrone alessandrino detto "amnestron ancarasò" Provincia di Alessandria. (© Neubauten studio)

3. Bocconcini di vitello con bietola rossa di Oviglio Provincia di Alessandria. (© Neubauten studio)

4. Crostata alla crema di zucca di Alessandria
Provincia di Alessandria. (© Neubauten studio)

5. Polenta con salsiccia e peperoni Provincia di Asti. (© Neubauten studio)

6. Gnocchi di spinaci con ricotta e formaggio Provincia di Asti. (© Neubauten studio)

7. Filetto di sanato piemontese alle prugne Provincia di Asti. (© Neubauten studio)

8. Panna cotta ai lamponi Provincia di Asti. (© Neubauten studio)

9. Zucca fritta
Provincia di Biella. (© Neubauten studio)

10. Pasta con verza e zucchine Provincia di Biella. (© Neubauten studio)

11. Braciole di maiale alla senape Provincia di Biella. (© Neubauten studio)

12. Bignole (bignè farciti al cioccolato e caffè)
Provincia di Biella. (© Neubauten studio)

13. Crespelle con il Castelmagno
Provincia di Cuneo. (© Neubauten studio)

14. Tagliolini alla crema di tartufo Provincia di Cuneo. (© Neubauten studio)

15. Braciole di maiale con fagioli Provincia di Cuneo. (© Neubauten studio)

16. Cuneesi al rum
Provincia di Cuneo. (© Neubauten studio)

Patate sfogliate con tomino di Barge

INGREDIENTI PER 4 PERSONE:

500 g di patate *200 g di tomino di Barge*
50 g di burro *2 cipolle*
sale, pepe e noce moscata

Pelate le patate e cuocetele al vapore, quindi tagliatele a fette. In una padella molto ampia fate sciogliere il burro e soffriggete a fuoco allegro le cipolle tagliate ad anelli. Unite le patate e lasciatele insaporire a fuoco allegro per una decina di minuti, rivoltandole. Quando saranno quasi dorate unite il tomino sbriciolato, sale, pepe e noce moscata e fate sciogliere il formaggio mescolando, eventualmente ponendo un coperchio sopra la padella. Servite subito.

Pisellini con punte di asparagi

INGREDIENTI PER 4 PERSONE:

400 g di pisellini freschi *50 g di punte di asparagi*
1 cipolla *50 g di burro*
sale e pepe

Tritate la cipolla e fatela soffriggere nel burro fino a quando prenderà colore. Unite i piselli, freschi, e lasciateli rosolare una decina di minuti, mescolando. Poi unite le punte di asparago, salate, pepate e sfumate con un goccio d'acqua. Lasciate cuocere una ventina di minuti, fino a quando sentirete con i rebbi di una forchetta che sono morbide. Mescolate e servite.

Polpette di Lamon di Centallo

INGREDIENTI PER 4 PERSONE:

300 g di fagioli Lamon *1 costa di sedano*
  di Centallo secchi *1 cipolla*
1 carota *2 uova*
50 g di formaggio parmigiano *50 g di pangrattato*
sale e pepe *olio per friggere*

Mettete a bagno i fagioli in acqua una notte precedente, quindi poneteli in una pentola con abbondante acqua salata, sedano, carota e cipolla e lasciateli bollire almeno un'ora. Scolate i fagioli e le verdure e passateli nel frullatore, quindi amalgamateli con le uova, il parmigiano e metà del pangrattato, sale e pepe. Amalgamate con cura e, se l'impasto risulterà troppo molle, aggiungete altro parmigiano e pangrattato. Con le mani formate delle polpettine grandi come nocciole, schiacciatele leggermente, passatele nel pangrattato facendolo aderire bene e friggetele nell'olio ben caldo. Toglietele con una schiumarola e fate scolare l'unto in eccesso su un foglio di carta assorbente da cucina prima di servire.

Porri in salsa di tomino di Vermenagna

INGREDIENTI PER 4 PERSONE:

500 g di porri
50 g di burro
sale e pepe

200 g di tomino di Vermenagna
1 confezione di panna

Lessate i porri, usando solo la parte bianca, in acqua salata per 5-6 minuti, poi scolateli e tagliateli a metà. Ungete una teglia da forno con il burro e adagiatevi i porri.

Mettete la panna in un pentolino a fuoco basso. Unite il tomino di Vermenagna sbriciolato e fatelo fondere dolcemente. Coprite i porri con la salsa di tomino di Vermenagna salate e pepate e passateli a gratinare in forno già caldo a 180° finché si sarà formata una crosticina dorata.

Purea di rape alla maggiorana della Valle Grana

INGREDIENTI PER 4 PERSONE:

200 g di rape bianche
1 confezione di panna
1 ciuffo di maggiorana
1 spicchio d'aglio

50 g di burro
50 g di toma d'Alpe stagionata
grattugiata
sale e pepe

Fate sciogliere la metà del burro in un pentolino e mettetevi a rosolare un trito finissimo di maggiorana e aglio. Insaporite con sale e pepe e fate cuocere pochi minuti.

A parte bollite le rape, pulite e pelate, in abbondante acqua salata, per una ventina di minuti. Scolatele e passatele nel frullatore, quindi rimettetele sul fuoco assieme all'altra metà del burro, alla panna e alla toma d'Alpe stagionata grattugiata. Condite con il trito di maggiorana, mescolate, salate, pepate e servite.

Rape alle cipolle

INGREDIENTI PER 4 PERSONE:

600 g di rape bianche
30 g di burro

1 cipolla
sale

Sbucciate le rape, tagliatele prima a fettine e poi a bastoncini. Cuocetele al vapore per una decina di minuti. In un tegame lasciate appassire la cipolla tritata nel burro, unitevi le rape, mescolate, salate e lasciate sul fuoco pochi minuti per farle insaporire.

Ritirate e servite.

Rape gratinate

INGREDIENTI PER 4 PERSONE:

500 g di rape bianche *50 g di burro*
3 cucchiai di farina *1 bicchiere di latte*
1 confezione di panna *50 g di parmigiano reggiano*
sale e pepe *grattugiato*

Lavate le rape e mettetele in una pentola. Copritele con acqua fredda, salate, portate a ebollizione, mettete il coperchio e fate bollire per mezz'ora almeno (a seconda delle dimensioni) finché sono tenere.

Nel frattempo preparate la besciamella: fate fondere 40 g di burro in un tegame, unite la farina, mescolate con il cucchiaio di legno e fate cuocere a fuoco lento, mescolando sempre. Aggiungete il latte poco per volta, senza smettere di mescolare.

Portate a ebollizione, abbassate il fuoco e lasciate cuocere per pochi minuti sempre mescolando. Salate e unite la panna, mescolate e spegnete il fuoco. Quando le rape saranno cotte, scolatele, pelatele e tagliatele a fettine. Imburrate una pirofila da forno, disponete sul fondo le fettine di rapa, ricopritele di besciamella, alla quale avrete aggiunto la panna.

Spolverizzate col parmigiano e insaporite con sale e pepe.

Fate gratinare in forno preriscaldato a 180° per una ventina di minuti.

Stregonta di Caraglio stufati con pancetta

INGREDIENTI PER 4 PERSONE:

500 g di fagioli Stregonta *250 g di pancetta affumicata*
  di Caraglio secchi *1 bicchiere di vino rosso*
50 g di burro *1 ciuffo di prezzemolo*
sale e pepe

Mettete a bagno i fagioli per una notte, quindi scolateli, risciacquateli e fateli bollire in abbondante acqua salata per almeno un'ora.

Scaldate il burro in una padella e fate soffriggere la pancetta affumicata tagliata a dadini. Unite i fagioli e sfumate col vino. Lasciate che il vino evapori e la salsa si addensi. Cospargete con sale, pepe e un trito fine di prezzemolo. Mescolate e servite.

DOLCI

Baci di Cherasco

INGREDIENTI PER 4 PERSONE:

6 dadoni di cioccolato fondente
50 g di burro di cacao
150 g di nocciole (meglio la qualità tonda gentile delle Langhe)

Grattugiate grossolanamente i dadoni di cioccolato e ponete i pezzetti in una ciotola. Fatelo fondere a bagnomaria, curando che non tutti i pezzi siano completamente sciolti. Unite il burro di cacao e le nocciole triturate. Il composto deve risultare cioccolato fuso contenente ancora una parte di pezzi di cioccolato interi. Mescolate fino ad ottenere una massa liscia e omogenea. Prendete dei pirottini di carta piccoli e riempiteli con il composto, mettendoli a raffreddare in frigorifero fino al momento di servirli.

Biscotti di Barolo

INGREDIENTI PER 4 PERSONE:

300 g di farina
170 g di burro
1 cucchiaino di cannella in polvere
½ bicchiere di succo d'arancia
170 g di zucchero
1 uovo
100 g di mandorle tritate

Amalgamate bene il burro a temperatura ambiente e lo zucchero, fino ad ottenere una crema liscia. Unite prima il tuorlo dell'uovo, continuando a mescolare, poi delicatamente l'albume montato a neve ferma.

Setacciate insieme farina e cannella: unite le mandorle macinate e il succo d'arancia, e unite il tutto alla crema, mescolando accuratamente fino ad ottenere un impasto omogeneo. Stendete la pasta col matterello ad uno spessore di circa 3-4 mm: ritagliatela usando uno stampino da biscotti, quindi disponeteli su una placca da forno unta. Preriscaldate il forno a 200° e cuocete i biscotti fino a quando vedrete che saranno dorati.

Biscotti Giolitti di Dronero

INGREDIENTI PER 4 PERSONE:

300 g di farina
300 g di mandorle tritate
½ bicchiere di marsala secco
1 pizzico di pepe
300 g di zucchero
200 g di burro
½ bicchiere di rum

Unite le mandorle, il pizzico di pepe e lo zucchero alla farina, e impastate il tutto con il burro fuso, mescolando con forza. Ne risulterà un impasto molto sodo. Unite il marsala e il rum e continuate a impastare. Tiratelo con il matterello ad uno spessore di circa 4 mm e ritagliate dei biscotti tondi. Metteteli ben distanziati sulla placca del forno unta e fate cuocere in forno preriscaldato a 180° per 15 minuti.

Budino cuneese al cioccolato

INGREDIENTI PER 4 PERSONE:

200 g di cioccolato fondente in dadoni
100 g di zucchero
la scorza di 1 limone
100 g di farina
100 g di burro
1 l di latte

Grattugiate il cioccolato. Ponete in una casseruola il burro e fatelo sciogliere lentamente, unite lo zucchero, mescolate per farlo sciogliere e, dopo un minuto, aggiungete la farina fatta cadere da neve da un colino, sempre mescolando in modo che non si formino grumi. Aggiungete due cucchiaiate di latte e il cioccolato e, sempre mescolando, unite, poco alla volta, tutto il latte e la scorza di limone. Continuate a mescolare sino a quando la crema si sarà addensata. Quando vedrete che bolle, contate 2 minuti, poi spegnete il fuoco e togliete la scorza di limone. Versate la crema in uno stampo da budino unto e lasciatela raffreddare, quindi passate in frigo per mezza giornata.

Castagnaccio cuneese

INGREDIENTI PER 4 PERSONE:

400 g di farina di castagne
½ bicchiere di olio extravergine di oliva
1 pizzico di sale
1 manciata di nocciole
2 bicchieri di latte
1 bicchiere di acqua
200 g di zucchero
200 g di uvetta

Impastate la farina con il latte, l'olio, l'acqua, un pizzico di sale, le uvette ammorbidite nell'acqua, le nocciole tritate e lo zucchero.

Versate l'impasto in una teglia piuttosto grande e lasciate cuocere per circa 40 minuti a temperatura media, 180°.

Castagne caramellate (marrons glacés)

INGREDIENTI PER 4 PERSONE:

800 g di marroni
2 bicchieri di acqua (½ litro circa)
1 kg di zucchero
1 baccello di vaniglia

Sistemate le castagne in una pentola d'acciaio, copritele di acqua fredda e cuocetele per circa 40 minuti, fino a che non saranno ben lesse; quindi fatele raffreddare e sbucciatele con cura, affinché non si rompano.

Disponetele in un tegame di acciaio molto largo - dovranno infatti stare ad un solo strato - o in una teglia da forno, e copritele con uno sciroppo ottenuto facendo bollire lo zucchero con l'acqua e con il baccello di vaniglia, lasciandole riposare in tal modo per una intera notte.

La mattina rimettete il tegame sul fuoco e fate alzare il bollore per 3 minuti, facendo attenzione a che non si attacchi, quindi lasciate riposare per almeno 6 ore. Ripetete l'operazione per 3 volte; alla fine le castagne avranno assorbito tutto lo sciroppo. Sistematele in vasi di vetro, e chiudete ermeticamente.

Ciambella delle Langhe

INGREDIENTI PER 4 PERSONE:

300 g di farina
150 g di zucchero
3 uova + 1 tuorlo
1 pizzico di sale
100 g di farina di nocciole
100 g di burro
1 bustina di lievito per dolci
1 po' di aroma di vaniglia

Impastate un terzo degli ingredienti (100 g di farina, 30 g di farina di nocciole, 50 g di zucchero, 30 g di burro, un uovo e una bustina di lievito per dolci) e lasciare lievitare per un'ora. Aggiungete il secondo terzo di ingredienti e, nuovamente, fate riposare il composto. Infine, unite nell'impasto tutto ciò che è rimasto, lavoratelo molto bene e lasciatelo lievitare fino a quando il volume raddoppierà.

Imburrate una teglia con il buco e adagiatevi la pasta. Cuocere in forno preriscaldato a 180° per mezz'ora.

Ciambelline occitane

INGREDIENTI PER 4-6 PERSONE:

500 g di farina
100 g di zucchero
20 g di lievito da pane
2 bicchieri di latte

Impastate la farina con lo zucchero e il lievito, aggiungendo poco a poco il latte, lavorando energicamente il composto.

Una volta impastato, fate una palla e lasciate lievitare per 2 ore in un luogo tiepido, coperta con un canovaccio umido. Trascorso questo tempo, prendete dei tocchetti di pasta, con le mani fatene dei rotolini sottili e chiudeteli ai lati a forma di ciambelline, quindi cospargetele di zucchero. Fate cuocere le ciambelline in forno caldo a 200° per 30-40 minuti fino a quando non saranno dorate e croccanti.

Ciciu d'Capdan di Cuneo

INGREDIENTI PER 4-6 PERSONE:
500 g di farina
100 g di zucchero
1 dadino di lievito di birra
3-4 cucchiai di zucchero caramellato
100 g di zucchero
2 bicchieri di latte
1 pizzico di sale
palline di zucchero colorato
per guarnire

Il "Ciciu d'Capdan" (Bamboccio di Capodanno) è un dolce povero tradizionale cuneese che veniva offerto da padrini e madrine ai figliocci per Capodanno.

In una terrina stemperate il lievito di birra in un poco di latte tiepido, quindi unite 4-5 cucchiai di farina per ottenere un impasto molle, che lascerete lievitare per una mezz'oretta.

Sulla spianatoia fate una fontana con la rimanente farina, mettete al centro lo zucchero, il sale e il latte e, per ultimo, il composto con il lievito. Impastate energicamente. Fate caramellare 3-4 cucchiai di zucchero, quindi uniteli all'impasto e mescolate ancora. Lasciate riposare l'impasto una notte, quindi reimpastatelo brevemente e modellate un pupazzo, che porrete su una teglia da forno unta (o ricoperta da carta forno). Decorate con le palline colorate e lasciate lievitare ancora almeno 3 ore affinché raddoppi il volume. Preriscaldate il forno a 200° e lasciatelo cuocere per circa 40 minuti, fino a quando la superficie sarà dorata.

Crema al latte di Barbaresco

INGREDIENTI PER 4 PERSONE:
½ l di latte
200 g di zucchero
1 cucchiaio scarso di farina
biscotti secchi
7 tuorli
1 cucchiaio cannella in polvere
1 pizzico di sale

Stemperate la farina in una ciotola con qualche cucchiaio di latte. Versate il restante latte in una casseruola piccola, aggiungete la cannella e fate scaldare a fuoco basso. Quando raggiunge il bollore spegnete e lasciate raffreddare.

Sbattete i tuorli con lo zucchero, utilizzando una frusta elettrica, fino a ottenere una crema, unite il latte tiepido, sbattete ancora qualche minuto, poi ponete il composto sul fuoco e fate scaldare a calore molto moderato.

Incorporate la farina stemperata nel latte e il sale, facendo attenzione a non formare grumi. Cuocete la crema mescolando continuamente con un cucchiaio fino a quando sarà diventata densa, liscia e omogenea.

Versate la crema in 4 coppe e lasciatela raffreddare senza mescolare, in modo che in superficie si formi una leggera pellicola trasparente. Servitela cosparsa con cannella in polvere e biscottini secchi.

Cuneesi al rum

INGREDIENTI PER 4 PERSONE:

400 g circa di cioccolato fondente	*300 g di marroni canditi*
75 g di cacao amaro	*6 cucchiai di rum*
30 g di zucchero a velo	

  Passate al frullatore i marroni, raccogliendo la crema in una ciotola, unite il cacao e lo zucchero e il rhum. Amalgamate molto bene, mescolando accuratamente, poi mettete la crema in frigorifero a rassodare.

  Nel frattempo grattugiare il cioccolato e mettetelo in una pentolina. Quando la crema di marroni si sarà indurita, ricavatene delle pallottoline grosse come una nocciola, sistematele su un vassoio e conservatele in frigorifero.

  Fate sciogliere il cioccolato a bagnomaria e lasciatelo raffreddare, mescolando. Quando sarà freddo, ma non indurito, immergetevi le palline di crema giratele in modo che si ricoprano bene di cioccolato, e lasciate raffreddare i cuneesi, che terrete in fresco fino al momento di servirli.

Dolcetti di Langa

INGREDIENTI PER 4 PERSONE:

½ l d'olio d'oliva	*175 g di zucchero*
185 ml di succo d'arancia	*800 g di farina*
4 cucchiai di brandy	*½ cucchiaino di chiodi di garofano*
1 bustina di lievito	*in polvere*
1 cucchiaino di bicarbonato	

Per lo sciroppo:

4 cucchiai di zucchero a velo	*2 cucchiai di miele*
1 cucchiaio di cannella in polvere	*50 g di gherigli di noce triturati*

  Sbattete l'olio con lo zucchero, il succo d'arancia, i chiodi di garofano e il brandy. Setacciate la farina insieme al lievito e al bicarbonato e unitela al composto. Impastate bene per far amalgamare il tutto.

  Fate scaldare il forno a 180°. Staccate dei pezzettini di pasta della grandezza di un uovo e disponeteli su una placca non imburrata.

  Date ai pezzetti di pasta la forma di una crocchetta allungata e con un forchetta incidetevi sopra una croce.

  Infornate e fate cuocere per circa 30 minuti. Nel frattempo, in un pentolino fate scaldare un po' di miele con dello zucchero e un poco d'acqua finché non ottenete uno sciroppo abbastanza liquido. Una volta sfornati i dolcetti, irrorateli con lo sciroppo, aspettate 15 minuti e quindi disponeteli su di un piatto da portata e guarnite con cannella e la granella di noce.

Dolcetti di nocciole delle Langhe

INGREDIENTI PER 4 PERSONE:
150 g di pasta frolla
30 g di zucchero a velo
4 uova
1 stecca di cannella
50 g di burro
100 g di nocciole
3 cucchiai di panna
150 g di zucchero
la scorza di 1 limone
50 g di farina

Sbollentate le nocciole e strofinatele con un panno per togliere la pellicina. Passatele al forno caldo per alcuni minuti, fino a che non siano ben colorite e lasciatele raffreddare. Pestatele nel frullatore con la panna e lo zucchero a velo, fino a che siano diventate una pasta fine e cremosa. Lavorate bene con lo sbattitore i 4 tuorli con lo zucchero, unendo anche la cannella e la scorza grattugiata del limone. Aggiungete all'impasto le nocciole e il burro che sarà stato precedentemente fatto fondere a fuoco bassissimo. Montate a neve ferma gli albumi d'uova e incorporateli agli altri ingredienti. Aggiungete infine la farina a pioggia. Foderate le formine con la pasta frolla tirata abbastanza sottile e riempitele con il composto preparato. Cuocete in forno a 180° per 30 minuti.

Fugassa d'la befana di Cuneo

INGREDIENTI PER 4 PERSONE:
500 g di farina
120 g di burro
150 g di canditi misti
200 g di zucchero
1 dadino di lievito da pane
2 uova
1 bustina di vanillina
un pizzico di sale

Ponete a fontana la farina sulla spianatoia, rompete al centro le uova, unite lo zucchero, il burro fuso, il pizzico di sale, la vanillina e impastate con il lievito sciolto in un poco di acqua calda. Mescolate bene e per ultimo aggiungete i canditi. Fate una palla, copritela con uno strofinaccio umido e lasciate lievitare per tutta la notte. Riprendete l'impasto, toglietene dei pezzi e schiacciateli con le mani ogni pezzo fino ad ottenere uno spessore di circa 2,5 cm. Sistemate le focacce su singole teglie e tagliatele a spicchi, come se si trattasse di una pizza. Accavallate i diversi spicchi, fino a formare una specie di fiore. Cospargete la superficie con un albume d'uovo e decorate con granella di zucchero. Preriscaldate il forno a 200° e fate cuocere la fugassa per 25-30 minuti, fino a quando sarà dorata.

Mustaccioli cuneesi

INGREDIENTI PER 4 PERSONE:
500 g di farina
2 bicchieri di barbera
1 pizzico di cannella in polvere
200 g di zucchero
1 pizzico di chiodi di garofano in polvere

I mustaccioli sono dolci tipici di Cuneo che hanno una forma romboidale, un colore violetto pallido, un sapore di vino e di spezie. Mettete la farina a fontana sulla spianatoia, unite lo zucchero e le spezie, e impastate, aggiungendo il vino mano a mano. Dovrete ottenere un impasto consistente e liscio. Tirate la pasta con il matterello fino ad ottenere una sfoglia di circa un centimetro di spessore. Con la rotella dentata tagliate dei rombi di circa 5 cm di diametro. Ricoprite una teglia di carta forno, disponetevi i mustaccioli e cuoceteli in forno preriscaldato a 180° per circa 20 minuti.

Nocciolini di Cuneo

INGREDIENTI PER 4 PERSONE:

100 g di pasta frolla
30 g di zucchero a velo
2 uova
1 pizzico di cannella
50 g di burro
100 g di nocciole
3 cucchiai di panna
100 g di zucchero
la scorza di 1 limone
50 g di farina

Sbollentate le nocciole e strofinatele con un panno per togliere loro la pellicina. Passatele al forno caldo a 200° per alcuni minuti, fino a che non siano ben colorite e lasciatele raffreddare. Tritatele nel frullatore con la panna e lo zucchero a velo, fino a che siano diventate una pasta fine e cremosa. Lavorate bene i tuorli con lo zucchero, unendo la cannella e la scorza grattugiata del limone. Aggiungete all'impasto le nocciole e il burro, che avrete fatto fondere a fuoco bassissimo perché non frigga. Montate a neve ferma gli albumi d'uova e incorporateli agli altri ingredienti. Aggiungete infine la farina a pioggia. Foderate alcune formine per dolcetti, dopo averle ben unte di burro, con la pasta frolla tirata abbastanza sottile e riempitele con il composto di nocciole. Cuocete in forno preriscaldato a 120° per 30 minuti.

Panpepato della Val Maira al cioccolato

INGREDIENTI PER 4-6 PERSONE:

400 g di noci sgusciate
100 g di mandorle sgusciate
100 g di uva passa
100 g di pinoli
100 g di farina
1 cucchiaino di pepe macinato
un pizzico di noce moscata
250 g di cioccolato fondente
150 g di scorze d'arancia candite
100 g di miele
100 g di nocciole
100 g di zucchero
1 bicchiere di vin cotto

Sbollentate le noci e le mandorle in acqua calda, quindi pelatele. Tostate in forno le nocciole per alcuni minuti e pelate anche loro. Tritate grossolanamente noci, mandorle, nocciole e pinoli, tagliate a striscioline le scorzette d'arancia candita e mescolate il tutto in una terrina insieme all'uva passa che avrete lasciato ammorbidire in un po' d'acqua. Unite la noce moscata, la farina, il cacao, lo zucchero e il pepe. Grattugiate il cioccolato e unitelo alla frutta secca. Fate fondere a fuoco basso e in due pentolini diversi, il miele e il vin cotto, versateli nella terrina e incorporateli agli altri ingredienti, lavorando bene il tutto con un cucchiaio di legno. Formate delle pagnottelle del diametro di circa 15 cm. Ungete una teglia da forno, disponetevi i panpepati e fate cuocere in forno a 180° per 30 minuti circa.

Quaquare di Genola

INGREDIENTI PER 4 PERSONE:
500 g di farina
200 g di burro
1 bustina di lievito per dolci
200 g di zucchero
4 albumi d'uovo

Le "quaquare" sono biscotti che ricordano la forma dei maggiolini, un tempo molto diffusi nelle campagne che, in dialetto cuneese, vengono appunto chiamati "quaquare". Su un tagliere mescolate lo zucchero e la farina fino a formare una fontana, aggiungete il burro ammorbidito e lavorate l'impasto con le mani, avendo cura che rimanga un po' morbido. Montate a neve ferma gli albumi e uniteli all'impasto. Intiepidite un dito d'acqua e unitevi il lievito, facendolo sciogliere bene. Unitelo all'impasto, poi lasciate lievitare per una decina di minuti. Con le mani unte formate delle palline che poi schiaccerete sulla teglia del forno precedentemente imburrata, cercando di dare loro la forma di un uovo con una scriminatura in mezzo. Infornate per mezz'ora a 180°, a forno preriscaldato.

Ravioli di Boves con ripieno di marroni

INGREDIENTI PER 4 PERSONE:

Per il ripieno:
500 g di marroni
la buccia di 2 arance
100 g di cacao dolce in polvere
1 bicchiere di alchermes

Per la sfoglia:
500 g di farina
100 g di zucchero
olio per friggere
2 uova
4 cucchiai di alchermes

Arrostite i marroni e pelateli. Sbollentateli per 5 minuti e, una volta scolati, passateli nel frullatore, quindi mettete la crema in una terrina. Aggiungete il cacao dolce in polvere, la buccia d'arancia grattugiata, l'alchermes e impastate. Mettete la farina a fontana sul tagliere, aggiungete lo zucchero e le uova e impastate, aromatizzando con l'alchermes. Tirate la sfoglia con un matterello, quindi prendete un bicchiere e ritagliate dei dischi. Riempiteli con il ripieno di marroni e richiudeteli a mezzaluna. Una volta si usava friggere i ravioli nello strutto, ma potete usare anche l'olio. Toglieteli quando saranno dorati, e scolate l'unto in eccesso su un foglio di carta da cucina.

Torta di castagne secche di Boves

INGREDIENTI PER 4 PERSONE:

250 g di zucchero *4 uova*
250 g di castagne secche *1 noce di burro*

Lessate le castagne secche in acqua bollente per un paio d'ore, poi, una volta scolate, togliete la pellicina e tritatele grossolanamente.

Sbattete le uova con lo zucchero con una frusta elettrica fino a quando il composto sarà quasi bianco e unite le castagne. Montate a neve gli albumi e uniteli al composto, mescolando dal basso verso l'alto per non smontarli, poi versate il tutto in una teglia imburrata e cuocete in forno preriscaldato a 180° per circa mezz'ora. Lasciate raffreddare completamente prima di servire.

Torta di frumentino di Cuneo

INGREDIENTI PER 4 PERSONE:

200 g di grano *100 g di grano saraceno*
1 l di latte *50 g di burro*
100 g di zucchero *1 limone*
¼ di l di acqua *2 uova*
1 pugno di pangrattato *20 g di burro per ungere la teglia*

Mettete il latte e l'acqua in una pentola e, quando inizierà a bollire, unite il grano, sia quello normale che quello saraceno. Lasciatelo cuocere a fiamma bassa, mescolando spesso perché non si attacchi al fondo, fino a che il liquido non sia stato completamente assorbito, e comunque almeno per un'ora. Durante la cottura tenete la pentola scoperta. Togliete dal fuoco e, quando si sarà raffreddato, unite il burro, lo zucchero, la scorza e il succo del limone e i tuorli delle uova. Montate a neve ferma gli albumi e incorporate anche questi al composto, poco alla volta, rimescolando lentamente. Imburrate una teglia e spolverizzatela con il pangrattato. Mettete la torta nella teglia e cuocetela in forno preriscaldato a 180°, fino a che sia ben dorata, per circa un'ora.

Torta di mele di Mondovì

INGREDIENTI PER 4-6 PERSONE:

2 kg di mele *4 uova*
200 g di zucchero *100 g di miele*
200 g di burro *200 g di farina bianca*
1 bicchiere di marsala *1 bustina di lievito*

Dopo averle pulite, affettate le mele e mettetele a macerare in una terrina con il marsala e 100 g di zucchero. Sbattete i tuorli con il resto dello zucchero, unitevi il burro sciolto, il miele e la farina, mescolando bene. Montate a neve gli albumi, aggiungendovi il lievito e incorporateli delicatamente all'impasto. Imburrate uno stampo da forno, versandovi uno strato di pasta, tutte le mele sgocciolate dal marsala, poi coprite con la pasta rimasta e cuocete per un'ora in forno a 200° circa.

Torta di riso al miele cuneese

INGREDIENTI PER 4 PERSONE:

250 g di riso
250 g di miele di acacia
4 tuorli d'uovo
1 l di latte
30 g di amido di mais
1 stecca di vaniglia

Cuocete il riso nel latte, aggiungete la stecca di vaniglia, il miele di acacia, i tuorli e l'amido. Mescolate con l'aiuto di una frusta e lasciate bollire a fuoco basso per 20 minuti. Versante il composto ancora caldo in una tortiera imburrata, lasciate in forno preriscaldato a 180° per altri 20 minuti, poi sfornate e lasciate raffreddare.

Torta farcita alla crema di burro di Brà

INGREDIENTI PER 4 PERSONE:

Per la pasta:
125 g di burro
1 pizzico di sale
4 uova
150 g di farina
1 bustina di lievito
150 g di zucchero
la scorza grattugiata di 1 limone
2 cucchiai di rum
100 g di farina di mais

Per la crema:
6 tuorli d'uovo
160 ml di acqua
300 g di burro fuso
1 bicchierino di rum
200 g di zucchero
1 cucchiaio di farina di mais
1 pizzico di vaniglia

Preparate prima la pasta. Fate fondere il burro con lo zucchero e mescolate. Poi aggiungete il sale, la scorza del limone, le uova e il rum. Mescolate le due farine e unite il lievito. Unite il tutto al composto di burro. Lavorate la pasta e stendetela in una teglia. Cuocete in forno caldo a 180° per circa 40 minuti. Una volta cotta e raffreddata, tagliate la torta in tre parti in orizzontale così poi la farcirete con la crema. Su fuoco basso scaldate lo zucchero, l'acqua e la farina di mais, mescolando fino a far sciogliere gli ingredienti, quindi portate il tutto a ebollizione. Sbattete i tuorli con una frusta elettrica per almeno 5 minuti, fino ad avere un composto soffice. Mentre state ancora sbattendo le uova, versate a filo lo sciroppo di zucchero, dopo averlo fatto raffreddare un po'. Sbattete altri 5 minuti e unite l'essenza di vaniglia. Fate sciogliere il burro e battetelo per alcuni minuti a parte. Quindi versatelo nelle uova. Sbattete ancora un po', fino a fare addensare. Usate la crema per farcire la torta. Ponetela in frigorifero a consolidare prima di servire.

Torta paesana cuneese

INGREDIENTI PER 4 PERSONE:
125 g di farina gialla
125 g di farina bianca
1 uovo + un albume
1 bicchiere di latte
1 bicchiere di rum
1 bustina di lievito
1 cucchiaio di zucchero
sale

Montate a neve molto ferma l'albume d'uovo, aggiungete il tuorlo che avrete sbattuto a parte con lo zucchero, e poi a poco a poco il latte e il rum, lo zucchero, il lievito e le due farine. Mescolate accuratamente per non formare grumi. Ponete il composto in una tortiera e fatelo cuocere in forno preriscaldato a 180° per circa 40 minuti. Togliete il dolce, lasciatelo raffreddare e servite.

RICETTE DALLA PROVINCIA DI
NOVARA

ANTIPASTI
E PIATTI UNICI

Agoni di Orta San Giulio in carpione

INGREDIENTI PER 4 PERSONE:
600 g di agoni *100 g di farina*
1 spicchio d'aglio *1 ciuffo di prezzemolo*
1 cipolla *½ l di aceto*
olio per friggere *sale e pepe*

Pulite bene gli agoni, senza togliere loro la testa né la coda, ma liberateli solamente dalle interiora, poi passateli nella farina e friggeteli in abbondante olio. Mettete a scolare l'unto in eccesso su un foglio di carta da cucina e intanto preparate il carpione. Tenete l'olio già utilizzato per friggere il pesce, filtratelo e soffriggetevi l'aglio un po' schiacciato, il prezzemolo e la cipolla tagliata ad anelli. A cottura avvenuta, dopo non più di 10 minuti, versate nel tegame l'aceto e portatelo ad ebollizione. Versate il tutto in una terrina nella quale avrete messo il pesce fritto e lasciate marinare per almeno un paio di giorni prima di servire.

Alborelle del lago d'Orta al forno

INGREDIENTI PER 4 PERSONE:
400 g di alborelle fresche *1 rametto di rosmarino*
4-5 foglie di salvia *½ bicchiere di olio d'oliva*
1 cipolla *1 bicchiere di vino bianco*
sale e pepe

Pulite, sventrate, lavate ed asciugate le alborelle. Mettete loro nel ventre un trito ottenuto con rosmarino e salvia. Disponetele in una teglia da forno, e cospargetele con la cipolla triturata, quindi con l'olio. Infornate a 180°, lasciatele colorire, bagnatele quindi con il vino, insaporite con sale e pepe, lasciate evaporare e portate a termine la cottura.

Anguilla con funghi e peperoni su letto di riso

INGREDIENTI PER 4 PERSONE:

500 g di anguilla
200 g di peperoni
1 bicchiere di vino bianco secco
500 g di pomodori maturi
4 cucchiai d'olio
500 g di funghi freschi
2 patate
2 spicchi di aglio
sale e pepe

Tagliate l'anguilla a pezzi piuttosto grossi, che farete rosolare nell'olio con l'aglio, salate, pepate, e bagnate col vino. Dopo una decina di minuti aggiungete i pomodori, pelati e tagliati a pezzetti e le patate, sbucciate e tagliate a dadini.

Pulite bene i funghi e tagliateli a lamelle sottili, quindi uniteli all'intingolo, lasciando che emettano la loro acqua di vegetazione. Aggiungete i peperoni tagliati a striscioline. Cuocete per 25-30 minuti poi servite.

Asparagi al gorgonzola

INGREDIENTI PER 4 PERSONE:

400 g di punte di asparagi
1 pezzetto di scorza di limone
4 cucchiai di olio d'oliva
sale e pepe
1 bicchiere di vino bianco secco
250 g di gorgonzola dolce
2 cucchiai di aceto di vino bianco

Fate lessare le punte degli asparagi per 15 minuti. Nel frattempo mettete nel frullatore il gorgonzola, l'olio, il vino e l'aceto, la scorzetta di limone, sale e pepe. Scolate gli asparagi e disponeteli su un piatto da portata. Irrorateli con la salsa e serviteli subito.

Cartocci di verze di Borgo Ticino

INGREDIENTI PER 4 PERSONE:

200 g di carne bollita o arrosto
100 g di salsiccia o salame
1 pugno di mollica di pane
100 g di parmigiano grattugiato
sale e pepe
2 uova
16 foglie grandi di verza
½ bicchiere di latte
olio per friggere

Tritate finissimamente la carne ed il salame o la salsiccia, amalgamate con le uova, la mollica di pane imbevuta nel latte poi strizzata, il parmigiano, e salate.

Fate scottare per qualche minuto le foglie di verza in acqua bollente, quindi stendetele su un canovaccio per asciugarle. Fate con il ripieno delle palline che avvolgerete con le foglie di verza, date loro la forma di un involtino, legateli con filo bianco, e friggeteli in olio caldo. Scolatele con una schiumarola e fate asciugare l'unto in eccesso su un foglio di carta assorbente da cucina prima di servire.

Càsoeûla novarese

INGREDIENTI PER 4 PERSONE:
300 g di puntine di maiale
100 g di cotenne fresche
800 g di verze
1 cipolla
1 bicchiere di vino bianco secco
1 mestolo di brodo
sale e pepe
200 g di salsiccia luganega
qualche salamino verzino
200 g di sedano e carote tritati fini
6 cucchiai di olio d'oliva
50 g di burro
1 cucchiaio di salsa di pomodoro

Scottate le cotenne in abbondante acqua salata per un'oretta per sgrassarle, dopo averle raschiate. Tagliate la cipolla a fettine sottili, mettetela in una casseruola e fatela imbiondire in un po' d'olio e una noce di burro, quindi aggiungete le puntine di maiale, i salamini e la salsiccia tagliata a pezzetti di 15 cm circa. Fate rosolare bene il tutto, quindi versatevi il bicchiere di vino bianco. Lasciate evaporare il vino, togliete poi tutti gli ingredienti e metteteli da parte.

Nella medesima casseruola mettete le carote e il sedano tritati, un cucchiaio di salsa di pomodoro, diluita in poco brodo, il sale e il pepe, mescolate, abbassate il fuoco, coprite e lasciate cuocere continuando a mescolare, di tanto in tanto.

Fate appassire le verze, mondate perfettamente, in una pentola, senza aggiungere altra acqua oltre a quella rimasta loro aderente dopo il lavaggio, facendo attenzione che non attacchino al fondo della pentola.

Toglietele quindi dalla pentola e mettetele nella casseruola dove stanno cuocendo le altre verdure.

Aggiungete le cotenne tagliati a listarelle sottili, le puntine, i salamini e la salsiccia e mescolate in modo che il tutto venga coperto dal sugo di cottura. Coprite e cuocete per un'ora circa, asportando man mano con la schiumarola il grasso che sale in superficie.

Cervella fritta di Biandrate

INGREDIENTI PER 4 PERSONE:
500 g di cervella
100 g di parmigiano grattugiato
1 pizzico di erbe miste (timo, maggiorana, rosmarino, dragoncello seccati)
3 uova
2 spicchi d'aglio
olio per friggere
4 cucchiai di pane grattugiato
sale e pepe

Sbattete le uova con sale e pepe, poi incorporatevi le erbe e l'aglio finemente sminuzzati, il parmigiano, infine la cervella, ben pulita e triturata, addensando con pane grattugiato.

In abbondante olio fate delle frittelle che devono dorare bene per far cuocere la carne. Ponete le frittelle su un piatto da portata dopo averle asciugate con carta da cucina.

Corona di riso con polpette di formaggio

INGREDIENTI PER 4 PERSONE:

350 g di riso
1 cipolla
5 cucchiai di olio d'oliva extravergine
50 g di fontina
1 ciuffo di prezzemolo
½ bicchiere di latte
4 cucchiai di farina
½ l di brodo
50 g di parmigiano grattugiato
50 g di emmental
150 g di pangrattato
1 panino raffermo
3 uova
sale e pepe

Grattugiate la fontina e l'emmental e mescolateli al parmigiano e al pangrattato. Aggiungete il prezzemolo, il panino bagnato nel latte che avrete ben strizzato, le uova e amalgamate il tutto fino a formare un impasto ben sodo. Preparate quindi delle piccole polpette, un poco schiacciate, infarinatele, ponetele sulla piastra del forno sopra un foglio di carta da forno e cuocetele per 10 minuti a 180°, quindi toglietele e tenetele in caldo. A parte affettate finemente una cipolla e fatela rosolare in 2 cucchiai di olio. Aggiungete il riso e fatelo tostare per qualche minuto, quindi portatelo a cottura sfumando con il brodo, come fareste per un normale risotto, avendo cura di tenerlo lievemente al dente. Mantecate con un po' di parmigiano grattugiato, salate, pepate e versatelo in uno stampo a forma di corona. Sformate la corona di riso e disponete al centro le polpettine di formaggio, che avrete tenute in caldo. Servite subito.

Crocchette di cavedano del lago d'Orta

INGREDIENTI PER 4 PERSONE:

500 g di cavedano
1 pugno di mollica di pane
100 g di funghi secchi
noce moscata
6 noci
4 cucchiai di farina
200 g di burro
2 tazze di brodo di verdura
1 cipolla
1 ciuffo di prezzemolo
200 g di parmigiano e gruviera grattugiati
2 uova
sale e pepe

Bollite nel brodo vegetale il cavedano per circa 20 minuti, gettate via la testa, diliscatelo con cura, quindi passate la carne nel frullatore e impastatela con la mollica di pane bagnata nel brodo e con un soffritto di cipolla, funghi secchi che avrete preventivamente ammollato in acqua calda, e prezzemolo tritati finissimi, sale, pepe, noce moscata. Aggiungete il parmigiano e il gruviera grattugiati e legate le uova, aggiungendo le noci pestate al mortaio. Formate delle piccole crocchette, infarinatele, indoratele, passatele nel pangrattato e friggetele nel burro ben caldo. Toglietele con una schiumarola e fate scolare l'unto in eccesso su un foglio di carta assorbente da cucina prima di servire.

Crostini con bresaola di cervo

INGREDIENTI PER 4 PERSONE:
250 g di bresaola affettata sottile *il succo di un limone*
4 cucchiai d'olio d'oliva *sale e pepe*

    Disponete le fette di bresaola nel piatto. Preparate il condimento con l'olio, il succo di limone, il sale e il pepe, sbattendolo con la forchetta, quindi versatelo sulla bresaola. Lasciate insaporire per 15 minuti circa e servite con crostini di pane nero.

Frittelle di riso con salame e Nostrale d'Alpe

INGREDIENTI PER 4 PERSONE:
200 g di riso *50 g di burro*
1 l di brodo *olio per friggere*
2 cucchiai di estratto di carne *200 g di salame*
100 g di farina *4 uova*
200 g di Nostrale d'Alpe *sale e pepe nero*

    Portate a ebollizione il brodo con l'estratto di carne e il burro e cuocetevi il riso, togliendolo un poco al dente. Fatelo raffreddare completamente, poi rompeteci dentro le uova, aggiungete il sale e il pepe e sbattete vigorosamente con una forchetta, infine amalgamate con il Nostrale d'Alpe sbriciolato, il salame triturato e la farina.
    Mescolate accuratamente. Portate l'olio a temperatura e versate una cucchiaiata per volta di impasto. Fate dorare da entrambi i lati le frittelle e, appena tolte, passatele in un foglio di carta da cucina per assorbire l'olio in eccesso, quindi servitele calde.

Fritto misto di Varallo

INGREDIENTI PER 4 PERSONE:
4 bistecchine di vitello *4 polpettine di carne macinata*
200 g di schienali di vitello *1 cervella*
4 fettine di fegato *4 pezzetti di salsiccia*
50 g di parmigiano grattugiato *4 amaretti*
3 uova *4-5 pugni di pangrattato*
1 bicchiere di olio extravergine *sale e pepe*
  d'oliva *100 g di farina*

Per il semolino:
200 g di zucchero *125 g di semola*
½ l di latte *la scorza di 1 limone*

    Preparate prima il semolino. Portate ad ebollizione il latte con lo zucchero e la scorza di limone grattugiata e aggiungete a pioggia la semola, amalgamandola con la frusta. Cuocete per 5 minuti, badando che diventi abbastanza soda, quindi mettete il semolino in una terrina e lasciate raffreddare completamente almeno un paio d'ore. Tagliate tutte le carni a fettine e il semolino freddo a losanghe. Infarinate gli amaretti. Sbattete un uovo, immergete i pezzi di semolino e gli amaretti infarinati e passateli nel pangrattato. Passate le carni nelle altre due uova sbattute e nel pangrattato. Amalgamate l'ultimo uovo con la carne tritata, il parmigiano grattugiato, sale e pepe, formate delle polpettine e impanatele. Fate friggere tutti gli ingredienti impanati in una grossa padella, con olio di oliva bollente. A parte, rosolate il fegato infarinato e la salsiccia. Servite il fritto misto caldissimo, facendo scolare l'unto in eccesso su un foglio di carta assorbente da cucina.

Frittura di rane e pesce persico

INGREDIENTI PER 4 PERSONE:

800 g di rane già spellate *400 g di pesce persico*
3 uova *90 g di burro*
½ l di latte *50 g di farina*
olio per friggere *sale*

Private le rane delle interiora, lavatele bene, asciugatele e disossatele. Pulite il pesce e diliscatelo; mettete il tutto, tagliato a pezzettini, in una padella con 30 g di burro e fate rosolare a fuoco lentissimo.

Fate soffriggere in un altro tegame il resto del burro, incorporatevi la farina e mescolate bene per stemperare i grumi, diluite con il latte, salate e cuocete a fuoco lento, sempre mescolando, fino a quando la besciamella si sarà addensata.

Mescolatevi il pesce e le rane e, sempre a fuoco lento, fate amalgamare il tutto.

Togliere dal fuoco e lasciate raffreddare. Incorporate al composto i tuorli e, infine, gli albumi montati a neve ben ferma.

Mettere al fuoco la padella con abbondante olio e quando è bollente friggetevi il composto a cucchiaiate. Sgocciolate il fritto ben dorato e croccante e servitelo caldo.

Lumache su letto di patate

INGREDIENTI PER 4 PERSONE:

2 kg di lumache di vigna *8 patate*
1 spicchio d'aglio *1 porro*
1 ciuffo di prezzemolo *150 g di burro*
4 cucchiai di farina *1 bicchiere di vino bianco secco*
1 pizzico di noce moscata *sale e pepe*

Bollite le patate in acqua salata per una mezz'oretta, quindi pelatele e tagliatele a fette. Disponetele su un piatto da portata, irroratele di burro fuso, insaporitele con sale e pepe e tenetele in caldo. Pulite le lumache molto bene. Fate rosolare, in una casseruola, lo spicchio di aglio, tritato assieme al porro, con anche parte del gambo verde, con il burro; dopo una decina di minuti aggiungete il prezzemolo tritato, e addensate con una spolveratina di farina bianca. Fate soffriggere per qualche minuto, mescolando bene, unite le lumache, condite con sale, pepe e noce moscata, asumate con un po' di vino e portate a termine la cottura. Verso la fine della cottura aggiungete il rimanente vino e lasciatelo evaporare. Accertatevi che siano cotte pungendole con i rebbi di una forchetta.

Servite le lumache disponendole sul letto di patate.

Ossibuchi con riso, funghi e fagioli

INGREDIENTI PER 4 PERSONE:

4 ossibuchi
3 cucchiai di olio extravergine di oliva
1 cipolla
1 bicchiere di vino rosso
1 spicchio d'aglio
1 l di brodo di carne
200 g di riso
1 bustina di funghi secchi
2 pomodori
1 limone
300 g di fagioli freschi
sale e peperoncino in polvere

Ammollate i funghi in acqua tiepida, strizzateli e tagliuzzateli finemente. Affettate la cipolla e fatela rosolare in 2 cucchiai di olio, in una padella antiaderente; unite gli ossibuchi e lasciateli cuocere alcuni minuti per lato. Insaporite con un poco di peperoncino, aromatizzate con una scorzetta di limone e irrorate con il vino e il brodo. Unite i pomodori tagliati a cubetti ed i funghi. Fate cuocere una decina di minuti, poi aggiungete il riso e sfumatelo con il brodo. Mettete il coperchio e lasciate cuocere a fuoco medio per circa 15 minuti. Lessate i fagioli sgranati in acqua salata in ebollizione per almeno 40-50 minuti, scolateli e versateli in una padella, dove avrete fatto rosolare lo spicchio d'aglio in un cucchiaio di olio. Unite i fagioli agli ossibuchi con i funghi e il riso, lasciate insaporire, salate e condite con un pizzico di peperoncino e un poco di sale e servite.

Polenta con mortadella d'Orta

INGREDIENTI PER 4 PERSONE:

400 g di farina di mais
800 g di mortadella d'Orta
sale e pepe
2 l d'acqua
100 g di burro

La mortadella di Orta è a base di fegato di maiale, guanciale e pancetta, conciata con barbera bollito e spezie varie.

In una grossa pentola, portate a ebollizione l'acqua per la polenta, salatela e, quindi, versatevi la farina a pioggia. Mescolando in continuazione con un cucchiaio di legno o l'apposito bastone, lasciate che riprenda l'ebollizione, quindi abbassate il fuoco e cuocete la polenta per almeno 45 minuti. A fine cottura, aggiungete il burro e la mortadella tagliata a pezzettini. Lasciate insaporire una decina di minuti ancora e servite.

Polenta con stufato d'asino

INGREDIENTI PER 4 PERSONE:

800 g di reale di asino
2 carote
1 costa di sedano
4 cucchiai di farina
100 g di lardo
½ l di brodo
1 stecca di cannella
8 fette di polenta
4 cipolle
4 spicchi d'aglio
½ bicchiere di olio extravergine di oliva
100 g di burro
½ l di vino rosso corposo
2 chiodi di garofano
1 cucchiaio di fecola
sale e pepe

Steccate con l'aglio e lardellate la carne, legatela con un filo da arrosti, infarinatela leggermente e mettetela in un tegame con l'olio. Fate rosolare bene tutte le parti, poi bagnate con vino rosso corposo. Dopo di che aggiungete le verdure tagliate a pezzetti piccoli e tutte le spezie. Aggiungete il brodo. Coprite ermeticamente, e fate cuocere lentamente per circa 4 ore. A cottura ultimata togliete la carne e tenetela in caldo e passate al colino le verdure. Fate restringere il sugo rendendolo ben cremoso con la fecola. Affettate la carne, disponetela in una pirofila calda, copritela con il suo intingolo e servitela caldissima con una buona polenta.

Polenta e cotiche di Ghemme

INGREDIENTI PER 4 PERSONE:

300 g di farina da polenta
2 spicchi d'aglio
2 foglie di alloro
250 g di pancetta
1 l e ½ d'acqua
400 g di cotiche
100 g di burro
1 ciuffo di prezzemolo
sale e pepe

Portate a ebollizione un litro e mezzo di acqua, unite una noce di burro e versate la farina da polenta, quindi mescolate continuamente e fate cuocere per circa 40 minuti. Raschiate bene le cotiche e mettetele a bollire con l'alloro per un'oretta per sgrassarle, poi tagliatele a listarelle sottili. Pestate la pancetta e mettetela a soffriggere nel burro a fuoco molto lento, con un trito fine di aglio e prezzemolo, e dopo 10-15 minuti aggiungete le cotiche e fatele insaporire ancora 10 minuti.

Unite le cotiche alla polenta, mescolate bene, fate insaporire ancora una decina di minuti e togliete dal fuoco. Salate, pepate e servite.

Polenta rustica pasticciata

INGREDIENTI PER 4 PERSONE:

400 g di farina di mais
4 cucchiai di olio extravergine di oliva
200 g di salame
sale e pepe
1 l e ½ di acqua
1 noce di burro
4 grosse cipolle
200 g di formaggio morbido

Portate a ebollizione l'acqua con una noce di burro e mettetevi a cuocere dolcemente la farina di mais per mezz'ora, mescolando spesso perché non si formino grumi. Ne deve risultare una polenta piuttosto consistente.

Friggete nell'olio la cipolla tagliata ad anelli piuttosto grossi. Imburrate una pirofila da forno. Alternate strati di polenta con cipolle fritte nell'olio, fettine di salame e formaggio, salate e pepate. Fate gratinare per 20 minuti in forno caldo a 180°.

Sedano al gorgonzola

INGREDIENTI PER 4 PERSONE:

1 sedano bianco
100 g di burro
2 spicchi d'aglio
1 cespo di lattuga
1 limone
1 ciuffo di prezzemolo
200 g di gorgonzola dolce
sale e pepe

Prendete le coste più larghe del sedano, eliminate tutti i filamenti, lavatele e tenetele immerse in acqua acidulata con il succo del limone perché non diventino nere.

Frullate assieme il burro e il gorgonzola, insaporiti con un trito fine di prezzemolo e aglio, sale e pepe fino ad ottenere una crema morbida. Scolate ed asciugate bene le coste di sedano e riempitele una per una con la crema di gorgonzola. Disponete le barchette su un piatto da portata ricoperto di foglie di lattuga.

Sformato di riso e salame d'oca

INGREDIENTI PER 4 PERSONE:

300 g di riso
100 g di fegato d'oca
1 cipolla
2 tuorli d'uovo
4 cucchiai di olio extra vergine di oliva
sale e pepe
250 g di salame d'oca
20 g di funghi secchi
50 g di burro
½ l di brodo di carne
1 bicchiere di vino bianco secco
80 g di parmigiano grattugiato

Fate rinvenire i funghi tenendoli a mollo 15 minuti circa in acqua tiepida in una scodella, poi levateli e mondateli accuratamente. Tagliate a dadini il salame d'oca. Pulite bene il fegato e tagliatelo a pezzetti piccoli. Tagliate a fettine la cipolla e fatela rosolare in un tegame con 2 cucchiai di olio, quindi aggiungete il fegato d'oca e mescolate, in modo che si rosoli completamente. Unite i dadini di salame d'oca. Quando tutto avrà preso colore, sfumate con il vino bianco, lasciate evaporare e abbassate il fuoco.

Tagliate i funghi a pezzettini e aggiungeteli all'intingolo. Lasciate sul fuoco dolce ancora per 10 minuti, fino a quando il sugo non si sarà ristretto. Pepate e togliete dal fuoco. Fate sobbollire il brodo. Scaldate il restante olio in un tegame da risotto, aggiungete il riso e fatelo tostare leggermente, mescolandolo con il cucchiaio di legno. Bagnate con 4 mestoli di brodo bollente, continuando la cottura a fuoco vivace, mescolando di tanto in tanto e aggiungendo brodo man mano che il riso si asciuga. Dopo 16 minuti il riso dovrebbe essere al dente.

Accertatevene assaggiandolo. Aggiustate di sale, togliete dal fuoco e mantecate con parmigiano, i tuorli e 40 grammi di burro. Ungete con il restante burro uno stampo da timballi e riempitelo con il riso, pressando leggermente. Infornate a 200° per 10-15 minuti, finché si sarà formata sulla superficie una crosticina dorata. Capovolgete lo stampo su di un piatto da portata, in modo da farne uscire lo sformato. Versatevi sopra il sugo precedentemente preparato con salame e fegato d'oca e servite caldissimo.

Soma con salame d'oca

INGREDIENTI PER 4 PERSONE:

4 fette di pane casereccio *4 spicchi d'aglio*
200 g di salame d'oca *sale e pepe*

Il salame d'oca è ottenuto con carne sia di oca che di maiale, viene insaccato nel collo d'oca, poi bollito e stagionato.

Prendete del pane casereccio, tipo toscano, e tagliatene alcune fette, come per fare una bruschetta. Ogni fetta deve essere tagliata in due. Prendete uno spicchio d'aglio per ogni fetta e strofinatelo sul pane, salate e pepate. Sopra mettete il salame d'oca tagliato a fette.

Mettete le some nel forno preriscaldato a 180° per qualche minuto, in modo da far sciogliere il grasso e tostare leggermente il pane.

Testina di vitello ripiena

INGREDIENTI PER 4 PERSONE:

1 testina di vitello già pulita *200 g di salsiccia*
200 g di carne trita di maiale *4 spicchi d'aglio*
1 uovo *1 mazzetto di erbe aromatiche miste*
100 g di parmigiano grattugiato *(salvia, rosmarino, alloro, timo, ecc.)*
sale e pepe

Prendete dal macellaio una testina disossata, mettetela a bagno per un paio d'ore in acqua fredda acidulata con il succo di un limone. Con una pezzuola pulite bene le orecchie e il naso, poi con ago e filo bianco cucite le aperture delle palpebre e della bocca. Amalgamate assieme la trita di maiale con la salsiccia, con un trito di aglio ed erbe aromatiche miste, mantecate con il parmigiano e legate con un uovo.

Salate e pepate e riempite con la farcia la testina, poi cucite l'ultima apertura e fasciate la testina con una pezzuola.

Fatela bollire per almeno 3 ore in abbondante acqua salata. Trascorso questo tempo scolatela, lasciatela raffreddare, poi tagliatela a fette. Potete servirla con salse varie.

Torta di riso con prosciutto e spinaci

INGREDIENTI PER 4 PERSONE:

300 g di riso
500 g di spinaci
salsa besciamella
sale e pepe
200 g di prosciutto cotto
100 g di burro
100 g di parmigiano grattugiato
1 limone

Sbollentate per pochi minuti gli spinaci, dopo averli ben lavati, scolateli e strizzateli. Bollite il riso per almeno 10 minuti, poi scolatelo.

In una padella fate fondere il burro, passateci gli spinaci per una decina di minuti, quindi mescolateli con il prosciutto tagliato a listarelle. Unite il riso e fate saltare il tutto per 5 minuti, a fuoco allegro, salate e pepate.

Imburrate una pirofila da forno, e sistemateci il composto di riso, prosciutto e spinaci che avrete amalgamato con la besciamella.

Ricoprite il tutto con una bella manciata di parmigiano grattugiato e passate nel forno preriscaldato a 180° per una ventina di minuti, fino a quando vedrete comparire una crosticina dorata.

Torta salata di verze

INGREDIENTI PER 4 PERSONE:

1 confezione di pasta frolla
2 spicchi d'aglio
100 g di pancetta
sale e pepe
400 g di verze
30 g di burro
100 g di parmigiano grattugiato

Prendete le verze, pulitele bene, tagliatele e fatele bollire fino a completa cottura. Una volta scolate tritatele finemente con l'aglio, fate un battuto di pancetta e mettetelo a soffriggere dolcemente nel burro. Quando la pancetta sarà dorata aggiungete le verze e fatele insaporire una decina di minuti, quindi mantecatele con il formaggio grattugiato, salate e pepate.

Stendete metà della pasta frolla in una teglia da forno già precedentemente unta. Sopra lo strato di pasta mettete il ripieno di verze, poi ricoprite con un altro strato di pasta, e infornate a forno preriscaldato a 180° per mezz'oretta.

PRIMI PIATTI

Crema di funghi e brusso

INGREDIENTI PER 4 PERSONE:
150 g di brusso
80 g di burro
3 uova
50 g di parmigiano grattugiato
crostini di pane fritti nel burro
500 g di funghi freschi (preferibilmente porcini)
1 l di brodo
sale e pepe

Scaldate il brodo. Pulite accuratamente i funghi, affettateli e fateli rosolare in una casseruola con il burro, mescolando spesso. Bagnateli con 2 mestoli di brodo, abbassate la fiamma e lasciate cuocere una mezz'oretta, sfumando con altro brodo se necessario.

Tagliate il brusso a pezzetti e lavoratelo con una forchetta per renderlo cremoso, quindi unitelo ai funghi, mescolate e versate il restante brodo caldo. Salate e lasciate cuocere per 10 minuti, mescolando dolcemente.

In una terrina, sbattete i tuorli delle uova, aggiungete un pizzico di pepe e, tolta la crema di funghi e brusso, versatela lentamente nella terrina dove sono le uova, quindi frullate il tutto con un frullatore a immersione. Cospargete con il parmigiano grattugiato e servite con crostini di pane fritti nel burro.

Crespelle alla fonduta

INGREDIENTI PER 4 PERSONE:

Per le crespelle:
1 tuorlo d'uovo + 1 uovo intero
100 g di burro
100 g di fontina
sale
150 g di farina bianca
2 bicchieri di latte
100 g di prosciutto cotto

Per la fonduta:
200 g di fontina
1 bicchiere di latte
sale
40 g di burro
2 tuorli

Sbattete l'uovo intero e il tuorlo, salate, unite il burro fuso un poco intiepidito, versate la farina, incorporate il latte e sbattete con la frusta per ottenere una pastella omogenea e senza grumi, non troppo liquida.

In una padella antiaderente fate sciogliere un pezzettino piccolo di burro a fiamma bassa, lasciate che frigga, poi versate un mestolino di pasta, dopo un minuto girate la crespella prendendola con le dita e fate cuocere un minuto anche dall'altra parte. Toglietela dalla padella e lasciatela raffreddare. Ripetete l'operazione fino ad esaurimento della pastella. Stendete sulle crespelle alcune fette di prosciutto e fontina, avvolgete le crespelle su se stesse o piegatele in quattro, come preferite, e sistematele in una pirofila da forno imburrata.

Tagliate la fontina a pezzetti e lasciatela a bagno nel latte per 3 ore, quindi mettete il formaggio ben sgocciolato nel burro sciolto.

Mescolate bene a caldo finché il composto diventerà cremoso, unite le uova sbattute e il sale.

Ricoprite le crespelle con uno strato di fonduta e infornate a forno caldo a 200° per farle gratinare.

Maccheroni ai peperoni di Ghemme

INGREDIENTI PER 4 PERSONE:

280 g di maccheroni tipo gobbi
2 peperoni gialli
2 cucchiai di olio extravergine di oliva
1 cipolla
1 bicchiere di salsa di pomodoro
5-6 foglie di basilico
sale

Lavate e asciugate i peperoni. Eliminate i semi e i filamenti interni e tagliateli a listarelle. Pelate la cipolla e affettatela. Rosolatela in una padella con l'olio, poi unite i peperoni.

Aggiungete la passata di pomodoro e il basilico tagliuzzato e fate cuocere a fuoco basso per 20 minuti.

Salate. Lessate in abbondante acqua salata i maccheroni, scolateli, conditeli con il sugo preparato e servite.

Maccheroni al cavolfiore e bresaola di cervo

INGREDIENTI PER 4 PERSONE:

280 g di maccheroni corti
100 g di bresaola di cervo
1 ciuffo di prezzemolo
sale e pepe
300 g di cavolfiore
1 spicchio d'aglio
4 cucchiai di olio extravergine di oliva

Lavate, mondate il cavolfiore e dividetelo in cimette.

Ponetelo a lessare in abbondante acqua salata bollente e, a metà cottura, aggiungete la pasta. A parte preparate la salsa a freddo con l'olio, l'aglio e il prezzemolo tritati, la bresaola di cervo tagliata a listarelle, sale e pepe.
Scolate insieme con il cavolfiore la pasta al dente, conditela con il sugo e servite.

Minestra di sant'Antonio

INGREDIENTI PER 4 PERSONE:
500 g di cotiche di maiale
  (o un piedino, un orecchio)
100 g di lardo salato
1 verza
200 g di pasta corta e grossa
2-3 croste di parmigiano
sale e pepe nero
150 g di guanciale
1 osso di prosciutto
1 mazzetto composto da salvia,
  rosmarino, timo e alloro
2 spicchi d'aglio
1 peperoncino rosso fresco

Bollite per almeno un'oretta le cotiche o il piedino e l'orecchio di maiale dopo averli passati sulla fiamma, per eliminare i peli. Una volta scolate le cotiche dal grasso mettetele in una capiente pentola con l'osso di prosciutto, il guanciale magro ed un mazzetto composto da rosmarino, salvia, timo, alloro, e fateli cuocere per un'oretta.

Tagliate le carni a pezzetti, e metteteli in una terrina. Quando il brodo di cottura che avrete messo da parte sarà raffreddato, sgrassatelo e rimettete la pentola sul fuoco.

Bollite la verza in acqua leggermente salata e, dopo averla ben strizzata e tagliata a listarelle, unitela alla carne, alle croste di parmigiano, a un trito di aglio e peperoncino. Completate la cottura per ancora un'oretta, poi buttate la pasta, portatela a cottura e servitela aggiustando di sale e pepe nero macinato al momento.

Olla al forno

INGREDIENTI PER 4 PERSONE:
250 g di fagioli secchi
200 g di patate
1 zampetto di maiale
sale
2 porri
3 spicchi d'aglio
1 ciuffo di prezzemolo

Lasciate a bagno i fagioli una giornata. Mettete i porri e le patate ben pelate e tagliate a pezzettini in un'olla di terracotta della capacità di 7-8 l.

Disponete prima uno strato di patate, poi i fagioli con i porri, un trito fine di aglio e prezzemolo e le rimanenti patate, ben mescolati tra loro, con lo zampetto di maiale, pulito e fiammeggiato nel mezzo. Chiudete a 5 cm dal bordo con uno strato di patate tagliate a fettine. Colmate con acqua, mettete il coperchio all'olla e ponetela in forno.

Fate cuocere per circa 12 ore a una temperatura che non deve superare gli 80°. Un tempo infatti l'olla veniva cotta nel forno del pane una volta che questo era stato sfornato, e il forno lentamente si andava spegnendo.

Paniscia di Novara

INGREDIENTI PER 4 PERSONE:

350 g di riso
50 g di lardo
2 salamelle
1 cipolla
1 carota
1 cucchiaio di salsa di pomodoro
sale e pepe

50 g di burro
70 g di cotiche di maiale
200 g di fagioli freschi
½ verza
1 costa di sedano
1 bicchiere di vino rosso

Lavate e tagliate a pezzetti il sedano, la carota e la verza, fiammeggiate le cotiche e tagliatele a listarelle e ponete il tutto in una pentola con 2 l di acqua salata. Aggiungete i fagioli freschi e lasciate bollire per quasi 3 ore. Poco prima che le verdure abbiano finito di cuocere, tritate il lardo assieme alla cipolla, mettete il trito a soffriggere in una padella con la metà del burro e le salamelle private della pelle e sbriciolate. Rosolate un po', poi aggiungete il riso, mescolate e sfumate con il vino. Quando sarà evaporato, abbassate la fiamma e aggiungete, poco a poco, tutto il brodo con le verdure e il pomodoro, fino alla completa cottura del riso. Spegnete il fuoco, unite il resto del burro e spolverizzate con un poco di sale e di pepe nero.

Penne ai porri

INGREDIENTI PER 4 PERSONE:

280 g di penne
4 cucchiai d'olio extravergine di oliva

2 porri
sale e pepe

Tagliate a fettine sottili la parte bianca dei porri e fatela appassire nell'olio, aggiungendo un goccio d'acqua se necessario.

Quando si saranno insaporiti aggiungete un filo di olio a crudo e versate il sugo così ottenuto sulla pasta cotta al dente e appena scolata. Salate, pepate e servite.

Riso e rane

INGREDIENTI PER 4 PERSONE:

300 g di riso
60 g di burro
1 cipolla
2 cucchiai di olio d'oliva

400 g di rane già pulite
1 l di brodo di carne
1 ciuffo di prezzemolo
sale

Mantenete sul fuoco il brodo ben caldo. Affettate la cipolla, lavate e tritate il prezzemolo. Nella pentola per fare il risotto mettete a rosolare il burro con l'olio e la cipolla. Prima che la cipolla imbiondisca aggiungete le rane e lasciatele rosolare per circa 5 minuti, quindi unite il brodo bollente, e quando inizia a bollire aggiungete il riso.

Lasciate cuocere il riso a fuoco moderato continuando a mescolare e aggiungendo il brodo man mano che viene assorbito. Quando avrà assorbito quasi tutto il brodo aggiungete il prezzemolo e servitelo ben caldo.

Risotto ai formaggi di Varallo Pombia

INGREDIENTI PER 4 PERSONE:

300 g di riso
100 g di robiola
1 ciuffo di prezzemolo
2 cucchiai di olio di oliva
2 l di brodo di carne
100 g di gorgonzola piccante
80 g di parmigiano grattugiato
1 bicchiere di latte
1 cipolla
sale e pepe

Tagliate il gorgonzola e la robiola a dadini e metteteli a bagno in una terrina con il latte per mezz'ora circa, quindi scolateli. Fate sobbollire il brodo.

Tritate finemente la cipolla. Scaldate poco olio in un tegame da risotto e fatevela appassire. Aggiungete il riso e fatelo tostare leggermente, mescolando con il cucchiaio di legno. Bagnate con 4 mestoli di brodo bollente, continuando la cottura a fuoco vivace, mescolando di tanto in tanto e aggiungendo brodo man mano che il riso si asciuga. Dopo 16 minuti il riso dovrebbe essere al dente. Accertatevene assaggiandolo. Aggiustate il sale, mettete il pepe e togliete dal fuoco, mantecate con il parmigiano, il gorgonzola e la robiola scolati dal latte e prezzemolo tritato e servite.

Risotto ai funghi e formaggio d'Alpe

INGREDIENTI PER 4 PERSONE:

350 g di riso
1 cipolla
50 g di burro
1 cucchiaio di salsa di pomodoro
sale e pepe
300 g di funghi freschi
1 l di brodo
½ bicchiere di vino bianco
80 g di formaggio d'Alpe stagionato grattugiato

Pulite bene i funghi e tritateli grossolanamente.

In una casseruola fate soffriggere la cipolla affettata con la metà del burro, unite i funghi e lasciate evaporare l'acqua di vegetazione, mescolando. Quando avranno preso colore mettete il riso, tostatelo e sfumatelo con il vino bianco, lasciatelo evaporare a fuoco vivo, sempre mescolando.

Versate un mestolo di brodo nel quale avrete disciolto la salsa di pomodoro, mescolate ancora e lasciatelo assorbire.

Portate a cottura il riso, versando progressivamente brodo mano a mano che si asciuga. Quando sarà cotto salate e pepate, aggiungete il burro rimasto, il formaggio d'Alpe, sale e pepe. Mescolate, lasciate riposare qualche minuto e servite.

Risotto al gorgonzola di Biandrate

INGREDIENTI PER 4 PERSONE:
300 g di riso
80 g di parmigiano grattugiato
1 confezione di panna
1 cipolla
sale e pepe
200 g di gorgonzola
1 ciuffo di prezzemolo
2 cucchiai di olio di oliva
1 l di brodo di carne

Tagliate il gorgonzola a dadini. Fate sobbollire il brodo. Tritate finemente la cipolla. Scaldate poco olio in un tegame da risotto e fatevela appassire. Aggiungete il riso e fatelo tostare leggermente, mescolando con il cucchiaio di legno.

Bagnate con 4 mestoli di brodo bollente, continuando la cottura a fuoco vivace, mescolando di tanto in tanto e aggiungendo brodo man mano che il riso si asciuga.

Dopo 16 minuti il riso dovrebbe essere al dente. Accertatevene assaggiandolo. Aggiustate il sale, togliete dal fuoco, mantecate con il parmigiano, il gorgonzola, la panna, il pepe e prezzemolo tritato e servite.

Risotto alla novarese

INGREDIENTI PER 4 PERSONE:
300 g di riso
½ l di brodo di carne
150 g di toma d'Alpe stagionata
100 g di burro
½ l di barolo invecchiato di ottima qualità
1 cipolla
sale e pepe

Affettate la cipolla molto fine, mettetela a rosolare in un tegame con una noce di burro e quando sarà appassita unite il riso, lasciatelo tostare per qualche minuto, mescolando accuratamente con un cucchiaio di legno, quindi aggiungete il barolo poco per volta.

Lasciatelo evaporare e tirate il riso a cottura aggiungendo brodo mano a mano che si asciuga. Aggiustate di sale e, a cottura ultimata, unite una noce di burro, la toma d'Alpe stagionata tagliata a scaglie sottili e a piacere un po' di pepe.

Mescolate ancora per amalgamare bene il tutto e servite caldo.

Risotto alla Oleggio

INGREDIENTI PER 4 PERSONE:
300 g di riso
50 g di parmigiano grattugiato
1 cipolla
100 g di burro
½ bicchiere di vino bianco secco
50 g di Berna
1 l di brodo
sale e pepe

Ponete una noce di burro in una casseruola e fatevi rosolare la cipolla finemente tritata. Quando sarà appassita unite il riso e mescolate, lasciandolo tostare per qualche minuto. Bagnate poi con il vino e, quando sarà evaporato, aggiungete due mestoli di brodo bollente.

Portate a cottura il riso, versando progressivamente brodo mano a mano che si asciuga. Quando sarà cotto salate e pepate, aggiungete il burro rimasto, il parmigiano, la Berna tagliata a striscioline molto sottili, sale e pepe. Mescolate, lasciate riposare qualche minuto in modo che si sciolga il formaggio e servite.

Risotto alla zucca di Pettenasco

INGREDIENTI PER 4 PERSONE:

400 g di zucca gialla
1 cipolla
½ bicchiere di vino bianco
2 cucchiai di olio extravergine d'oliva
sale e pepe
300 g di riso
100 g di burro
½ l di brodo vegetale
4 spicchi d'aglio
50 g di formaggio d'Alpe grattugiato

Pulite la zucca, tagliatela a fette sottilissime, poi a fiammifero e fatela friggere in padella a fuoco allegro con la metà del burro, l'aglio tritato, sale e pepe. Aggiungete durante la cottura un po' d'acqua se serve. In una casseruola fate soffriggere dolcemente la cipolla affettata con una noce di burro e con due cucchiaiate d'olio. Quando la cipolla comincerà a imbiondire versate il riso, lasciatelo tostare un poco, mescolate con un cucchiaio di legno e aggiungete mezzo bicchiere di vino bianco. Quando il vino sarà evaporato, portate a cottura il riso aggiungendo un po' alla volta il brodo. Unite la zucca, spolverizzate con formaggio d'Alpe grattugiato e servite.

Risotto coi peperoni di Marano Ticino

INGREDIENTI PER 4 PERSONE:

250 g di riso
200 g di pomodori maturi
4 cucchiai di olio d'oliva
50 g di parmigiano grattugiato
500 g di peperoni gialli e rossi
50 g di burro
1 l di brodo di carne
sale

Lavate e mondate i peperoni, privandoli di coste e semi. Lavate e mondate i pomodori e tagliateli a tocchi. Mettete pomodori e peperoni in una pentola con ½ litro d'acqua fredda, salandoli leggermente.

Sbollentateli per pochi minuti, quindi scolateli e passateli al frullatore. Fate sobbollire il brodo. Scaldate l'olio in un tegame da risotto e fatevi tostare leggermente il riso, rimescolando con il cucchiaio di legno. Bagnate con 4 mestoli di brodo bollente, continuando la cottura a fuoco vivace, mescolando di tanto in tanto e aggiungendo brodo man mano che il riso si asciuga.

Dopo 16 minuti il riso dovrebbe essere al dente. Accertatevene assaggiandolo. Aggiustate il sale, togliete dal fuoco e mantecate con la vellutata di peperoni e pomodori, parmigiano e burro, lasciando riposare per un minuto prima di servire. Distribuitelo nei piatti, cospargendoli con sale e pepe.

Risotto con bresaola di cervo

INGREDIENTI PER 4 PERSONE:

350 g di riso
4 cucchiai di olio extravergine d'oliva
50 g di burro
100 g di formaggio d'Alpe stagionato grattugiato
1 cipolla bianca
1 bicchiere di vino bianco secco
1 l di brodo vegetale
150 g di bresaola di cervo
sale e pepe bianco

Tagliate a filettini sottili le fette di bresaola di cervo. Tritate la cipolla e fatela stufare dolcemente in un poco di olio. Aggiungete un mestolo di brodo e lasciatelo asciugare a fuoco dolce. Unite il riso nel fondo di cipolla, tostatelo per un paio di minuti a fuoco vivace, rigirandolo col cucchiaio di legno, quindi sfumate col vino. Portate a cottura il risotto con il brodo. Qualche minuto prima di togliere il tegame dal fuoco, unite la bresaola di cervo. Spegnete la fiamma, insaporite con una macinata di pepe e mantecate con burro e formaggio d'Alpe stagionato grattugiato.

Risotto con gli agoni

INGREDIENTI PER 4 PERSONE:

500 g di agoni
1 cipolla
1 ciuffo di prezzemolo
1 carota
½ bicchiere di olio extravergine d'oliva
400 g di riso
1 spicchio d'aglio
1 costa di sedano
250 g di salsa di pomodoro
sale e pepe nero

Fate a pezzi i pesci comprese le teste, e metteteli a soffriggere in un trito di aglio, cipolla, prezzemolo, sedano, carota e fate rosolare bene il tutto. Per ultimo unite la salsa di pomodoro. Allungate con acqua e passate tutto al setaccio. In questo sugo fate cuocere il riso, con sale e pepe, mescolando continuamente. Aggiungete al momento di servire un filo di olio a crudo e una macinata di pepe nero.

Risotto con le verdure

INGREDIENTI PER 4 PERSONE:

350 g di riso
4-5 piccole zucchine
1 l di brodo vegetale
1 spicchio d'aglio
50 g di parmigiano grattugiato
50 g di burro
1 barattolo di piselli
½ bicchiere di vino bianco
1 ciuffo di prezzemolo, 1 cipolla
sale e pepe bianco

Lavate e spuntate le zucchine, tagliatele a fiammifero e scolate i piselli dal loro liquido. Tritate la cipolla e soffriggetela col burro insieme all'aglio, tritato o intero come preferite. Aggiungete le zucchine e i piselli, salate, fate insaporire per qualche istante poi unite il riso. Tostatelo un po', sfumate col vino e portate a cottura con il brodo caldo. Prima di servire unite il prezzemolo tritato e un po' di sale e pepe e spolverizzate col parmigiano grattugiato.

Risotto con salsiccia di Carpignano Sesia

INGREDIENTI PER 4 PERSONE:
400 g di riso
50 g di burro
50 g di parmigiano reggiano grattugiato
3-4 foglie di basilico
100 g di luganega
1 cipolla
1 bicchiere di vino bianco secco
½ l di brodo di carne
sale e pepe

Togliete la luganega dal budello e fatela soffriggere, un po' triturata, con un battuto di cipolla e il burro. Quando sarà rosolata aggiungete il riso e bagnate con il vino bianco. Lasciate evaporare ed aggiungete il brodo gradualmente, mescolando e continuando la cottura per 15 minuti. Servite cospargendo con il parmigiano grattugiato, un trito fine di basilico, sale e pepe.

Risotto rosso di Gattico

INGREDIENTI PER 4 PERSONE:
350 g di riso
1 l di brodo
½ bicchiere di vino bianco
50 g di parmigiano grattugiato
½ cipolla
50 g di burro
1 cucchiaio di concentrato di pomodoro
sale e pepe

In una casseruola fate soffriggere la cipolla affettata con la metà del burro, mettete il riso, tostatelo e sfumatelo con il vino bianco, lasciatelo evaporare a fuoco vivo, sempre mescolando.

Versate un mestolo di brodo nel quale avrete disciolto il concentrato di pomodoro, mescolate ancora e lasciatelo assorbire.

Portate a cottura il riso, versando progressivamente brodo mano a mano che si asciuga. Quando sarà cotto salate e pepate, aggiungete il burro rimasto, il parmigiano, sale e pepe. Mescolate, lasciate riposare qualche minuto e servite.

Tagliatelle alla robiola con erba cipollina e fiori di zucca

INGREDIENTI PER 4 PERSONE:

280 g di tagliatelle
10 fiori di zucca
4 cucchiai di olio extravergine
di oliva
100 g di robiola
1 ciuffo di erba cipollina
sale e pepe nero

Fate cuocere le tagliatelle al dente in abbondante acqua salata. Pulite i fiori e lavateli bene, poi tagliateli a listarelle sottili e metteteli in una terrina assieme all'erba cipollina tritata finemente e la robiola a dadini. Versatevi sopra la pasta appena scolata e mescolate bene. Condite con l'olio, e insaporite con sale e pepe macinato al momento.

Tagliatelle con funghi ossolani e prosciutto

INGREDIENTI PER 4 PERSONE:

2 cucchiai di olio extravergine
di oliva
280 g di tagliatelle paglia e fieno
1 ciuffo di basilico
sale e pepe
1 cipolla
2 spicchi d'aglio
150 g di prosciutto cotto (1 sola fetta)
150 g di funghi freschi

Pulite i funghi e affettateli. Sbucciate e tagliate finemente la cipolla, poi pelate gli spicchi d'aglio. Riscaldate l'olio in un tegame e rosolatevi la cipolla, l'aglio triturato e i funghi per 5 minuti, dopodiché aggiungete sale e pepe.

Fate evaporare il liquido in eccesso che rilasceranno durante la cottura e continuate a cuocere per 20-30 minuti. Nel frattempo, lessate le tagliatelle al dente in abbondante acqua salata. Scolate bene la pasta. Rimettete sul fuoco la salsa ai funghi ed incorporate il basilico tritato. Aggiungete le tagliatelle e il prosciutto tagliato a dadini e fate riscaldare il tutto per un minuto.

Tagliatelline in brodo con le rigaglie

INGREDIENTI PER 4 PERSONE:

200 g di tagliatelline sottili
da brodo
1 cipolla
½ bicchiere di vino bianco
100 g di formaggio grattugiato
1 l di brodo di carne
100 g di fegatini, cuoricini, rigaglie
di pollo o tacchino
100 g di burro
sale e pepe

Tritate finemente la cipolla e mettetela a soffriggere nel burro, quindi unite i cuoricini e i fegatini tagliati a pezzetti piccoli. Tirateli a cottura con il vino per una decina di minuti. Portate a ebollizione il brodo, versatevi le rigaglie e cuocetevi dentro le tagliatelline. Prima di servire spolverizzate con formaggio grattugiato, salate e pepate.

Zuppa di lenticchie e zucca

INGREDIENTI PER 4 PERSONE:

300 g di lenticchie secche
1 dado vegetale
4 cucchiai di olio d'oliva
sale e pepe
200 g di polpa di zucca
1 spicchio d'aglio
100 g di grana grattugiato

La sera prima mettete le lenticchie a bagno in acqua tiepida.

Mettete le lenticchie, ben lavate, in una pentola capiente con abbondante acqua leggermente salata e fatele cuocere per circa 40 minuti. In una padella, rosolate l'aglio tritato con un goccio d'olio ed unite 5-6 cucchiai di lenticchie. Lasciate insaporire, frullate ed unite al resto delle lenticchie. Tagliate la zucca a cubetti ed unitela alla zuppa insieme al dado.

Fate cuocere per 20 minuti, spolverizzando con grana, pepe ed aggiungendo un filo d'olio a crudo prima di servire.

SECONDI PIATTI

Agnello al lardo e funghi

INGREDIENTI PER 4 PERSONE:

800 g di spalla d'agnello disossata arrotolata
25 g di burro
1 ciuffo di prezzemolo
½ bicchiere di olio d'oliva
200 g di lardo venato
500 g di funghi porcini
1 confezione di panna
2 spicchi di aglio
sale e pepe

 Salate e pepate la spalla, e avvolgetela con le fette di lardo, tenendole ferme con del filo da arrosti.
 Adagiatela in una teglia con quattro cucchiai d'olio e cuocete per un'ora in forno preriscaldato a 200°, girandola un paio di volte per farla arrostire uniformemente.
 In una padella con il burro fate rosolare i funghi ben puliti e tagliati a fettine a fuoco vivace. Aggiungete gli spicchi d'aglio interi, salate e pepate. Continuate la cottura a fuoco moderato per un quarto d'ora, unite il prezzemolo tritato e la panna. Sul piatto da portata servite l'agnello tagliato a fettine nappate con la salsa calda e ricoperti di funghi porcini.

Agnello in crosta alle erbe

INGREDIENTI PER 4 PERSONE:

800 g di spalla d'agnello
2 rametti di timo
sale e pepe
1 pugno di mollica di pane
2 spicchi d'aglio
30 g di burro

Per la crosta di erbe:
200 g di sale grosso
1 uovo intero + 1 tuorlo
1 rametto di rosmarino
sale e pepe nero
250 g di farina
1 rametto di timo
1 pizzico di origano seccato

 In una terrina mettete 100 g di sale grosso, la farina, l'albume, il timo e il rosmarino tritati, l'origano, e una macinata di pepe nero. Mescolate e amalgamate con un bicchiere d'acqua circa, in modo da ottenere un composto sodo.
 Tritate finemente timo, aglio e rosmarino, amalgamatelo col burro, che avrete fatto ammorbidire fuori dal frigo, unitevi la mollica di pane, sale e pepe e cospargetene la spalla d'agnello. Tirate il composto di farina ed erbe con il matterello a uno spessore di

circa un centimetro. Adagiate al centro la spalla d'agnello e avvolgetela completamente, pinzando bene le estremità per richiudere la crosta.

Spennellate il tutto col tuorlo dell'uovo, cospargete di sale grosso e cuocete in forno a 180° per 40-50 minuti.

Anitra alle mele

INGREDIENTI PER 4 PERSONE:

1 anitra
750 g di mele
1 bicchiere di vino bianco
30 g di burro
6 cucchiai di olio di oliva extravergine
1 cucchiaio di miele
1 cucchiaino di estratto di carne
sale e pepe

Pulite accuratamente l'anitra e legatela con uno spago da cucina per tenerla ferma. Adagiatela in una teglia con olio, sale e pepe e cuocete in forno preriscaldato a 180° per 45 minuti, girandola un paio di volte.

Sbucciate le mele, togliete loro il torsolo e affettatele molto sottili. Fatele cuocere per 5 minuti in tegame con miele e vino bianco.

Disponete le mele con lo sciroppo di cottura in un piatto di servizio, facendone un letto su cui disporrete l'anitra privata dello spago, e tagliata a pezzetti.

Tenete in caldo.

Rimettete la teglia al fuoco e staccate il fondo di cottura della carne bagnando con un bicchiere di acqua in cui avrete sciolto un po' di estratto di carne.

Quando questo intingolo si sarà un po' addensato, unite fuori dal fuoco un pezzetto di burro; appena si sarà sciolto versate la salsa calda sulla carne e servite.

Bocconcini di maiale con le rape

INGREDIENTI PER 4 PERSONE:

800 g di lonza di maiale
200 g di rape bianche
2 cipolle
1 bicchiere di vino rosso
sale e pepe
60 g di burro
2 carote
1 bicchiere di brodo
40 g di farina

Tritate le carote e le cipolle e mettetele a rosolare nel burro. Quando avranno preso colore unite le rape, pelate e tagliate a pezzi. Salate, pepate e mescolate.

Unite il brodo e lasciate cuocere una mezz'oretta.

Infarinate la lonza di maiale tagliata a bocconi e mettetela a cuocere con le rape. Sfumate col vino, salate, pepate e portate a cottura.

Carpaccio di bresaola di cavallo di Borgomanero

INGREDIENTI PER 4 PERSONE:

600 g di bresaola di cervo
il succo di 1 limone
1 ciuffo di prezzemolo
sale e pepe nero

4 cucchiai di olio extravergine d'oliva
1 spicchio d'aglio
50 g di scaglie di grana

Disponete le fette di bresaola sui singoli piatti e irroratele con olio e succo di limone. Tritate finemente aglio e prezzemolo e spolverizzate la bresaola. Insaporite con sale e pepe, sovrapponete alcune scagliette di grana e servite.

Civet di lepre con cipolline

INGREDIENTI PER 4 PERSONE:

1 lepre
400 g di cipolline borrettane pelate
50 g di burro
1 ciuffo di prezzemolo
½ bicchiere di aceto di vino rosso
30 g di zucchero

2 cipolle
200 g di lardo
40 g di farina
1 bicchiere di brodo
½ l di barbera
sale e pepe

Tritate le cipolle, il lardo, il prezzemolo e mettete a soffriggere con il burro in una pentola capiente. Aggiungete la lepre tagliata a pezzi e infarinata, e fate rosolare, mescolando, per alcuni minuti. Aggiungete mezzo litro di barbera, un po' di brodo, l'aceto, sale, pepe, e lo zucchero.

Fate cuocere per almeno un paio d'ore, finché la lepre sarà tenera. Aggiungete le cipolline e portatele a cottura, con un'altra mezz'oretta. Se il composto si seccasse troppo bagnate con un goccio d'acqua.

Coniglio in fracassea

INGREDIENTI PER 4 PERSONE:

1 coniglio
1 limone
30 g di burro
2 mestoli di brodo

5 tuorli d'uovo
2 cucchiai di strutto
4 cucchiai di farina bianca
sale e pepe

Lavate il coniglio, asciugatelo, tagliatelo a bocconi e passateli in un velo di farina. Poneteli in una casseruola con lo strutto (o burro), lasciate cuocere lentamente aggiungendo a poco a poco il brodo e insaporendo con sale e pepe. Aggiungete la farina e il burro, rimestate con un mestolo di legno e lasciate finire la cottura sempre lentamente, mescolate frequentemente perché non attacchi. A cottura ultimata, unite i tuorli d'uovo e il succo di limone che avrete prima sbattuti e amalgamati insieme.

Coniglio in salsa al limone

INGREDIENTI PER 4 PERSONE:
1 coniglio
1 ciuffo di prezzemolo
1 cucchiaio di olio d'oliva
  extravergine
sale e pepe
2 spicchi di aglio
1 bicchiere di vino bianco
2 uova
2 limoni

Tritate finemente l'aglio e il prezzemolo e una parte della scorza gialla del limone e mettetelo a rosolare nell'olio. Dopo qualche minuto unite il coniglio a pezzi e lasciatelo insaporire. Condite con sale e pepe, bagnate col vino e il succo di un limone e lasciate cuocere un'oretta, mescolando. Sbattete le uova con sale e il succo del secondo limone e irrorate con questa salsetta il coniglio. Lasciate che il sugo si addensi e servite.

Coppa di maiale arrosto alla freisa

INGREDIENTI PER 4 PERSONE:
1 kg di coppa fresca di maiale
50 g di burro
2 bicchieri di latte
4 spicchi d'aglio
1 rametto di rosmarino
1 l di freisa
5-6 cucchiai di farina
1 rametto di rosmarino
½ bicchiere di olio d'oliva
2 foglie di alloro
2 cipolle
sale e pepe

Infarinate la coppa di maiale, legata con filo da arrosti, e mettetela a rosolare in un tegame con olio e burro, alcuni spicchi d'aglio interi, le foglie di alloro e un rametto di rosmarino. Lasciatela rosolare a fiamma vivace. Tagliate a rondelle le cipolle e unitele all'arrosto, quindi unite il vino e fate cuocere per un'oretta. Bagnate con il latte, salate e pepate. Una volta cotta la coppa, spegnete il fuoco e lasciatela raffreddare, quindi tagliatela a fette. Filtrate il sugo di cottura e velatene le fette, riscaldate il tutto, lasciate insaporire e addensare la salsa e servite.

Costine di maiale in umido

INGREDIENTI PER 4 PERSONE:
1 kg di costine di maiale
2 spicchi d'aglio
1 bicchiere di vino bianco
1 bicchiere di brodo
1 cipolla
5-6 foglie di salvia
½ bicchiere di olio d'oliva
sale e pepe

Tritate assieme aglio, cipolla e salvia e metteteli a soffriggere nell'olio. Unite le costine di maiale e fatele rosolare, girandole, poi sfumatele col vino e lasciatelo evaporare. Versate il brodo e cuocete per una mezz'oretta, salando e pepando. Fate addensare il sugo, eventualmente facendo nevicare un po' di farina da un setaccio, mescolate e servite.

Fagottini di pollo al lardo

INGREDIENTI PER 4 PERSONE:

30 g di uvetta
50 g di lardo
1 spicchio d'aglio
1 ciuffo di prezzemolo
200 g di funghi freschi misti
4 petti di pollo
4 cucchiai di olio d'oliva
1 bicchiere di vino bianco
15 g di pinoli
sale e pepe

Battete bene i petti di pollo. Tagliate i funghi, metteteli in una padella con il sale, lo spicchio di aglio, l'olio, il pepe, il prezzemolo tritato e fateli saltare a fuoco vivo per qualche minuto.

Toglieteli dal fuoco, mettete i funghi nel centro dei petti di pollo, chiudeteli e avvolgeteli nelle fettine di lardo, tenendole ferme con uno stuzzicadenti o con del filo da arrosti. Fate rosolare i fagottini in padella con l'olio, sfumateli con il vino bianco, fatelo evaporare, quindi unite l'uvetta che avrete lasciato a bagno mezz'oretta in acqua tiepida e i pinoli. Fate cuocere per 20 minuti, aggiungendo se serve un po' di acqua calda.

Fegatino sotto grasso con polenta

INGREDIENTI PER 4 PERSONE:

250 g di farina da polenta
400 g di fegatino sotto grasso
150 g di burro
sale e pepe

Contrariamente al nome, il fegatino sotto grasso è un insaccato a base di carne di maiale con un poco di fegato, lasciato asciugare poi conservato sotto strutto.

Portate a ebollizione 2 l di acqua, unite sale e una noce di burro. Fate cadere la farina da polenta a pioggia e mescolate per non far formare grumi. Cuocete almeno una quarantina di minuti. A parte sciogliete il burro in una padella, badando che non frigga e riscaldate il fegatino tagliato a dadini.

Prima di servire condite la polenta con l'intingolo di burro e fegatino, mescolate, salate e pepate.

Filetti di pesce persico di Arona

INGREDIENTI PER 4 PERSONE:

16 filetti di pesce persico
½ bicchiere di olio d'oliva
qualche foglia di salvia
4-5 cucchiai di farina bianca
60 g di burro
sale

Lavate e asciugate i filetti, passateli nella farina e friggeteli nell'olio caldo, rigirandoli una volta sola. Mettete a scolare l'unto in eccesso su un foglio di carta assorbente, salateli e disponeteli su un piatto da portata che terrete al caldo.

Fondete il burro con le foglie di salvia, irroratene i filetti e servite.

Frisse novaresi

INGREDIENTI PER 4 PERSONE:

200 g di polmone di vitello *200 g di fegato di vitello*
200 g di lardo *2 spicchi d'aglio*
50 g di uvetta sultanina *100 g di farina da polenta*
150 g di burro *sale e pepe*

Mettete nel tritacarne il polmone, il fegato e il lardo, macinando tutto finemente. A parte tritate l'aglio e unitelo all'impasto con abbondante sale e pepe nero. Fate rinvenire l'uvetta sultanina in acqua tiepida per mezz'oretta, poi scolatela e tritatela, prima di aggiungerla all'impasto.

Formate con le mani delle polpettine, che farete rotolare nella farina da polenta. Sciogliete il burro in padella, friggete le frisse, toglietele con una schiumarola e ponetele a scolare l'unto in eccesso prima di servire.

Mula bollita con purè

INGREDIENTI PER 4 PERSONE:

1 Mula *500 g di patate*
1 l di latte *50 g di burro*
50 g di formaggio grattugiato *sale e pepe*

Bollite per almeno un'oretta la Mula, fasciata con una pezzuola di cotone, in acqua salata. Lavate le patate e fatele bollire con la pelle per una mezz'oretta in abbondante acqua salata. Scolatele, pelatele, passatele nello schiacciapatate e mettete il composto in una pentola. Unite il burro, sale e allungate col latte, pepate.

Mescolate e fate cuocere per una decina di minuti, quindi unite il formaggio, mescolate ancora e spegnete il fuoco. Scolate la Mula e tagliatela a fette, dopo avere tolto la pezzuola. Servite nei singoli piatti la Mula bollita su un letto di purè di patate.

Oca arrosto con le verze

INGREDIENTI PER 4 PERSONE:

1 oca *1 grosso ramo di rosmarino*
5-6 foglie di alloro *1 grosso ciuffo di salvia*
1 l di vino bianco secco *4 cucchiai di olio d'oliva extravergine*
1 verza *1 spicchio d'aglio*
4 filetti di acciuga *sale e pepe*

Mettete l'oca ben pulita in una grande casseruola, ricopritela di rosmarino, alloro, salvia e mettete il tutto a cuocere in forno a 120° per 3 ore.

Trascorso questo tempo vedrete che l'oca è sommersa nella miscela di grasso liquido, toglietela, versate il grasso in vasi di vetro (potrete utilizzarlo al posto dello strutto) e rimettete nel forno l'oca rimasta asciutta. Versateci sopra del vino bianco asprigno e rimettetela a cuocere, facendola rosolare nella casseruola senza coperchio. Quando è dorata tagliatela a pezzi. A parte affettate molto sottile il cuore della verza, quindi conditela con olio, sale, pepe, aglio ed acciughe tritati assieme e impastati.

Ponete l'insalata di verza su un vassoio da portata e metteteci sopra i pezzi di oca, con qualche cucchiaiata del sughetto di cottura.

Oca farcita alla novarese

INGREDIENTI PER 4 PERSONE:
1 oca già pulita e svuotata

Per il ripieno:
300 g di lonza di maiale
100 g di riso
1 spicchio d'aglio
sale e pepe

200 g di lardo
1 cipolla
1 ciuffo di prezzemolo

Per la cottura:
2 cipolle
50 g di burro
5-6 foglie di salvia
2 bicchieri di vino bianco

30 g di lardo
1 rametto di rosmarino
1 foglia di alloro
sale e pepe

Tritate la lonza di maiale, il lardo, una cipolla, l'aglio e il prezzemolo, aggiungete sale, pepe e il riso. Con il composto farcite un'oca, ben pulita, cucite l'apertura del buzzo con un poco di filo bianco, adagiatela in una capiente teglia da forno, nella quale avrete messo le cipolle tagliate, il lardo grossolanamente pestato, il burro, sale, pepe, salvia, rosmarino e l'alloro. Ponete in forno caldo a 180° e cuocete per almeno 2 ore, sfumando ogni tanto con un po' di vino bianco, e girando fino a quando vedrete che l'oca è tenera. Tagliatela a pezzi e servitela, velandola con il sugo di cottura, eventualmente addensato con un po' di farina.

Pasticcio di polenta alla contadina

INGREDIENTI PER 4 PERSONE:
250 g di farina di mais
200 g di pancetta
½ bicchiere di olio di oliva
1 carota
2 spicchi d'aglio
½ bicchiere di salsa di pomodoro
100 g di parmigiano grattugiato

1 l e ½ di acqua
200 g di carne d'oca
1 cipolla
1 costa di sedano
2 bicchieri di vino bianco secco
salsa besciamella
sale e pepe

Portate a ebollizione 2 l di acqua e mettetevi a cuocere dolcemente la farina di mais per mezz'ora, mescolando spesso perché non si formino grumi. Tritate la cipolla, la carota, il sedano e l'aglio, e metteteli a soffriggere con l'olio e la pancetta pestata. Quando le verdure saranno colorite aggiungete la carne d'oca tritata e lasciatela rosolare per dieci minuti, salate e pepate. Aggiungete poi il vino e fatelo evaporare, infine unite la salsa di pomodoro, coprite la pentola e lasciate cuocere a fuoco dolce per almeno due ore, mescolando di tanto in tanto. Prendete una pirofila da forno, imburratela, fate uno strato di polenta, uno di ragù e uno di besciamella, alternando più strati, e spolverizzando l'ultimo con il formaggio. Fate gratinare per 10-15 minuti a 180°.

Polpettone di maiale in fascia

INGREDIENTI PER 4 PERSONE:

1 fetta grande di petto di tacchino	*250 g di trita di maiale*
125 g di funghi	*5 uova*
50 g di burro	*1 cipolla*
1 ciuffo di prezzemolo	*1 rametto di rosmarino*
2 spicchi d'aglio	*50 g di formaggio grattugiato*
1 bicchiere di vino bianco	*1 bicchiere di brodo*
100 g di prosciutto cotto	*sale e pepe*

Pulite bene i funghi e tritateli. A parte tritate la cipolla, il prezzemolo e il prosciutto cotto. Mettete tutto quanto in una terrina e aggiungeteci il maiale, sale e pepe.

Mescolate, amalgamate con le uova e il formaggio.

Riempite con questo composto la fetta di petto di tacchino, arrotolatela su se stessa e legatela con un filo da arrosti.

Sciogliete il burro in una padella e mettete a rosolare il polpettone, con aglio e rosmarino, sale e pepe. Sfumate prima col vino, poi col brodo e cuocete, girando il polpettone, per almeno un'oretta.

Rane fritte

INGREDIENTI PER 4 PERSONE:

2 kg di rane	*5-6 cucchiai di farina bianca*
1 bicchiere di olio d'oliva	*1 cipolla*
2 cucchiai di aceto di vino	*il succo di 1 limone*
olio per friggere	*sale e pepe*
1 ciuffo di prezzemolo	

Private della testa le rane, pelatele, sventratele e lavatele sotto l'acqua corrente.

Lasciatele a bagno per mezza giornata in acqua fresca con un poco di aceto, cambiandola di tanto in tanto. Fatele poi marinare per altra mezza giornata con l'olio d'oliva, un trito fine di cipolla e prezzemolo, il succo di limone, sale e pepe.

Asciugatele, infarinatele, e friggetele nell'olio bollente. Sgocciolatele su un foglio di carta assorbente da cucina e servitele caldissime.

Rane in guazzetto

INGREDIENTI PER 4 PERSONE:
800 g di rane già pulite
½ bicchiere di olio di oliva
1 costa di sedano
1 ciuffo di prezzemolo
1 bicchiere di vino bianco secco
sale e pepe
50 g di burro
2 cipolle
1 carota
2 spicchi di aglio
4 cucchiai di farina bianca

Tritate sedano, carota, cipolle e aglio e metteteli a soffriggere in olio e burro. Quando saranno ben colorite, aggiungete le rane pulite e dopo 10 minuti di cottura a fuoco rapido sfumate con un bicchiere di vino bianco secco; lasciate evaporare, poi fate nevicare da un setaccio un poco di farina bianca e aggiungete sale e pepe.

Cuocete per circa 15 minuti a fiamma moderata, poi servite ben caldo.

Rane in umido

INGREDIENTI PER 4 PERSONE:
1 kg di cosce di rana pulite
1 confezione di panna
1 bicchierino di grappa
1 ciuffo di prezzemolo
100 g di farina
200 g di burro
2 cucchiai di passata di pomodoro
2 spicchi d'aglio
sale

Pulite bene e sciacquate le rane, quindi asciugatele. Passatele velocemente nella farina e friggetele nel burro spumeggiante, togliendole con una schiumarola quando saranno dorate e croccanti. Toglietele con una schiumarola e ponetele a scolare l'unto in eccesso su un foglio di carta assorbente da cucina. In un pentolino fate rosolare in una noce abbondante di burro un trito fine di aglio e prezzemolo, unite la panna e il pomodoro e mescolate. Sfumate con la grappa e mescolate ancora, poi servite.

Spezzatino alle verdure di Casalvolone

INGREDIENTI PER 4 PERSONE:
600 g di spezzatino di manzo
100 g di carote
1 rametto di timo
1 rametto di rosmarino
½ l di brodo
sale e pepe
100 g di zucchine
100 g di patate
4-5 foglie di salvia
½ bicchiere di olio d'oliva
2 cucchiai di farina

Tagliate zucchine, carote e patate a pezzetti. In una padella, rosolate nell'olio le verdure con salvia, rosmarino e timo, sale e pepe. Unite lo spezzatino, bagnate col brodo e fate cuocere un'oretta, a tegame coperto. Prima di servire addensate il sughetto facendo nevicare un po' di farina da un setaccio.

Vitello in casseruola

INGREDIENTI PER 4 PERSONE:

800 g di spezzatino di vitello
150 g di pancetta (una fetta sola)
2 foglie di alloro
4 cucchiai di olio d'oliva
1 cipolla
1 carota
sale e pepe
1 bicchiere di vino rosso
½ bicchiere di aceto di vino rosso
2 chiodi di garofano
50 g di burro
2 spicchi d'aglio
20 g di farina

Tagliate la carne in cubetti di 3 cm circa, mettetela in una terrina, unite alloro, sale, aceto, vino, chiodi di garofano e lasciate marinare per 24 ore.

Sgocciolate la carne, asciugatela e infarinatela.

Tagliate la pancetta e le verdure a pezzetti e la cipolla a fettine sottili. Rosolate la cipolla in olio e burro, aggiungete la pancetta, le verdure e la carne.

Mescolate, poi bagnare con la marinata, che avrete preventivamente filtrata.

Coprite la casseruola e cuocete a fuoco moderato per 2 ore.

Vitellone arrosto alla Visconti

INGREDIENTI PER 4 PERSONE:

500 g di polpa di vitellone
  (pezzo intero)
½ l di vino bianco
100 g di burro
sale e pepe
5-6 foglie di salvia
1 rametto di rosmarino
100 g di lardo venato
4 cucchiai di olio d'oliva
2 spicchi d'aglio

Prendete il pezzo intero e tagliate la carne a fette, senza arrivare fino al fondo: dovete ottenere una sorta di libro.

Tra una fetta di carne e l'altra frapponete il lardo venato tagliato a fettine sottili e un trito fine di aglio e rosmarino. Ricomponete il pezzo di carne, chiudendolo e legandolo con del filo da arrosto, quindi mettetelo in una teglia da forno con olio e burro, ancora un poco di trito di aglio e rosmarino e le foglie di salvia.

Bagnate col vino e informate in forno già caldo a 180° per almeno un'oretta, girando il pezzo un paio di volte. Prima di servire togliete il filo e aprite il libro.

CONTORNI

Asparagi alla senape

INGREDIENTI PER 4 PERSONE:

400 g di punte di asparagi
1 pezzetto di scorza di limone
250 g di caprino fresco
2 cucchiai di aceto
1 bicchiere di vino bianco secco
2 cucchiai di senape delicata
4 cucchiai di olio extravergine d'oliva
sale e pepe

Fate lessare le punte degli asparagi per 15 minuti. Nel frattempo mettete nel frullatore il caprino, la senape, l'olio, il vino, l'aceto, la scorzetta di limone, sale e pepe. Scolate gli asparagi e disponeteli su un piatto da portata. Irrorateli con la salsa e serviteli subito.

Bietole in teglia

INGREDIENTI PER 4 PERSONE:

500 g di bietole
4-5 foglie di salvia
2 mestoli di brodo vegetale
sale e pepe
2 scalogni
1 rametto di rosmarino
4 cucchiai di olio extravergine d'oliva

Preparate un battuto abbondante di scalogno, qualche foglia di salvia e rosmarino e mettetelo a rosolare nell'olio.

Lessate per pochi minuti in acqua salata, scolate e strizzate le bietole, poi trituratele grossolanamente, e unitele al soffritto, bagnando di tanto in tanto con qualche mescolo di brodo bollente. Fate restringere, aggiustate di sale e pepe e servite.

Budino di erbette

INGREDIENTI PER 4 PERSONE:

100 g di tomino fresco
40 g di burro
4 spicchi d'aglio
1 rametto di timo
sale e pepe
500 g di erbette
2 cipolle
1 rametto di rosmarino
1 ciuffo di prezzemolo

Pulite le erbette e sbollentatele per pochi minuti in acqua salata, scolatele e strizzatele.

Fate rosolare il tomino sbriciolato in un po' di burro con il trito di aglio, cipolla ed erbe aromatiche per 10 minuti, poi toglietelo dal fuoco, lasciatelo un poco raffreddare, e passatelo nel frullatore per ottenere una pasta cremosa. Unite le erbette bollite, scolate e sminuzzate, quindi condite con sale e pepe e amalgamatele con la crema di tomino.

Ungete uno stampo da budini, riempitelo con il composto e fatelo cuocere a bagnomaria per 2 ore. Potete servirlo con una salsa piccante.

Carciofi in padella

INGREDIENTI PER 4 PERSONE:
8 carciofi
1 cipolla
50 g di burro
1 bicchiere di vino bianco
1 ciuffo di prezzemolo
sale e pepe

Pulite i carciofi, eliminate le foglie più dure e le punte e tagliateli a spicchi. Affettate sottilmente la cipolla e mettetela a rosolare in una casseruola con il burro, quindi unite i carciofi e lasciateli insaporire per qualche minuto. Regolate di sale e pepe ed irrorate il tutto con il vino bianco. Lasciate cuocere a fuoco moderato e con il coperchio per 30 minuti, aggiungendo acqua se necessario. Prima di togliere dal fuoco unite il prezzemolo tritato.

Cardi gratinati alla toma

INGREDIENTI PER 4 PERSONE:
1 cardo
4 cucchiai di pangrattato
sale e pepe
4 cucchiai di olio extravergine d'oliva
100 g di toma stagionata grattugiata

Pulite bene i cardi, lessateli in acqua salata e, una volta teneri, scolateli e metteteli in una teglia da forno unta. Cospargeteli con il pangrattato e toma stagionata grattugiata, condite con sale e abbondante pepe nero macinato al momento, quindi irrorate con un filo d'olio. Metteteli a gratinare in forno preriscaldato a 180° per una ventina di minuti.

Carote al forno

INGREDIENTI PER 4 PERSONE:
700 g di carote
200 g di toma stagionata grattugiata
50 g di burro
1 ciuffo di basilico
4 cucchiai di olio extravergine d'oliva
100 g di salsa di pomodoro
1 cipolla
2 cucchiai di pangrattato
sale e pepe

Preparate prima il sugo: rosolate nel burro la cipolla tagliata a pezzi, quindi aggiungete la salsa di pomodoro, insaporite di sale e pepe e per ultimo aggiungete il basilico. Fate sobbollire e addensare. Spuntate le carote, pelatele, lavatele, asciugatele e tagliatele a rondelle. Mettete in una casseruola l'olio, fatelo scaldare e aggiungete le carote. Fatele rosolare brevemente, mescolando con un cucchiaio di legno. Versate mezzo bicchiere di acqua, insaporite con una presa di sale e un pizzico di pepe appena macinato e continuate la cottura a fuoco moderato, per 20 minuti circa, mescolando di tanto in tanto.

Prendete una pirofila da forno, ungetela, alternate uno strato di carote, un po' di toma stagionata grattugiata e un cucchiaio di salsa di pomodoro. Cospargete l'ultimo strato di pangrattato e toma stagionata grattugiata. Mettete la teglia in forno e fatela gratinare.

Cavolfiore al pomodoro

INGREDIENTI PER 4 PERSONE:

1 cavolfiore *4 cucchiai di olio extravergine d'oliva*
1 spicchio d'aglio *1 cipolla*
100 g di polpa di pomodoro *1 ciuffo di prezzemolo*
1 ciuffo di basilico *sale e pepe*

Pulite e lavate il cavolfiore, fatelo lessare in acqua salata per 10 minuti circa, poi scolatelo e tagliatelo a pezzetti.

In una padella fate soffriggere nell'olio d'oliva l'aglio e la cipolla tritati finemente, dopo qualche minuto aggiungete la polpa di pomodoro, il basilico e il prezzemolo tritati. Fate quindi insaporire il cavolfiore, salate, pepate e lasciatelo cuocere ancora per una decina di minuti. A piacere potete sostituire il pepe con il peperoncino piccante.

Ceci al forno con cipolla

INGREDIENTI PER 4 PERSONE:

4 cucchiai di olio extravergine *1 barattolo di ceci*
  d'oliva *1 cipolla*
2 pomodori *2 spicchi d'aglio*
1 dado vegetale *sale e pepe*

Mescolate i ceci con una cipolla rossa affettata sottilmente, i pomodori freschi tagliati a dadini, gli spicchi d'aglio grossolanamente tritati. Mettete il composto in una teglia da forno unta, quindi irrorate con un mestolo di brodo vegetale. Salate, pepate, aggiungete l'olio e infornate, coprendo la pirofila con carta stagnola, per 30 minuti a 150°. Servite caldo.

Cicorie selvatiche in insalata

INGREDIENTI PER 4 PERSONE:

500 g di cicorie selvatiche *4 cucchiai di olio extravergine d'oliva*
  (tarassaco) *sale e pepe*

Nettate e lavate con attenzione le cicorie selvatiche, cuocetele in acqua e sale e, una volta cotte, toglietele dall'acqua e strizzatele. Conditele ancora calde con olio di oliva, sale e pepe.

Crocchette di funghi al prezzemolo

INGREDIENTI PER 4 PERSONE:

400 g di funghi misti
50 g di farina
1 ciuffo di prezzemolo
4 cucchiai di pangrattato
olio per friggere
70 g di burro
2 bicchieri di latte
1 spicchio d'aglio
50 g di parmigiano grattugiato
sale e pepe

Pulite bene i funghi, tagliateli a fettine e rosolateli con la metà del burro. Quando avranno buttato fuori l'acqua aggiungete un trito di prezzemolo e aglio, sale e pepe macinato al momento. Toglieteli dal fuoco e lasciateli intiepidire. Fate sciogliere a parte in una piccola casseruola il resto del burro, amalgamatevi la farina, assicurandovi che non si formino grumi. Dopo qualche minuto stemperate con del latte caldo; continuate a rimescolare con un cucchiaio di legno fino a quando la salsa sarà addensata. Lasciatela raffreddare, poi amalgamatevi i funghi tritati, sale, pepe e il parmigiano grattugiato. Mescolate e, quando il composto sarà ben legato, formate delle crocchette rotonde di media dimensione, che passerete nel pangrattato. Friggetele in abbondante olio, poi scolatele su un foglio di carta da cucina e servitele calde.

Fagioli e peperoni

INGREDIENTI PER 4 PERSONE:

500 g di fagioli rossi freschi
4 spicchi d'aglio
4 cucchiai di olio extravergine
  d'oliva
2 peperoni verdi
1 cipolla
sale e pepe

Mettete in una pentola i fagioli con acqua fredda, sale, un poco d'olio e mezza cipolla e lasciateli cuocere almeno un'oretta. Scolateli quando sentirete con i rebbi di una forchetta che sono morbidi. Tritate i peperoni verdi assieme all'aglio e alla mezza cipolla rimasta, quindi fate soffriggere il tutto nell'olio. Unite i fagioli scolati, e mescolate il tutto.

Fagiolini all'aglio

INGREDIENTI PER 4 PERSONE:

500 g di fagiolini
4 cucchiai di olio extravergine
  d'oliva
6 spicchi d'aglio
1 cucchiaino di zucchero
sale e pepe

Pulite i fagiolini, sbollentateli per 5-6 minuti in acqua bollente salata, quindi scolateli bene. Tritate grossolanamente l'aglio e mettetelo a soffriggere in una padella assieme all'olio, gettatevi i fagiolini e fate rosolare a fuoco dolce. Prima di servire aggiungete sale, pepe e lo zucchero, mescolando bene.

Fagiolini con le olive

INGREDIENTI PER 4 PERSONE:

200 g di fagiolini verdi
1 ciuffo di prezzemolo
2 spicchi di aglio
2 cucchiai di succo di limone
1 ciuffo di erba cipollina
1 pugno di olive nere
4 cucchiai di olio extravergine d'oliva
sale e pepe

Pulite, lavate e cuocete al vapore i fagiolini o sbollentateli in abbondante acqua salata. Lasciateli raffreddare, quindi tagliateli a pezzetti di circa 3-4 cm.

Tritate finissimamente l'erba cipollina, il prezzemolo, le olive nere e l'aglio, quindi amalgamate il trito con olio e succo di linone, sale e pepe. Mettete i fagiolini in una terrina e conditeli con il trito.

Fagiolini in agrodolce

INGREDIENTI PER 4 PERSONE:

500 g di fagiolini
2 cucchiai di aceto
4 cucchiai di olio extravergine
  d'oliva
50 g di zucchero
sale e pepe

Pulite i fagiolini, spuntandoli e togliendo i filamenti, poi lavateli. Metteteli in una pentola piena di acqua bollente salata e fateli lessare. Scolateli e versateli in una terrina.

Mettete in una pentolina lo zucchero e l'aceto, unite due cucchiai d'acqua, l'olio, sale e pepe e fate cuocere a fiamma bassa per una decina di minuti, mescolando costantemente per ben amalgamare gli ingredienti.

Condite i fagiolini con questa salsa e serviteli.

Finocchi ripieni

INGREDIENTI PER 4 PERSONE:

4 finocchi
1 spicchio d'aglio
1 ciuffo di prezzemolo
sale e pepe
100 g di pane raffermo
1 cipolla
4 cucchiai di olio extravergine d'oliva

Lessate i finocchi per 10 minuti, quindi tagliateli a metà, levate la parte centrale e allineateli in una pirofila da forno unta.

Tritate i cuori di finocchio assieme alla cipolla, all'aglio e al prezzemolo e fateli saltare in poco olio in una padellina. Bagnate il pane nell'acqua e strizzatelo bene, quindi aggiungetelo al trito, salate, pepate e togliete dal fuoco. Lasciate intiepidire il ripieno, quindi farcite i finocchi e passateli nel forno caldo a 150° per 20 minuti.

Germogli di luppolo in insalata

INGREDIENTI PER 4 PERSONE:
500 g di bruscandoli (germogli di luppolo)
sale e pepe
4 cucchiai di olio extravergine d'oliva
il succo di ½ limone

Scottate i bruscandoli in abbondante acqua salata per pochi minuti. Serviteli conditi con il succo di limone amalgamato all'olio extra vergine di oliva, insaporendo con sale e pepe.

Insalata di sedano e finocchi

INGREDIENTI PER 4 PERSONE:
qualche foglia di lattuga
2 finocchi
1 carota
2 cucchiai di aceto rosso
qualche foglia di radicchio rosso
4 cuori di sedano bianco
4 cucchiai di olio extravergine d'oliva
sale e pepe

Lavate e asciugate le foglie di lattuga e di radicchio e usatele per ricoprire la parte interna di coppette. Lavate i cuori di sedano e i finocchi e asciugateli, quindi tagliateli alla julienne o a striscioline sottilissime. In una terrina amalgamate l'olio, l'aceto, sale e pepe macinato al momento. Grattugiate con l'apposito attrezzo la carota, quindi in una insalatiera mescolate il sedano, i finocchi e la carota, conditeli e riempite le coppette da macedonia.

Melanzane in insalata

INGREDIENTI PER 4 PERSONE:
2 melanzane
1 spicchio d'aglio
4 cucchiai di olio extravergine d'oliva
2 cucchiai di aceto
1 ciuffo di menta
sale e pepe

Lavate le melanzane e tagliatele a fettine molto sottili. Lasciatele per circa 30 minuti in una bacinella con acqua fredda, quindi mettetele sul fuoco in una casseruola con abbondante acqua salata. Quando saranno cotte scolatele, versatele in una terrina e conditele con l'olio, l'aceto, sale e pepe e un trito finissimo di menta e aglio.

Patate con panna e prezzemolo

INGREDIENTI PER 4 PERSONE:
1 confezione di panna
100 g di burro
1 cucchiaio di maizena
500 g di patate
1 ciuffo di prezzemolo tritato
sale

Unite la panna ad un trito finissimo di prezzemolo e amalgamate, addensando con la maizena. Salate a piacere.

Lessate le patate, pelatele e tagliatele a fettine. Fatele rosolare nel burro fino a quando non saranno ben dorate, quindi toglietele, asciugatele in carta da cucina e mettetele in un piatto da portata. Irroratele con la salsa di panna e prezzemolo e servitele subito.

Patate e funghi al marsala

INGREDIENTI PER 4 PERSONE:
4 patate
1 spicchio d'aglio
2 cucchiai di marsala secco
sale e pepe
200 g di porcini freschi
1 pizzico di timo secco
4 cucchiai di olio extravergine di oliva

Lessate le patate in acqua bollente salata, scolatele e tagliatele a fette senza sbucciarle. Ungete una teglia e allineatevi le fette di patata.

Pulite i funghi e affettateli molto sottili.

In una padella rosolate l'aglio con l'olio, aggiungete i funghi con metà del timo e fateli cuocere a fuoco medio per una decina di minuti, quindi salate, pepate, sfumate di marsala e lasciate evaporare. Arrostite le patate per pochi minuti, copritele con i funghi e il timo rimasto e servitele ben calde.

Peperoni in salsa di capperi

INGREDIENTI PER 4 PERSONE:
2 peperoni rossi
1 cucchiaio di capperi salati
  di Pantelleria
2 spicchi d'aglio
4 cucchiai di olio extravergine d'oliva
sale e pepe

Tagliate a metà i peperoni, adagiateli su una teglia da forno e fateli cuocere per pochi minuti a 180°, quindi toglieteli e lasciateli riposare prima di pelarli, infine tagliateli a strisce larghe un paio di centimetri.

Tritate assieme i capperi e l'aglio, unite l'olio e condite i peperoni con questa salsina, insaporendo con sale e pepe.

Pomodori al forno

INGREDIENTI PER 4 PERSONE:

4 pomodori
4 cucchiai di olio extravergine d'oliva
80 g di parmigiano grattugiato
olio per ungere la pirofila
3 spicchi d'aglio
1 ciuffo di prezzemolo tritato
2 cucchiai di pangrattato
sale e pepe

Tagliate i pomodori a metà in senso orizzontale, cospargeteli di sale e lasciateli riposare per una decina di minuti.

Poi metteteli capovolti in uno scolapasta, in modo che ne sgoccioli il liquido. Scaldate l'olio in un tegame, mettetevi i pomodori capovolti e rosolateli leggermente a fuoco vivace. Quindi sistemateli in una pirofila unta d'olio.

Tritate finemente l'aglio, mescolatelo al prezzemolo e per 2-3 minuti fate soffriggere leggermente nella padella dove è rimasto un poco d'olio dei pomodori.

Distribuite il tutto sui pomodori, e cospargeteli di pangrattato e parmigiano, aggiungete qualche goccia d'olio e fate gratinare in forno a 220°.

I pomodori saranno pronti quando avranno preso un po' di colore e si saranno leggermente raggrinziti.

Purea di zucca

INGREDIENTI PER 4 PERSONE:

500 g di zucca
50 g di burro
1 rametto di rosmarino
4 cucchiai di olio extravergine d'oliva
2 scalogni
4 cucchiai di brodo vegetale
5-6 foglie di salvia
sale e pepe

Tritate finemente salvia e rosmarino. Pulite la zucca e cuocetela in forno a 150° per 40 minuti, quindi toglietela e lasciatela intiepidire.

Fate soffriggere gli scalogni tritati nell'olio, quindi aggiungete il trito di rosmarino e salvia. Frullate la zucca assieme al soffritto di scalogno, e mettete la purea in una pentola assieme al brodo, quindi aggiungete il sale e il pepe. Unite il burro fuso, mescolate e servite.

Verdure con salsa alle nocciole

INGREDIENTI PER 4 PERSONE:

100 g di carote
100 g di zucchine
4 cipolle
4 cucchiai di farina
1 ciuffo di prezzemolo

100 g di patate
100 g di finocchi
100 g di nocciole sgusciate
4 cucchiai di olio extravergine d'oliva
sale e pepe nero

Pulite tutte le verdure e tagliatele a pezzetti, poi fatele cuocere al vapore e riunitele in una capiente insalatiera.

Sbucciate le cipolle e affettatele molto sottilmente; versate l'olio in una casseruola, unite le cipolle, lasciandole appassire a fuoco molto dolce. Quando saranno diventate trasparenti, aggiungeteci le nocciole tritate grossolanamente, alzate la fiamma e lasciate rosolare il tutto per alcuni minuti. Coprite a filo con dell'acqua, aggiungete il prezzemolo tritato e lasciate sul fuoco ancora per 5 minuti, aggiustando di sale e insaporendo con pepe macinato al momento. Legate infine la salsa con un po' di farina e usatela per condire la verdura.

Verdure miste in salsa

INGREDIENTI PER 4 PERSONE:

2 carote
1 cetriolo
1 manciata di olive
1 cespo di insalata a piacere

1 peperone rosso
100 g di fagiolini
1 mazzetto di ravanelli

Per la salsa:
4 cucchiai di olio extravergine d'oliva
2 spicchi d'aglio

il succo di 1 limone
1 ciuffo di prezzemolo
sale e pepe

Preparate prima la salsa, amalgamando un trito finissimo di aglio e prezzemolo all'olio e al limone, e insaporendo con sale e pepe. Tagliate a listelle il peperone ed il cetriolo, cuocete al vapore i fagiolini e le carote.

Su un piatto da portata disponete il peperone, il cetriolo, le carote e i fagiolini. Guarnite con le olive, i ravanelli e foglie di insalata, quindi condite il tutto con la salsina della marinata.

DOLCI

Antico dolce della cattedrale di Novara

INGREDIENTI PER 4 PERSONE:

500 g di farina
180 g di burro
1 bustina di lievito vanigliato
1 bicchiere di latte
4-5 albicocche

200 g di zucchero
5 uova
la buccia di 1 limone
2 bicchieri di grappa di Nebbiolo
4-5 prugne

La sera prima di preparare questo dolce snocciolate albicocche e prugne, tagliatele a pezzetti o a fettine sottili e mettetele in infusione nella grappa, in modo che ne siano ricoperte. Impastate la farina con lo zucchero, le uova, il burro ammorbidito, il latte, la buccia di limone tritata fine, e per ultimo aggiungete il lievito. Quando l'impasto è ben amalgamato, lasciatelo lievitare.

Aggiungete la frutta sotto grappa, mescolate, quindi stendete l'impasto in una teglia da forno precedentemente imburrata.

Cuocete a forno preriscaldato a 180° per 45 minuti. Trascorso questo tempo, togliete dal forno e lasciate riposare almeno mezza giornata prima di servire.

Arance in salsa Gianduia

INGREDIENTI PER 4 PERSONE:

4 arance
1 bicchiere di cognac
1 cucchiaio di fecola di patata
1 vasetto di crema Gianduia

50 g di burro
100 g di zucchero
1 confezione di panna da cucina

Lavate bene le arance, sbucciatele e tagliatele a fette rotonde, poi prendete la buccia, togliete con il pelapatate solamente la parte arancione e passatela al frullatore.

Mettete sul fuoco un pentolino e fate sciogliere lo zucchero in un bicchiere d'acqua, fino a quando otterrete uno sciroppo non troppo denso.

Unitevi la fecola, mescolando bene perché non formi grumi, la scorza frullata, il liquore e il burro fuso. Cuocete per 3 minuti.

Mescolate, poi aggiungete le fette d'arancia, e fate cuocere per 5 minuti. Togliete le fette e disponetele in un piatto di portata, prendete il composto che resta, amalgamatelo con la panna e la crema Gianduia, mescolando bene, poi ricoprite le fette d'arancia e servite subito.

Biscottini al burro

INGREDIENTI PER 4 PERSONE:
200 g di fecola di patate *200 g di farina*
2 tuorli *1 cucchiaio d'olio d'oliva*
150 g di zucchero *250 g di burro*

Fate sciogliere il burro e fatelo intiepidire. Preparate l'impasto con tutti gli ingredienti compreso il burro sciolto in precedenza.

Stendetelo fino a ottenere uno spessore di 2-3 cm. Date le forme che preferite ai vostri biscotti, metteteli su una teglia imburrata o rivestita di carta forno e cuoceteli a 140° per 20-25 minuti.

Biscottini di Arona

INGREDIENTI PER 4 PERSONE:
200 g di farina bianca *200 g di zucchero*
3 uova *100 g di burro*
2 cucchiai di pinoli tritati *2 cucchiai di mandorle triturate*
1 bustina di lievito

Su un tagliere mescolate lo zucchero e la farina fino a formare una fontana, aggiungete le uova e lavorate l'impasto con le mani, aggiungendo progressivamente il burro, che avrete fatto fondere in un tegamino.

Unite il lievito, i pinoli e le mandorle triturati finemente, e lavorate ancora l'impasto. Stendete la pasta e ricavatene con un bicchiere dei biscotti tondi che metterete sulla teglia del forno precedentemente imburrata (ma consiglio di usare la carta forno, che è più comoda).

Infornate per 20 minuti a 180°, a forno preriscaldato.

Biscottini di Novara

INGREDIENTI PER 4 PERSONE:
400 g di farina di grano duro *400 g di zucchero*
4 uova

Impastate la farina con lo zucchero e le uova, lavorando molto bene l'impasto, che deve risultare duro. Se fosse troppo duro aggiungete appena un goccio d'acqua. Stendete la pasta col matterello in uno strato molto sottile, circa 2 mm e ritagliate delle forme lunghe.

Staccate con la lama di un coltello i biscotti dalla spianatoia e poneteli in una placca da forno ricoperta di carta forno. Infornate a caldo a 250° per al massimo 5 minuti, poi togliete e lasciate raffreddare. Terminate di cuocere tutti i biscotti, poi riportate il forno sui 50° e fateli tostare ancora circa 20 minuti.

Bounet con amaretti

INGREDIENTI PER 4 PERSONE:
5 uova
100 g di amaretti
1 l di latte
5 cucchiai di zucchero + 3 cucchiai
per il caramello

Sbattete bene le uova con lo zucchero. Bollite il latte e versatelo assai lentamente nel recipiente dove vi sono le uova. Sbriciolate gli amaretti e uniteli al tutto.

Prendete uno stampo, foderatelo con zucchero caramellato, versateci il composto e cuocetelo per 4 ore a bagnomaria in forno a 150°.

Brutti ma buoni di Borgomanero

INGREDIENTI PER 4 PERSONE:
150 g di nocciole
2 albumi
1 pizzico di cannella
160 g di zucchero
1 pizzico di vaniglia in polvere

Montate gli albumi a neve fermissima in una casseruola, unite lo zucchero, vaniglia e cannella, sempre mescolando dal basso verso l'alto, poi aggiungete le nocciole tritate finemente e mescolate ancora.

Fate cuocere a fuoco moderato fino a quando l'impasto si staccherà dalle pareti e dal fondo della casseruola. Togliete dal fuoco e formate dei mucchietti grossi come una noce. Disponeteli sulla placca del forno e fateli cuocere per 20 minuti a 160°.

Budino di latte

INGREDIENTI per 4-6 persone:
1 l di latte
1 baccello di vaniglia
250 g di zucchero
7 uova

Versate nello stampo 100 g di zucchero, e lasciatelo caramellare a fuoco lento, girando lo stampo perché il caramello sia uniforme. Quindi lasciatelo raffreddare. Ponete sul fuoco il latte con il baccello di vaniglia e il resto dello zucchero e, mescolando spesso con un cucchiaio di legno, lasciate bollire un paio di minuti in modo che lo zucchero si sciolga perfettamente. Accendete il forno, portandolo sui 180°.

Versate in una terrina cinque tuorli e due uova intere, con un cucchiaio di legno mescolate accuratamente quindi unite, senza smettere di mescolare e poco alla volta per non far cuocere le uova, il latte bollente. Quando gli ingredienti sono bene amalgamati versate la crema, filtrandola con un colino molto fitto, nello stampo preparato. Sistemate lo stampo in un recipiente che lo contenga comodamente, pieno di acqua bollente e cuocete il budino a bagnomaria nel forno caldo per circa un'ora, badando che l'acqua sia sempre caldissima, ma non bolla mai.

A cottura ultimata togliete i due recipienti dal forno e lasciate lo stampo immerso nell'acqua per altri quindici minuti circa, poi toglietelo, fate raffreddare il budino e mettetelo in frigorifero. Al momento di servire, immergete per pochi minuti lo stampo in acqua calda affinché lo zucchero caramellato si sciolga leggermente, poi con un coltellino staccate tutto attorno al bordo dello stampo, quindi rovesciate il budino su un piatto da portata e servite.

Bùsie al freisa

INGREDIENTI PER 4 PERSONE:

500 g di farina
50 g burro
4 cucchiai di zucchero
olio per friggere
2 bicchieri di freisa

1 bustina lievito vanigliato
2 tuorli d'uovo
1 pizzico di sale
zucchero vanigliato
sale

Impastate la farina con il lievito vanigliato, il freisa, il burro fuso, due tuorli, lo zucchero, il sale. Mescolate con le mani fino ad ottenere una pasta non troppo molle e ben liscia.

Stendete la sfoglia abbastanza sottile con il matterello, quindi tagliatela con la rotella dentata a losanghe.

Scaldate abbondante olio in una padella dai bordi alti e, quando è bollente, friggete la pasta per pochi minuti, poi toglietela con la schiumarola e lasciate scolare l'unto in eccesso su un foglio di carta assorbente da cucina. Spolverate con zucchero vanigliato prima di servire.

Charlotte di torroncino

INGREDIENTI PER 4 PERSONE:

Per la charlotte:
20 savoiardi
¼ di l di latte
400 g di torrone senza cioccolato

½ l di panna
4 fogli di colla di pesce

Per la crema:
2 tuorli d'uovo
1 bicchiere di latte
2 cucchiaini di maizena

2 cucchiai di zucchero
2 bicchierini di grand marnier
1 bustina di vanillina

Mettete il torrone nel freezer per qualche ora, tritatelo finemente con un mixer e mescolatelo al latte tiepido. Ammollate i fogli di colla di pesce in acqua fredda, poi toglieteli, strizzateli e metteteli in un pentolino con un bicchiere d'acqua, fateli sciogliere ben bene e aggiungeteli al torrone, mescolando per fare amalgamare il tutto. Versate il composto in una terrina e mettetelo in frigorifero fino a quando comincerà a rapprendersi. Montate nel frattempo la panna, quindi unitela al composto di torrone, mescolando delicatamente con un cucchiaio di legno dal basso verso l'alto. Inzuppate i savoiardi nel latte e foderate con questi uno stampo dai bordi alti.

Versatevi all'interno il composto e terminate la parte superiore con uno strato di savoiardi sempre inzuppati nel latte.

Mettete in frigorifero il semifreddo per almeno tre ore. Sbattete i tuorli con lo zucchero fino a renderli ben spumosi e bianchi, aggiungete la vanillina, la maizena diluite con il latte, mettete sul fuoco e mescolate per non far venire grumi. Quando la crema alza il bollore, abbassate la fiamma e fate cuocete per un minuto, poi togliete dal fuoco, aggiungete il liquore e lasciate raffreddare completamente. Al momento di servire capovolgete la charlotte su un piatto, e irroratela con la salsa.

Colombelle alle uova

INGREDIENTI PER 4 PERSONE:
500 g di farina
150 g di zucchero
10 uova + 2 tuorli
1 bustina di vanillina

Impastate la farina con 2 uova, lo zucchero e la vanillina fino a ottenere un composto liscio e morbido. Stendetelo sulla spianatoia con il matterello in una sfoglia dello spessore di circa un centimetro e ritagliatene 4 pezzi a forma di colomba (potete trovare le formine nelle drogherie ben fornite). Foderate una teglia del forno con carta forno o ungetela bene, quindi disponetevi le 4 colombelle. Adagiate su ogni colomba 2 uova fresche ben lavate e asciugate, con il guscio.

Con striscioline di pasta avanzata ricavate delle striscioline, che userete per fissare le uova sulle colombelle, premendo con le dita sui bordi delle strisce per sigillarle. Spennellate il tutto con i 2 tuorli leggermente sbattuti e infornate a forno caldo a 180° per 40-50 minuti.

Crema caramellata

INGREDIENTI PER 4 PERSONE:
1 l di latte intero
8 tuorli d'uovo
70 g di maizena
1 bastoncino di vaniglia
1 dl di panna
250 g di zucchero
1 stecca di cannella
la buccia di 1 limone

Diluite la maizena con un po' di latte freddo, quindi versatela, mescolando ben bene, in un tegame a fondo spesso col resto del latte, la panna, la parte gialla della buccia di limone, vaniglia e cannella. Sbattete i tuorli d'uovo con lo zucchero fino ad ottenere una crema spumosa e omogenea e incorporatela a poco a poco nel latte.

Mettete al fuoco su fiamma bassissima e, mescolando con un cucchiaio di legno per evitare che si formino grumi, cuocete fino a che la crema non si sarà addensata. Toglietela dal fuoco, eliminate limone, cannella e vaniglia e versatela in coppette di coccio o di porcellana che possano andare nel forno.

Prima di servire, cospargete la superficie della crema con abbondante zucchero e passate in forno a 200° per un paio di minuti, in modo da far caramellare la superficie.

Dolce di albicocche alla vaniglia

INGREDIENTI PER 4 PERSONE:
8 grosse albicocche non troppo mature
1 uovo
1 dl e ½ di latte
1 bustina di vanillina
40 g di zucchero

Scottate le albicocche in acqua in ebollizione per pochi secondi, scolatele, pelatele e lasciatele raffreddare, quindi tagliatele a metà e snocciolatele. Disponete le mezze albicocche in una pirofila da forno in modo che ci stiano di misura.

Sbattete l'uovo con lo zucchero e la vanillina, unite il latte, mescolate ancora e versate la crema intorno alle albicocche. Preriscaldate il forno a 140° e lasciate cuocere per circa 35 minuti oppure fino a quando la crema risulta soda e lasciatelo raffreddare.

Dolce di mascarpone e savoiardi

INGREDIENTI PER 4 PERSONE:
300 g di savoiardi
1 bicchiere di crema al whisky
2 dadoni di cioccolato al latte
550 g di mascarpone
4 cucchiai di zucchero

Mettete in una scodella la crema al whisky, allungatela con un goccio d'acqua, immergetevi rapidamente alcuni biscotti, poi strizzateli e con questi rivestite il fondo e le pareti di uno stampo da dolci (meglio se di forma rettangolare).

Ponete in una terrina il mascarpone, incorporatevi lo zucchero, la metà del cioccolato grattugiato e la rimanente crema al whisky, continuando a mescolare lentamente. Ricoprite i savoiardi con un velo di mascarpone. poi fate un nuovo strato di savoiardi inzuppati nella crema al whisky e continuate ad alternare gli strati fino ad esaurimento dei biscotti, che dovranno formare l'ultimo strato.

Lasciate riposare il dolce in frigorifero per mezz'ora, poi capovolgetelo su di un piatto

da dolci, ottenendo una bella "mattonella" rettangolare. Ricopritela interamente con il mascarpone rimasto, aiutandovi con un coltello bagnato per livellare bene il composto e farlo aderire al dolce. Guarnite la mattonella con il rimanente del cioccolato grattugiato e tenetela in frigorifero fino al momento di servirla.

Dolcetti novaresi natalizi

INGREDIENTI PER 4 PERSONE:

400 g di farina
25 g di lievito di birra
3 uova
150 g di burro
75 g di zucchero
100 g di uvetta
3 cucchiai di latte
1 pizzico di sale

Sciogliete il lievito nel latte tiepido, unitevi 100 g di farina e 50 di burro e lavorate bene il tutto per ottenere un impasto omogeneo e non eccessivamente duro.

Formate una palla, coprite e lasciate riposare in un luogo tiepido finché la pasta non è raddoppiata di volume.

Mettete il resto della farina sulla spianatoia e aggiungetevi un pizzico di sale, quindi lavorate insieme all'impasto precedentemente preparato, le uova e lo zucchero. Impastate il tutto tirando spesso la pasta in modo da renderla elastica.

Formate nuovamente una palla, infarinatela leggermente, coprite con un telo e lasciate riposare per 10 minuti. Mettete l'uvetta in ammollo in poca acqua calda.

Battete la pasta sulla spianatoia un paio di volte e unitevi anche l'uvetta. Stendete l'impasto col matterello, disponetevi sopra il resto del burro, ripiegate la pasta in tre e passate il matterello un paio di volte.

Lasciate riposare per un'ora. Scaldate il forno a 200°. Imburrate e infarinate uno stampo e disponetevi la pasta fino a metà altezza.

Infornate e lasciate cuocere per circa 40 minuti. Togliete dal forno, lasciate raffreddare, tagliate il dolce a quadretti e spolverizzateli con zucchero a velo.

Frittelle dolci

INGREDIENTI PER 4 PERSONE:

500 g di farina
¼ di l di latte
la buccia di 1 limone grattugiata
1 bustina di lievito
100 g di zucchero
½ bicchiere di olio extravergine di oliva

Preparate una pastella con la farina, il lievito, lo zucchero, il latte e la buccia di limone grattugiata. Lavoratela bene (per fare prima potete usare il frullatore a immersione) e lasciatela lievitare.

Friggete nell'olio caldo il composto a cucchiaiate. Lasciate prendere colore, toglietele con la schiumarola e ponetele a scolare l'unto in eccesso su un foglio di carta assorbente da cucina. Servite quindi cospargendo con un velo di zucchero.

Gâteau di meringa alle pere

INGREDIENTI PER 4 PERSONE:

Per la pastafrolla:
110 g di burro
1 tuorlo d'uovo
110 g di farina
75 g di zucchero semolato
25 g di mandorle macinate

Per la meringa:
1 albume
50 g di zucchero semolato

Per la farcitura:
4 pere williams mature
1 cucchiaio di zucchero semolato
1 dl e ½ di panna
1 cucchiaio di brandy
2 cucchiai di marmellata di pere

Ungete una teglia e fate riscaldare il forno a 150°. Nel frattempo, in una terrina, lavorate il burro e lo zucchero fino a ottenere una crema soffice, aggiungete il tuorlo d'uovo e unite le mandorle macinate e la farina. Impastate bene il tutto e dategli la forma di una torta di circa 20-25 cm di diametro, che porrete sulla teglia. Punzecchiate la pasta frolla così ottenuta e fatela cuocere in forno per 20-25 minuti, fino a quando comincia a rassodarsi. Toglietela dal forno, abbassate la temperatura portandola a 140° e intanto preparate la meringa. Montate l'albume a neve ben ferma e incorporatevi lentamente lo zucchero. Con una tasca da pasticceria guarnite la base della pasta frolla con un bordo di meringa. Fate cuocere in forno per 30 minuti, quindi lasciate raffreddare e trasferitela delicatamente su un piatto grande. Sbucciate le pere, tagliatele a spicchi, spruzzatele con il brandy e spolverizzatele con lo zucchero. Spalmate la marmellata sulla pasta frolla, montate la panna e distribuitela sulla marmellata. Completate con le pere che devono essere preparate appena prima di servire.

Mousse alle albicocche con crema di cioccolato fondente

INGREDIENTI PER 4 PERSONE:

400 ml di panna fresca
150 g di cioccolato fondente in dadoni
20 g di colla di pesce
150 g di albicocche
1 cucchiaino da caffè di olio di semi
100 g di zucchero

Lasciate ammorbidire i fogli di colla di pesce in un poco di acqua tiepida. Lavate le albicocche, togliete il nocciolo e frullatele. Nel frattempo, con uno sbattitore elettrico montate a neve la panna con lo zucchero. Unite le albicocche e la colla di pesce strizzata. Mescolate accuratamente. Versate il composto in coppette individuali e mettete in frigo a consolidare per 2-3 ore almeno. Poco prima di servire, fate sciogliere a bagnomaria il cioccolato con un cucchiaino da caffè di olio di semi. Sistemate ogni mousse su un piatto, e ricopritela con il cioccolato caldo. Servite immediatamente.

Ossa da mordere di Borgomanero

INGREDIENTI PER 4 PERSONE:

150 g di farina
100 g di nocciole
1 bicchiere di marsala secco
100 g di mandorle
200 g di zucchero
20 g di burro

Rompete 25 g di nocciole e 25 g di mandorle a metà. Tritate molto finemente il resto di mandorle e nocciole con lo zucchero.

Impastate la farina con il trito e abbastanza marsala per ottenere una pasta omogenea. Formate con le mani un rotolo non troppo grosso. Accendete il forno sui 200°.

Tagliate con un coltello il rotolo in 8 parti.

Imburrate la placca del forno. Decorate gli 8 cilindretti con le mandorle e le nocciole divise a metà. Disponete le ossa da mordere sulla placca, che avrete foderato con carta forno. Infornate per 30 minuti circa, fino a quando vedrete che sono dorati. Lasciateli raffreddare prima di toglierli dalla placca.

Pane di San Gaudenzio di Novara

INGREDIENTI PER 4 PERSONE:

500 g di farina
200 g di zucchero
50 g di uvetta sultanina
50 g di pinoli tritati
1 bustina di vanillina
1 pizzico di sale
300 g di burro
3 tuorli d'uovo
50 g di nocciole tritate
1 bicchierino di grappa
il succo di ½ limone

Con la farina e lo zucchero formate sulla spianatoia una fontana, al centro mettete le uova, il sale, la vanillina e impastate.

Aggiungete il burro fuso e il succo di limone. Lavorate l'impasto pochi minuti, poi fatene una palla e lasciatelo riposare in frigorifero per almeno un'ora.

Riprendete l'impasto, aggiungeteci pinoli, nocciole e uvetta sultanina che avrete ammollato in un bicchiere di grappa, e impastate ancora un poco.

Mettete il pane in uno stampo rotondo dai bordi alti e fatelo cuocere in forno caldo a 180° per 40-50 minuti. Appena cotto, toglietelo dallo stampo e lasciatelo raffreddare su una gratella da pasticceria.

Torta alle carote della provincia di Novara

INGREDIENTI PER 4 PERSONE:

200 g di mandorle	*150 g di carote*
120 g di zucchero	*40 g di farina*
3 uova	*½ bustina di lievito per dolci*
2 cucchiai di pangrattato	*1 cucchiaio di brandy*
burro per la teglia	*1 pizzico di sale*

Per la glassa:
150 g di zucchero a velo   *2 cucchiai di rum*
2 cucchiai di succo di limone

Lavate le carote, asciugatele e grattugiatele finemente. Sbattete i tuorli d'uovo con lo zucchero ed un pizzico di sale. Nel frattempo mescolate la farina con il lievito, e unitela all'uovo sbattuto. Versatevi le mandorle macinate, le carote grattugiate e il brandy. Montate gli albumi a neve e aggiungeteli all'impasto.

Ponete quindi il tutto in uno stampo ben imburrato e cosparso di pangrattato e fate cuocere in forno caldo a 200° per circa un'ora.

Quindi toglietelo dal forno e fatelo raffreddare completamente. Preparate la glassa: lavorate lo zucchero a velo, il rum e il succo di limone con uno sbattitore, per formare un composto omogeneo e ricoprite il dolce. Ponete in frigorifero a consolidare prima di servire.

Torta del cappuccino

INGREDIENTI PER 4 PERSONE:

5 panini raffermi	*1 l di latte*
200 g di zucchero	*3 uova*
100 g di nocciole	*100 g di uvetta sultanina*
50 g di burro	*1 bicchierino di liquore benedectine*

Mettete il pane raffermo a bagno nel latte per circa 12 ore, controllando che resti completamente coperto. Passate il pane, ben imbevuto di latte, nel frullatore, fino ad ottenere una crema omogenea.

Aggiungete alla crema l'uvetta, le uova, lo zucchero ed un bicchierino di liquore benedectine. Mescolate accuratamente. Imburrate una tortiera, versatevi la pasta ottenuta, ricopritela con le nocciole triturate grossolanamente e fate cuocere in forno preriscaldato a 150° per circa 40 minuti.

Torta di pan di Spagna e crema pasticcera

INGREDIENTI PER 4 PERSONE:

400 g di panna da montare	80 g di cacao amaro
2 bicchieri di marsala	175 g di farina
200 g di zucchero	50 g di burro
4 uova + 2 tuorli	2 dischi di pan di Spagna
250 g di latte	1 bustina di vanillina
20 g di scagliette di cioccolato	sale

Preparate la crema pasticcera: mettete a scaldare il latte con un pizzico di vanillina. In una piccola terrina mescolate i due tuorli con lo zucchero restante e 25 grammi di farina, poi incorporatevi il latte caldo, mescolando in continuazione. Fate addensare la crema sul fuoco per circa 10 minuti, toglietela dal fornello e fatela raffreddare completamente. Ponete sul fondo di una teglia da forno un disco di pan di Spagna e bagnatelo con il marsala, ricopritelo con 1/3 di crema pasticcera. Prendete un altro disco di pan di Spagna, inzuppate anche questo, spalmatevi un altro terzo della crema e chiudete con il terzo disco, inzuppandolo con altro marsala. Ponete il dolce a raffreddare in freezer per 6 ore. Unite alla crema pasticcera rimasta le scagliette di cioccolato e, poco prima di servire il dolce, sformatelo su un piatto da portata e, usando la lama di un coltello ricopritene il bordo con la crema alle scagliette di cioccolato.

Torta paesana di noci e nocciole

INGREDIENTI PER 4 PERSONE:

200 g di nocciole	100 g di gherigli di noce
200 g di farina	200 g di zucchero
200 g di burro	2 uova
1 bicchierino di liquore	la buccia di 1 limone grattugiata

Lavorate lo zucchero con il burro, aggiungete la farina, i tuorli d'uovo, le noci e le nocciole tostate e tritate, il limone e gli albumi d'uovo montati a neve ferma. Ponete a cuocere in forno preriscaldato a 180° per 40 minuti circa.

Torta Vittoria

INGREDIENTI PER 4-6 PERSONE:

100 g di farina	100 g di burro
100 g di zucchero	2 uova
1 pizzico di sale	150 g di marmellata di albicocche

Per la glassa:

80 g di zucchero a velo	1 albume d'uovo
100 g di burro	

Ammorbidite il burro lavorandolo con una frusta elettrica, quindi aggiungete lo zucchero e continuate a lavorare sino ad ottenere un composto soffice. Aggiungete le uova e mescolate ancora.

Unite la farina insieme a un pizzico di sale e battete finché il composto diventerà liscio e omogeneo. Imburrate e infarinate due teglie uguali, suddividete il composto a metà e cuocetele per mezz'oretta in forno preriscaldato a 180°.

Sfornate i dolci su una griglia da pasticceria e lasciateli raffreddare. Ammorbidite la gelatina di albicocche con poca acqua calda e spalmatela sulla base, quindi coprite con l'altro disco di pasta.

Sciogliete in un pentolino, a fuoco basso, 60 g di zucchero a velo in mezzo bicchiere d'acqua: portate a bollore e spegnete dopo qualche minuto.

Montate a neve l'albume, unite il resto dello zucchero e mescolate benissimo. Versate il composto a filo nello sciroppo caldo, continuando a mescolare con la frusta elettrica fino a quando sarà freddo.

Unite a piccoli pezzi il burro ammorbidito, sempre lavorando con la frusta. Spalmate la torta in maniera uniforme di glassa e servite.

RICETTE DALLA PROVINCIA DI
TORINO

17. Frittelle di riso con salame e Nostrale d'Alpe Provincia di Novara. (© Neubauten studio)

18. Risotto al gorgonzola di Biandrate Provincia di Novara. (© Neubauten studio)

19. Fagottini di pollo al lardo Provincia di Novara. (© Neubauten studio)

20. Mousse alle albicocche con crema di cioccolato fondente Provincia di Novara. (© Neubauten studio)

21. Bagna caoda
Provincia di Torino. (© Neubauten studio)

22. Pappardelle al radicchio rosso in salsa di tomino
Provincia di Torino. (© Neubauten studio)

23. Cavolfiore di Nichelino in crema al gorgonzola e funghi Provincia di Torino. (© Neubauten studio)

24. Canestrelli del Canavese Provincia di Torino. (© Neubauten studio)

25. Riso con bresaola della Val d'Ossola
Provincia di Verbania, Cusio, Ossola. (© Neubauten studio)

26. Filetti di trota alle verdurine e cognac
Provincia di Verbania, Cusio, Ossola. (© Neubauten studio)

27. Insalata di spinaci e pere
Provincia di Verbania, Cusio, Ossola. (© Neubauten studio)

28. Mattonella farcita con panna
Provincia di Verbania, Cusio, Ossola. (© Neubauten studio)

29. Miacce della Valsesia
Provincia di Vercelli. (© Neubauten studio)

30. Involtini di maiale Provincia di Vercelli. (© Neubauten studio)

31. Finocchi bolliti con salsa alle nocciole Provincia di Vercelli. (© Neubauten studio)

32. Savoiardi farciti con crema e mirtilli Provincia di Vercelli. (© Neubauten studio)

ANTIPASTI E PIATTI UNICI

Antipasto piemontese di Ivrea

INGREDIENTI PER 8-10 PERSONE:
1 kg di pomodori da sugo
300 g di fagiolini
300 g di carote
1 vasetto di carciofini sott'olio
250 g di tonno sott'olio
1 bicchiere di aceto di vino bianco
1 cucchiaio di zucchero
300 g di cipolline d'Ivrea
300 g di sedano
300 g di peperoni rossi e gialli
1 vasetto di funghetti sott'olio
1 bicchiere di olio extravergine di oliva
1 cucchiaio di sale

Lavate i pomodori, e cuoceteli in un tegame, senz'acqua, con un pizzico di sale, per 10 minuti, tenendo il fuoco basso e mettendo il coperchio.

Passate poi i pomodori nel passaverdura e mettete la salsa in una pentola capiente. Unite tutte le verdure, ben pulite, lavate e tagliate a tocchetti. Unite l'olio, il sale, lo zucchero e l'aceto, quindi lasciate bollire per 45 minuti. A questo punto aggiungete i carciofini, i funghetti e il tonno.

Lasciate cuocere ancora 5 minuti, poi fate raffreddare prima di servire.

Potete conservare questo antipasto ponendolo in vasetti di vetro e sterilizzandoli per 20 minuti in acqua bollente.

Bagna caoda

INGREDIENTI PER 4 PERSONE:
6 teste d'aglio
2 bicchieri di latte
18-20 acciughe sotto sale
1 bicchiere di olio extravergine d'oliva

Il lavoro più lungo è pelare tutti gli spicchi d'aglio, che vanno messi in un pentolino e coperti di latte. Lasciate cuocere a fuoco basso fino a quando il latte sarà quasi del tutto evaporato. Pulite e dissalate le acciughe, e aggiungete i filetti, avendo cura di schiacciarli con i rebbi della forchetta perché si disfino completamente. A questo punto aggiungete l'olio e, a piacere, un po' di panna, per rendere meno pesante il tutto. Servitela con verdure crude e peperoni al forno.

Budino di Montegranero dell'alta Val Pellice

INGREDIENTI PER 4 PERSONE:
1 l di latte
150 g di toma semistagionata a fette
2 uova
1 pizzico di noce moscata
80 g di semolino
100 g di parmigiano grattugiato
20 g di burro
4 cucchiai di pangrattato
sale

In una casseruola portate a ebollizione il latte e, sempre mescolando con un cucchiaio di legno, versate a pioggia il semolino che farete cuocere per 15-20 minuti. A metà cottura aggiungete il parmigiano grattugiato, la toma semi stagionata a fette e una noce di burro. A fine cottura togliete il composto dal fuoco e lasciatelo intiepidire, poi mescolatevi i tuorli uno alla volta e la noce moscata, infine incorporatevi molto delicatamente gli albumi montati a neve fermissima con un pizzico di sale. Versate l'impasto ottenuto in uno stampo alto e stretto, dopo aver unto con il burro rimasto e cosparso di pangrattato. Fate cuocere il composto in forno preriscaldato a 190° per 45 minuti circa o finché sarà diventato gonfio e dorato. Servite subito nel recipiente di cottura.

Cannoli di Mörtrett di Quincinetto ripieni di prosciutto

INGREDIENTI PER 4 PERSONE:
300 g di Mörtrett di Quincinetto
1 costa di sedano
1 vasetto di maionese
2 cucchiai di aceto
sale e pepe
4 fette di prosciutto cotto da circa 100 g ciascuna
200 g di insalatine miste
4 cucchiai di olio extravergine di oliva

Il Mörtrett di Quincinetto è un formaggio ottenuto con pezzi di toma e ricotta fermentati, sale e peperoncino pestati finemente, inserito in un sacchetto di tela chiuso poi pressato e stagionato da 6 mesi a un anno. Prendete una cucchiaiata di Mörtrett di Quincinetto a scaglie e deponetelo in un mucchietto al centro di una padella antiaderente calda, tenuta su fuoco basso. Appena il formaggio si sarà sciolto, allargandosi in una crespellina, togliete quest'ultima e avvolgetela su uno stampo per cannoli. Preparate 8 cannoli. Riducete a filetti sottili il prosciutto e il sedano, mescolateli alla maionese e riempite i cannoli di formaggio. Condite le insalatine con olio, aceto, sale, pepe, quindi distribuitele nei piatti singoli, disponetevi sopra due cannoli a testa e servite.

Caramelle di salame di cinghiale di Corio e tomini

INGREDIENTI PER 4 PERSONE:
250 g di salame di cinghiale di Corio
alcuni steli di erba cipollina
80 di tomini freschi
1 scalogno
sale e pepe nero

In una ciotola unite i tomini a un trito fine di scalogno, condite con sale e pepe, mescolate bene e mettete un cucchiaio di composto su ogni fetta di salame di cinghiale.

Avvolgete le fette su se stesse e chiudetele come se fossero delle caramelle, fermandole con stuzzicadenti e steli di erba cipollina.

Cipolle ripiene alla canavesana

INGREDIENTI PER 4 PERSONE:
100 g di prosciutto cotto
4 cipolle
1 uovo
20 g di formaggio grattugiato
1 pugno di pangrattato
100 g di carne trita macinata
1 mestolo di brodo
1 ciuffo di prezzemolo
30 g di burro
sale e pepe

Pelate le cipolle, scottatele nell'acqua bollente per 4 minuti e scolatele. Tritate finemente il prosciutto, unitelo alla trita e mettete il composto in una ciotola con il prezzemolo finemente triturato, l'uovo, il formaggio grattugiato, sale e pepe, mescolando bene.

Scavate la parte centrale delle cipolle, tritatele, unitele all'impasto e farcitele. Imburrate una pirofila, mettetevi le cipolle con un poco di brodo e infornate in forno preriscaldato a 180° per circa 40 minuti.

A cottura ultimata, spolverizzate con pangrattato e gratinate per 10 minuti.

Crostini con la bundiola della Val Susa

INGREDIENTI PER 4 PERSONE:
4 fette di pane casereccio
200 g di bundiola
50 g di burro

La bundiola è un insaccato a base di carne e grasso di maiale, insaccata nella vescica e stagionata da un minimo di 6 mesi fino a oltre un anno. Abbrustolite il pane nel forno, e spalmatelo col burro. Sovrapponete la bondiola a fette e servite.

Crostini con prosciutto crudo dell'alta Val Susa

INGREDIENTI PER 4 PERSONE:
8 fette di pane casereccio
1 mozzarella
4-6 cucchiai di maionese
150 g di prosciutto crudo dell'alta
Val Susa

Dividete le fette di pane in 4 e fatene dei crostini, mettendoli ad abbrustolire nel forno. Poi spalmateli con la maionese, quindi disponete pezzetti di prosciutto su ogni crostino e mozzarella a tocchetti. Infornate nel forno già caldo per 10 minuti circa.

Finanziera

INGREDIENTI PER 4-6 PERSONE:
300 g di rigaglie di pollo
100 g di peperoni rossi sott'aceto
100 g di cetriolini sott'aceto
50 g di acciughe salate
1 cucchiaino di capperi sott'aceto
½ bicchiere d'olio d'oliva
sale e pepe

100 g di creste di gallo e testicoli
100 g di peperoni gialli sott'aceto
100 g di tonno sott'olio
1 cipolla
1 ciuffo di prezzemolo
2 cucchiai di aceto di vino

Sbollentate in poca acqua salata la carne per pochi minuti. Alcuni preferiscono ripassarla in padella con un po' di burro: il risultato è sicuramente migliore. Tagliate a fettine sottilissime le rigaglie, le creste e i testicoli e mettete il tutto in una capiente insalatiera. Tagliate a pezzetti anche i sottaceti e aggiungeteli alla carne. Tritate le acciughe e la cipolla e mischiate bene il tutto assieme al tonno, quindi condite con sale, pepe, olio e aceto, come per un'insalata. Sopra a tutto ponete il prezzemolo tritato finemente.

Frisse di Baldissero Canavese

INGREDIENTI PER 4 PERSONE:
200 g di polmone di vitello
200 g di frattaglie miste di maiale
2 spicchi d'aglio
100 g di farina da polenta
sale e pepe

200 g di fegato di vitello
200 g di lardo
1 cucchiaio da tavola di zucchero
150 g di burro

Mettete nel tritacarne il polmone, le frattaglie di maiale, il fegato e il lardo, macinando tutto finemente. A parte tritate l'aglio e unitelo all'impasto con abbondante sale e pepe nero. Unite lo zucchero e mescolate bene.

Formate con le mani delle polpettine, che farete rotolare nella farina da polenta.

Sciogliete il burro in padella, friggete le frisse, toglietele con una schiumarola e ponetele a scolare l'unto in eccesso prima di servire.

Frittata rognosa

INGREDIENTI PER 4 PERSONE:
4 uova
200 g di salame crudo
2 cucchiai di panna
sale e pepe

100 g di burro
100 g di parmigiano reggiano
  grattugiato

Tagliate a pezzetti piccoli il salame e unitelo al parmigiano grattugiato, poi condite il composto con sale e pepe. Ponete il burro in una padella e fatelo scaldare bene, poi mettete a friggere le uova sbattute con la panna, sale e pepe, alle quali avrete aggiunto il composto di salame e parmigiano. Fate rapprendere da una parte, poi muovete la padella per far staccare la frittata e, con l'aiuto di un piatto, giratela per friggerla dall'altra parte. Quando sarà dorata, toglietela dal fuoco e fatela asciugare su un foglio di carta da cucina per togliere l'unto in eccesso.

Insalata di coniglio di Carmagnola

INGREDIENTI PER 4 PERSONE:
400 g di polpa di coniglio disossata (anche un avanzo di arrosto)
4 cucchiai di olio extravergine d'oliva
1 bustina di pinoli
100 g di gherigli di noce
1 cipollotto
sale e pepe

Se il coniglio è già cotto dovrete solamente disossarlo, se invece è da cuocere portate a ebollizione una pentola d'acqua salata, e lessatelo per una quarantina di minuti, poi scolatelo, disossatelo e lasciatelo raffreddare completamente. Pestate i pinoli e le noci nel mortaio, aggiungendo l'olio a filo, per farlo amalgamare. Quando il coniglio sarà freddo, tagliatelo a pezzettini e conditelo con la salsa di noci e pinoli e il cipollotto tagliato a rondelle fini.

Insalata di gianchetti

INGREDIENTI PER 4 PERSONE:
400 g di gianchetti
2 spicchi d'aglio
4 cucchiai di olio extravergine di oliva
1 limone
1 ciuffo di prezzemolo
sale e pepe bianco

Lavate bene i gianchetti, poi metteteli in una terrina. Tritate finemente aglio e prezzemolo e metteteli in un'altra terrinetta, dove aggiungerete l'olio, il succo del limone, il sale e il pepe. Con la forchetta sbattete bene la citronette per farla amalgamare, poi versatela sui gianchetti e mescolate delicatamente. Lasciate insaporire mezz'oretta prima di servirli.

Miasse con salgnun dell'eporediese

INGREDIENTI PER 4 PERSONE:
1 kg di farina bianca
½ l di latte intero
1 confezione di panna
sale
200 g di salgnun
2 uova intere
2 fette di lardo

Il salgnun è un formaggio ottenuto con toma sbriciolata addizionata con peperoncino e cumino e lasciata maturare una quindicina di giorni.

Formate con la farina un vulcano, rompeteci dentro le uova e impastate con il latte, aggiungendo mano a mano anche la panna ed un pizzico di sale. Dovrete ottenere un composto piuttosto duro. Per fare le miasse sono necessari degli appositi stampi, che devono essere scaldati e leggermente unti con un poco di lardo. Fate delle palline con il composto e schiacciatele tra le piastre, quindi ponete a cuocere le miasse da entrambi i lati. Spalmate le miasse, ben croccanti, di salgnun e servite subito.

Mustardela della Val Pellice con polenta

INGREDIENTI PER 4 PERSONE:

400 g di farina di mais
200 g di mustardela della Val Pellice
2 l d'acqua
100 g di burro
sale

In una grossa pentola, portate a ebollizione l'acqua per la polenta, salatela e, quindi, versatevi la farina a pioggia. Mescolando in continuazione con un cucchiaio di legno o l'apposito bastone, lasciate che riprenda l'ebollizione, quindi abbassate il fuoco e cuocete la polenta per almeno 45 minuti. A fine cottura, aggiungete il burro e la mustardela tagliata a dadini e mescolate fino a quando non si sarà completamente amalgamata; quindi, togliete la polenta dal fuoco, aspettate qualche minuto e servite.

Niçoise vecchia Torino

INGREDIENTI PER 4 PERSONE:

1 lattuga
1 scatola di tonno all'olio d'oliva
2 pomodori
1 carota
1 fetta di Emmenthal
2 cucchiai di aceto
qualche rapanello
1 pugno di olive nere e verdi
1 finocchio
2 uova sode
4 cucchiai di olio extravergine d'oliva
sale e pepe

Lavate tutte le verdure, tagliatele a pezzettini e ponetele in una terrina. Aggiungete dei cubetti di Emmenthal, un uovo a pezzetti, il tonno sminuzzato, le olive. Condite con sale, pepe, olio d'oliva e aceto. Guarnite con l'uovo rimasto tagliato in quattro fettine.

Palline di cevrin di Coazze

INGREDIENTI PER 4 PERSONE:

300 g di cervin di Coazze fresco
1 cipollotto
1 ciuffo di erba cipollina
sale e pepe
3 cucchiai di latte
1 pizzico di granella di nocciole
1 pizzico di paprika

Frullate insieme il cevrin, il latte e il cipollotto, mettete il composto in una terrina, aggiungete il sale e il pepe e mescolate.

Prendete il formaggio con il cucchiaio e formate delle palline, quindi dividetele in 3 parti. Tritate l'erba cipollina e distribuitela in un piatto, mentre in altri 2 piatti separati mettete la paprika e la granella di nocciole. Fate rotolare alcune palline di formaggio nell'erba cipollina, altre nella granella di nocciole e altre ancora nella paprika, sistematele su un piatto da portata, fatele riposare per 30 minuti in frigorifero e servite.

Pomodori ripieni di riso e salame di turgia delle Valli di Lanzo

INGREDIENTI PER 4 PERSONE:

100 g di riso bollito
100 g di trita di manzo
1 ciuffo di prezzemolo
2 spicchi d'aglio
sale e pepe

200 g di salame di turgia
4 grossi pomodori tondi
2-3 mestoli di brodo
20 g di burro

Il salame di turgia è prodotto con una parte di carne di vacche a fine carriera e lardo, insaporito con spezie e insaccato in budello di vitello.

Tagliate orizzontalmente i pomodori e scavateli con l'apposito attrezzo. Mettete in un tegame il burro, fatevi soffriggere il prezzemolo tritato e l'aglio per pochissimi minuti, poi aggiungete la trita e il salame di turgia spellato e sminuzzato e il riso. Portate a fine cottura per 20 minuti, aggiungendo qualche mestolo di brodo. Lasciate raffreddare un poco. Riempite i pomodori spolverizzandoli di sale e pepe. Fate cuocere per un quarto d'ora circa in forno preriscaldato a 180°. Potete accompagnare il piatto con un poco di insalata mista.

Salame di tonno

INGREDIENTI PER 4 PERSONE:

250 g di tonno sott'olio
2 uova
4 cucchiai di pangrattato

4 acciughe
1 ciuffo di prezzemolo
sale e pepe

Frullate assieme il tonno, le acciughe, il prezzemolo tritato, il pangrattato, le uova, sale e pepe, quindi disponete il composto in un canovaccio, arrotolatelo, avvolgetelo stretto e legatelo ai 2 lati con un filo di cotone.

Immergete il rotolo in una pentola con abbondante acqua calda e fatelo bollire 20 minuti. Trascorso questo tempo togliete il salame dal fuoco, lasciatelo raffreddare completamente, tagliatelo a fette e servite.

Sancarlin

INGREDIENTI PER 4-6 PERSONE:
6-7 grosse patate
1 spicchio d'aglio
1 pizzico di peperoncino rosso piccante
200 g di tomini di Chiaverano freschi
4 cucchiai di olio extravergine di oliva
sale e pepe

In una grande terrina stemperate il formaggio con un cucchiaio di legno, aggiungete un filo d'olio extravergine di oliva, uno spicchio d'aglio tritato finissimamente, un pizzico di peperoncino rosso piccante, sale e pepe. Mescolate bene e lasciate riposare in frigorifero. Pulite accuratamente le patate, quindi lessatele con la pelle. A cottura avvenuta, sbucciatele e, ancora calde, tagliatele a fette e ricopritele con la crema di tomini di Chiaverano, quindi servite subito.

Sautissa'd coi di Mattie bollita con polenta

INGREDIENTI PER 4 PERSONE:
800 g di Sautissa'd coi
400 g di farina di mais
sale
100 g di burro
2 l d'acqua

La Sautissa'd coi è un insaccato confezionato con un terzo di foglie verdi di verza, un terzo di lardo e un terzo di impasto di salame, viene prodotta solo nei mesi invernali e si mangia fresca, dopo al massimo un paio di settimane, previa bollitura. In una grossa pentola, portate a ebollizione l'acqua per la polenta, salatela e, quindi, versatevi la farina a pioggia. Mescolando in continuazione con un cucchiaio di legno o l'apposito bastone, lasciate che riprenda l'ebollizione, quindi abbassate il fuoco e cuocete la polenta per almeno 45 minuti. A parte portate a ebollizione una pentola con abbondante acqua salata e cuocetevi per almeno una quarantina di minuti la Sautissa'd coi. A fine cottura della polenta, aggiungete la Sautissa'd coi spellata e tagliata a dadini e il burro, sale e pepe e mescolate fino a quando non si sarà completamente amalgamata; quindi, togliete la polenta dal fuoco, aspettate qualche minuto e servite

Savoiarda

INGREDIENTI PER 4 PERSONE:
300 g di testina di vitello lessata
100 g di peperoni rossi e gialli sott'aceto
50 g di acciughe salate
1 cucchiaio di capperi sott'aceto
½ bicchiere d'olio d'oliva
sale e pepe
100 g di lingua salmistrata
100 g di cetriolini sott'aceto
100 g di tonno
1 cipolla
1 ciuffo di prezzemolo
4 cucchiai di aceto

Tagliate a fettine sottilissime la testina bollita, unitela alla lingua salmistrata, che avrete tagliato a striscioline, aggiungete tutti i sottaceti fatti a pezzetti e ponete il tutto in una capiente insalatiera.

Dissalate e pulite le acciughe e tritatele grossolanamente, quindi aggiungetele alla savoiarda assieme al tonno sbriciolato. Tritate finemente invece la cipolla e il prezzemolo, e amalgamateli al composto. Condite con una vinaigrette ottenuta emulsionando olio, aceto, sale e pepe.

Soma con tripa d'Muncale'

INGREDIENTI PER 4 PERSONE:
4 fette di pane casereccio   *150 g di trippa di Moncalieri*
1 spicchio d'aglio   *(tripa d'Muncale')*

La tripa d'Muncale' è un salame prodotto con trippe di bovini, ovicaprini e suini cotte. Ponete il pane a biscottare nel forno, fino a quando sarà ben abbrustolito. Sfregatelo con uno spicchio d'aglio per insaporirlo e servitelo ricoperto di tripa d'Muncale' tagliata sottile.

Tomini al verde alla torinese

INGREDIENTI PER 4 PERSONE:
200 g di tomini freschi   *1 ciuffo di prezzemolo*
2 spicchi d'aglio   *2 acciughe salate*
1 tuorlo d'uovo sodo   *2 bicchieri di olio d'oliva*
4 cucchiai di aceto   *sale e pepe*

Tritate finemente con la mezzaluna il prezzemolo e l'aglio, poi aggiungete le acciughe dissalate e ben pulite e tritate ancora, fino ad ottenere un composto morbido, al quale amalgamerete il tuorlo dell'uovo sodo e l'aceto. Salate e pepate.

Mettete i tomini in un contenitore chiudibile, cospargeteli di salsa verde e sommergeteli di olio d'oliva di ottima qualità.

Tomini asciutti di Rocca Canavese in salsa piccante

INGREDIENTI PER 4 PERSONE:
200 g di tomini asciutti   *1 ciuffo di prezzemolo*
* di Rocca Canavese*   *1 peperoncino piccante fresco*
8-10 gherigli di noce   *2 bicchieri di olio d'oliva*
4 cucchiai di aceto   *sale*

Tritate finemente con il mixer i gherigli di noce, il prezzemolo e il peperoncino fresco. Amalgamatelo bene con l'olio e l'aceto e salate.

Mettete i tomini in un piatto, cospargeteli con la salsina e lasciateli insaporire una giornata prima di servire.

PRIMI PIATTI

Agnolotti torinesi

INGREDIENTI PER 4 PERSONE:
500 g di farina
300 g di stufato di carne
100 g di salsiccia
3 uova
150 g di parmigiano grattugiato
100 g di burro
1 pizzico di noce moscata
3 uova
200 g di lonza di maiale
100 g di cervella di manzo
1 mazzo di bietole
2 l di brodo di carne
sale

Lessate le bietole, strizzatele e passatele per qualche minuto in un tegame con un po' di burro. Lessate anche la salsiccia e la cervella.

Tritate finemente tutti i tipi di carne e metteteli in un recipiente.

Aggiungete le bietole, tre cucchiai colmi di parmigiano reggiano grattugiato, un pizzico di noce moscata, le uova e amalgamate il tutto fino ad ottenere un composto omogeneo.

Aggiustate di sale il ripieno e intanto preparate la pasta.

Impastate la farina e le uova, lavorando a lungo con le mani, poi stendete la sfoglia abbastanza sottile, con un matterello. Sistemate su una parte di sfoglia delle palline di ripieno ben distanziate l'una dall'altra.

Coprite con un'altra porzione di sfoglia e premete con le dita tra una pallina e l'altra per far aderire bene la pasta, quindi con la rotellina dentata tagliate dei quadrati che avranno al centro il ripieno.

Gli agnolotti piemontesi possono essere serviti sia in brodo, sia con burro fuso e formaggio grattugiato. In questo secondo caso cuocete comunque gli agnolotti nel brodo, scolateli e ripassateli con il burro fuso, quindi serviteli ricoperti da formaggio grattugiato.

Agnolotti del plin al sugo di arrosto

INGREDIENTI PER 4 PERSONE:

Per la sfoglia:
500 g di farina
1 pizzico di sale
3 tuorli + 1 uovo intero
1 tazzina di acqua tiepida

Per il ripieno:
500 g di arrosto di vitello
50 g di parmigiano grattugiato
2 uova
1 cipolla
1 rametto di rosmarino
1 pugno di spinaci
500 g di arrosto di maiale
1 bicchiere di vino rosso
2 mestoli di brodo
½ bicchiere d'olio d'oliva
noce moscata
sale e pepe

Affettate finemente la cipolla e fatela imbiondire nell'olio con un rametto di rosmarino, quindi aggiungete i 2 pezzi di arrosto e lasciateli rosolare a fuoco vivo. Regolate di sale, pepe e noce moscata e sfumate con il vino rosso, tirando a cottura con 2 mestoli di brodo. Mettete il coperchio e continuate la cottura per circa 2 ore a fuoco dolce, facendo attenzione che il fondo di cottura non asciughi troppo. In questo caso aggiungete un goccio d'acqua o ancora brodo. Intanto, a parte, sbollentate gli spinaci per qualche minuto in pochissima acqua, e lasciateli raffreddare. Quando la carne sarà cotta, passatela nel tritacarne assieme agli spinaci e mettetela in una terrina. Aggiungete il parmigiano grattugiato, il sale, un po' di pepe e le 2 uova intere. Amalgamate bene il composto. Su una spianatoia di legno impastate la farina e le uova, lavorando a lungo con le mani, poi stendete la sfoglia abbastanza sottile, con un matterello, e tagliatela in strisce. Allineate delle palline di ripieno su una striscia di pasta, a distanza di 3-5 centimetri l'una dall'altra, appoggiate un'altra striscia di pasta, premete bene con le dita negli spazi vuoti. Con la rondella dentata tagliate una lunga striscia di agnolotti, poi, prima di staccarli, premete la pasta tra l'uno e l'altro e stringetela come in un pizzicotto, che è il plin. Filtrate il sugo di cottura degli arrosti e addensatelo con un pezzo di burro. Portate a ebollizione una pentola di acqua salata e fateli bollire pochi minuti, quindi scolateli e conditeli con il sugo degli arrosti e abbondante formaggio grattugiato.

Cabiette della Val Susa

INGREDIENTI PER 4-6 PERSONE:

500 g di patate
1 cucchiaio di olio d'oliva
2 uova
2 cipolle
100 g di toma stagionata
sale e pepe
100 g di farina di segale
200 g di punte di ortiche
100 g di toma magra dura grattugiata
50 g di burro
1 pugno di pangrattato

Lavate bene le patate senza sbucciarle, mettetele in una pentola, copritele di acqua fredda e fatele lessare per 20-25 minuti. Appena saranno cotte, scolatele e sbucciatele ancora bollenti. Passatele in uno schiaccia-patate e allargate il composto ottenuto su una spianatoia, lasciandolo intiepidire un poco. Lavate le ortiche, sbollentatele per pochi minuti in pochissima acqua, scolatele e tritatele. Cospargete le patate con un pizzico di sale, unite l'olio, le ortiche, i tuorli e la farina di segale, quindi impastate il tutto senza lavorare eccessivamente l'impasto. Lasciate riposare 3-4 minuti. Dividete l'impasto a pezzetti, passate ognuno sulla spianatoia infarinata in modo da ottenere tanti bastoncini, quindi tagliate dei pezzetti di circa un centimetro e schiacciateli leggermente con il pollice sul dorso di una grattugia in modo che risultino decorati. Nel frattempo affettate le cipolle e fatele rosolare lentamente nel burro. Portate a ebollizione una pentola di acqua salata e buttatevi le cabiette. Quando tornano a galla, toglietele con la schiumarola e disponetele in una pirofila imburrata. Cospargete le cabiette con il soffritto di cipolle, unite la toma stagionata a scagliette e il pangrattato. Fate gratinare in forno preriscaldato a 200° per circa un quarto d'ora.

Caiettes occitane con salsiccia

INGREDIENTI PER 4-6 PERSONE:

500 g di pane secco
3 cucchiai di olio d'oliva
½ l di latte
1 rametto di rosmarino
1 spicchio d'aglio
sale e pepe

1 uovo
200 g di farina
noce moscata
1 ciuffo di salvia
1 manciata di spinaci lessati

Per condire:
100 g di burro
1 ciuffo di salvia
200 g di salsiccette

1 rametto di timo
1 rametto di rosmarino
sale e pepe

Sminuzzate il pane e mettetelo a bagno nel latte, lasciate che s'imbeva poi con le mani cercate di disfarlo ulteriormente Aggiungete l'uovo, l'olio, il sale e amalgamate la farina. Mescolate bene il composto e lasciatelo riposare mezz'ora. Tritate finemente aglio, salvia e rosmarino, poi aggiungete gli spinaci, anch'essi tritati, il sale, il pepe, la noce moscata e mescolate bene. In un'ampia padella ponete a rosolare nel burro un trito fine di salvia, timo e rosmarino, quindi aggiungete le salsiccette sbriciolate e fate abbrustolire un poco.

Portate a ebollizione una pentola con abbondante acqua salata, quindi con un cucchiaio formate delle palline di impasto e buttatele poco alla volta nell'acqua. Attendete che le caiettes risalgano a galla e scolatele. Disponetele in una teglia imburrata, poi ricopritele con il sugo di salsiccia ed erbe e fatele gratinare nel forno caldo a 200° per pochi minuti.

Crema di Cardo di Andezeno

INGREDIENTI PER 4 PERSONE:

1 kg di cardo
4 cucchiai di fecola
150 g di toma fresca
crostini di pane abbrustoliti
1 l di brodo vegetale
20 g di burro
sale e pepe

Mettete a bollire il cardo, ben pulito dai filamenti, in una pentola con abbondante acqua salata per almeno un'oretta. Quando sarà cotto passatelo al frullatore, fino ad ottenere una crema. A parte fate fondere il burro, e unitevi gradatamente la fecola, stemperandola con il brodo. Aggiungete il cardo e la toma fresca, salate e pepate a piacere, mescolate bene e servite molto caldo con crostini di pane abbrustoliti.

Crema di patate di montagna della Val Chisone

INGREDIENTI PER 4 PERSONE:

800 g di patate di montagna
2 scalogni
4 cucchiai di fecola
50 g di burro
sale e pepe
4-5 fegatini di pollo
1 l di brodo vegetale
1 bicchiere di vino bianco
50 g di toma stagionata grattugiata

Mettete a bollire le patate ben pulite in una pentola capiente e, quando saranno cotte, dopo circa una mezz'oretta, pelatele e passatele allo schiacciapatate, fino ad ottenere un purè. A parte fate fondere il burro, fate soffriggere un trito finissimo di scalogni, e quando saranno rosolati unite i fegatini di pollo ben puliti e tagliuzzati a pezzetti e sfumateli col vino bianco. Lasciateli cuocere pochi minuti, poi spegnete il fuoco, fateli intiepidire e passateli al frullatore. Rimettete nella pentola la crema di fegatini, e unitevi gradatamente la fecola, stemperandola con il brodo caldo. Aggiungete le patate e la toma stagionata grattugiata, salate e pepate a piacere, e mescolate bene. Volendo, si può servire con crostini di pane abbrustoliti.

Farfalle ai funghi di Giaveno

INGREDIENTI PER 4 PERSONE:

400 g di farfalle
1 confezione di panna
50 g di burro
1 ciuffo di prezzemolo
100 g di parmigiano grattugiato
sale e pepe
250 g di funghi misti di Giaveno
1 spicchio d'aglio
4 cucchiai di olio extravergine di oliva
150 g di pancetta tagliata a fettine sottili

Pulite i funghi, eliminando la parte della radice e lavandoli bene sotto l'acqua corrente, poi tagliateli a fettine. In un tegame con il burro e l'olio, fate rosolare lo spicchio d'aglio, che poi toglierete. Unite i funghi, un pizzico di sale, una macinata di pepe, il prezzemolo finemente triturato e fate soffriggere a fiamma vivace per 5 o 6 minuti, fino a quando i funghi hanno buttato fuori la loro acqua. Unite la pancetta tagliata a striscioline e continuate la cottura. Nel frattempo cuocete le farfalle in abbondante acqua salata, scolatele al dente, conditele in una zuppiera con la panna e i funghi. Spolverizzate con il parmigiano grattugiato e servite.

Gnocchetti alla Val Germanasca

INGREDIENTI PER 4 PERSONE:

800 g di patate
2 spicchi d'aglio
200 g di farina
100 g di prosciutto cotto
(1 sola fetta)
4 cipolle
100 g di toma stagionata grattugiata
2 uova
100 g di burro
sale e pepe

Lavate bene le patate senza sbucciarle, mettetele in una pentola, copritele di acqua fredda e fatele lessare per 20-25 minuti. Appena saranno cotte, scolatele e sbucciatele ancora bollenti. Passatele in uno schiaccia-patate e allargate il composto ottenuto su una spianatoia, lasciandolo intiepidire un poco. Fate rosolare le cipolle tritate fini e l'aglio nel burro, con sale e pepe, e aggiungete la toma dura grattugiata, mescolando perché si sciolga. Cospargete le patate con un pizzico di sale, unite le cipolle e l'aglio rosolati, i tuorli e la farina, quindi impastate il tutto senza lavorare eccessivamente l'impasto. Lasciate riposare 3-4 minuti. Aggiungete il prosciutto tagliato a pezzettini piccoli e modellate con il cucchiaio dei piccoli gnocchetti, che farete rotolare nella farina. A parte portate a ebollizione una pentola di acqua salata, e cuocetevi gli gnocchetti, scolandoli con una schiumarola non appena tornano a galla, quindi serviteli conditi con burro fuso e toma grattugiata.

Gnocchetti di patate con Murianengo di Exilles

INGREDIENTI PER 4 PERSONE:

400 g di gnocchetti di patate
30 g di burro
1 bicchiere di latte
1 ciuffo di prezzemolo
1 spicchio d'aglio
200 g di Murianengo di Exilles
50 g di gherigli di noci
sale e pepe

Il Murianengo di Exilles è un formaggio erborinato di latte vaccino a volte commisto con latte caprino, burroso e stagionato non più di 6 mesi. In una capiente padella, fate rosolare l'aglio intero nel burro: quando avrà preso colore eliminatelo ed abbassate la fiamma. Aggiungete il Murianengo di Exilles e il latte e lasciate che fonda a fuoco molto dolce, quindi unite le noci tritate e pepate. Portate a ebollizione una pentola con abbondante acqua salata, e cuocete la pasta. Scolatela al dente e fatela insaporire nella padella del Murianengo di Exilles, cospargete con il prezzemolo tritato e servite.

Gnocchi di zucca al profumo di rosmarino e toma

INGREDIENTI PER 4 PERSONE:

1 kg di zucca
250 g di farina più quella per infarinare gli gnocchi
150 g di toma stagionata grattugiata
1 uovo
1 rametto di rosmarino
70 g di burro
sale

Tagliate la zucca a pezzi e mettetela sulla placca del forno. Cuocetela per 40 minuti a 180°, sbucciatela e passatela al passaverdure.

Mettete il passato in un colino a maglie fitte in modo che perda l'acqua residua e lasciatelo raffreddare. Poi mettetelo in una terrina, salatelo, unitevi l'uovo e la farina, mescolando con un cucchiaio fino a quando sarà abbastanza consistente da poterlo lavorare con le mani. Mettete il composto sulla spianatoia infarinata, impastatelo ancora per pochi minuti, quindi dividetelo a pezzetti e da questi ricavate dei cilindri poco più grossi di un pollice, che taglierete a tocchetti. Passateli sui rebbi di una forchetta per dare loro la classica rigatura degli gnocchi. Fate bollire abbondante acqua, salatela e immergetevi gli gnocchi. Mentre cuociono fate fondere il burro in padella con il rosmarino tritato e la toma stagionata grattugiata. Scolate gli gnocchi con una schiumarola, metteteli a mano a mano nella padella, mescolate, aggiungete il formaggio, mescolate di nuovo e serviteli subito.

Pappardelle al radicchio rosso in salsa di tomino

INGREDIENTI PER 4 PERSONE:

400 g di pappardelle all'uovo
1 cipolla
4 cucchiai di olio extravergine d'oliva
200 g di tomino fresco
2 cespi di radicchio rosso
sale

Portate a ebollizione una pentola di acqua salata. Tritate finemente la cipolla e fatela rosolare a fuoco dolce nell'olio fino a quando sarà dorata. Lavate, mondate e tagliate a julienne il radicchio rosso, unitelo alla cipolla e lasciatelo stufare per pochi minuti. Cuocete le pappardelle nell'acqua e scolatele al dente. Aggiungete al radicchio il tomino e un paio di cucchiai di acqua di bollitura della pasta, mescolate bene e condite le pappardelle. Mescolate ancora e servite.

Penne gratinate con prosciutto crudo della Val Susa, pinoli e mascarpone

INGREDIENTI PER 4 PERSONE:

400 g di penne
100 g di prosciutto crudo della della Val Susa
50 g di parmigiano grattugiato
10 g di burro

150 g di mascarpone
3 cucchiai di latte
50 g di pinoli
sale e pepe

Portate a ebollizione una pentola con abbondante acqua salata, cuocetevi le penne e scolatele molto al dente. Passatele sotto l'acqua fredda per fermare la cottura. Imburrate una pirofila da forno e preriscaldate il forno a 180°. Tagliate il prosciutto a dadini piccoli. Lavorate il mascarpone con il latte, mescolando sino ad ottenere una crema. Salate e pepate, e unite il prosciutto. Condite con il composto la pasta e adagiatela nella pirofila. Tritate grossolanamente i pinoli, mescolateli con il parmigiano e spolverizzate la superficie delle penne. Fate gratinare in forno per una mezz'oretta.

Ravioli di Seirass del fen con ragù di capriolo

INGREDIENTI PER 4 PERSONE:

Per la pasta:
400 g di farina
sale

4 uova

Per il ripieno:
200 g di Seirass del fen
1 ciuffo di prezzemolo
100 g di pecorino grattugiato
noce moscata

1 uovo
1 spicchio d'aglio
sale e pepe

Per il ragù di capriolo:
500 g di carne di capriolo
1 cipolla
1 carota
2 cucchiai di aceto di vino bianco
1 chiodo di garofano
sale e pepe

50 g di burro
1 costa di sedano
½ bicchiere di vino rosso
2-3 bacche di ginepro
½ l di brodo di carne

Tritate l'aglio e il prezzemolo e amalgamatelo con il Seirass del fen, il pecorino, l'uovo. Mescolate e insaporite con sale, pepe e una grattata di noce moscata. Impastate la farina, posta a fontana sulla spianatoia, con le uova e un poco di sale.

Quando avrete ottenuto un composto liscio stendetelo con il matterello in una sfoglia sottile. Con la rotella dentata tagliate dei quadrati di sfoglia e riempiteli con un poco di ripieno di Seirass del fen, quindi richiudeteli, pigiando bene con le dita in modo che il ripieno non fuoriesca nella cottura. Tritate sedano, carota e cipolla e metteteli a rosolare nel burro. Quando saranno appassiti unite il ginepro e il chiodo di garofano e la carne di capriolo pestata a mano col coltello. Lasciatela rosolare e sfumatela con il vino e l'aceto, facendoli evaporare a fuoco basso.

Aggiungete il brodo e cuocete per almeno un'ora e mezzo.

Portate a ebollizione una pentola con abbondante acqua salata, cuocetevi i ravioli di Seirass del fen, scolateli con una schiumarola, conditeli con il ragù di capriolo e servite.

Ravioloni agli spinaci e toma fresca

INGREDIENTI PER 4 PERSONE:

Per la pasta:
400 g di farina   *2 uova*
sale

Per il ripieno:
400 g di toma fresca   *50 g di pecorino stagionato grattugiato*
200 g di spinaci lessati   *2 uova*
sale e pepe

Per condire:
250 g di passata di pomodoro   *1 cipolla*
1 ciuffo di basilico   *4 cucchiai di olio extravergine di oliva*
sale e pepe

Ponete la farina sulla spianatoia, quindi impastatela con le uova, un pizzico di sale e l'acqua necessaria a ottenere un impasto omogeneo ma piuttosto consistente. Fate una palla, avvolgetela nella pellicola e fatela riposare per almeno 30 minuti.

Per il ripieno sbriciolate finemente con i rebbi di una forchetta la toma fresca in una terrina, unite gli spinaci finemente tritati, il pecorino, le uova, sale e pepe. Mescolate bene per amalgamare il tutto.

Su un tagliere infarinato stendete con il matterello la pasta in due sfoglie sottili. Sulla prima disponete a distanza regolare delle piccole noci di ripieno, quindi coprite con la seconda sfoglia, premete con la punta delle dita intorno al ripieno per sigillare e tagliate con la rotella dentata tanti quadrati grossi, di circa 7-8 cm di lato. In una padella fate scaldare l'olio, lasciate rosolare la cipolla finemente tritata e, quando sarà dorata, unite la passata di pomodoro, un pizzico di sale e pepe e il basilico, spezzettato con le mani. Fate addensare il sugo per 20 minuti.

Portate a ebollizione abbondante acqua salata e cuocete i ravioli. Scolateli quando saranno ancora al dente, conditeli con il sugo di pomodoro e servite subito.

Risotto al barolo

INGREDIENTI PER 4 PERSONE:
300 g di riso
½ l di brodo di carne
1 cipolla
sale e pepe
½ l di barolo
50 g di parmigiano grattugiato
100 g di burro

Affettate la cipolla molto fine, mettetela a rosolare in un tegame con una noce di burro e quando sarà appassita unite il riso, lasciatelo tostare per qualche minuto, mescolando accuratamente con un cucchiaio di legno, quindi aggiungete il vino poco per volta.

Lasciatelo evaporare e tirate il riso a cottura aggiungendo brodo mano a mano che si asciuga. Aggiustate di sale e, a cottura ultimata, unite una noce di burro, il parmigiano reggiano grattugiato e a piacere un po' di pepe. Mescolate ancora per amalgamare bene il tutto e servite caldo.

Risotto con taleggio e cipolline di Ivrea

INGREDIENTI PER 4 PERSONE:
300 g di riso
150 g di cipolline di Ivrea
1 bicchiere di vino bianco
sale e pepe nero
200 g di taleggio
½ l di brodo di carne
50 g di burro
1 pera

Tagliate grossolanamente le cipolline (i pezzi devono rimanere piuttosto consistenti) e mettetele a rosolare nel burro fino a quando saranno dorate, quindi unite il riso e lasciatelo tostare per pochi minuti. Sfumate con il vino bianco e mescolate, lasciandolo evaporare. Quindi portate a cottura il riso, aggiungendo mano a mano il brodo caldo. Nel frattempo, tagliate a pezzi il taleggio. Quando il riso sarà cotto al dente mantecatelo con il taleggio, mescolando per far sciogliere il formaggio, unite i dadini di pera, insaporite con sale e pepe nero macinato al momento e servite.

Supa barbetta

INGREDIENTI PER 4 PERSONE:
500 g di grissini
200 g di toma fresca
500 g di maiale sotto sale
1 costa di sedano
1 porro
1 ciuffo di salvia
1 rametto di serpillo
sale
100 g di burro
1 gallina
2 carote
2 cipolle
1 foglia di alloro
1 rametto di rosmarino
3-4 foglie di cavolo verza

La cottura tradizionale veniva effettuata in pentole in rame, chiamate basine, che possono essere sostituite con pentole di terracotta.

Foderate il fondo con le foglie di verza, quindi formate uno strato di grissini sbriciolati e ricopritelo con toma fresca tagliata a dadini, qualche fiocchetto di burro ed un poco di erbe finemente tritate e salate.

Sovrapponete ancora un paio di strati di grissini, toma ed erbe fino a raggiungere almeno la metà della pentola.

A parte preparate un brodo con la gallina, il maiale sotto sale, le carote, il sedano, il porro e le cipolle.

Una volta che il brodo sarà pronto, usatelo per riempire la pentola dei grissini e mettete a cuocere il tutto a fuoco lentissimo per un paio d'ore, servite tiepido.

Supa d'auiche del canavese

INGREDIENTI PER 4 PERSONE:

600 g di auiche
1 carota
1 costa di sedano
2 l di brodo vegetale
crostini di pane abbrustolito
2 patate
1 cipolla
50 g di burro
sale e pepe

Le ajucche (in dialetto auiche) sono piante spontanee (*Phiteuma talleri*) simili agli spinaci e si consumano in primavera.

Tritate sedano, carota e cipolla e mettetele a soffriggere nel burro fino a quando saranno dorate.

Aggiungete le auiche ben lavate e mondate, e lasciatele appassire, quindi mettete il soffritto in una pentola dove avrete portato a bollore il brodo vegetale.

Pelate le patate e tagliatele a dadini, quindi unitele alla zuppa. Lasciate cuocere un'oretta, salate, pepate e servite, con crostini di pane abbrustolito.

Tagliolini con piselli di Casalborgone

INGREDIENTI PER 4 PERSONE:

400 g di tagliolini all'uovo
200 g di pisellini freschi
200 g di parmigiano stagionato grattugiato
2 cipolle
8 cucchiai di olio d'oliva
1 ciuffo di prezzemolo
sale e pepe

Con la mandolina tagliate a fette le cipolle e mettetele a rosolare in una casseruola con l'olio fino a quando saranno dorate. Unite i pisellini, bagnate con un goccio d'acqua e lasciatele stufare a fiamma bassa per una ventina di minuti.

Salate, pepate e unite un poco di prezzemolo tritato.

Nel frattempo portate a ebollizione una pentola con abbondante acqua salata, cuocete i tagliolini, scolateli al dente e ripassateli nella padella del sugo per farli insaporire.

Spolverizzate con il parmigiano stagionato grattugiato, mescolate e servite.

Vellutata di zucca al Frachet della Val Susa con lamelle di mandorle

INGREDIENTI PER 4 PERSONE:

200 g di zucca
1 bicchiere di brodo vegetale
150 g di Frachet
1 confezione di panna da cucina
50 g di burro
1 manciata di lamelle di mandorle
sale e pepe nero macinato al momento

Mondate la zucca, tagliatela a pezzetti e fatela stufare in padella per 10 minuti con il burro, mescolando perché la cottura sia uniforme.

Unite il brodo, salate, pepate e lasciate cuocere a fuoco dolce per almeno 20 minuti.

Frullate la zucca con un frullatore a immersione, aggiungete il Frachet e la panna. Mescolate dolcemente e riportate a bollore la vellutata.

Versate la zuppa nelle fondine e cospargetela con le lamelle di mandorle e pepe nero macinato al momento.

Zuppa canavesana

INGREDIENTI PER 4-6 PERSONE:

400 g di verza
150 g di lardo
300 g di fontina
1 l di brodo
150 g di pancetta
12 fette di pane casereccio abbrustolito
100 g di grana padano grattugiato
sale e pepe

In una pentola fate rosolare il lardo e la pancetta tagliati a listarelle. Quando saranno un poco abbrustoliti aggiungete la verza ben lavata e tagliata a listarelle, fatele insaporire e versate sopra il brodo. Fate cuocere per 25-30 minuti. Nel frattempo ricoprite il fondo di una pirofila da forno con 4 fette di pane tostato, versate tre mestoli della minestra di verza, cospargete con la fontina a lamelle ed il grana padano grattugiato e ripetete questa operazione per tre strati. Sull'ultimo strato aggiungete una bella manciata di grana padano grattugiato ed il resto della fontina. Infornate a 200° per circa mezz'ora fino a quando si sarà formata una crosticina dorata.

Zuppa dei Savoia

INGREDIENTI PER 4 PERSONE:

100 g di farina finissima d'orzo
50 g di funghi porcini secchi
50 g di parmigiano grattugiato
2 l di brodo
1 confezione di panna
sale e pepe

Pare che questa zuppa fosse molto in voga alla corte dei Savoia. Ponete in una terrina la farina d'orzo e stemperatela con un mestolo di brodo non caldo, lavorandola fino ad ottenere una crema piuttosto densa e senza grumi. Portate a ebollizione in brodo e versateci lentamente dentro il composto, mescolando continuamente per non far venire i grumi. Unite poi i funghi sminuzzati, che avrete lasciato rinvenire in un poco di acqua tiepida e avrete lavati molto bene, pulendoli da residui di terriccio e parti dure del gambo.

Coprite la pentola e lasciatela a fuoco moderato per circa mezz'ora. Poi passate in un colino fitto la crema ottenuta, e rimettetela sul fuoco in una casseruola più piccola, aggiungendo la panna e il parmigiano, salate e pepate.

Zuppa della Val Pellice

INGREDIENTI PER 4 PERSONE:

1 verza
1 l di brodo di manzo
sale e pepe
300 g di toma fresca
50 g di burro
4 grosse fette di pane integrale raffermo

Pulite la verza, tagliatela a listarelle e lessatela in abbondante acqua salata, poi scolatela con una schiumarola. Imburrate una teglia da forno e disponete sul fondo il pane raffermo abbrustolito, quindi ponete la verza, la toma a fette e ricoprite il tutto con il brodo. Condite con sale e pepe e fate cuocere in forno caldo a 180° per una mezz'oretta.

Zuppa di castagne di Corio

INGREDIENTI PER 4 PERSONE:

500 g di castagne di Corio
2 porri
50 g di burro
crostini di pane
2 coste di sedano
200 g di toma fresca
½ l di latte
sale e pepe nero

Se usate castagne secche lasciatele rinvenire in acqua tiepida per una nottata.

Se usate castagne fresche questo piatto sarà più laborioso, ma anche più buono. Immergete per una decina di minuti le castagne in acqua bollente, poi spellatele e lasciatele raffreddare.

Rosolate nel burro il bianco dei porri e il sedano tritati. Aggiungete le castagne, coprite con acqua e lasciate cuocere per almeno un'oretta.

Passate il tutto con il passaverdura, e, se il composto risulta denso, diluite con un po' di latte, salate e pepate.

Unite la toma fresca a dadini e mescolate per farla sciogliere bene.

Al momento di servire, accompagnate questa zuppa con crostini di pane e una macinata di pepe nero.

Zuppa d'orzo e Piatli-na di Andezeno

INGREDIENTI PER 4 PERSONE:

100 g di carote
400 g di cipolla Piatli-na di Andezeno
1 foglia di alloro
1 confezione di panna
200 g d'orzo perlato messo a bagno la sera prima
100 g di sedano
150 g di burro
200 g di pancetta affumicata
1 l di brodo
50 g di toma
sale e pepe

Tagliate a dadini carote, sedano e la cipolla piatli-na di Andezeno. Tostate con il burro l'orzo e le verdure.

Aggiungete il brodo e la foglia di alloro e fate cuocere per due ore a fuoco lento. Quando la zuppa è cotta, aggiungete la toma a dadini e la panna, salate e pepate. A piacere, questa zuppa si può servire con dadini di pancetta affumicata prima rosolati nel burro, che contribuiscono a darle un particolare sapore.

SECONDI PIATTI

Agnello al forno alla pinerolese

INGREDIENTI PER 4 PERSONE:
1 kg di carne di agnello
1 cipolla
1 costa di sedano
1 rametto di rosmarino
1 bicchiere di grappa
30 g di burro
sale e pepe
2 spicchi d'aglio
2 carote
qualche foglia d'alloro
1 ciuffo di timo
1 bicchiere di brodo
1 bicchiere di olio di oliva

Tritate sedano, carota e cipolla e metteteli a rosolare in una capiente casseruola da forno con 3-4 cucchiai d'olio, il burro e gli spicchi d'aglio interi. Unite l'agnello a pezzi e fatelo rosolare bene da tutte le parti. Salate e pepate, cospargete con rosmarino, alloro e timo grossolanamente tritati, bagnate con il bicchiere di grappa e un mestolo di brodo. Chiudete la casseruola col coperchio e fate cuocere in forno a 200° per 40 minuti, mescolando e rigirando i pezzi di agnello, che dovranno diventare dorati.

Arrosto di vitello all'arneis

INGREDIENTI PER 4 PERSONE:
800 g di noce di vitello
½ bicchiere di olio extravergine
 di oliva
1 rametto di rosmarino
3 spicchi d'aglio
1 l di arneis
1 bicchiere di brodo
sale e pepe

Rosolate la carne ben legata nell'olio extravergine d'oliva con aglio e rosmarino tritati. Salate, pepate, quindi continuate la cottura coprendo l'arrosto con l'arneis e lasciate che si consumi a fuoco lento. Una volta che il vino sarà ritirato, bagnate con il brodo, portando a fine cottura. Lasciate intiepidire il vitello, quindi tagliatelo a fette, rimettete le fette nella casseruola, lasciatele insaporire ancora qualche minuto, poi servite.

Bistecchine di tacchino alla piemontese

INGREDIENTI PER 4 PERSONE:
4 fette di petto di tacchino
30 g di burro
1 bicchierino di marsala
sale e pepe
8 fette di pancarrè
30 g di burro d'acciuga
1 tartufo

Battete le fette di tacchino col pestacarne e tagliatele della dimensione delle fette di pancarrè. In una padella sciogliete il burro all'acciuga e fate friggere le fette di pane. In un'altra padella, con il burro normale cuocete le bistecchine di tacchino. Quando saranno quasi cotte conditele con sale e pepe, versate nella padella un poco di marsala e lasciate che si addensi. Disponete nel piatto da portata il pancarrè fritto, adagiatevi sopra le bistecchine di tacchino e irrorate tutto con il sughetto di cottura e lamelle sottili di tartufo. Servite subito.

Bollito misto alla torinese

INGREDIENTI PER 4 PERSONE:

500 g di muscolo di manzo
500 g di culaccio di manzo
1 lingua di vitello
1 cotechino
1 cipolla
2 coste di sedano
sale grosso

1 coda di bue
alcuni salamini
500 g di testina
1 gallina
2 carote
1 ciuffo di prezzemolo

Lavate le verdure e tagliatele grossolanamente. Lavate il prezzemolo e legatelo in un mazzetto. Prendete una pentola capace e mettetela al fuoco con le verdure, il prezzemolo e abbondante acqua salata. Quando bolle, unite le carni di manzo. Lasciate cuocere per un'ora. Aggiungete tutto il resto ad eccezione della testina e del cotechino e fate lessare per un'altro paio di ore. Mettete contemporaneamente al fuoco una seconda casseruola, con acqua abbondante e fateci lessare il solo cotechino e i salamini. Mettete in una terza pentola la testina con metà acqua e metà brodo di manzo. Quando tutte le carni saranno cotte, toglietele dalle pentole, e sistematele su un piatto di servizio. Tagliate al momento le singole porzioni.

Brasato al barolo

INGREDIENTI PER 4 PERSONE:

1 costata di manzo da 1 kg
3 carote
1 cipolla
3 chiodi di garofano
1 rametto di rosmarino
1 bottiglia di barolo
50 g di burro
4-5 grani di pepe nero
1 pizzico di noce moscata
sale

100 g di lardo di maiale
2 coste di sedano
1 foglia di alloro
1 spicchio d'aglio
1 stecca di cannella lunga 1 cm
½ bicchiere di brandy
50 g di grasso di prosciutto
1 cucchiaino di fecola di patate
1 cucchiaio di farina bianca

Tagliate il lardo a listarelle e lardellate la carne. Tagliate a pezzetti le carote e il sedano. Dividete in quattro pezzi la cipolla. Mettete in una terrina le verdure tagliate, la carne, un poco di sale, i grani di pepe, i chiodi di garofano, la foglia di lauro, il rosmarino e il pezzetto di cannella.

Tagliate l'aglio a pezzetti, aggiungetelo alla carne e versatevi sopra il barolo.

Lasciate marinare per 12-16 ore almeno. Sgocciolate la carne, infarinatela un poco e legatela con lo spago. Tritate il grasso di prosciutto e mettetelo in una casseruola preventivamente imburrata.

Fate sciogliere il grasso e rosolatevi la carne da tutti i lati.

Passate il liquido della marinata attraverso un colino, raccogliendolo in un pentolino. Scaldatelo fino a farlo ridurre a ¾, quindi versatelo sulla carne condita con sale. Aggiungete le verdure della marinata, coprite il recipiente e lasciate cuocere a fuoco basso per circa 2 ore. Al termine della cottura estraete la carne, sgocciolatela e tenetela da parte in caldo sul piatto da portata.

Schiumate il liquido di cottura, eliminando il grasso, e aggiungetevi la fecola e la noce moscata.

Cuocete mescolando per 5 minuti circa. Sfumate la carne di brandy e versatevi sopra un po' della salsina ottenuta dal fondo di cottura. Servite subito.

Caponet torinese

INGREDIENTI PER 4 PERSONE:
16 foglie grandi di cavolo

Per il ripieno:
*300 g di avanzi di carne bollita
  o arrosto
1 pugno di mollica di pane
50 g di parmigiano grattugiato
sale*

*2 uova
100 g di salame cotto
1 bicchiere di latte
olio per friggere*

Tritate la carne bollita ed il salame cotto, amalgamate con le uova, la mollica di pane imbevuta nel latte e poi strizzata, il parmigiano, sale. Fate scottare per qualche minuto le foglie di cavolo in acqua bollente, e stendetele su un canovaccio per farle asciugare.

Fate con il ripieno delle polpette oblunghe che avvolgerete con le foglie di cavolo, che terrete ferme con uno stuzzicadenti o un poco di filo bianco, poi friggetele in olio caldo. Fate scolare l'unto in eccesso su un foglio di carta assorbente da cucina e servite.

Civet di coniglio di Carmagnola

INGREDIENTI PER 4 PERSONE:

1 coniglio
1 cipolla
1 foglia di alloro
1 ciuffo di prezzemolo
1 carota
1 ciuffo di cerea
pepe in grani
4 cucchiai di olio extravergine d'oliva
2 cucchiai di farina
1 bicchiere di aceto
1 chiodo di garofano
1 pizzico di timo secco
1 costa di sedano
1 ciuffo di salvia
1 rametto di rosmarino
1 l di vino rosso invecchiato
2 mestoli di brodo
100 g di burro
sale e pepe

Pulite e lavate il coniglio in acqua e aceto e poi sistematelo già tagliato a pezzi in un'insalatiera insieme al suo fegato. Aggiungete nel recipiente la cipolla tagliata in pezzi, il chiodo di garofano, la foglia di alloro, il timo, la cerea, il prezzemolo, il sedano, la carota a fette, il rametto di salvia e quello di rosmarino, il pepe in grani e il vino rosso invecchiato sino a coprirlo completamente. All'ultimo versate un cucchiaio di olio, coprite il recipiente e tenete in infusione in luogo fresco per circa 12 ore.

Terminato il periodo di marinata, togliete il coniglio dalla ciotola e asciugatelo. Conservate la marinata dopo averla scolata dagli odori.

Mettete in un tegame burro e olio e fatevi rosolare a fuoco vivace i pezzi di coniglio per circa 15 minuti, poi condite con sale, pepe e rimescolando spolverate con i cucchiai di farina. Appena la farina sarà assorbita versate nel tegame il liquido della marinata, rimescolate e continuate la cottura a recipiente scoperto e a fuoco moderato per 40 minuti. Di tanto in tanto aggiungete del brodo. Quando la carne sarà tenera, pochi minuti prima di togliere il tegame dal fuoco, incorporate al sugo di cottura il fegato del coniglio passato al frullatore. Fate alzare il bollore e servite il coniglio coperto della sua salsa.

Coniglio di Carmagnola alla cacciatora

INGREDIENTI PER 4 PERSONE:

1 coniglio
2 bicchieri di vino bianco
4 spicchi d'aglio
1 rametto di rosmarino
4 cucchiai di farina
250 g di pomodori maturi
1 cipolla
1 bicchiere di brodo
4 cucchiai di olio extravergine d'oliva
sale e pepe

Preparate il coniglio, lavatelo in acqua e vino bianco e tagliatelo a pezzi. Mettete sul fuoco una teglia con dell'olio d'oliva e quando questo sarà ben caldo passate i pezzi di coniglio nella farina e buttateli nell'olio perché rosolino alla svelta per circa 10 minuti. Quando i pezzi saranno ben coloriti, scolate un po' di olio dalla teglia, aggiungetevi la cipolla tagliata a fette e quando anche questa sarà dorata, dopo altri 10 minuti, condite con sale e pepe, mettetevi i pomodori maturi (pelati e tagliati a pezzetti) e un trito di aglio e rosmarino, infine bagnate con un bicchiere di vino bianco.

Appena sarà evaporato, portate il coniglio a cottura a fuoco lento, bagnando di tanto in tanto con del brodo e lasciatelo cuocere un'oretta.

Cosce di pollo alla bagna

INGREDIENTI PER 4 PERSONE:

8 cosce di pollo
20 g di burro
sale e pepe nero
1 bicchiere di sugo di arrosto
50 g di formaggio grattugiato

Fiammeggiate con cura le cosce per togliere eventuali penne residue, poi mettetele a friggere nel burro per una ventina di minuti. Se non avete sugo d'arrosto a disposizione, potete "confezionarlo" in questo modo: prendete un poco di burro e scioglietevi dentro un dado da brodo e un poco di estratto di carne, e soffriggetelo leggermente con un goccino di acqua, uno spicchio di aglio e un rametto di rosmarino.

Filtratelo prima di aggiungerlo al pollo e, se dovesse essere troppo liquido, addensatelo con un cucchiaino da caffè di fecola di patata. Mettete il sugo d'arrosto nella pentola delle cosce, poi aggiustate di pepe e di sale. Fate attenzione se avete usato il dado che il composto non risulti troppo salato. Spolverizzate con il formaggio grattugiato prima di servire.

Fagiano ripieno alla savoiarda

INGREDIENTI PER 4 PERSONE:

1 fagiano
8-10 castagne
1 ciuffo di prezzemolo
1 bicchiere di latte
1 rametto di rosmarino
1 tartufo
1 bicchierino di cognac
200 g di salsiccia
50 g di burro, olio
1 pugno di mollica di pane
100 g di pancetta
3 spicchi d'aglio
1 bicchiere di marsala
sale e pepe

Preparate una farcia passando nel mixer la salsiccia privata della pelle, il fegato del fagiano, qualche castagna arrostita, una noce di burro, un poco di prezzemolo, la mollica di pane bagnata nel latte e poi strizzata e qualche lamella di tartufo. Riempite il buzzo del fagiano con questa farcia e cucite l'apertura con un filo bianco. Fasciate il fagiano con la pancetta, tenendola ferma con un filo da arrosti e mettetelo a rosolare in una casseruola con burro e olio, l'aglio e il rosmarino. Salate e pepate e sfumate prima con il marsala. Fate evaporare e ponetelo in forno per 40-50 minuti, a 200°, sfumando con il cognac. Quando sarà cotto, togliete la pancetta, filtrate il sughetto di cottura, tagliate a pezzi il fagiano, e servitelo irrorato di salsa, eventualmente addensata con un cucchiaio di farina.

Fagottino di vitello farcito al tartufo

INGREDIENTI PER 4 PERSONE:
8 fettine di vitello
1 tartufo bianco
2 cucchiai di farina
sale e pepe
200 g di toma fresca
½ bicchiere di vino bianco
1 noce di burro

Battete la carne in modo da renderla sottile, farcitela con la toma tagliata a dadini, sale e pepe e richiudete le fettine a fagottino, tenendole ferme con stuzzicadenti o un poco di filo da arrosto. Infarinate leggermente i fagottini, poi metteteli a rosolare in padella col burro, girandoli.

Sfumate col vino bianco, salate e pepate, lasciando addensare il sughetto. Prima di servire insaporite con fettine di tartufo bianco tagliate con l'apposita mandolina.

Fegato in salsa al tomino di Casalborgone

INGREDIENTI PER 4 PERSONE:
400 g di fegato
50 g di burro
200 g di tomino di Casalborgone
1 pizzico di dragoncello secco
4 cucchiai di grappa
3 cucchiai di vino bianco
2 spicchi d'aglio
sale e pepe

Fate sciogliere il burro in una padella, mettetevi a soffriggere l'aglio e il dragoncello per pochi minuti, poi aggiungete il fegato, salate e pepate.

Fatelo cuocere pochi minuti da una parte, giratelo e copritelo di tomino di Casalborgone fresco. Sfumate col vino e mettete il coperchio per far sciogliere un po' il formaggio. Bagnate con la grappa e con un fiammifero incendiatela. Portate in tavola la pentola fiammeggiante e servite immediatamente.

Filetto di maiale ai funghi e brandy

INGREDIENTI PER 4 PERSONE:
1 filetto di maiale
1 cipolla
400 g di funghi freschi misti
1 bicchiere di brodo
1 cucchiaio d'olio d'oliva
sale e pepe
1 carota
1 costa di sedano
1 bicchiere di brandy
40 g di burro
1 foglia di alloro

Legate il filetto con lo spago da cucina, in modo che, durante la cottura, mantenga la forma. In un tegame, fate rosolare la carne con il burro, l'olio e l'alloro, poi sfumatela con il brandy, che lascerete evaporare a fuoco vivace.

Aggiungete un trito fine di sedano, carota e cipolla, i funghi ben puliti e tagliati a pezzetti e un mestolo di brodo. Lasciate cuocere con il coperchio per circa 40-50 minuti, bagnando ogni tanto con un po' di brodo caldo. Regolate di sale, pepate e continuate la cottura ancora per una decina di minuti, in modo da far restringere bene il sughetto. Lasciate leggermente intiepidire la carne, poi affettatela e servitela, irrorata con la sua salsa.

Frittata alla savoiarda

INGREDIENTI PER 4 PERSONE:

4 uova
1 bicchiere di olio
1 porro
100 g di gruviera a dadini
sale e pepe

100 g di lardo magro
1 patata grossa
50 g di burro
1 ciuffo di prezzemolo

Tagliate a dadini il lardo, e fatelo rosolare in padella in modo che si abbrustolisca un poco. Nell'unto sciolto del lardo, dopo che avrete tolto i dadini, aggiungete l'olio e fate rosolare la patata tagliata a dadini molto piccoli e il porro a rondelle sottili.

Rompete le uova in una terrina, conditele con sale e pepe, sbattetele, unitevi il lardo abbrustolito, le patate e il porro, il gruviera e un poco di prezzemolo tritato.

Scaldate il burro in una padella, aspettate che frigga e versateci il composto, girandolo a metà cottura per farlo dorare anche dall'altra parte. Asciugate la frittata in un foglio di carta assorbente da cucina prima di servirla.

Fritto misto alla torinese

INGREDIENTI PER 4 PERSONE:

4 bistecchine di vitello
200 g di schienali di vitello
4 fettine di fegato
50 g di parmigiano grattugiato
4-5 pugni di pangrattato
sale e pepe

4 polpettine di carne macinata
1 cervella
4 pezzetti di salsiccia
3 uova
1 bicchiere di olio d'oliva

Tagliate tutte le carni a fettine. Passate le carni nelle uova sbattute e nel pangrattato. Amalgamate l'ultimo uovo con la carne tritata, il parmigiano grattugiato, sale e pepe, formate delle polpettine e impanatele.

Fate friggere tutti gli ingredienti impanati in una grossa padella, con olio di oliva bollente. A parte, rosolate il fegato infarinato e la salsiccia. Servite il fritto misto caldissimo, facendo scolare l'unto in eccesso su un foglio di carta assorbente da cucina.

Lingua di sanato con salsa verde

INGREDIENTI PER 4 PERSONE:
1 lingua di vitello
 (sanato in piemontese)
1 carota
1 costa di sedano
2 chiodi di garofano
1 ciuffo di prezzemolo
1 scalogno
1 cipolla
1 foglia di alloro
½ tazza di maionese
sale e pepe

Pulite bene la lingua sotto acqua corrente, e praticate delle piccole incisioni per evitare che si rompa durante la cottura. Portate a ebollizione un litro e mezzo di acqua con sale, qualche grano di pepe, il sedano, la cipolla e la carota, una foglia d'alloro e lo scalogno steccato con due chiodi di garofano. Mettete a cuocere la lingua, e fate bollire piano per almeno due ore. Controllate la cottura pungendo la lingua: quando sarà tenera spegnete il fuoco e lasciatela parzialmente raffreddare nel suo brodo.

Quando sarà tiepida scolatela, spelatela e tagliatela a fette, servendola con la maionese alla quale avrete aggiunto un trito fine di prezzemolo.

Petto d'anitra ai mirtilli

INGREDIENTI PER 4 PERSONE:
400 g di petto d'anitra
4 cucchiai di olio extravergine
 di oliva
1 l di barbaresco
sale e pepe

Per la salsa:
200 g di mirtilli freschi
100 g di zucchero
1 noce di burro

Mettete le fette di petto d'anitra a marinare in frigorifero per una notte con il barbaresco, al quale avrete aggiunto qualche grano di pepe e sale.

Sgocciolatele, asciugatele, salatele da entrambe le parti e ungetele appena di olio usando le dita. Ponetele sulla bistecchiera già calda e fate cuocere a fuoco basso per 5-6 minuti. Rigiratele e fatele cuocere per altri 5 minuti. Mettete i mirtilli in un tegame assieme a 100 g di zucchero e lasciate cuocere finché lo zucchero non è sciolto, quindi unite il burro. Passate al setaccio e velate con la salsa le fette di petto d'anitra, quindi servite.

Petto di pollo agli asparagi di Santena

INGREDIENTI PER 4 PERSONE:

4 petti di pollo
200 g di punte di asparagi di Santena
2 cucchiai di farina
sale e pepe
1 spicchio d'aglio
30 g di burro
1 bicchiere di brodo vegetale
1 ciuffo di prezzemolo

Fate soffriggere l'aglio nel burro, aggiungete il prezzemolo tritato, e rosolate per circa 5 minuti, poi unite gli asparagi tagliati a pezzetti. Sfumate col brodo. Dopo una ventina di minuti adagiatevi sopra i petti di pollo leggermente infarinati e fateli cuocere per una ventina di minuti, eventualmente sfumando con un goccio d'acqua. Salate, pepate e serviteli caldissimi.

Pollo ripieno di castagne di Corio

INGREDIENTI PER 4 PERSONE:

1 pollo
20-30 olive verdi denocciolate
5 salsicce
300 g di castagne
100 g di lardo a fettine
sale e pepe

Incidete le castagne e mettetele ad arrostire come per fare normali caldarroste. Una volta pronte sgusciatele, pelatele e tritatele.

Spellate le salsicce e pestatele sommariamente con le olive denocciolate, quindi amalgamate il tutto con le castagne. Riempite con questa farcia il buzzo del pollo, quindi avvolgetelo nelle fette di lardo e ponetelo in una teglia da forno unta con sale e pepe. Cuocetelo per un'ora e mezzo circa a 180°, quindi togliete le fettine di lardo e servite.

Polpette della balia

INGREDIENTI PER 4 PERSONE:

400 g di carne di vitello tritata
½ bicchiere di olio di oliva extra vergine
1 cucchiaio di zucchero
1 ciuffo di prezzemolo
farina per infarinare
50 g di burro
1 grossa mela renetta
2 tuorli d'uovo
¼ di litro di barbaresco
1 spicchio d'aglio
sale

Tritate la mela ben pulita, ma ancora con la buccia e mettetela in una terrina con un trito fine di aglio e prezzemolo, la carne trita, i tuorli, e il sale. Impastate bene con le mani e formate delle palline grandi come una noce che farete rotolare nella farina.

Mettete in una pentola l'olio, il burro, lo zucchero e il vino e portare ad ebollizione, facendo addensare un poco il sughetto, unite le polpettine e, mescolando delicatamente, lasciate insaporire, quindi servite.

Rolatine ripiene alla torinese

INGREDIENTI PER 4 PERSONE:
4 fette di coscia di vitello

Per il ripieno:
1 ciuffo di prezzemolo
2 spicchi d'aglio
2 carote
1 cipolla
1 peperone giallo
1 peperoncino rosso piccante
1 costa di sedano
sale e pepe

Per il soffritto:
1 cipolla
1 costa di sedano
1 bicchiere di brodo
sale
1 carota
1 bicchiere di vino bianco
½ bicchiere di olio extravergine d'oliva

Passate nel mixer prezzemolo, peperone giallo, aglio, peperoncino, carote, sedano, cipolla e fate scolare eventuale acqua di vegetazione con un colino. Battete bene le fette di carne, ricopritele col trito di verdure e salatele leggermente, aggiungete il pepe.

Avvolgetele e legatele col filo da cucina. In una capiente padella mettete un trito grossolano di cipolla, carota e sedano, un po' d'olio d'oliva e un pizzico di sale: fate rosolare un poco, poi disponetevi le rolatine. Continuate la cottura a fuoco dolce bagnando con vino bianco e brodo e rivoltando spesso le rolatine. Pungetele con i rebbi di una forchetta per sapere se sono tenere, e servitele, velate con il loro sughetto di cottura addensato con una punta di farina.

Stracotto al barolo

INGREDIENTI per 4-6 persone:
1 kg e ½ di cappello
  di prete di manzo
2 carote
2 spicchi d'aglio
1 barattolo di pomodori pelati
50 g di burro
1 l di barolo
2 cipolle
2 coste di sedano
1 foglia di alloro
1 bicchiere di olio d'oliva
sale e pepe

Tritate sedano, carota, cipolla e aglio e metteteli in una casseruola con l'olio ed il burro, e l'alloro. Fate soffriggere un poco, quindi mettete il pezzo di carne e fatelo rosolare da tutti i lati per circa un quarto d'ora. Bagnate col vino, salate, pepate e continuare la cottura a fuoco bassissimo, girando la carne di tanto in tanto. Quando il vino è evaporato, aggiungete i pomodori e lasciate cuocere per circa 2 ore.

Togliete il brasato dalla pentola, passate al frullatore il fondo di cottura, aggiustate di sale e pepe, e addensate eventualmente la salsa con un poco di farina. Tagliate la carne a fette, e servitela velata col suo sugo.

Trippa con patate

INGREDIENTI PER 4 PERSONE:

600 g di trippa
20 g di pinoli
1 cipolla
1 carota
½ bicchiere di vino bianco
sale e pepe

500 g di patate
2 pomodori maturi
1 costa di sedano
1 ciuffo di prezzemolo
½ bicchiere di brodo

Tagliate la trippa già lessata a striscioline. Pelate le patate e tagliatele a dadini. Mettete sia la trippa che le patate a freddo, in un tegame con un trito fine di cipolla, sedano, prezzemolo, carota e pinoli, salate e pepate. Aggiungete l'olio e lasciate rosolare a fuoco basso tutti gli ingredienti. Dopo circa 10 minuti sfumate con il vino bianco quindi aggiungete i pomodori pelati, privati dei semi e triturati e lasciate cuocere lentamente, mescolando e aggiungendo qualche cucchiaio di brodo.

Trota della Val Germanasca

INGREDIENTI PER 4 PERSONE:

2 trote di circa 1 kg ciascuna
50 g di uvetta sultanina
1 cipolla
1 spicchio d'aglio
1 limone
2 cucchiai di aceto
sale

4 cucchiai di olio d'oliva
1 costa di sedano
alcune foglie di salvia
1 rametto di rosmarino
4-5 cucchiai di farina bianca
2 bicchieri di brodo

Lasciate ammorbidire l'uvetta in acqua tiepida. Tritate il sedano, la salvia, il rosmarino, uno spicchio d'aglio e la cipolla, quindi fate rosolare il tutto con un poco di olio, in una capiente padella. Aggiungete le trote ben pulite e infarinate, sfumatele con l'aceto e grattugiatevi sopra la scorza di limone. Unite l'uvetta ben strizzata ed il brodo. Salate e mettete il coperchio. Quando le trote saranno cotte, toglietele dalla padella, facendo attenzione a non romperle, togliete la pelle e disponete i filetti su un piatto da portata.

Filtrate il sughetto di cottura. Unite una cucchiaiata di farina, lasciate addensare e velate i filetti di pesce, quindi servite.

Uccelletti con porcinelli neri di Giaveno

INGREDIENTI PER 4 PERSONE:

*8 cucchiai di olio extravergine
  di oliva*
1 kg di porcinelli neri di Giaveno
1 ciuffo di prezzemolo
1 bicchiere di brodo vegetale
30 g di burro
*2 kg di uccelletti (tordi, merli,
  allodole, ecc.)*
1 bicchiere di vino bianco
sale e pepe

Pulite gli uccelletti, cospargendoli di acqua bollente per togliere le penne con facilità, quindi eviscerateli, fiammeggiateli e lavateli. Disossate alcuni dei più grossi e tagliate la carne a cubetti. Rosolate i rimanenti in una teglia con 4 cucchiai di olio e burro, salate e pepate, quindi passate in forno, a 180°, per dieci minuti circa, sfumando con un po' di brodo.

Rosolate la carne disossata e bagnate con del buon vino bianco e proseguite la cottura aggiungendo del brodo.

Nel frattempo affettate a lamelle i porcinelli neri e rosolateli in una padella con l'olio rimasto, sale pepe e del prezzemolo tritato. Aggiungete alle carni i funghi e portate a termine la cottura. Servite gli uccelli interi e il sughetto di carne e funghi porcinelli neri, eventualmente con fette di polenta abbrustolita.

CONTORNI

Asparagi bolliti con salsa di tomino di Rivalta

INGREDIENTI PER 4 PERSONE:
500 g di asparagi

Per la salsa:
200 g di tomino di Rivalta fresco   *1 ciuffo di prezzemolo*
5 spicchi d'aglio   *1 ciuffo di salvia*
1 ciuffo di basilico   *1 ciuffo di foglie di sedano verde*
il succo di 1 limone   *½ bicchiere d'olio d'oliva*
sale e pepe

  Mondate e pulite bene gli asparagi, legateli a mazzetto e metteteli a bollire una ventina di minuti in acqua salata. Il tempo dipende dalle dimensioni degli asparagi. Scolateli e poneteli ad asciugare. Lavate accuratamente le foglie delle erbe aromatiche, asciugatele e passatele nel frullatore assieme all'aglio, al sale e al pepe. Amalgamate con il succo del limone e l'olio. Amalgamate questo composto con il tomino di Rivalta e mescolate accuratamente. Irrorate con la salsa gli asparagi, che avrete sistemato su un piatto da portata.

Asparagi di Santena al prezzemolo

INGREDIENTI PER 4 PERSONE:
500 g di asparagi   *1 ciuffo di prezzemolo*
2 spicchi d'aglio   *6 cucchiai di olio d'oliva*
sale e pepe

  Mondate e pulite bene gli asparagi, legateli a mazzetto e metteteli a bollire una ventina di minuti in acqua salata. Il tempo dipende dalle dimensioni degli asparagi. Scolateli e poneteli ad asciugare. Tritate finemente aglio e prezzemolo e cospargetene gli asparagi, che avrete sistemato su un piatto da portata. Irrorateli con l'olio, salate, pepate e servite.

Cappelle di porcini grigliate al timo

INGREDIENTI PER 4 PERSONE:

4 grosse cappelle di porcini *2 spicchi d'aglio*
1 rametto di timo fresco *4 cucchiai di olio extravergine di oliva*
sale e pepe

Pulite le cappelle senza lavarle ma sfregandole delicatamente con un panno. Tenetele in una marinata costituita da olio, aglio e timo tritati, sale e pepe per 2-3 minuti, voltandole dalle due parti per farli insaporire bene. Mettetele quindi sulla griglia per 10 minuti circa, prima da una parte e poi dall'altra. Servitele appena pronte, caldissime.

Carotine al vino bianco

INGREDIENTI PER 4 PERSONE:

500 g di carotine novelle *50 g di burro*
3-4 cucchiai di farina *1 bicchiere di vino bianco*
sale e pepe

Pulite e raschiate le carotine. Sciogliete il burro in una casseruola e fate dorare a fiamma viva le carotine, dopo averle leggermente infarinate, salate e pepate. Abbassate la fiamma e completate la cottura per 20-30 minuti circa.

Tenete in caldo. Aggiungete al fondo di cottura il vino, e alzate il fuoco per ridurlo di 2/3. A questo punto unite i pezzi di fungo, coprite la pentola e fate insaporire per 5 minuti.

Castagne di Corio all'agliata

INGREDIENTI PER 4 PERSONE:
400 g di castagne secche

Per l'agliata:
400 g di gherigli di noci spelati *2 spicchi di aglio*
100 g di burro *la mollica di 1 panino*
1 bicchiere di latte *1 pizzico di sale grosso da cucina*
50 g di parmigiano grattugiato *1 bicchiere di brodo*

Passate nel frullatore le noci e mettete il trito in una terrinetta. Tritate poi l'aglio insieme con il sale grosso e unite questo composto alle noci. Amalgamate bene, aggiungete la mollica di pane intrisa in un po' di latte e strizzata. Fate sciogliere il burro a bagnomaria, aggiungetelo al pesto, mescolando e amalgamando bene, infine aggiungete il parmigiano grattugiato e mescolate ancora. Se la salsa fosse troppo densa, diluitela con un poco di brodo.

Cavolfiore di Moncalieri in salsa ai funghi ed erbaluce

INGREDIENTI PER 4 PERSONE:

1 cavolfiore
1 spicchio d'aglio
60 g di burro
2 cucchiai di aceto di vino bianco
sale e pepe
1 ciuffo di prezzemolo
300 g di piccoli funghi porcini o misti
1 bicchiere di erbaluce di Caluso
1 cucchiaio di farina

Mondate e dividete in cimette il cavolfiore, e cuocetelo al vapore, tenendolo abbastanza croccante.

In un tegame fate soffriggere nel burro un trito fine di prezzemolo e aglio per un minuto, aggiungete i funghi anch'essi tritati nel frullatore, aggiungete un cucchiaio di farina, versate un bicchiere di vino e l'aceto.

Mescolate, aggiustate di sale e pepe, e servite la salsa con bollito o arrosto.

Cavolfiore di Nichelino in crema al gorgonzola e funghi

INGREDIENTI PER 4 PERSONE:

1 cavolfiore
500 g di funghi porcini
2 mestoli di brodo di carne
150 g di gorgonzola dolce
80 g di burro
sale e pepe

Pulite accuratamente i funghi, affettateli e metteteli a soffriggere in una padella con il burro, mescolando spesso. Bagnate con 2 o 3 mestoli di brodo, abbassate la fiamma e lasciate cuocere dolcemente per una mezz'oretta.

Tagliate a tocchetti il gorgonzola, unitelo ai funghi, mescolate bene in modo che si sciolga e versare il restante brodo caldo, salando poco e pepando. Fate cuocere per circa 10 minuti, mescolando continuamente. Unite il cavolfiore, mescolate affinché si insaporisca bene e lasciate cuocere una decina di minuti.

Cavolfiore di Santena in crema al tartufo

INGREDIENTI PER 4 PERSONE:

1 cavolfiore
100 g di burro
2 tartufi bianchi
4 acciughe sotto sale
1 bicchiere d'olio d'oliva
sale e pepe

Mondate e dividete in cimette il cavolfiore, e cuocetelo al vapore, tenendolo abbastanza croccante.

Tritate le 4 acciughe, dissalate, ben pulite e diliscate, mettetele a soffriggere dolcemente con il burro e l'olio, aggiungete sale e pepe e fatele cuocere, sempre mescolando.

Aggiungete i tartufi tagliati a fettine sottilissime, lasciateli insaporire un po' e unite il cavolfiore. Lasciatelo cuocere una decina di minuti al massimo e servite.

Cavolfiore di Trofarello

INGREDIENTI PER 4 PERSONE:

1 cavolfiore
200 g di toma fresca
20 g di burro
4 cucchiai di brodo vegetale
150 g di prosciutto cotto alla brace
2 cucchiai di latte
1 cipolla
sale e pepe

Tritate la cipolla e mettetela a rosolare dolcemente nel burro fino a quando sarà lievemente dorata. Aggiungete i pezzetti di cavolfiore, lasciateli rosolare e sfumateli col brodo. Tritate finissimamente il prosciutto cotto e unitelo al cavolfiore.

In un tegamino scaldate la toma con il latte, mescolando fino a quando si sarà sciolta e avrà raggiunto la consistenza di una crema fluida.

Versate la crema di toma sul cavolfiore, salate, pepate, mescolate e servite.

Cavolo verza di Montalto Dora

INGREDIENTI PER 4 PERSONE:

1 cuore di verza
1 ciuffo di menta
20 g di burro
1 scalogno
1 confezione di panna
sale e pepe

Mondate il cuore di verza, lavatelo, asciugatelo e tagliatelo a listarelle.

A parte tritate lo scalogno e fatelo rosolare nel burro fino a quando sarà appassito. Lavate e tritate finemente le foglie di menta e unitele allo scalogno. Amalgamate con la panna, salate e pepate. Irrorate con la salsa la verza, mescolate e servite.

Cavolo verza di Settimo ai tomini

INGREDIENTI PER 4 PERSONE:

1 cuore di verza
4 cucchiai di olio extravergine d'oliva
1 ciuffo di prezzemolo
sale
4 tomini canavesani
1 cucchiaio di succo di limone
1 pizzico di peperoncino piccante
1 confezione di panna liquida

Mondate e pulite la verza, tagliatela a striscioline e sbollentatela per una decina di minuti. Scolatela, strizzatela e ponetela in un'insalatiera.

A parte frullate i tomini con il prezzemolo, il succo di limone e la panna, salateli, unite peperoncino piccante a piacere e irrorate con la salsa la verza bollita.

Crostini di patate ai funghi

INGREDIENTI PER 4 PERSONE:

4 patate
1 spicchio d'aglio
2 cucchiai di marsala secco
sale e pepe

200 g di funghi misti
1 pizzico di timo
4 cucchiai di olio extravergine di oliva

Lessate le patate in acqua bollente salata, scolatele, pelatele e tagliatele a fette. Ungete una teglia e allineatevi le fette di patata. Pulite i funghi e affettateli molto sottili.

In una padella rosolate l'aglio con l'olio, aggiungete i funghi con metà del timo e fateli cuocere a fuoco medio per una decina di minuti, quindi salate, pepate, spruzzate di marsala e lasciate evaporare. Arrostite le patate per pochi minuti, copritele con i funghi e il timo rimasto e servitele ben calde.

Finocchi alla campagnola

INGREDIENTI PER 4 PERSONE:

4 finocchi
1 rametto di rosmarino
2 cucchiai di vino bianco
sale e pepe

3 spicchi d'aglio
4 cucchiai di olio extravergine di oliva
il succo di 1 limone

Pulite bene i finocchi, lavateli, asciugateli, tagliateli a fettine. Scaldate l'olio in un tegame e fatevi rosolare per pochi minuti i finocchi con l'aglio, il rosmarino, il sale e il pepe.

Bagnate con il vino bianco e il succo di limone, mettete il coperchio alla pentola e cuocete a fuoco moderato per 15 minuti circa.

Flan di cavolfiore e finferli

INGREDIENTI PER 4 PERSONE:

200 g di cime di cavolfiore
1 cipolla
½ bicchiere di aceto bianco

150 g di finferli
4 cucchiai di olio extravergine d'oliva
sale e pepe

Affettate la cipolla e mettetela a macerare per 20 minuti in mezzo bicchiere di aceto bianco. Fate lessare le cime di cavolfiore in acqua bollente salata, scolatele e passatele al mixer. Dopo aver messo da parte 4 cucchiai di composto, che servirà per la salsa, condite il resto con l'olio, sale e pepe.

Tagliate a fettine sottili i finferli, ben puliti, fateli saltare in una padella antiaderente con un goccio d'olio e, quando saranno rosolati, unite il cavolfiore tenuto da parte. Ungete uno stampo da budino, riempitelo con la purea di cavolfiore, coprite con le cipolle scolate e ben asciugate, e cuocete a bagnomaria in forno a 180° per circa 30 minuti. Accompagnate il flan con la salsa e servite.

Funghi di Giaveno al prezzemolo

INGREDIENTI PER 4 PERSONE:
500 g di funghi misti di Giaveno   *40 g di burro*
2 bicchieri di latte   *1 ciuffo di prezzemolo*
1 spicchio d'aglio   *4 cucchiai di olio extravergine di oliva*
sale e pepe

   Pulite bene i funghi, tagliateli a fettine e rosolateli con olio e burro. Quando avranno buttato fuori l'acqua aggiungete il latte, un trito di prezzemolo e aglio, sale e pepe macinato al momento. Lasciateli cuocere una mezz'oretta, mescolando.

Gratin di patate e porcini

INGREDIENTI PER 4 PERSONE:
500 g di porcini   *500 g di patate*
3 spicchi d'aglio   *1 ciuffo di prezzemolo*
1 bicchiere di vino bianco secco   *2 cucchiai di olio extravergine di oliva*
sale e pepe

   Lavate e pelate le patate e tagliatele a fette piuttosto spesse. Lavate i funghi sotto acqua corrente, lasciateli asciugare e privateli dei gambi, che triterete piuttosto finemente.
   A parte tritate il prezzemolo con l'aglio. Mescolate poi le patate con metà del trito di aglio e prezzemolo e i gambi dei funghi, disponendo il tutto in una pirofila unta. Condite con pepe e sale.
   Tagliate a fettine sottili nel senso della lunghezza le cappelle dei funghi, disponetele sopra le patate, aggiungete l'aglio e il prezzemolo rimasti, ancora un po' di pepe e sale e quindi il bicchiere di vino bianco. Infornate a 150° per 40 minuti circa.

Mazze di tamburo alla salvia

INGREDIENTI PER 4 PERSONE:
1 kg di mazze di tamburo   *2 spicchi d'aglio*
4-5 foglie di salvia   *50 g di burro*
sale e pepe

   Pulite le cappelle delle mazze di tamburo. In una pentola con dell'acqua salata fatele bollire per un paio di minuti, poi mettetele a scolare. In una padella fate rosolare un poco di burro con l'aglio e con qualche foglia di salvia tritata e versatevi i funghi già scottati e tagliati a pezzi, aggiungete pepe bianco e sale. Coprite e fate cuocere per una mezz'ora.

Peperonata ai funghi

INGREDIENTI PER 4 PERSONE:

1 peperone rosso
1 peperone verde
2 spicchi d'aglio
sale e pepe
1 peperone giallo
200 g di funghi misti
4 cucchiai di olio extravergine di oliva

Lavate e pulite i peperoni e i funghi, poi tagliate a strisce i primi e a fettine i secondi. In un tegame mettete a rosolare l'aglio in poco olio, poi unite i peperoni e i funghi, lasciateli insaporire a fiamma vivace, sempre mescolando, salateli, pepateli e lasciateli cuocere a fuoco moderato per circa mezz'ora: devono risultare teneri ma non sfatti.

Piselli di Casalborgone in guazzetto

INGREDIENTI PER 4 PERSONE:

1 kg di piselli freschi
2 spicchi d'aglio
4 cucchiai di olio extravergine di oliva
1 ciuffo di prezzemolo
4-5 foglie di salvia
sale e pepe

Sgusciate i piselli. In una pentola con dell'acqua salata fateli bollire per una decina di minuti. In una padella fate rosolare un poco di olio con l'aglio e con qualche foglia di salvia e versatevi i piselli già scottati, aggiungete ancora un poco di aglio, salvia e sale.

Coprite e fate cuocere per una mezz'ora.

Qualche istante prima di toglierli dal fuoco aggiungete il prezzemolo, quindi serviteli molto caldi.

Pomodori costoluti di Cambiano in intingolo

INGREDIENTI PER 4 PERSONE:

800 g di pomodori costoluti di Cambiano
4 cucchiai di panna
sale
50 g di burro
4 cucchiai di brodo vegetale
1 ciuffo di prezzemolo

Pulite i pomodori, privateli dei semi e tagliateli a fettine sottili. Scaldate il burro in una padella e mettetevi a insaporire i pomodori con il sale, lasciando che evapori la loro acqua di vegetazione.

Aggiungete il brodo, coprite e lasciate cuocere a calore moderato per 20 minuti circa, mescolando di tanto in tanto. Aggiungete il prezzemolo finemente tritato e la panna, amalgamate bene e servite.

Porri di Carmagnola in salsa alla favorita

INGREDIENTI PER 4 PERSONE:

8 porri di Carmagnola
½ bicchiere di favorita delle Langhe
sale e pepe
4 cucchiai di olio extravergine di oliva
2 cucchiai di aceto
1 confezione di panna
2 spicchi d'aglio

Pulite i porri, lavateli, asciugateli, poi tagliateli a fettine, conservando solo la parte bianca. Scaldate l'olio in un tegame e fatevi rosolare per 2-3 minuti i porri con l'aglio, aggiungete la panna, il sale e il pepe. Bagnate con la favorita, coprite e cuocete a fuoco moderato per 15-20 minuti circa. Irrorate con l'aceto e servite.

Porri e patate in tortiera

INGREDIENTI PER 4 PERSONE:

4 porri
200 g di pomodori pelati
1 spicchio d'aglio
2 cucchiai di olio extravergine di oliva
300 g di patate
100 g di burro
salsa besciamella
sale e pepe

Pulite i porri e tagliateli a rondelle, utilizzando solo la parte bianca. Pelate le patate e lessatele in acqua salata per una ventina di minuti. In una capiente padella mettete l'olio e lo spicchio d'aglio. Quando l'aglio è dorato, potete toglierlo. Unite pomodori e porri, salate e lasciate cuocere per 30 minuti circa. Scolate le patate e affettatele. Mettete il burro fuso in una pirofila, adagiate uno strato di patate, uno di porri, coprite con uno strato di besciamella, cospargete di pepe e ripetete l'operazione fino a esaurimento degli ingredienti, terminando con uno strato di besciamella. Ponete in forno caldo a 180° per 30 minuti circa e servite nel recipiente di cottura.

Purea di patate con i porcini

INGREDIENTI PER 4 PERSONE:

500 g di patate
250 ml di latte
sale e pepe
150 g di burro
300 g di porcini

Pulite i funghi e tritateli finemente, quindi metteteli a cuocere con la metà del burro, bagnando eventualmente con un goccio di acqua. Fate bollire le patate per 25-30 minuti e pelatele quando sono ancora calde. Poi passatele con lo schiacciapatate, e mettetele in una casseruola, aggiungete i funghi rosolati con il loro condimento e il resto del burro, pepe e sale. A fiamma bassa, mescolate con un mestolo di legno, aggiungete poco alla volta il latte bollente, fino a quando la purea è diventata una crema soffice.

Taccole alla royale

INGREDIENTI PER 4 PERSONE:
500 g di taccole
60 g di burro
1 confezione di panna da cucina
2 cipolle piccole
1 bicchiere di brodo di dado
sale e pepe bianco

Pulite e lavate bene le taccole. In una casseruola, preferibilmente di coccio, mettete le cipolle finemente tagliate a soffriggere nel burro, finché non saranno appassite, poi aggiungetevi le taccole e fatele rosolare per 15 minuti, sfumandole con il brodo. Salate, pepate e, per ultimo, aggiungete la panna. Mescolate e servite.

Zucchine all'aceto di barolo

INGREDIENTI PER 4 PERSONE:
4 grosse zucchine
1 foglia di alloro
2 chiodi di garofano
2 cucchiai di vino bianco
il succo di 1 limone
3 spicchi d'aglio
1 rametto di rosmarino
4 cucchiai di olio extravergine di oliva
4 cucchiai di aceto di barolo
sale e pepe in grani

Pulite le zucchine, mondatele, togliete le estremità, poi tagliatele a fettine. Scaldate l'olio in un tegame e fatevi rosolare per 2-3 minuti le zucchine con l'aglio, l'alloro, il rosmarino, i chiodi di garofano, il sale e il pepe pestato. Bagnate con il vino bianco e il succo di limone restante, coprite e cuocete a fuoco moderato per 15-20 minuti circa. Irrorate con l'aceto e servite.

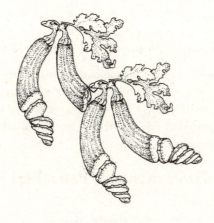

DOLCI

Amaretti di Pinerolo

INGREDIENTI PER 4 PERSONE:

300 g di mandorle dolci *300 g di mandorle amare*
450 g di zucchero *1 pizzico di vaniglia in polvere*
5 albumi *1 pugno di farina*
4 cucchiai d'olio

Portate a ebollizione un litro d'acqua, gettatevi le mandorle amare e dolci, lasciandole solo il tempo necessario a far ammorbidire la pelle, scolatele, passatele in acqua fredda, sgocciolatele accuratamente e spellatele, quindi fatele seccare in forno per pochi minuti. Mettete in un mortaio (ma potete usare anche un mixer) lo zucchero mischiato a poca vaniglia, poi le mandorle, pestatele unendo uno alla volta gli albumi, mescolando per far amalgamare bene il composto. Versate il composto in una tasca da pasticcere e modellate sulla piastra del forno, unta d'olio e leggermente infarinata, le tipiche forme ovali degli amaretti. Passate la piastra nel forno già caldo a 180°, lasciate cuocere a fuoco medio per 20 minuti circa, poi togliete dal forno e fate raffreddare.

Biscotto della duchessa di San Giorgio Canavese

INGREDIENTI PER 4 PERSONE:

500 g di farina *200 g di zucchero*
1 bustina di vanillina *6 albumi d'uovo*
100 g di cacao amaro in polvere

Montate a neve gli albumi. Su una spianatoia mettete la farina, lo zucchero, il cacao e la vanillina. Impastate il tutto con gli albumi, fino ad ottenere un composto morbido. Dividetelo a pezzi grossi con le mani, e stendetelo grossolanamente, pigiandolo con il palmo. Imburrate una placca da forno e ponetevi i biscotti, distanziati. Cuoceteli a forno caldo a 100° per circa mezz'ora.

Budino al cioccolato e menta di Pancalieri

INGREDIENTI PER 4 PERSONE:

300 g di panna *2 dl di latte*
1 bicchierino di sciroppo di menta *100 g di zucchero*
15 g di colla di pesce *foglie di menta per decorare*
20 g di scaglie di cioccolato fondente

Mettete il latte e lo zucchero in una casseruola e scaldate per una decina di minuti a fuoco dolce, battendo il composto con una frusta per far sciogliere lo zucchero. Bagnate e strizzate la colla di pesce, scioglietela in pochissima acqua calda ed unitela al latte.

Sempre mescolando aggiungete lo sciroppo di menta, quindi unite il tutto alla panna e versate in uno stampo da budino.

Tenete in frigorifero almeno tre ore prima di servire. Sformate il budino su un piatto da portata e decoratelo con foglie di menta fresca e scaglie di cioccolato.

Bùsie di Chieri

INGREDIENTI PER 4 PERSONE:

500 g di farina
50 g di burro
2 cucchiai di zucchero
1 bicchiere di latte
zucchero vanigliato

1 bustina di lievito vanigliato
2 tuorli d'uovo
1 pizzico di sale
1 l di olio d'oliva
½ bicchiere di grappa

Impastate la farina con il lievito vanigliato, la grappa, il burro fuso, due tuorli, lo zucchero, il sale, il latte. Mescolate con le mani fino ad ottenere una pasta non troppo molle e ben liscia.

Stendete la sfoglia abbastanza sottile con il matterello, quindi tagliatela con la rotella dentata a losanghe.

Scaldate abbondante olio in una padella dai bordi alti e, quando è bollente, friggete la pasta per pochi minuti, poi toglietela con la schiumarola e lasciate scolare l'unto in eccesso su un foglio di carta assorbente da cucina. Spolverate con zucchero vanigliato prima di servire.

Canestrelli del Canavese

INGREDIENTI PER 4 PERSONE:

500 g di farina
250 g di burro
1 bicchierino di rum

250 g di zucchero
½ l di vino rosso
1 uovo

Mescolate la farina, lo zucchero, il burro ammorbidito, l'uovo sbattuto, il vino e il rum. Lavorate l'impasto fino a renderlo piuttosto sodo, quindi dividetelo in palline della grandezza di una noce. Scaldate lo stampo di ferro su entrambe le facce, ungete con un poco di strutto e deponete una noce di impasto sullo stampo, quindi chiudetelo e pressatelo, contate pochi minuti e togliete le cialde.

Una volta cotti, conservate i canestrelli in un cestino (il canestro) coperto da un tovagliolo.

Cannoli torinesi

INGREDIENTI PER 4 PERSONE:

Per la pasta frolla:
500 g di farina
200 g di zucchero
1 pizzico di sale
250 g di burro
2 uova

Per la crema allo zabaione:
8 uova (solo i tuorli)
½ bicchiere di marsala secco
16 cucchiai di zucchero

Preparate la pasta frolla impastando con delicatezza gli ingredienti assieme ad un pizzico di sale.

Quando sarà liscia e soda, formate una palla, mettendola a lievitare, infarinata ed avvolta in un tovagliolo. Sbattete benissimo le uova con lo zucchero, fino a quando non si sarà sciolto e unite il marsala.

Se il composto fosse troppo liquido, addensate con un cucchiaio di fecola di patata, lasciando cuocere a fuoco moderato.

Stendete la pasta frolla con il matterello, ritagliatene delle striscioline larghe due dita e arrotolatele attorno ad un bastoncino o all'apposito stampino (lo vendono nelle drogherie ben fornite), quindi mettete i cannoli a cuocere pochi minuti in forno caldo a 180° fino a quando saranno dorati. Toglieteli e lasciateli raffreddare.

Con un sac-a-poche riempiteli di crema allo zabaione e poneteli a raffreddare in frigorifero prima di servire.

Ciambella montanara di Villaretto Chisone

INGREDIENTI PER 4 PERSONE:

250 g di farina di castagne
25 g di lievito di pane
1 pizzico di sale
150 g di zucchero
100 g di farina
4 uova
200 g di burro

Mettete in una terrina 250 g di farina di castagne e il lievito di pane. Unite le uova e un pizzico di sale, e cominciate ad impastarlo, incorporando man mano anche la farina bianca.

Aggiungete il burro fuso ma lasciato un poco intiepidire e lo zucchero. Mescolate energicamente, quindi lasciate lievitare l'impasto per almeno 4 ore. Trascorso questo tempo, impastate ancora brevemente, poi ponete l'impasto in uno stampo imburrato e infornatela a forno preriscaldato a 180°, lasciandola cuocere per circa mezz'ora.

Coppette al kiwi e menta di Pancalieri

INGREDIENTI PER 4 PERSONE:

150 g di kiwi
3/4 di l di latte
50 g di burro
2 cucchiai di miele

1 mazzetto di menta di Pancalieri fresca
50 g di zucchero
2 cucchiai di mandorle tritate per guarnire

Pelate i kiwi e passateli nel frullatore assieme alla menta per ottenere una crema omogenea, che metterete in una terrina e ricoprirete completamente con metà del latte. Fate scaldare il restante latte in una pentola: unitevi il composto di kiwi e menta e fatelo bollire per un'ora e mezza. Aggiungete metà del burro, lo zucchero, il miele. Lasciate bollire a fiamma bassa per altri 15 minuti, finché il composto si sarà trasformato in crema. Aggiungete la rimanenza del burro, e fate bollire per altri 15 minuti. Disponete il composto in una terrina e cospargetelo con le mandorle tritate.

Cremini alla menta di Pancalieri

INGREDIENTI PER 4 PERSONE:

Per la base:
120 g di burro
380 g di biscotti sbriciolati

30 g di sciroppo d'acero

Per farcire:
120 g di burro
2 cucchiai di crema di menta

1 confezione di panna
440 g di zucchero al velo setacciato

Per glassare:
qualche goccia di essenza di vaniglia

30 g di burro
2 dadoni di cioccolato al latte

Per fare la base dei cremini sciogliete burro e sciroppo d'acero in una casseruola, poi unite i biscotti sbriciolati. Stendete il composto uniformemente in una teglia da forno a bordi bassi e mettetela da parte. Per fare il ripieno sciogliete burro e panna a bagnomaria, mescolando fino a ottenere un composto omogeneo. Incorporatevi la crema di menta e lo zucchero al velo e lavorate il composto con il cucchiaio di legno affinché diventi spesso. Stendetelo uniformemente sulla base nella placca e mettete la pirofila nel frigo per un paio d'ore per farlo diventare solido.

Infine preparate la glassa. Sciogliete cioccolato grattugiato, burro, essenza di vaniglia e un cucchiaio di acqua fredda a bagnomaria, mescolando fino ad amalgamarli. Stendete uniformemente la glassa sul ripieno. Rimettete in frigorifero per un'ora, poi tagliate i cremini nella caratteristica forma quadrata con un coltello affilato.

Diablottini

INGREDIENTI PER 4 PERSONE:
200 g di zucchero
3 cucchiai di cognac
2 cucchiai di panna da cucina
2 cucchiai di fecola di patata
50 g di burro
1 bustina di vanillina

 Fate sciogliere il burro in una casseruola e incorporatevi lo zucchero, la fecola di patata e il cognac, mescolando perché non si formino grumi. Tenete il fuoco molto basso. Incorporate la panna, mescolando continuamente. Lasciate cuocere il tutto per una decina di minuti, poiché deve essere abbastanza duro. Rovesciate su una superficie di marmo il composto e fatelo raffreddare. Tagliate a quadratini regolari il composto, poi con le mani formate delle palline che spolverizzerete con la vanillina e porrete nelle cartine per pasticcini che vendono comunemente in commercio.

Dolce regina Elena

INGREDIENTI PER 4 PERSONE:
6 pere
500 g di gelato di vaniglia
1 confezione pronta di pan di Spagna

Per la salsa di cioccolato:
250 g cioccolato amaro grattugiato
2 cucchiai di burro
400 ml di acqua
200 ml di panna liquida

 Su un piatto da portata, adagiate il disco di pan di Spagna e metteteci sopra il gelato di vaniglia in modo che formi una cupola su cui appoggerete le pere pelate, tagliate a metà con la parte interna rivolta verso il gelato. Mettete il cioccolato in una pentola e fatelo sciogliere nell'acqua a fuoco basso, mescolando sempre. Quando incomincia a bollire, abbassate il fuoco e fate cuocere per ancora 15 minuti. Aggiungete la panna ed il burro, mescolate bene ancora per qualche minuto e servite subito con la salsa di cioccolato caldo.

Dolce Savoia

INGREDIENTI PER 4 PERSONE:
800 g di mirtilli
il succo di 1 limone
4 fette di pan di Spagna
1 bustina di zucchero vanigliato
250 g di zucchero
1 stecca di cannella
½ l di panna
2 cucchiai di pistacchi tritati

 Pulite i mirtilli e lavateli in acqua fredda. Metteteli in una casseruola con lo zucchero, il succo di limone, la cannella e fateli bollire per 20 minuti a recipiente scoperto. Lasciate raffreddare e poi togliete la cannella.
 Montate la panna con lo zucchero vanigliato e tagliate le fette di pan di Spagna a pezzetti e poi sbriciolate questi ultimi con le mani. Preparate quattro coppe nel modo se-

guente: sul fondo mettete uno strato di briciole di pan di Spagna, poi qualche cucchiaiata di mirtilli con un po' del loro succo, quindi uno strato di panna montata. Ricominciate con il pane sbriciolato e terminate con la panna. Mettete le coppe in frigorifero per un'ora e al momento di servire guarnitele con pistacchi tritati.

Dolce Torino

INGREDIENTI PER 4-6 PERSONE:

100 g di nocciole tostate *½ l di panna*
3 tuorli d'uovo *120 g di zucchero*
150 g di cioccolato fondente *40 g di pistacchi*

Per la decorazione:
150 g di riccioli di cioccolato *100 g di nocciole tostate*
20 g di pistacchi *50 g di zucchero*
*1 cucchiaio di olio di semi
  di arachidi*

Scottate i pistacchi, compresi quelli per la decorazione, in acqua bollente, scolateli subito e privateli della pellicina. Dividete a metà quelli per la decorazione, metteteli da parte e tritate grossolanamente gli altri. Tritate finemente e separatamente le nocciole e il cioccolato, mettete il cioccolato in una ciotola, aggiungetevi i pistacchi tritati e mescolate.

Sbattete i tuorli d'uovo con lo zucchero, fino a ottenere un composto bianco e spumoso, unitevi le nocciole tritate, mescolate e incorporatevi delicatamente con una spatola la panna montata a parte.

Versate un poco del composto di nocciole negli stampini, mettetevi al centro un poco del composto di pistacchi e cioccolato tritati, coprite con il composto di nocciole rimasto, cospargete con il rimanente composto di pistacchi e cioccolato e ponete gli stampini nel congelatore per almeno 4 ore.

Preparate la decorazione. Versate in un tegamino 3 cucchiai d'acqua, aggiungete lo zucchero, ponete sul fuoco, portate a ebollizione e fate cuocere il composto per 3 minuti circa a 120° di temperatura; toglietelo quindi dal fuoco, unitevi le nocciole, mescolate rapidamente con una spatola di legno in modo che risultino avvolte da un leggero strato di zucchero "sabbiato", ponete di nuovo il tegamino su fuoco medio e mescolate ancora le nocciole con la spatola finché lo zucchero risulterà caramellato. Spennellate d'olio un piano di marmo, versatevi le nocciole caramellate, separatele rapidamente con una forchetta unta d'olio, lasciatele raffreddare completamente e dividetele a metà con un coltello affilato. Al momento di servire immergete per un attimo gli stampini in acqua calda per staccare più agevolmente i semifreddi e capovolgeteli delicatamente sul piatto da portata; decorate i semifreddi a piacere con riccioli di cioccolato, i pistacchi divisi a metà e le mezze nocciole pralinate.

Duchesse

INGREDIENTI PER 4 PERSONE:

Per le cialde:
200 g di farina di nocciole Tonda Gentile delle Langhe
100 g di burro
100 g di cacao dolce
4 uova

Per il ripieno:
100 g di mandorle
2 cucchiai di liquore all'arancio
50 g di burro
50 g di zucchero
2 cucchiai di brandy
100 g di cioccolato fondente

Unite la farina di nocciole al cacao e impastate con le uova e il burro. Una volta ottenuto un impasto morbido, stendetelo molto sottile, con il matterello, quindi ritagliatene dei dischetti tondi come ostie, che farete cuocere a forno preriscaldato a 180° per pochi minuti. Quando vedrete che diventano croccanti spegnete il forno e lasciate raffreddare queste cialde per almeno una giornata. Tritate finemente le mandorle, unite lo zucchero, il burro e il cioccolato fondente e ponete sul fuoco a fiamma bassissima. Amalgamate con il liquore e lasciate addensare la crema. Con un coltello spalmate parte della crema su una cialda e ricopritela con un'altra cialda. Lasciate raffreddare bene prima di servire.

Focaccia di Susa

INGREDIENTI PER 4 PERSONE:

500 g di farina di grano tenero
200 g di zucchero
1 pizzico di sale
2 cucchiaini di latte
150 g di burro
4 uova
1 cubetto di lievito di birra

Con lo sbattitore elettrico montate le uova con 150 g di zucchero e il burro fuso fino ad ottenere un composto spumoso. Aggiungete la farina e il sale e, in ultimo, il lievito di birra sciolto in un poco di latte tiepido. Impastate per almeno 20 minuti, poi lasciate lievitare per 2 ore. Trascorso questo tempo, dividete l'impasto in palle. Allargate ogni palla con il matterello, cercando di ottenere una spianata rotonda dello spessore di 2 cm. Lasciate riposare un'ora, poi, con la punta delle dita rialzate il bordo di ogni focaccia e cospargetela con lo zucchero rimasto; infine, bucherellate la superficie con i rebbi di una forchetta, per evitare il formarsi di bolle.

Preriscaldate il forno a 200° e cuocete ogni focaccia per una ventina di minuti, fino a quando sarà dorata.

Lose golose di Susa

INGREDIENTI PER 4 PERSONE:

4 albumi d'uovo
100 g di zucchero
50 g di cacao
1 pesca (o ½ bicchiere di succo di pesca)
50 g di mandorle amare

Le "Lose golose" sono paste secche non lievitate, tipiche di Susa.

Con uno sbattitore elettrico montate a neve fermissima gli albumi. Pelate la pesca e cercate di spremerne il succo, filtrandolo con un colino a maglie fitte. Mescolate il succo di pesca con lo zucchero, quindi unitelo agli albumi, assieme alle mandorle macinate molto fini e al cacao. Dovrete ottenere un composto morbido.

Nel caso fosse troppo morbido, potete addensare con un cucchiaio di fecola. Rivestite con la carta da forno una teglia, quindi mettete il composto in un sac-a-poche e formate delle strisce, una vicina all'altra, larghe circa 5 cm. Devono assomigliare alle tegole, le lose appunto. Preriscaldate il forno a 150° e lasciate cuocere le lose per una mezz'oretta.

Nocciolini di Chivasso

INGREDIENTI PER 4 PERSONE:

500 g di nocciole tonde del Piemonte
300 g di zucchero
4 albumi

Togliete il guscio alle nocciole, tostatele in forno, poi macinatele con un mixer da cucina. Unitele allo zucchero. A parte, con uno sbattitore elettrico montate a neve fermissima gli albumi, incorporatevi le nocciole e mescolate dal basso verso l'alto, per non far smontare le uova. Mettete il composto in un sac-a-poche e spruzzate dei pallini su una teglia unta. Infornate a forno preriscaldato a 180° per 10-15 minuti, fino a quando vedrete che diventano dorati. Togliete la teglia dal forno e lasciate raffreddare i nocciolini prima di toglierli.

Pan della marchesa di Susa

INGREDIENTI PER 4 PERSONE:

400 g di farina
4 cucchiai di miele
4 uova
100 g di mandorle a scagliette
1 bicchiere di latte
100 g di gocce di cioccolato
1 bustina di vanillina
100 g di zucchero
150 g di burro
100 g di farina di nocciole
100 g di granella di nocciole
1 bicchiere di rum
1 bustina di lievito per dolci

Fate ammorbidire il burro, poi, con uno sbattitore elettrico montatelo assieme allo zucchero. Aggiungete le uova, il miele, la farina di nocciole, il latte e il rum. Dopo avere ben mescolato unite le gocce di cioccolato, quindi con le mani impastate il tutto con la farina, il lievito e la vanillina. Imburrate degli stampi rotondi, quindi riempiteli con il composto. Decorate la superficie con le mandorle a scagliette, la granella di nocciole e un po' di zucchero. Cuocete in forno preriscaldato a 180° per una ventina di minuti.

Pane dolce di meliga e mele di Villar Focchiardo

INGREDIENTI PER 4 PERSONE:

500 g di farina di granoturco macinata grossa
1 pizzico di semi di finocchio
2 mele
1 bustina di lievito
½ bicchiere di olio di oliva
100 g di zucchero
1 pugno di uvetta
1 bicchiere di latte
la scorza di 1 limone

Sbucciate le mele, tagliatele a fette e frullatele. Impastatele con la farina gialla, il lievito, il latte e lo zucchero, mescolando bene. Aggiungete la scorza di limone grattugiata, i semi di finocchio, l'uvetta, precedentemente ammollata e strizzata, e l'olio.

Formate una pagnotta dalla forma un po' allungata, e disponetela su una teglia unta. Fate cuocere in forno caldo a 200° per un quarto d'ora circa, fino a quando vedrete che la superficie diventa dorata. Togliete dal forno e lasciate raffreddare completamente.

Subric occitani

INGREDIENTI PER 4 PERSONE:

200 g di farina
150 g di zucchero
1 pizzico di lievito da pane
3 tuorli d'uovo
1 dl di acqua tiepida
olio per friggere

Preparate un impasto amalgamando la farina con i tuorli, il lievito, 100 g di zucchero e l'acqua tiepida. Lavoratela con le mani fino ad ottenere un composto liscio e omogeneo, quindi con il matterello tirate una sfoglia sottile. Con una rotella dentata tagliatene dei pezzetti a forma di rombo. Portate a temperatura abbondante olio e friggete i subric fino a quando saranno gonfi e dorati. Lasciate scolare l'unto in eccesso su un foglio di carta assorbente da cucina, spolverizzateli di zucchero e servite.

Tartufi torinesi al cioccolato

INGREDIENTI PER 6-8 TARTUFI:

300 g di cioccolato al latte
50 g di burro
4 cucchiai di rum
25 g di zucchero
125 g di panna
½ bustina di vanillina
25 g di cacao amaro in polvere

Tritate grossolanamente il cioccolato e ponetelo in una ciotola. Mettete la panna, il burro, lo zucchero e la vanillina in una pentola antiaderente, ponete sul fuoco e portate ad ebollizione. Non appena vedrete che bolle, togliete dal fuoco, aggiungete il cioccolato, mescolate per qualche minuto finché il cioccolato non sarà sciolto completamente, quindi lasciate raffreddare completamente. Appena il composto sarà freddo, aggiungete il rum e ponetelo in frigorifero per almeno 40 minuti. Con un cucchiaio prelevate delle porzioni di composto, lavoratele con le mani, formando delle palline grosse come noci, fatele rotolare nel cacao amaro e disponetele su un piatto. Lasciate consolidare i tartufi in frigorifero almeno 3 ore prima di servirli.

Tartufini di Torino

INGREDIENTI PER 4 PERSONE:

300 g di cioccolato fondente
200 g di zucchero
250 ml di panna liquida

180 g di cioccolato al latte
50 g di burro

Per rivestire:
50 g di cacao amaro

Fate sciogliere lo zucchero con un po' di acqua fino a quando diventerà di un bel colore dorato. Fate attenzione che non caramelli troppo, altrimenti diventa amaro. A parte scaldate la panna, aggiungetela allo zucchero, quindi unite il burro e i due tipi di cioccolato tritati grossolanamente. Mescolate bene fino a quando il cioccolato si sarà sciolto. Lasciate raffreddare completamente, quindi ponete il composto a rassodare in frigorifero per circa 2 ore. Quando l'impasto si è ben solidificato, prendetene delle porzioni, date loro una forma tonda, della grandezza di una nocciola arrotolandoli fra i palmi delle mani, quindi fateli rotolare nel cacao.

Rimettete i tartufini ottenuti per almeno un paio di ore in frigorifero prima di servirli.

Torta di Arignano

INGREDIENTI PER 4 PERSONE:

4 mele rosse
100 g di nocciole
100 g di zucchero
1 noce di burro

4 pere Martin Sec
100 g di amaretti
1 cucchiaio di cacao amaro in polvere

Pelate sia le mele rosse che le pere, grattugiatele e ponetele in una pentolina a cuocere a fuoco lento, mescolando continuamente per circa mezz'oretta.

Togliete dal fuoco, unite le nocciole tritate, gli amaretti sbriciolati, il cacao amaro e lo zucchero. Mescolate accuratamente e ponete il composto ottenuto in una tortiera precedentemente imburrata.

Preriscaldate il forno a 150° e lasciate cuocere la torta un'oretta, controllando che sulla superficie si formi una bella crosticina dorata.

Torta di mele di Cavour

INGREDIENTI PER 4 PERSONE:

4 mele
150 g di farina
4 uova
1 pizzico di sale
150 g di zucchero
100 g di burro
1 bicchiere di vino bianco
zucchero a velo

Fondete il burro a bagnomaria. Sbattete con una frusta elettrica lo zucchero e le uova con un pizzico di sale fino ad ottenere un composto spumoso ed unite il burro e la farina.

Tagliate le mele a cubetti, unitene la metà al composto e cuocete per 20 minuti in forno preriscaldato a 180° dentro uno stampo rotondo.

Saltate le mele rimaste in padella con zucchero e vino, caramellandole. Formate un letto su cui sformerete la torta di mele, coprite di zucchero a velo e servite subito.

Torta di pane e frutta secca delle valli occitane

INGREDIENTI PER 4 PERSONE:

150 g di pane raffermo
3 uova
100 g di zucchero
3-4 fichi secchi
100 g di noci
80 g di zucchero per il caramello
½ l di latte
50 g di burro
50 g di uvetta
100 g di nocciole
1 pera

Tagliate a pezzi il pane e mettetelo in una ciotola. Versateci sopra il latte tiepido e lasciate ammorbidire per circa un'ora, quindi strizzatelo con le mani per disfarlo. Unite lo zucchero, il burro fuso e le uova intere e mescolate.

Unite l'uvetta e i fichi secchi tagliati a pezzettini, la pera sbucciata e tagliata anch'essa a dadini, nocciole e noci grossolanamente triturate. Mescolate bene.

Scaldate lo zucchero per il caramello in un padellino a fuoco medio fino a quando vedrete che cambia colore. Non lasciate che diventi scuro altrimenti poi sarà amaro. Caramellate il fondo di una teglia, poi lasciate che si solidifichi per qualche minuto. Aggiungete l'impasto e ponete la torta in forno preriscaldato a 180° per tre quarti d'ora. Una volta cotta, lasciatela intiepidire, poi rovesciate la teglia su un piatto e servite.

RICETTE DALLA PROVINCIA DI
VERBANIA, CUSIO, OSSOLA

ANTIPASTI E PIATTI UNICI

Bomba al formaggio

INGREDIENTI PER 4 PERSONE:
100 g di gorgonzola
250 g di mascarpone
sale e pepe
150 g di toma fresca
100 g di noci

    Prendete una pentolina e ponetela su un'altra nella quale avrete messo dell'acqua bollente, in modo da avere un recipiente per la cottura a bagnomaria. Ponete nella pentolina i diversi formaggi, in modo che si sciolgano senza però cuocersi. Con una frusta lavorate il composto, fino a quando diventerà una crema morbida e pastosa. Aggiungete a questo punto le noci grossolanamente triturate, sale e pepe. Versate il composto in uno stampo da budino a pareti lisce e lasciate raffreddare e consolidare in frigorifero per circa 3 ore. Prima di servire immergete per pochi secondi lo stampo in acqua bollente per facilitare il distacco e capovolgete la bomba su un piatto da portata.

Budino di Grasso d'Alpe di Formazza

INGREDIENTI PER 4 PERSONE:
250 g di Grasso d'Alpe
100 g di gherigli di noci
250 g di mascarpone
sale e pepe

    In un pentolino posto a bagnomaria lavorate il Grasso d'Alpe con il mascarpone fino ad ottenere una crema morbida, quindi unite le noci sminuzzate a pezzetti non troppo piccoli. Salate e pepate. Versate la crema in uno stampo da budino a pareti lisce e mettete il tutto in frigorifero a consolidare per circa 3 ore. Prima di servire il budino immergete per pochi secondi lo stampo in acqua bollente per facilitarne il distacco e poi capovolgete su un piatto da portata.

Cavedano al forno con patate brasate all'aceto balsamico

INGREDIENTI PER 4 PERSONE:
1 kg di cavedani
2 spicchi d'aglio
8 cucchiai di aceto balsamico
½ bicchiere di olio d'oliva
400 g di patate
1 ciuffo di prezzemolo
1 bicchiere di vino bianco secco
sale

    Pulite i cavedani e togliete la lisca centrale, la pinna caudale e la testa. Quindi poneteli in una terrina a insaporirsi per circa mezz'ora con olio, sale e un poco del trito formato con il prezzemolo e l'aglio. Pelate le patate e affettatele tenendole alte mezzo centimetro e disponetene uno strato in una teglia unta abbondantemente d'olio; conditele con il trito rimasto, una sfumata di vino bianco, aceto balsamico olio e sale e sopra queste disponete i cavedani, sfumando anch'essi di vino bianco e aceto balsamico e salando leggermente. Infine disponete un ultimo strato di patate e su queste distribuite ancora trito, vino bianco, aceto balsamico olio e sale.

Ponete in forno caldo a 180° per una trentina di minuti, finché le patate non saranno ben dorate.

Crostini con lavarello al burro e salvia

INGREDIENTI PER 4 PERSONE:
4 lavarelli
1 carota, 4 scalogni
½ bicchiere di vino bianco
10-12 foglie di salvia
crostini di pane
2 cipolle
1 costa di sedano
100 g di burro
4 cucchiai di farina
sale e pepe

Sfilettate i lavarelli, con gli scarti (testa e spina) fate un brodo di pesce, mettendoli a bollire in una pentola con acqua salata, sedano, carota, pepe e una cipolla a pezzi.

Tritate finemente la seconda cipolla e gli scalogni e metteteli a soffriggere con il burro e la salvia in una padella, e quando sono leggermente imbionditi bagnateli con un po' di vino bianco.

Infarinate i filetti di lavarello e metteteli a soffriggere assieme alla cipolla, quindi bagnate con il brodo di pesce che avrete filtrato e portate a cottura. Fate nevicare un po' di farina da un setaccio per addensare la salsa e servite su crostini di pane abbrustolito.

Crostini con violino di agnello dell'Ossola

INGREDIENTI PER 4 PERSONE:
4 fette di pane casereccio
200 g di violino di agnello
dell'Ossola
50 g di burro

Il violino di agnello si ricava dalle cosce salate e poste a stagionare con una concia di spezie e non è affumicato. Abbrustolite il pane nel forno e spalmatelo di burro.

Sovrapponete il violino di agnello tagliato sottile e servite.

Crostini di polenta con lumache

INGREDIENTI PER 4 PERSONE:

2 kg di lumache
1 porro
100 g di burro
1 bicchiere di vino bianco secco
sale e pepe

1 spicchio d'aglio
1 ciuffo di prezzemolo
4 cucchiai di farina
1 pizzico di noce moscata
fettine di polenta

Pulite le lumache molto bene, lasciandole a bagno almeno un paio d'ore in acqua fredda con un pugno di sale grosso. Faranno molta schiuma, quindi cambiate spesso l'acqua. Quando saranno pulite mettetele in una pentola di acqua fredda e portatela a ebollizione a fuoco dolce. Non appena usciranno dal guscio, alzate il fuoco e fatele cuocere per un quarto d'ora, poi spegnete il fuoco e lasciatele intiepidire. Fate rosolare, in una casseruola, lo spicchio di aglio, tritato assieme al porro, con anche parte del gambo verde, con il burro; dopo una decina di minuti aggiungete il prezzemolo tritato, e addensate con una spolveratina di farina bianca. Fate soffriggere per qualche minuto, mescolando bene, unite le lumache, condite con sale, pepe e noce moscata, sfumate con un po' di vino e portate a termine la cottura. Verso la fine della cottura aggiungete il rimanente vino e lasciatelo evaporare. Servite con fettine di polenta abbrustolite.

Focaccine al Grasso d'Alpe

INGREDIENTI PER 4 PERSONE:

1 confezione di pasta sfoglia
100 g di prosciutto cotto
2 uova
1 confezione di panna
2 cucchiai di farina

200 g di Grasso d'Alpe
5-6 foglie di salvia
½ bicchiere di latte
sale

Stendete la pasta sfoglia con il matterello su una superficie lievemente infarinata e foderate una teglia da forno bassa e larga. Amalgamate in una terrina il Grasso d'Alpe con la panna, il latte, le uova e la salvia finissimamente triturata. Ricoprite la pasta con uno strato di prosciutto cotto, spalmatevi sopra la crema al Grasso d'Alpe e salate. Preriscaldate il forno a 200° e cuocete la focaccia per circa 40 minuti, quindi sfornatela, tagliatela a strisce larghe 5 cm e servite.

Frittelle con i germogli di luppolo

INGREDIENTI PER 4 PERSONE:

150 g di cime di luppolo
1 cipolla
1 costa di sedano
1 cucchiaio di farina
sale e pepe nero

4 uova
1 carota
2 cucchiai di toma stagionata piccante grattugiata
olio per friggere

Portate a ebollizione un po' di acqua in una pentola capiente e sbollentate per qualche minuto le cime di luppolo, poi scolatele e lasciatele raffreddare. Tritate i germogli di luppolo assieme alla cipolla, alla carota e alla costa di sedano. A parte sbattete le uova con sale e pepe nero, incorporate la toma stagionata piccante grattugiata e le verdure e farina quanto basta a indurire un poco il composto.

Portate a temperatura l'olio e versate una cucchiaiata per volta, formando frittelle che farete dorare da entrambi i lati.

Toglietele con una schiumarola e fate scolare l'unto in eccesso su un foglio di carta assorbente da cucina prima di servire, con un pizzico di sale.

Frittelle con le cime di ortica

INGREDIENTI PER 4 PERSONE:
150 g di cime di ortica
1 cipolla
1 patata
1 cucchiaio di farina
sale e pepe nero
4 uova
1 ciuffo di erba cipollina
2 cucchiai di toma stagionata piccante grattugiata
olio per friggere

Portate a ebollizione un po' di acqua in una pentola capiente e sbollentate per qualche minuto le cime di ortica ben pulite, poi scolatele e lasciatele raffreddare. Nella stessa acqua bollite per una ventina di minuti la patata, sbucciata e tagliata a dadini, quindi scolatela e schiacciatela con i rebbi di una forchetta.

Tritate l'ortica assieme alla cipolla e all'erba cipollina. A parte sbattete le uova con sale e pepe, incorporate il formaggio, la patata e le verdure e farina quanto basta a indurire un poco il composto.

Portate a temperatura l'olio e versate una cucchiaiata per volta, formando frittelle che farete dorare da entrambi i lati.

Toglietele con una schiumarola e fate scolare l'unto in eccesso su un foglio di carta assorbente da cucina prima di servire, con un pizzico di sale.

Frittelle di sambuco

INGREDIENTI PER 4 PERSONE:
12 fiori di sambuco
2 uova
½ bicchiere di latte
sale e pepe
150 g di farina
1 bicchierino di grappa
noce moscata
olio per friggere

Preparate una pastella piuttosto densa con farina, uova sbattute, la grappa, sale, noce moscata, sale e pepe e un po' di latte. Lavate delicatamente i fiori di sambuco, asciugateli e passateli nella pastella. Portate l'olio a temperatura e friggeteli fino a quando saranno ben dorati. Asciugate l'unto in eccesso in un foglio di carta da cucina e servite.

Involtini di mocetta ossolana

INGREDIENTI PER 4 PERSONE:

*16 fette non troppo sottili
di mocetta ossolana*
sale e pepe

200 g di tomino fresco
1 ciuffo di erba cipollina
crostini di pane casereccio abbrustolito

La mocetta ossolana è ottenuta dalla coscia sia dei bovini che degli ovini, e a volte anche di cacciagione, ed è simile alla bresaola, ma molto più saporita. In una ciotola mescolate il tomino con una forchetta per renderlo cremoso.

Tritate finemente l'erba cipollina e unitela al formaggio, salate e pepate.

Mescolate bene questo impasto.

Spalmatelo al centro delle fette di mocetta, quindi arrotolatele e ripiegate i bordi, a formare una sorta di involtino.

Servite gli involtini su crostini di pane abbrustolito.

Lavarello carpionato di Baveno

INGREDIENTI PER 4 PERSONE:

6 lavarelli
olio per friggere
4 foglie di alloro
2 chiodi di garofano
1 carota
2 bicchieri di vino bianco
sale e pepe

4 cucchiai di farina
1 l di olio di oliva
1 pizzico di semi di senape
350 g di erbette
3 cipolle
2 bicchieri di aceto di vino bianco

Prendete 6 lavarelli freschi del peso di 180-200 g, spinateli e sviscerateli, lavateli bene, asciugateli, richiudeteli, infarinateli, e fateli soffriggere a fuoco vivace nell'olio caldo da entrambi i lati.

Quando sono ben dorati, toglieteli dalla padella e adagiateli sopra un foglio di carta assorbente per scolare l'unto in eccesso.

Nel frattempo mettete in una pentola un litro di olio, le cipolle e la carota tagliate a julienne, 4 foglie di alloro, un pizzico di semi di senape, 2 chiodi di garofano, sale e pepe. Fate soffriggere lentamente, quando la cipolla si sarà ammorbidita aggiungete le erbette ben lavate e tagliate grossolanamente.

Alzate il fuoco, mescolate bene e aggiungete il vino bianco secco e l'aceto bianco.

Abbassate di nuovo la fiamma e lasciate ridurre la marinata per circa tre quarti d'ora.

A cottura ultimata spegnete il fuoco, quindi disponete in una pirofila di vetro o terracotta larga e un po' bassa i lavarelli ormai raffreddati, coprite con le erbette molto calde, lasciate raffreddare, quindi mettete nel frigorifero.

Rombi fritti al Bettelmatt di Baceno

INGREDIENTI PER 4 PERSONE:

100 g di Bettelmat
3 tuorli d'uovo
1 pugno di pangrattato
sale e pepe
1 confezione di panna da cucina
4-5 cucchiai di farina
olio per friggere
salsa besciamella

Unite alla besciamella raffreddata il Bettelmatt grattugiato e due tuorli sbattuti, la panna, sale e pepe. Ungete una teglia da forno e stendetevi il composto formando uno strato alto circa mezzo centimetro, pareggiatene bene la superficie, poi lasciate consolidare in frigorifero per 2 ore. Tagliate il composto in rombi, passateli nella farina poi nel tuorlo sbattuto, poi nel pangrattato e friggeteli nell'olio bollente.

Fate scolare l'unto in eccesso su un foglio di carta assorbente da cucina.

Salamini con patate al burro

INGREDIENTI PER 4 PERSONE:

4 salamini freschi
1 dado per brodo
3 cucchiai di olio d'oliva
500 g di patate
1 bicchiere di vino bianco secco
sale

Tagliate le patate a dadini. Sistemate in una casseruola le patate, il dado, i salamini, il vino e l'olio e ricoprite il tutto con acqua. Cuocete per un'ora a fuoco lento con la casseruola coperta. Salate a piacere. Servite in tavola disponendo in ogni piatto un salamino tagliato a metà nel senso della lunghezza, le patate e il sugo di cottura.

Sanguinaccio con patate

INGREDIENTI PER 4 PERSONE:

4 sanguinacci
100 g di burro
sale e pepe
500 g di patate
1 confezione di panna

Portate a ebollizione una pentola di acqua salata e bollire i sanguinacci. A parte, bollite le patate con la buccia per una mezz'oretta, scolatele, pelatele, e schiacciatele con i rebbi di una forchetta. Amalgamate alle patate il burro e la panna, salatele e pepatele. Servite i sanguinacci su un letto di patate.

Spianatine con carn seca dell'Ossola

INGREDIENTI PER 4 PERSONE:

400 g di pasta di pane lievitata
5 cucchiai di olio di oliva extravergine
500 g di carn seca dell'Ossola
sale

La carn seca è una sorta di bresaola, ottenuta con tagli bovini magri, marinati in vino e spezie poi posti ad essiccare all'aria aperta per un paio di mesi. Disponete la pasta di pane in una piccola pirofila da forno, spianando bene con le mani per ottenere uno spessore sottile. Irrorate con un filo di olio e insaporite con un po' di sale.

Infornate a forno preriscaldato a 180° per 40 minuti. Sfornate la spianatina, disponetevi sopra la carn seca, irrorate con il rimanente olio e servite.

Susiccia d'crava della Valsesia su crostone

INGREDIENTI PER 4 PERSONE:
4 fette di pane casereccio
2 spicchi d'aglio
sale
4 susicce d'crava
4 cucchiai di olio d'oliva

La susiccia d'crava è una salsiccia confezionata con carne di capra, maiale e a volte carne bovina, abbastanza stagionata, infatti è piuttosto dura e si taglia a fette sottilissime.

Abbrustolite il pane in forno, strofinatelo con l'aglio e irroratelo con un poco di olio. Servite i crostoni ricoperti di susiccia d'crava tagliata fine.

Testa in cassetta con polenta abbrustolita

INGREDIENTI PER 4 PERSONE:
8 fette di polenta
8 fette di testa in cassetta

La testa in cassetta viene ottenuta mettendo a bollire varie parti "di scarto" del maiale, la testa, la lingua, ecc.; una volta disossato il tutto, la carne viene macinata e posta in stampi a consolidare. Abbrustolite la polenta su una griglia e servitela, ancora ben calda, ricoperta di testa in cassetta, in modo che si sciolga un poco la gelatina.

Torta di patate e bresaola della Val d'Ossola

INGREDIENTI PER 4 PERSONE:
4-5 grosse patate
200 g di bresaola
sale e pepe
salsa besciamella
100 g di toma stagionata grattugiata

Pulite bene le patate e lessatele con la buccia in abbondante acqua salata per una mezz'oretta, quindi scolatele e pelatele ancora calde. Tagliatele a fette. Imburrate una pirofila alta da forno, e stendete sulla base uno strato di fettine di patata. Ricoprite con uno strato di fettine di bresaola, qualche cucchiaiata di besciamella e spolverizzate con la toma stagionata grattugiata, sale e pepe. Continuate così fino ad esaurire gli ingredienti. L'ultimo strato deve essere solamente di patate, besciamella e toma stagionata grattugiata. Preriscaldate il forno a 200° e cuocete la torta di patate e bresaola per circa 40 minuti, fino a quando vedrete che si è formata una bella crosticina dorata. Servitela subito, caldissima.

Torta di patate e toma con mocetta

INGREDIENTI PER 4 PERSONE:

800 g di patate
200 g di mocetta
1 bicchiere di latte
200 g di toma fresca
100 g di burro
sale e pepe

Pelate le patate crude, tagliatele a fettine e fatele bollire per 10 minuti in acqua salata. Sgocciolatele e disponetele in una pirofila da forno unta, quindi ricopritele di toma fresca sbriciolata, pezzetti di mocetta e burro fuso. Salate, pepate, versate sopra un bicchiere di latte e finite di cuocere in forno preriscaldato a 200° per almeno una mezz'oretta, finché saranno di un bel colore dorato. Servitele calde.

Tortino di coregone del verbano

INGREDIENTI PER 4 PERSONE:

Per la pasta:
150 g di farina bianca
sale
1 cucchiaino di olio

Per il ripieno:
400 g di filetti di coregone
1 spicchio d'aglio
1 pizzico di noce moscata
1 ciuffo di prezzemolo
1 pugno di pangrattato
1 bicchiere di olio extravergine
  di oliva
sale e pepe
farina e burro per la tortiera

Sulla spianatoia ponete a fontana la farina e impastatela con un po' d'acqua, una cucchiaiata d'olio e un pizzico di sale. Lavorate a lungo, fino a quando otterrete una pasta consistente, che lascerete riposare, coperta da un tovagliolo, per un'ora. Lavate bene i filetti di coregone. Imburrate e infarinate una tortiera. Con il matterello stendete la pasta e foderatene una teglia da forno ben imburrata, tenendo un bordo di circa quattro dita.

Tritate finemente il prezzemolo e l'aglio, mescolateli con il pangrattato, sale e pepe. Cospargete la pasta con una parte del pangrattato aromatizzato, irrorate con un poco di olio di oliva, adagiatevi i filetti di coregone, spolverate ancora con il rimanente trito e bagnate il tutto con olio di oliva. Ripiegate la pasta formando un bordo e ponete a cuocere in forno preriscaldato a 180° per mezz'oretta.

Tortino di patate con spinaci e uova

INGREDIENTI PER 4 PERSONE:

500 g di patate
200 g di burro
4 uova sode
½ l di latte
sale e pepe
100 g di parmigiano reggiano
  grattugiato
salsa besciamella
400 g di spinaci

Lessate le patate con abbondante acqua e un pizzico di sale. Preparate in una pirofila un buon purè, mettendo le patate schiacciate, 100 g di burro e il formaggio, aggiungete il latte, mescolate e lasciate raffreddare. Disponete il purè in una pirofila da forno alta, rotonda, formando una sorta di montagna, scavata nel mezzo. Disponete nel centro le uova sode, e contornatele con gli spinaci bolliti, passati appena nel resto del burro. Cospargete il tutto con la besciamella e infornate a forno preriscaldato a 200° per cinque minuti.

Trote al burro su letto di riso

INGREDIENTI PER 4 PERSONE:

1 kg di trote
1 ciuffo di prezzemolo
120 g di burro
2 spicchi di aglio
1 bicchiere di vino bianco
300 g di riso
2 cucchiai di olio extravergine d'oliva
sale e pepe

Portate a ebollizione una pentola di acqua salata, cuocetevi il riso e scolatelo abbastanza al dente. Conditelo con la metà del burro.

Mondate e lavate le trote. Preparate un trito di aglio, prezzemolo, il resto del burro e sale e riempite la pancia dei pesci. Fate un letto di riso in una teglia unta con l'olio e sovrapponete le trote. Sfumatele con il vino e aggiungetevi un pizzico di sale. Infornate per circa mezz'ora a 150°, avendo l'avvertenza di coprire la teglia con una stagnola.

Uova fritte e cupa delle Valli Ossolane

INGREDIENTI PER 4 PERSONE:

4 uova
8 fette di pane raffermo o di pan
  carré abbrustolito
sale e pepe nero
200 g di cupa delle Valli Ossolane
100 g di burro
1 spicchio d'aglio

La cupa è un insaccato che si consuma fresco, prodotto con la testa del maiale, lessata, disossata, conciata con spezie e addizionata con grappa. Tagliate a pezzetti il pane; preparate in una padella il burro fuso con l'aglio e friggetevi i pezzetti di pane. Togliete l'aglio e versate le uova e la cupa a tocchetti, salando e lasciando cuocere sino a che le uova cominciano a rapprendersi; quindi, senza lasciarle indurire, toglietele dalla padella e servite, spolverizzando con abbondante pepe nero.

Violino di camoscio della Val d'Ossola con pane di segale e burro alle erbe

INGREDIENTI PER 4 PERSONE:
8 fette di pane di segale *80 g di burro*
1 ciuffo di erba cipollina *1 scalogno*
1 ciuffo di prezzemolo *200 g di violino di camoscio*
sale e pepe

Tritate finemente lo scalogno, il prezzemolo e l'erba cipollina, salate e pepate e mescolateli col burro, che avrete lasciato ammorbidire fuori dal frigorifero. Spalmate il burro alle erbe sul pane di segale, lievemente abbrustolito.

Ricoprite il tutto con fettine sottili di violino di camoscio e servite.

PRIMI PIATTI

Agnolotti di magro

INGREDIENTI PER 4 PERSONE:

Per il ripieno:
500 g di ricotta
2 uova
100 g di parmigiano grattugiato
1 pizzico di noce moscata

Per la sfoglia:
400 g di farina
4 uova

Per condire:
150 g di burro
sale e pepe nero
5-6 foglie di salvia

Amalgamate sulla spianatoia la farina, le uova, un pizzico di sale e lavorate quanto basta ad ottenere un composto omogeneo, quindi lasciatelo riposare per almeno mezz'ora. Stemperate la ricotta in una terrina insieme agli altri ingredienti per il ripieno. Tirate la sfoglia con il matterello, cercando di ottenerla abbastanza sottile. Tagliatela in tanti quadrati di circa 5 cm. di lato e su ciascuno di essi ponete un po' di ripieno, richiudetelo a triangolo facendo ben aderire i bordi, quindi fate girare ciascun triangolo intorno ad un dito della mano e sovrapponete le due estremità. Bollite gli agnolotti di magro in abbondante acqua salata, scolateli al dente e conditeli con burro fuso e salvia.

Bavette con sugo alle verdure

INGREDIENTI PER 4 PERSONE:

4 cipolle
1 spicchio d'aglio
800 g di pomodori perini
1 dado da brodo
sale e pepe
1 costa di sedano
3-4 foglie di basilico
4 cucchiai di olio extravergine d'oliva
400 g di bavette

Tritate finemente le verdure, mettetele in una pentola con l'olio di oliva, sale, pepe, e un dado. Cuocete lentamente per circa 40 minuti, mescolando di tanto in tanto. Portate a ebollizione una pentola di acqua salata, lessate le bavette, scolatele al dente e conditele con il sugo di verdura.

Cannelloni di carne

INGREDIENTI PER 4 PERSONE:

Per i cannelloni:
300 g di farina *3 uova*
sale

Per il ripieno:
200 g di carne trita di manzo *2-3 spicchi d'aglio*
1 ciuffo di prezzemolo *50 g di burro*
50 g di parmigiano reggiano grattugiato *sale e pepe*

Per il condimento:
salsa besciamella *100 g di parmigiano reggiano grattugiato*
sale e pepe nero

Fate rosolare la carne nel burro con un trito fine di aglio e prezzemolo. Fate cuocere per dieci minuti, poi spegnete e lasciate raffreddare.

Intanto impastate la farina con le uova, tirate la sfoglia con un matterello e tagliate dei quadrati di circa 5 cm per lato, bolliteli in abbondante acqua salata, fateli asciugare, stendeteli sul tagliere e riempiteli con il ripieno di carne.

Allineate i cannelloni in una pirofila imburrata. Copriteli con uno strato di salsa besciamella, salate, pepate e spolverate di formaggio. Passateli in forno preriscaldato a 180° per 20 minuti per farli gratinare e servite caldissimi.

Conchiglie al pomodoro e fidighin

INGREDIENTI PER 4 PERSONE:

4 pomodori da insalata maturi e sodi *200 g di mortadella di fegato di Orta (fidighin)*
½ bicchiere di olio extravergine di oliva *2-3 spicchi d'aglio*
 50 g di pecorino grattugiato
1 ciuffo di prezzemolo *400 g di conchiglie*
sale e pepe

Portate a ebollizione una pentola di acqua salata e cuocetevi le conchiglie. Lavate i pomodori e tagliateli a cubetti, senza spellarli, uniteli a un trito di aglio e prezzemolo e alla mortadella di fegato di Orta tagliata a pezzetti, e condite il tutto con l'olio, sale e pepe. Mescolate il composto.

Una volta cotta la pasta, scolatela al dente, conditela con il sugo e spolverate con pecorino grattugiato.

Crema di cavolfiore e toma ossolana

INGREDIENTI PER 4 PERSONE:

1 cavolfiore
4 cucchiai di fecola
50 g di toma ossolana grattugiata
crostini di pane fritti nel burro
1 l di brodo vegetale
40 g di burro
sale e pepe

Mettete a bollire un cavolfiore in una pentola capiente e, quando sarà cotto, passatelo al frullatore, fino ad ottenere un purè. A parte fate fondere il burro, e unitevi gradatamente la fecola, stemperandola con il brodo caldo. Aggiungete il purè di cavolfiore, e la toma ossolana stagionata grattugiata, salate e pepate a piacere, mescolate bene e servite molto caldo. Volendo, si può servire con crostini di pane abbrustoliti.

Crema walser di Grasso d'Alpe

INGREDIENTI PER 4 PERSONE:

150 g di Grasso d'Alpe
3 uova
1 l di brodo
sale e pepe
500 g di fiori di borragine
80 g di burro
50 g di parmigiano grattugiato
crostini di pane fritti nel burro

Scaldate il brodo. Pulite accuratamente la borragine, trituratela grossolanamente e fatela rosolare in una casseruola con il burro, mescolando spesso.

Bagnatela con 2 mestoli di brodo, abbassate la fiamma e lasciate cuocere una mezz'oretta, sfumando con altro brodo se necessario. Tagliate il Grasso d'Alpe a pezzetti e lavoratelo con una forchetta per renderlo cremoso, quindi unitelo alla borragine, mescolate e versate il restante brodo caldo. Salate e lasciate cuocere per 10 minuti, mescolando dolcemente. In una terrina, sbattete i tuorli delle uova, aggiungete un pizzico di pepe e, tolta la crema di borragine e Grasso d'Alpe, versatela lentamente nella terrina dove sono le uova, quindi frullate il tutto con un frullatore a immersione.

Cospargete con il parmigiano grattugiato e servite con crostini di pane fritti nel burro.

Farfalle ai fiori di zucca e prosciutto della Val Vigezzo

INGREDIENTI PER 4 PERSONE:

400 g di farfalle
1 cipolla
300 g di fiori di zucca
40 g di parmigiano grattugiato
200 g di prosciutto della Val Vigezzo
4 cucchiai di olio extravergine d'oliva
1 bustina di zafferano
sale e pepe

Lavate accuratamente i fiori di zucca, privateli del gambo e tagliuzzateli grossolanamente, quindi metteteli in una casseruola, con la cipolla tritata, l'olio, un pizzico di sale e pepe. Fateli cuocere per una decina di minuti. Unite il prosciutto della Val Vigezzo a pezzetti. Lessate la pasta in acqua salata nella quale avrete disciolto lo zafferano. Scolatela e versatela nella zuppiera. Aggiungete i fiori di zucca e il parmigiano, e mescolate bene. Cospargete di pepe nero macinato al momento e servite.

Gnocchi all'ossolana

INGREDIENTI PER 4 PERSONE:

400 g di polpa di zucca
100 g di farina bianca
1 tuorlo d'uovo
noce moscata
100 g di funghi
1 ciuffo di prezzemolo
50 g di formaggio d'Alpe
 grattugiato

400 g di patate
100 g di farina di castagne
1 cucchiaio di olio di oliva
1 confezione di panna
50 g di burro
1 spicchio d'aglio
sale e pepe

Cuocete la zucca tagliata a pezzi in forno a 150° per una mezz'oretta. Lessate in abbondante acqua salata le patate con la buccia per 20 minuti circa. Pelate le patate e pulite la zucca e passate entrambi in uno schiacciapatate, quindi allargate il composto su una spianatoia per farlo raffreddare un poco. Aggiungete le due farine e impastate unendo l'uovo, l'olio, il sale, il pepe e la noce moscata. Lasciate riposare 3/4 minuti.

Dividete l'impasto a pezzetti, passate ognuno di essi sulla spianatoia infarinata in modo da ottenere tanti bastoncini, quindi tagliate dei pezzetti di circa un centimetro e schiacciateli leggermente con il pollice sul dorso di una grattugia in modo che risultino decorati. Tritate finemente l'aglio e il prezzemolo e metteteli a rosolare per un minuto o due nel burro, quindi aggiungete i funghi, preferibilmente porcini, ben puliti e tagliati a fettine. Lasciateli stufare dolcemente per una mezz'oretta, quindi aggiungete la panna. Portate a ebollizione una pentola con abbondante acqua salata e buttate gli gnocchi. Quando torneranno a galla toglieteli con una schiumarola e metteteli nella padella dei funghi. Aggiungete la panna, sale e pepe, mescolate, condite con il formaggio grattugiato e servite subito.

Gnocchi di Verbania

INGREDIENTI PER 4 PERSONE:

800 g di patate
50 g di parmigiano reggiano
 grattugiato
100 g di burro

300 g di farina
1 tuorlo d'uovo
200 g di erbette
sale, pepe e noce moscata

Lavate bene le erbette e sbollentatele con poca acqua salata. Scolatele bene e strizzatele, poi tritatele. Bollite le patate con la pelle per una mezz'oretta, scolatele, pelatele e passatele allo schiacciapatate.

Impastatele con le erbette tritate, la farina, il tuorlo d'uovo, il parmigiano, sale, pepe e noce moscata. Formare dei rotolini, tagliatene via dei pezzetti di circa mezzo centimetro e buttateli in abbondante acqua bollente salata.

Quando verranno a galla scolateli con una schiumarola e fateli insaporire brevemente nel burro fuso. Spolverizzate con sale, pepe, un po' di noce moscata e il parmigiano e servite.

Gnocchi walser alle erbe spontanee

INGREDIENTI PER 4 PERSONE:

300 g di pane raffermo
100 g di germogli di borsa del pastore
1 bicchiere di latte
1 uovo
1 ciuffo di prezzemolo
1 dado
sale e pepe

100 g di parmigiano grattugiato
100 g di rosette di tarassaco
100 g di punte di ortica
100 g di burro
1 pugno di pangrattato
1 ciuffo di erba cipollina
noce moscata

In una pentola con poca acqua salata sbollentate le erbe spontanee ben pulite e mondate, quindi scolatele, strizzatele e tritatele abbastanza finemente.

Ammollate il pane nel latte, strizzatelo bene, poi in una ciotola amalgamatelo con il prezzemolo finemente tritato, la borsa del pastore, l'uovo e il parmigiano, il pepe e una grattata di noce moscata. Se il composto fosse troppo morbido, aggiungete poco pane grattugiato.

Formate delle palline che cuocerete per 10 minuti in brodo, anche di dado, bollente.

Scolate gli gnocchi e serviteli coperti di burro fuso ed erba cipollina tritata finemente.

Gobbi con piselli e carciofi

INGREDIENTI PER 4 PERSONE:

400 g di maccheroni gobbi
½ bicchiere di olio extravergine d'oliva
2 cucchiai di passata di pomodoro

2 carciofi
250 g di piselli freschi sgranati
100 g di pecorino grattugiato
sale e pepe

Sgranate i piselli. Pulite bene i carciofi, togliendo le foglie esterne e le spine e conservando solamente il cuore. Mettete in un tegame un po' d'olio, i piselli, il cuore dei carciofi tagliato a fettine con la mandolina, mezzo bicchiere d'acqua, la passata di pomodoro, sale e pepe e cuocete per 20-25 minuti. Quando le verdure saranno cotte e il sugo si sarà addensato, salate e pepate. Portate a ebollizione una pentola di acqua salata, cuocetevi i maccheroni gobbi, scolateli al dente e fateli insaporire nella padella del sugo. Cospargeteli di pecorino, mescolate e servite.

Maccheroni con cavolo e zucchine

INGREDIENTI PER 4 PERSONE:

400 g di maccheroni *4 zucchine*
1 cipolla *2 foglie di cavolo verza*
1 pizzico di noce moscata *4 cucchiai di olio extravergine di oliva*
sale

Portate a ebollizione una pentola con abbondante acqua salata e cuocetevi i maccheroni. Lavate le verdure e affettatele sottilmente, quindi fatele saltare nell'olio. Salate e fate stufare a fiamma bassa per 10 minuti, eventualmente aggiungendo un goccio di acqua di bollitura della pasta.

Quando la pasta è al dente, scolatela e versatela nel tegame delle verdure, aggiungete la noce moscata e il sale, fate insaporire il tutto per un paio di minuti e servite.

Maccheroni con patate e funghi

INGREDIENTI PER 4 PERSONE:

280 g di maccheroni rigati *400 g di patate*
3-4 funghi porcini *1 cucchiaio di olio d'oliva*
60 g di burro *1 cipolla*
2 spicchi d'aglio *1 bicchiere di latte*
1 ciuffo di prezzemolo *sale e pepe*

Tritate finemente l'aglio e la cipolla, quindi metteteli a rosolare in una padella con l'olio e il burro, e quando saranno lievemente dorate, aggiungete i funghi ben puliti e tagliati a pezzettini e lasciate cuocere ancora 15-20 minuti.

Unite il latte, salate e pepate.

Ultimate la cottura a fuoco lento poi aggiungete un trito fine di prezzemolo.

Pelate le patate e tagliatele della stessa misura dei maccheroni. Fatele bollire in una pentola di acqua salata per 10 minuti, quindi unite la pasta e portate a cottura.

Scolate il tutto, versatelo nella padella del sugo, mescolate, lasciate insaporire un minuto e servite.

Maltagliati in sugo di funghi

INGREDIENTI PER 4 PERSONE:

Per la pasta:
400 g di farina *4 uova*
sale

Per il sugo:
50 g di parmigiano grattugiato *salsa besciamella*
400 g di funghi misti (porcini, *1 cipolla*
  ovuli, finferli, russole, chiodini) *4 cucchiai di salsa di pomodoro*
100 g di salsiccia fresca *4 cucchiai di olio di oliva*
sale e pepe

Impastate la farina con le uova fino a formare una bella pasta soda e ben lavorata, che farete riposare circa mezz'ora, poi stenderete sul tagliere in una sfoglia sottile. Con il tagliapasta formate dei triangoli diseguali, irregolari, per l'appunto, mal-tagliati.

Una volta stesa la pasta e tagliata, lasciatela seccare per mezz'ora: in questo modo terrà meglio la cottura.

Tritate la cipolla e mettetela a soffriggere, possibilmente usando un tegame di coccio, con la salsiccia nell'olio. Fate rosolare bene, e unite i funghi sminuzzati.

Lasciate cuocere per almeno mezz'ora, finché tutta l'acqua dei funghi sarà evaporata, poi aggiungete la salsa di pomodoro, meglio se usate il concentrato, e se il sugo dovesse venire troppo fitto, aggiungete un cucchiaio di acqua della bollitura della pasta, salate e pepate.

Cuocete i maltagliati, scolateli, conditeli con la besciamella e il parmigiano, poi aggiungete il sugo di funghi. Servite caldissimi.

Minestra di fagiolini verdi alla piemontese

INGREDIENTI PER 4 PERSONE:

500 g di fagiolini verdi *100 g di lardo*
3 spicchi d'aglio *1 ciuffo di salvia*
1 foglia di alloro *2 l di brodo*
crostini di pane casereccio *sale*
  abbrustoliti

Togliete le punte alle due estremità ai fagiolini verdi, lavateli accuratamente, spezzettateli piccoli e fateli cuocere in 2 l di brodo bollente.

Aggiungete alcune foglie di salvia, una foglia di alloro, sale ed un trito fine di lardo e aglio. Lasciate cuocere per circa 25 minuti.

Servite la minestra con crostini di pane abbrustoliti.

Pasta alla macugnaghese

INGREDIENTI PER 4-6 PERSONE:

400 g di pasta corta *3 patate*
100 g di pancetta *1 cipolla*
50 g di burro *200 g di formaggio Nostrale ossolano*
sale e pepe

Portate a ebollizione una pentola d'acqua salata e buttate a cuocere la pasta assieme alle patate, tagliate a cubetti molto piccoli. A parte, fate soffriggere in una padella il burro, la cipolla affettata e la pancetta tagliata a fiammifero. Non appena la pasta è cotta, scolatela e versatela nella padella, facendola saltare brevemente con il soffritto. Unite il formaggio, preventivamente tenuto a temperatura ambiente e tagliato a dadini, facendo saltare ancora il composto in padella. Lasciate riposare la pasta per qualche istante e quindi servitela ben calda con sale e una macinata di pepe.

Pennette alla panna con violino di capra

INGREDIENTI PER 4 PERSONE:

400 g di pennette *200 g di violino di capra*
1 confezione di panna *1 cipolla*
30 g di burro *1 ciuffo di prezzemolo*
sale e pepe

In un tegame con il burro, fate rosolare la cipolla tritata fine. Quando avrà preso colore unite il violino di capra tagliato a filettini, un pizzico di sale, una manciata di pepe, il prezzemolo finemente triturato e fate soffriggere a fiamma vivace per pochi minuti. Unite la panna, lasciate addensare il sughetto e spegnete il fuoco. Nel frattempo cuocete le pennette in abbondante acqua salata, scolatele al dente, conditele con il sugo di violino di capra e panna e servite.

Polenta di patate e grano saraceno

INGREDIENTI PER 4 PERSONE:

800 g di patate *100 g di farina di grano saraceno*
100 g di farina bianca *100 g di burro*
sale

Per il condimento:
50 g di burro *4 cipolle*
100 g di panna *sale*

Pelate le patate e fatele cuocere in abbondante acqua salata. Scolatele, schiacciatele e rimettetele nella pentola. Aggiungete il burro, poi, poco alla volta, la farina di grano saraceno e la farina bianca, mescolando senza interruzione per non far formare grumi.

Cuocete per una quarantina di minuti, finché la polenta si stacca dal paiolo. Tritate le cipolle e fatele rosolare nel burro, quindi, una volta leggermente dorate, aggiungete la panna e salate. Versate la polenta di patate e grano saraceno sull'asse e servite a parte il condimento.

Ravioli di pesce di lago

INGREDIENTI PER 4 PERSONE:

Per la pasta:
400 g di farina
sale
2 uova

Per il ripieno:
300 g di filetti di pesce di lago misto
50 g di pecorino stagionato grattugiato
1 spicchio d'aglio
½ bicchiere di olio
2 tuorli d'uovo
2 fette di pancarrè
½ bicchiere di latte
1 ciuffo di prezzemolo
sale, pepe e noce moscata

Per il sugo:
1 scalogno
1 confezione di panna
2 cucchiai di vino bianco
sale e olio

Ponete la farina sulla spianatoia, quindi impastatela con le uova, un pizzico di sale e l'acqua necessaria a ottenere un impasto omogeneo ma piuttosto consistente. Fate una palla, avvolgetela nella pellicola e fatela riposare per almeno 30 minuti. Cuocete il pesce di lago, ben pulito e filettato, in padella con l'olio, quindi lasciate raffreddare un poco e tritate la polpa nel frullatore assieme ad aglio, prezzemolo e il pancarrè ammollato nel latte e ben strizzato.

Condite con pecorino, sale e pepe e un poco di noce moscata. Su un tagliere infarinato stendete con il matterello la pasta in due sfoglie sottili. Sulla prima disponete a distanza regolare delle piccole noci di ripieno, quindi coprite con la seconda sfoglia, premete con la punta delle dita intorno al ripieno per sigillare e tagliate con la rotella dentata tanti quadrati grossi, di circa 7-8 cm di lato.

Riempite i quadretti con l'impasto, chiudeteli ai lati come a formare un triangolo, poi lasciateli seccare.

Fate insaporire un trito di scalogno nell'olio, sfumate con il vino, fatelo evaporare a fiamma vivace e unite la panna.

Salate, pepate e fate addensare il sugo. Portate a ebollizione abbondante acqua salata e cuocete i ravioli di pesce di lago. Scolateli quando saranno ancora al dente, conditeli con la panna e servite subito.

Riso con bresaola della Val d'Ossola

INGREDIENTI PER 4 PERSONE:

400 g di riso	*100 g di burro*
1 cipolla	*½ bicchiere di vino bianco*
1 l di brodo	*200 g di bresaola della Val d'Ossola*
100 g di parmigiano grattugiato	*sale*

Soffriggete nel burro la cipolla finemente tritata. Unite il riso, un pizzico di sale e bagnate con il brodo. Verso la fine della cottura aggiungete la bresaola tagliata a filettini molto sottili. Spolverate il risotto con una manciata di parmigiano grattugiato prima di servirlo.

Risotto con porcini e carne d'oca

INGREDIENTI PER 4 PERSONE:

300 g di riso	*40 g di burro*
150 g di funghi porcini	*200 g di carne d'oca*
1 cipolla	*1 carota*
1 costa di sedano	*1 spicchio d'aglio*
½ bicchiere di vino bianco	*1 bicchiere di brodo*
1 ciuffo di prezzemolo	*50 g di parmigiano grattugiato*
sale e pepe	

Pulite i funghi: tagliate i gambi a tronchetti e le cappelle a fettine. Sminuzzate la cipolla e l'aglio e, separatamente, il prezzemolo.

Tritate sedano, carota, cipolla e aglio e metteteli a soffriggere nel burro fino a quando saranno dorati. Tagliate a striscioline la carne di oca e unitela al soffritto, mescolando e facendola rosolare bene, quindi sfumate col vino. Scaldate il brodo. Unite i funghi al sugo di oca e lasciate cuocere per circa 5 minuti a fiamma alta in modo che evapori l'acqua di vegetazione. Infine unite il riso e tostatelo per un minuto prima di sfumare con il vino. Portate a cottura il risotto bagnando normalmente col bordo. Quando il riso sarà pronto aggiustate eventualmente di sale ed unite il formaggio. Mescolate bene, spegnete e lasciate riposare per alcuni minuti prima di servire. All'ultimo momento, unite il prezzemolo e, a piacere, un po' di pepe macinato al momento.

Tagliatelle con ricotta di monte e salsiccia

INGREDIENTI PER 4 PERSONE:

400 g di tagliatelle all'uovo	*1 tazza di salsa di pomodoro*
300 g di ricotta	*200 g di salsiccia fresca*
½ bicchiere di olio extravergine d'oliva	*sale e pepe*

Mettete a stemperare la ricotta nella salsa di pomodoro con sale e un po' di pepe. In una padella scaldate l'olio e fate friggere a fuoco alto la salsiccia tagliata a pezzetti, fino a quando saranno croccanti. Portate a ebollizione una pentola con abbondante acqua salata, cuocetevi le tagliatelle, scolatele e conditele con la salsa di ricotta e la salsiccia. Salate, pepate, mescolate e servite.

Tagliatelle della Val Formazza
INGREDIENTI PER 4 PERSONE:

400 g di tagliatelle
1 cipolla
½ bicchiere di salsa di pomodoro
1-2 peperoncini piccanti
½ bicchiere di olio extra vergine di oliva
100 g di burro
300 g di verza
100 g di guanciale
100 g di cotiche di maiale
100 g di pecorino grattugiato
sale

Sbollentate in acqua salata le cotiche di maiale per un'ora. A parte fate bollire la verza. Tritate la cipolla e mettetela a soffriggere con il guanciale nell'olio e nel burro; quando sarà colorita aggiungete la verza tagliata a striscioline, ben strizzata, fate andare a fuoco allegro per far evaporare l'acqua, poi aggiungete le cotiche, il peperoncino e il pomodoro.

Cuocete per almeno mezz'ora, mescolando, fino a quando il ragù si sarà addensato bene.

Cuocete le tagliatelle in abbondante acqua salata, scolatele bene, poi conditele con il sugo e spolveratele di pecorino.

Tagliolini al ragù di oca
INGREDIENTI PER 4 PERSONE:

400 g di tagliolini
300 g di carne di oca
1 costa di sedano
1 spicchio d'aglio
4 cucchiai di passata di pomodoro
1 bicchiere di vino rosso
sale e pepe
2 fegatini di pollo
2 cipolle
1 carota
2 foglie di salvia
½ bicchiere di olio d'oliva
1 confezione di panna

Fate un battuto coi fegatini di pollo unitamente alle cipolle, al sedano, alla carota, allo spicchio di aglio e alle foglia di salvia. Fate rosolare questo battuto in un tegame con l'olio.

Quando il battuto avrà preso colore, unite la carne di oca tagliata a pezzetti molto piccoli ed insaporite lasciandoli rosolare ben bene da tutte le parti. Bagnate con il vino rosso. Quando questo sarà evaporato aggiungete la conserva di pomodoro e fate cuocere a tegame coperto dopo aver aggiunto sale e pepe.

Portate a ebollizione una pentola di acqua salata e cuocete i tagliolini. Scolateli al dente e conditeli col ragù di oca e la panna. Mescolate e servite.

Zuppa d'orzo walser

INGREDIENTI PER 4 PERSONE:
300 g di orzo perlato
30 g di burro
2 patate
2 coste di sedano
sale e pepe

2 bicchieri di latte
50 g di pancetta saporita
2 cipolle
2 carote
2 spicchi d'aglio

Sciogliete il burro in una pentola e mettetevi a soffriggere la cipolla e la pancetta tritate, lasciando che rosolino bene.

Tritate finemente anche sedano, carota e aglio e uniteli al soffritto, lasciando insaporire. Aggiungete l'orzo, le patate spellate e tagliae a tocchetti, un litro di acqua, mettete il coperchio e lasciate cuocere per almeno un'oretta. Se il composto si dovesse seccare troppo aggiungete altra acqua o brodo vegetale.

10 minuti prima di servire salate, pepate e unite il latte.

SECONDI PIATTI

Agoni al tegame

INGREDIENTI PER 4 PERSONE:
800 g di agoni
1 costa di sedano
½ bicchiere d'olio d'oliva
4 pomodori
1 foglia di alloro
2 cipolle
1 ciuffo di prezzemolo
1 bicchiere di vino bianco
1 peperoncino
sale e pepe

Prendete agoni freschi, sviscerateli, togliete loro le teste, e metteteli a sgocciolare bene. Preparate un battuto con cipolla, sedano, prezzemolo e peperoncino, passatelo in un tegame con l'olio e fate rosolare, mescolando con un cucchiaio di legno affinché non attacchi. Aggiungete gli agoni, fateli insaporire, bagnate con il vino, lasciate evaporare, poi unite i pomodori a pezzi e la foglia di alloro e finite la cottura, aggiustando con sale e pepe. Versate su un piatto da portata e irrorate con la salsa di cottura. Potete servirle con polenta

Ali di pollo fritte con salsa di aceto

INGREDIENTI PER 4 PERSONE:
8 ali di pollo
1 ciuffo di prezzemolo
abbondante olio per friggere
sale e pepe
6 cucchiai di farina
3-4 spicchi d'aglio
3 cucchiai di aceto di vino

Pulite accuratamente le ali di pollo, fiammeggiandole. Poi passatele nella farina e friggetele in abbondante olio. Tritate nel frullatore l'aglio e il prezzemolo, e incorporate un filo di olio e aceto (tre cucchiai almeno). Servite le ali caldissime con l'intingolo a parte.

Anguilla in umido

INGREDIENTI PER 4 PERSONE:
1 kg di anguilla
1 costa di sedano
1 spicchio d'aglio
4 cucchiai di olio d'oliva
1 cipolla
1 ciuffo di basilico
500 g di pomodori
sale e pepe bianco

Acquistate un'anguilla piuttosto grossa e fatevela spellare, pulire e decapitare dal pescivendolo. Tritate finemente la cipolla, l'aglio, il sedano e qualche foglia di basilico.

Mettete il trito in una casseruola capiente e fatelo soffriggere per una decina di minuti nell'olio, quindi aggiungete i pomodori passati, freschi o pelati che siano, salate e pepate. Tagliate l'anguilla in pezzi di tre o quattro centimetri, risciacquateli sotto l'acqua corrente fredda; e metteteli a cuocere nella casseruola. Levateli dopo una ventina di minuti di cottura.

Anguille arrosto

INGREDIENTI PER 4 PERSONE:

1 kg di anguille
4 cucchiai di olio d'oliva
1 cipolla
1 ciuffo di prezzemolo
1 pugno di pangrattato
sale e pepe

4-5 fette di pane casereccio
2 foglie di alloro
4 spicchi d'aglio
1 rametto di rosmarino
8-10 foglie di salvia

Prendete le anguille, ben pulite e tagliate, e mettetele per 2 ore a marinare con olio, sale, pepe e i vari odori finemente triturati. Passate i pezzi di anguilla nel pangrattato e infilateli in spiedini di metallo da forno, interponendo crostini di pane e foglie di salvia. Fate cuocere in forno preriscaldato a 180° per una mezz'oretta, finché non siano ben colorite.

Anitra arrosto con cipolla

INGREDIENTI PER 4 PERSONE:

1 anitra
5-6 cipolle
1 rametto di rosmarino
sale e pepe

½ bicchiere di olio d'oliva
1 mazzetto di salvia
1 bicchiere di vino rosso

Riempite la pancia dell'anitra, che avrete ben pulita, con la salvia e il rosmarino. Ponetela in una pirofila da forno, irrorate con olio d'oliva e cospargete, ricoprendo interamente il tutto con le cipolle tagliate a rondelle. Mettete nel forno già caldo a 180° e dopo una ventina di minuti irrorate con un bicchiere di vino rosso, girando l'anitra perché la cottura sia uniforme. Salate e pepate. Fate cuocere per almeno un'ora e mezza. Servitela direttamente dalla pirofila.

Arrosticini di merli

INGREDIENTI PER 4 PERSONE:

6 merli a persona
16 fette di lardo piuttosto spesse
sale e pepe

12 cucchiai di olio d'oliva
16 fette di pane

Con questa ricetta potete cucinare non solo i merli, ma tutti gli uccelletti di piccola taglia purché siano belli grassi poiché se sono magri, non vale la pena di sventrarli.

Spennate, sventrate e fiammeggiate i merli, poi infilzateli in uno spiedo, intervallando ogni uccello con un crostone di pane raffermo ed una fetta di lardo. Insaporite con sale e pepe e ungeteli con un poco di olio prima di metterli al fuoco. Fateli rosolare ma non cuoceteli troppo, altrimenti rinsecchiscono.

Bistecche in salsa

INGREDIENTI PER 4 PERSONE:

4 bistecche di manzo
4 cucchiai di olio d'oliva
1 costa di sedano
1 cucchiaio di capperi
4 cucchiai di panna

50 g di burro
1 cipolla
1 carota
½ bicchiere di vino rosso
sale e pepe

In una padella con l'olio fate cuocere sedano, carota e cipolla tritati finemente.
Dopo una decina di minuti unite i capperi e fateli insaporire. Passate questo composto nel frullatore, poi rimettetelo nella padella assieme al burro e alla panna, salate e pepate. Aggiungete le bistecche, bagnate con il vino rosso e fate cuocere per una decina di minuti al massimo, girandole affinché s'insaporiscano bene.

Bocconcini di maiale al cartoccio

INGREDIENTI PER 4 PERSONE:

800 g di polpa di maiale
5 spicchi d'aglio
1 limone
2 bicchieri di vino

½ bicchiere di olio di oliva
1 ciuffo di prezzemolo
100 g di farina
sale e pepe

Tagliate i bocconcini di maiale in pezzetti cubici, poi passateli sotto l'acqua. Asciugateli e passateli nella farina. Prendete quattro fogli di alluminio e versatevi sopra un filo di olio. Adagiatevi sopra la carne, sulla quale avrete cosparso l'aglio e il prezzemolo finemente tritati. Sopra i bocconcini mettete anche una fettina di limone, sale e pepe. Versate il vino e chiudete il cartoccio ermeticamente. Infornate a 200° per una ventina di minuti. Portate a tavola direttamente i cartocci.

Bollito di Capodanno

INGREDIENTI PER 4 PERSONE:

400 g di spalla di manzo
4 piccoli cotechini
3 cotenne di maiale
1 grossa cipolla bianca
2 coste di sedano
1 carota

300 g di testina di vitello
½ pollo
½ tacchinella
2 chiodi di garofano
4 cucchiai di olio d'oliva
sale grosso e pepe nero in grani

Passate sulla fiamma le cotenne e sbollentatele a parte in un poco di acqua salata per una mezz'oretta. Ripetete la stessa operazione con i cotechini, avendo l'accortezza di pungerli con i rebbi di una forchetta per saggiarne il punto di cottura. Tagliate a pezzi il sedano, la carota, la cipolla e mettete il tutto in una pentola con abbondante acqua, sale grosso, pepe in grani e i chiodi di garofano. Portate a bollore e aggiungete le carni: prima il manzo, poi il pollo, infine il vitello e la tacchinella. Salate ancora un poco. Prima del termine della cottura, unite alle carni anche le cotenne e i cotechini. Scolate le carni dal brodo e disponetele su piatti da portata, versandovi sopra un pochino di brodo, condendole con sale e olio d'oliva.

Bottatrice con cipolle

INGREDIENTI PER 4 PERSONE:
800 g di filetti di bottatrice *2 cipolle*
4 cucchiai di farina *1 bicchiere di vino bianco secco*
8 cucchiai di olio d'oliva *sale*

Squamate la bottatrice, svisceratela e lavatela, filettatela e tagliate i filetti a bocconi non troppo piccoli. Quindi infarinateli.

Affettate sottilmente le cipolle e mettetele a soffriggere con l'olio lentamente, fino a quando saranno appassite. Aggiungete i pezzi di bottatrice infarinati, bagnate con il vino, lasciate che la salsa si addensi un poco, salate e poi servite.

Brasato di capriolo all'aceto

INGREDIENTI PER 4 PERSONE:
500 g di spalla di capriolo *½ l di aceto*
1 l di vino bianco *50 g di burro*
1 confezione di panna *1 cipolla*
1 carota *1 cucchiaio di fecola*
4-5 grani di pepe nero *50 g di lardo*
sale e pepe

Mettete a marinare il capriolo tagliato a pezzi in una terrina con l'aceto, il vino e i grani di pepe e lasciatevelo per 12 ore. Tritate la cipolla con il lardo e soffriggeteli con poco burro in una casseruola, preferibilmente di terracotta per 10 minuti. Tagliate a pezzetti la carota, unitela al capriolo e mettete il tutto nella casseruola, lasciando ben rosolare da tutte le parti. Versate parte della marinata filtrata e dopo 5 minuti unite anche la panna. Salate, pepate, coprite e lasciate cuocere per un'ora. Togliete i pezzetti di carne, disponetela sul piatto da portata e bagnatela con il sugo di cottura passato al setaccio e addensato eventualmente con un poco di fecola di patata.

Carpa al coccio

INGREDIENTI PER 4 PERSONE:

1 grossa carpa
1 carota
1 rametto di rosmarino
3-4 spicchi d'aglio
olio di oliva
4 cucchiai di farina
½ l di vino bianco secco
2 cucchiai di fecola di patata
1 mazzo di cipollotti freschi
1 cipolla
1 ciuffo di prezzemolo
1 mazzetto di odori misti freschi (timo, ½ bicchiere di lauro, maggiorana, salvia, dragoncello)
sale e pepe

Pulite bene la carpa, eviscerandola e lasciandola sgocciolare bene, poi mettetela ad asciugare su un foglio di carta da cucina. Tritate tutte le verdure nel frullatore fino a ottenere una sorta di crema. Prendete una pentola di terracotta con il coperchio, mettete un dito di olio per evitare che il pesce si attacchi, poi riponetevi la carpa, alla quale avrete riempito la pancia con parte della salsa, e copritela con il resto delle verdure.

Coprite il pesce con il vino e lasciate cuocere a fuoco moderato per almeno quaranta minuti. Quando la carpa sarà pronta, toglietela dal tegame e mettetela su un piatto da portata, che terrete in caldo.

Filtrate il sughetto e incorporatevi lentamente, sempre mescolando, un cucchiaio di fecola di patata per aumentarne la densità. Coprite la carpa con la salsa e servite.

Cavedano al forno con patate in intingolo

INGREDIENTI PER 4 PERSONE:

1 kg di cavedani
4 spicchi d'aglio
1 bicchiere di vino bianco secco
1 confezione di panna
sale
400 g di patate
1 ciuffo di prezzemolo
½ bicchiere di olio d'oliva
1 bicchierino di cognac

Pulite i cavedani e togliete la lisca centrale, la pinna caudale e la testa. Quindi poneteli in una terrina a insaporirsi per circa mezz'ora con olio, sale e un poco del trito formato con il prezzemolo e l'aglio.

Pelate le patate e affettatele tenendole alte mezzo centimetro e disponetene uno strato in una teglia unta abbondantemente d'olio; conditele con il trito rimasto, una sfumata di vino bianco, olio e sale e sopra queste disponete i cavedani sfumando anch'essi di vino bianco e salando leggermente.

Infine disponete un ultimo strato di patate e su queste distribuite ancora trito, vino bianco, olio, panna e sale.

Irrorate il tutto col cognac e ponete in forno caldo a 180° per una mezz'oretta almeno, finché le patate non saranno ben dorate.

Cervo in umido marinato

INGREDIENTI PER 4 PERSONE:

1 kg di cervo *1 bottiglia di vino rosso*
2 carote *1 costa di sedano*
2 spicchi d'aglio *3 cipolle*
qualche foglia di alloro *1 rametto di timo*
½ bicchiere di olio d'oliva *sale e pepe*

Tagliuzzate le carote, il sedano, l'aglio, le cipolle, aggiungete l'alloro, il timo, l'olio d'oliva e il vino e mettete tutto in una terrina. Immergetevi il cervo a pezzi e fatelo marinare per 24 ore. In seguito fatelo cuocere in umido a fuoco molto basso per un paio d'ore nella sua stessa marinata, passata al frullatore e filtrata, aggiungendo sale e pepe.

Coregoni in salsa all'agro

INGREDIENTI PER 4 PERSONE:

1 kg di coregoni *½ bicchiere di olio d'oliva*
3-4 cipollotti freschi *2 scalogni*
2 spicchi d'aglio *1 ciuffo di prezzemolo*
4 acciughe salate *1 bicchiere di vino bianco*
½ bicchiere di aceto di vino *sale e pepe*

Tritate finemente i cipollotti, con anche una parte di gambo verde, il prezzemolo, gli scalogni e gli spicchi d'aglio, quindi metteteli in una pirofila a soffriggere nell'olio. Aggiungete i filetti di acciuga, dissalate e private della lisca, e fateli spappolare a fuoco bassissimo, aiutandovi con una forchetta.

Versate mezzo bicchiere di vino, salate il necessario, pepate e portate a bollore. Disponete i tranci di coregone in una pirofila da forno, ricopriteli con un po' di vino e l'aceto affinché rimangano coperti a filo. Mettete la pirofila in forno a 200°, coperta con un foglio di carta stagnola. Servite dopo una ventina di minuti.

Cuore e salsiccia con polenta

INGREDIENTI PER 4 PERSONE:

400 g di cuore di maiale *4 salsicce*
alcune foglie di alloro *1 bicchiere di vino rosso*
100 g di lardo *sale e pepe*
8 fette di polenta

Tagliate a fette sottili il cuore, togliendo le parti dure. In un tegame mettete a soffriggere le salsicce ed alcune foglie di lauro spezzettate con il lardo. Quando le salsicce saranno un po' rosolate, unite il cuore, bagnate con il vino rosso, insaporite con sale e pepe e lasciate cuocere lentamente per circa 20 minuti.

Abbrustolite leggermente la polenta a fette, disponetela su un piatto di portata e versateci sopra cuore e salsicce con la loro salsa.

Filetti di cavedano al timo

INGREDIENTI PER 4 PERSONE:

1 kg di cavedani
1 grosso ciuffo di timo fresco
1 bicchiere di vino bianco secco
8 cucchiai di farina
150 g di burro
sale e pepe

Squamate i cavedani, sviscerateli, lavateli, asciugateli molto bene e infarinateli. Infilate nella pancia di ogni pesce un ciuffetto di timo, usando circa la metà di quello che avete a disposizione, l'altra metà tritatelo finemente.

Fate sciogliere il burro in una teglia da forno, adagiatevi i cavedani, cospargeteli con il trito di timo, fateli dorare da entrambi i lati a fuoco vivo, salate e pepate. Togliete dal fuoco, bagnate con il vino e portate a termine la cottura nel forno preriscaldato a 180°, per 10 minuti.

Filetti di trota alle verdurine e cognac

INGREDIENTI PER 4 PERSONE:

600 g di filetti di trota
1 cipolla
1 costa di sedano
½ bicchiere di cognac
½ bicchiere di olio di oliva
1 carota
1 spicchio d'aglio
sale e pepe bianco

Tritate finemente la cipolla, la carota e il sedano, e fateli rosolare con un po' d'olio in una padella piuttosto larga, assieme all'aglio che potete lasciare intero e togliere quando il tutto sarà pronto.

Aggiungete la trota e condite con sale e pepe. Quando i filetti saranno dorati da ogni lato aggiungete il cognac e lasciate evaporare. Servite caldissimo.

Lavarelli al vino bianco

INGREDIENTI PER 4 PERSONE:

1 kg di lavarelli
1 cucchiaio di olio di oliva
½ l di vino bianco secco
* di ottima qualità*
sale e pepe
100 g burro
70 g di farina
1 rametto di rosmarino
1 spicchio d'aglio

Squamate, sviscerate e lavate bene i lavarelli, evitando di togliere la testa, la coda e le pinne. Asciugate il pesce e passatelo leggermente nella farina, dopo avergli riempito la pancia con l'aglio sminuzzato e il rosmarino.

Fate sciogliere il burro in una pirofila, quindi toglietelo dal fuoco e appoggiatevi sopra i lavarelli cosparsi di sale e pepe. Con un setaccio fate nevicare un po' di farina in modo che si formi una cremina.

Cospargete con il vino bianco e infornate nel forno già caldo a 150°. Fate cuocere almeno per un quarto d'ora, girando il pesce ed eventualmente cospargendolo di altra farina, se dovesse risultare troppo acquoso.

Lenticchie con mortadella di fegato

INGREDIENTI PER 4 PERSONE:

1 barattolo di lenticchie
1 cipolla
½ bicchiere d'olio d'oliva
1 cucchiaio di farina

4 grosse fette di mortadella di fegato
2 spicchi d'aglio
2 cucchiai di concentrato di pomodoro
sale e pepe

Tritate la cipolla e l'aglio e metteteli in una pirofila assieme all'olio e al pomodoro disciolto in un cucchiaio d'acqua o di brodo. Fate rosolare per 5 minuti.

A parte fate rosolare la mortadella di fegato tagliata a pezzettini piccoli in un altro po' d'olio.

Togliete il recipiente dal fuoco, mescolate, spolverate con la farina passata al setaccio e aggiungete la mortadella di fegato tagliata a dadini piuttosto grossi. Unite le lenticchie e fate cuocere per altri 5 minuti. Salate, pepate, mescolate e servite.

Lumache al tegame

INGREDIENTI PER 4 PERSONE:

2 kg di lumache
3 cipolle
2 bicchieri di vino rosso
1 ciuffo di basilico

350 g di polpa di pomodoro
1 ciuffo di prezzemolo
4 cucchiai d'olio d'oliva
sale e pepe

Pulite le lumache molto bene, lasciandole a bagno almeno un paio d'ore in acqua fredda con un pugno di sale grosso. Faranno molta schiuma, quindi cambiate spesso l'acqua. Quando saranno pulite mettetele in una pentola di acqua fredda e portatela a ebollizione a fuoco dolce.

Non appena usciranno dal guscio, alzate il fuoco e fatele cuocere per un quarto d'ora, poi spegnete il fuoco e lasciatele intiepidire. Affettate le cipolle e fatele soffriggere in un tegame con l'olio. Unite le lumache, mescolate, bagnate con un po' di vino rosso e lasciatelo evaporare.

Aggiungete la polpa di pomodoro privata dei semi, il basilico, condite con sale e pepe e fate cuocere a fuoco lento per almeno un'oretta, aggiungendo ogni tanto un po' di vino. Poco prima della fine della cottura unite anche il prezzemolo tritato.

Ossibuchi con funghi e piselli

INGREDIENTI PER 4 PERSONE:

4 ossibuchi di vitello
200 g di funghi freschi misti
1 cipolla
1 bicchiere di vino rosso
1 spicchio d'aglio
pepe

3 cucchiai di olio extravergine di oliva
2 pomodori
1 limone
300 g di piselli freschi
sale e peperoncino in polvere

Pulite bene i funghi e tagliuzzateli finemente.

Affettate la cipolla e fatela rosolare in 2 cucchiai di olio, in una padella antiaderente; unite gli ossibuchi e lasciateli cuocere una decina di minuti per lato. Insaporite con una macinata di pepe, aromatizzate con una scorzetta di limone e irrorate con il vino.

Unite i pomodori tagliati a cubetti ed i funghi.

Mettete il coperchio e lasciate cuocere a fuoco medio per circa 30 minuti per far addensare la salsa. Lessate i piselli sgranati in acqua salata in ebollizione, scolateli e versateli in una padella, dove avrete fatto rosolare lo spicchio d'aglio in un cucchiaio di olio.

Unite i piselli agli ossibuchi con i funghi, lasciate insaporire, salate e condite con un pizzico di peperoncino e un poco di sale. Servite in tavola caldi.

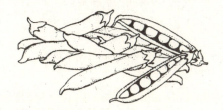

Petto di tacchino con funghi e aceto

INGREDIENTI PER 4 PERSONE:

600 g di petto di tacchino
  (tutto un pezzo)
2 bicchieri di vino rosso
150 g di funghi freschi misti
2 cucchiai di farina
sale e pepe

½ bicchiere di olio extravergine di oliva
60 g di burro
1 bicchiere di brodo
4 cucchiai di aceto
3 spicchi d'aglio

Tritate l'aglio e soffriggetelo nell'olio e nel burro per un minuto. Aggiungete il petto di tacchino, facendolo rosolare bene, e i funghi ben puliti e grossolanamente triturati. Condite con sale e pepe, aggiungete il brodo e stemperate la farina.

Mescolate bene. Aggiungete il vino rosso e cuocete a tegame coperto per 40 minuti circa, tenendo la fiamma molto bassa. Fate restringere il sugo, irroratelo con l'aceto e versatelo sul tacchino tagliato a fette.

Polpette alla ossolana

INGREDIENTI PER 4 PERSONE:

100 g di polpa di maiale
100 g di pancetta
1 patata grossa
2 pugni di pangrattato
sale e pepe
100 g di fontina
2 tuorli d'uovo
1 bustina di funghi secchi
olio per friggere

In una terrina amalgamate assieme la fontina e le carni passate nel tritatutto: maiale e pancetta, con i tuorli delle uova e i funghi ammorbiditi e triturati.

A parte fate bollire una patata e, quando sarà fredda, pelatela, schiacciatela con i rebbi di una forchetta e unitela al composto. Lavorate bene con le mani, e formate delle polpettine che passerete nel pangrattato. Friggetele in olio caldissimo, poi passatele per un attimo nella carta assorbente in modo da togliere l'unto in eccesso prima di servire.

Sanato ai funghi

INGREDIENTI PER 4 PERSONE:

1 kg di scamone di sanato (vitello)
20 g di porcini secchi
1 foglia di alloro
1 spicchio d'aglio
1 cipolla
1 cucchiaio di farina
sale e pepe
500 g di funghi freschi
1 ciuffo di timo
1 ciuffo di salvia
1 rametto di rosmarino
40 g di burro
½ l di vino bianco secco

Pulite accuratamente i funghi freschi e tagliateli a pezzetti. Sciacquate i porcini e metteteli in una ciotola di acqua tiepida a rinvenire. Scaldate metà del burro in una casseruola e fatevi soffriggere dolcemente la cipolla affettata con un trito fine di alloro, salvia, timo, aglio e rosmarino. Quando la cipolla sarà leggermente dorata, unite il burro rimasto e fate rosolare la carne da ogni lato. Cospargete con la farina, fatta nevicare da un setaccio, salate, pepate e bagnate con il vino e mezzo litro d'acqua.

Non appena il liquido inizia a bollire, abbassate il fuoco e mettete il coperchio. Lasciate cuocere a fuoco lento per circa 2 ore, aggiungendo altra acqua se necessario.

Trascorso questo tempo, unite i funghi porcini scolati e tritati e lasciate cuocere scoperto per altri 15 minuti. Unite infine i funghi freschi, e lasciate cuocere ancora per una mezz'oretta. Lasciate intiepidire un poco, quindi tagliate il sanato a fette e servitelo velato con il sugo di cottura.

CONTORNI

Carciofi fritti con prosciutto e tomino fresco

INGREDIENTI PER 4 PERSONE:

4 carciofi
100 g di parmigiano grattugiato
150 g di prosciutto cotto
sale e pepe

2 uova
100 g di farina
150 g di tomino fresco
olio per friggere

Sbattete le uova con il sale, il pepe e il parmigiano, poi metteteci a bagno le metà di carciofo ben lavate e asciugate. Portate a temperatura l'olio, poi togliete dalle uova mezzo carciofo per volta, passatelo nella farina e friggetelo. Fate asciugare il tutto su un foglio di carta da cucina.

In una pirofila da forno disponete i carciofi fritti e riempiteli con il prosciutto tagliato a dadini e ricopritelo di tomino fresco. Infornate per 10 minuti in forno già caldo, giusto il tempo per far sciogliere il formaggio.

Carciofi in agrodolce con le acciughe

INGREDIENTI PER 4 PERSONE:

8 carciofi
1 limone
1 ciuffo di prezzemolo
1 cucchiaio di farina
7-8 cucchiai di olio extravergine d'oliva

4 arance
6 acciughe sotto sale
1 cipolla
2 cucchiaini di zucchero
sale

Pulite i carciofi dalle foglie esterne, lasciandoli interi senza gambo, e lessateli in acqua bollente salata per 10-15 minuti, quindi scolateli, lasciateli sgocciolare e intiepidire. Aprite delicatamente le foglie verso l'esterno, togliete la parte centrale e l'eventuale fieno e disponeteli su un piatto da portata, in piedi.

Tritate la cipolla e soffriggetela in un padellino con l'olio. Quando sarà dorata unite le acciughe lavate, dissalate, private della lisca e grossolanamente triturate, e mescolate finché saranno sciolte. Aggiungete il succo filtrato delle arance e del limone, spolverizzate con un cucchiaio di farina e cuocete a fuoco basso, sempre mescolando finché la salsa comincerà ad addensarsi. Unite lo zucchero, un pizzico di sale e il prezzemolo tritato e cuocete sempre a fuoco basso e senza far bollire finché lo zucchero si sarà sciolto. Versate la salsa sui carciofi e servite.

Carciofi saltati in padella

INGREDIENTI PER 4 PERSONE:

8 carciofi
1 manciata di olive verdi
1 ciuffo di prezzemolo
4 cucchiai di olio extravergine d'oliva
2 spicchi d'aglio
1 manciata di capperi salati di Pantelleria
sale e pepe

Tagliate i carciofi a spicchi, dopo averli ben puliti. Fateli rosolare nell'olio con l'aglio. Togliete l'aglio e aggiungete le olive e i capperi privati del sale e grossolanamente triturati, sale e pep e mezzo bicchiere d'acqua.

Quando l'acqua si è riassorbita aggiungete il prezzemolo tritato finemente. Proseguite la cottura a fiamma moderata e a pentola coperta per circa 20 minuti aggiungendo, se necessario, altra acqua.

Cardi dorati in pastella di noci

INGREDIENTI PER 4 PERSONE:

1 kg di cardi
2 pugni di pangrattato
3 cucchiai di farina bianca
sale e pepe
100 g di noci
150 g di burro
1 limone
un pizzico di noce moscata

Pulite i cardi togliendo loro i fili, lavateli, tagliateli a pezzi e lessateli in abbondante acqua salata in cui sia stata stemperata la farina, per un'ora circa.

Scolateli, quindi preparate una pastella con acqua e farina, aggiungendo sale, pepe, le noci finemente triturate e, a piacere, anche un pizzico di noce moscata, quindi passatevi i cardi, che poi passerete anche nel pangrattato.

Friggeteli nel burro finché non diventeranno dorati. Serviteli caldi, contornati da spicchi di limone.

Carote con crema di aglio e tomino

INGREDIENTI PER 4 PERSONE:

300 g di carote
4 spicchi d'aglio
sale
150 g di tomino fresco
il succo di 3 limoni

Pestate l'aglio con un po' di sale in un mortaio, o, se preferite, passatelo nel frullatore assieme al tomino. Unitevi quindi, poco alla volta, il succo di limone, mescolando in modo da ottenere un composto liscio e denso. Aggiustate di sale. Bollite le carote, ben mondate e pelate, e tagliatele a rondelle, quindi disponetele su un piatto da portata e irroratele con la salsa di aglio e tomino. Guarnite con prezzemolo tritato.

Cavolfiore alla ossolana

INGREDIENTI PER 4 PERSONE:
1 cavolfiore
50 g di burro
1 ciuffo di prezzemolo
1 spicchio d'aglio
sale e pepe
100 g di pancetta
100 g di Toma ossolana
1 cipolla
4 cucchiai di parmigiano grattugiato

Pulite il cavolfiore, lavatelo e lessatelo in acqua salata per 10 minuti circa. Scaldate il burro in una teglia da forno, unite la pancetta tagliata a dadini piccoli, il prezzemolo, la cipolla e l'aglio tutti tritati, e lasciate rosolare a fuoco moderato. Aggiungete il cavolfiore tagliato a cimette, il sale, il pepe, mescolate con delicatezza per non frantumarlo e lasciatelo insaporire a fuoco molto moderato.

Sovrapponete la toma ossolana a fette sottili, spolverizzate con il parmigiano grattugiato, infornate in forno già caldo a 180° e lasciate fondere il formaggio per una decina di minuti. Servite molto caldo.

Cavolo piccantino alle erbe

INGREDIENTI PER 4 PERSONE:
1 cavolfiore
1 spicchio d'aglio
1 rametto di timo
1 ciuffo di prezzemolo
sale e peperoncino
4 cucchiai di olio extravergine d'oliva
1 cipolla
2 cucchiai di salsa di pomodoro
1 ciuffo di basilico

Pulite e lavate il cavolfiore, fatelo lessare in acqua salata per 15 minuti circa, poi scolatelo e tagliatelo a pezzetti.

In una padella fate soffriggere nell'olio d'oliva l'aglio e la cipolla tritati finemente, dopo qualche minuto aggiungete la polpa di pomodoro, il basilico, il timo e il prezzemolo tritati. Fate quindi insaporire il cavolfiore, salate, unite peperoncino piccante a piacere e lasciatelo cuocere ancora per una decina di minuti.

Cetrioli alla panna

INGREDIENTI PER 4 PERSONE:
400 g di cetrioli
2 cucchiai di zucchero
sale e pepe
4 cucchiai di aceto
1 confezione di panna

Tagliate i cetrioli a fettine sottilissime, metteteli in una ciotola con il sale e teneteli un'ora a spurgare in frigorifero. Strizzateli molto bene e conditeli con una salsa ottenuta amalgamando l'aceto, lo zucchero, sale e pepe, la panna.

Crocchette di porcini

INGREDIENTI PER 4 PERSONE:
200 g di porcini freschi
50 g di burro
4 uova
1 pugno di pangrattato
olio per friggere
2 spicchi d'aglio
200 g di purea di patate
100 g di parmigiano grattugiato
sale e pepe

Pulite accuratamente i porcini, tagliateli a pezzetti piccoli, poi fateli saltare in padella con il burro e l'aglio per almeno venti minuti, quindi lasciateli intiepidire. Preparate una purea di patate con abbondante burro e formaggio. In una terrina amalgamate assieme la purea, i porcini saltati, i tuorli delle uova e il parmigiano, sale e pepe.

Formate delle pallottole leggermente allungate, passatele nell'uovo sbattuto, poi nel pangrattato. Friggetele in abbondante olio, toglietele con una schiumarola e riponetele su una carta assorbente da cucina per scolare l'unto in eccesso.

Crocchette verdi

INGREDIENTI PER 4 PERSONE:
500 g di zucchine
1 ciuffo di prezzemolo
2 pugni di pangrattato
sale e pepe
500 g di patate
150 g di parmigiano grattugiato
2 cucchiai di farina
olio per friggere

Pulite bene le zucchine, lavatele, privatele della parte centrale, lessatele per pochi minuti, poi fatele scolare e passatele nel frullatore. Lessate le patate e passatele nello schiacciapatate, quindi amalgamatele alle zucchine. Salate, pepate, aggiungete il parmigiano grattugiato, il prezzemolo tritato ed un po' di farina per legare il tutto.

Formate delle polpettine, passatele nel pangrattato e friggetele in abbondante olio. Scolate le crocchette sulla carta da cucina per togliere l'unto in eccesso e servitele calde. Potete accompagnare il piatto con una insalata mista.

Fagioli alle spezie

INGREDIENTI PER 4 PERSONE:
1 barattolo di fagioli borlotti
1 cipolla
2 chiodi di garofano
sale e peperoncino rosso piccante
1 spicchio d'aglio
1 cucchiaino di cannella in polvere
4 cucchiai di olio extravergine di oliva

Tritate finemente l'aglio e la cipolla e metteteli a soffriggere nell'olio, quindi aggiungete i fagioli, con il loro liquido. Lasciate cuocere 5 minuti, quindi aggiungete tutte le spezie, fate insaporire e servite caldo.

Fagioli e patate al Barbera

INGREDIENTI PER 4 PERSONE:

500 g di fagioli borlotti freschi sgranati
1 cucchiaio di farina
alcune foglie di salvia
1 ciuffetto di santoreggia
sale e pepe nero macinato al momento
500 g di patate
100 g di lardo
2 foglie di alloro
1 ciuffo di prezzemolo
1 ciuffo di timo
½ l di barbera
2 spicchi d'aglio

Fate bollire i fagioli, sgranati e puliti, per 40 minuti in acqua leggermente salata, quindi scolateli. Tritate bene il prezzemolo, la salvia, la santoreggia, il timo, il lardo e l'aglio. Mettete il trito in una padella a fuoco dolce, e lasciate che il lardo si sciolga.

Quando comincia a soffriggere unite i fagioli, le patate pelate e tagliate a spicchietti piccoli, le foglie di alloro intere, che poi toglierete, sale e pepe.

Lasciate rosolare per qualche minuto, poi fate nevicare da un setaccio la farina e copriteli con la Barbera. Fate cuocere, a tegame coperto, fino a quando i fagioli e le patate saranno molto teneri e la salsa ben addensata. Serviteli caldi.

Finocchi al forno in salsa di parmigiano

INGREDIENTI PER 4 PERSONE:

8 finocchi
1 ciuffo di prezzemolo
150 g di parmigiano grattugiato
noce moscata
½ bicchiere di olio extravergine d'oliva
1 spicchio d'aglio
1 bicchiere di latte
2 cucchiai di farina
2 cucchiai di marsala
sale e pepe

Pulite i finocchi, tagliateli in quattro e fateli cuocere per 10 minuti in acqua bollente salata. Scolateli e lasciateli raffreddare, poi tagliateli a striscioline. Tritate aglio e prezzemolo e lasciatelo soffriggere in padella un paio di minuti con l'olio, regolate di sale e pepe sfumate col marsala, quindi unite la farina ed il latte, facendo addensare la salsa a fuoco basso. Mescolate bene e profumate con la noce moscata. Disponete i finocchi in una pirofila unta d'olio: copriteli con la salsa al marsala ed il parmigiano. Gratinate in forno caldo a 180° fino a quando non si formerà una crosticina dorata.

Insalata con soncino e cipollotti

INGREDIENTI PER 4 PERSONE:

400 g di soncino
4 cipollotti
6 cucchiai di olio extravergine d'oliva
1 ciuffo di prezzemolo
1 limone
sale e pepe

Lavate l'insalatina, dopo averla ben pulita, scolatela con cura, raccoglietela in una insalatiera e aggiungetevi i cipollotti affettati sottilmente.

Tritate finemente il prezzemolo, mescolatelo con il succo di limone, sale e pepe, poi aggiungete l'olio, poco alla volta, mescolando.

Ottenuta una salsetta omogenea, usatela per condire l'insalata e mescolate con cura prima di servire.

Insalata di patate e tartufi

INGREDIENTI PER 4 PERSONE:

1 cespo di lattuga
4 patate bollite
2 cucchiai di aceto di vino
sale
1 tartufo
4 cucchiai di olio extravergine d'oliva
2 cucchiai di panna liquida

Lavate l'insalata, asciugatela e tagliatela a strisce. Tagliate a pezzetti piccoli le patate bollite.

Unite le verdure in una ciotola e conditele con aceto, olio e sale.

Sopra a tutto unite il tartufo affettato finemente e la panna, mescolate e servite.

Insalata di spinaci e pere

INGREDIENTI PER 4 PERSONE:

400 g di spinaci piccoli e teneri
100 g di scaglie di grana
4 cucchiai di olio extravergine d'oliva
1 pera decana
il succo di 1 limone
sale e pepe macinato al momento

Mondate gli spinaci, lavateli e asciugateli accuratamente, senza strizzarli. Tagliuzzateli a strisce e metteteli in una insalatiera.

Emulsionate in una ciotola il succo di limone, sale, pepe e 2 cucchiai di olio.

Sbucciate la pera, eliminate il torsolo, tagliatela a dadini e conditela subito con 2 cucchiai di emulsione.

Aggiungete agli spinaci i dadini di pera, condite con le scaglie di grana, la salsina rimasta, mescolate e servite subito.

Padellata di patate e noci

INGREDIENTI PER 4 PERSONE:

500 di patate
50 g di burro
100 g di gherigli di noce
sale

1 cipolla
150 g di prosciutto crudo
1 ciuffo di prezzemolo

Tagliate a spicchi le patate dopo averle sbucciate; tritate la cipolla e soffriggetela per 5 minuti, a fuoco molto basso nel burro. Aggiungete le patate, salatele, mescolatele con un cucchiaio di legno e cuocetele, a tegame coperto, per 20 minuti. Tritate grossolanamente i gherigli di noce; lavate, asciugate e tritate le foglie di prezzemolo. Tagliate a filettino piccoli il prosciutto crudo.

Versate in un piatto da portata le patate precedentemente cotte, unite il prosciutto e cospargetele con un trito fatto con le noci e con il prezzemolo. Mescolate e servite.

Patate in salsa allo scalogno

INGREDIENTI PER 4 PERSONE:

4 grosse patate
4 scalogni
100 g di burro
sale e pepe

1 scodella di acqua acidulata con succo
    di limone
1 confezione di panna

Versate in una pentola una scodella di acqua acidulata con succo di limone, aggiungetevi acqua salata, portate a ebollizione, buttatevi dentro le patate e lasciatele cuocere per 30 minuti circa. Fate fondere il burro in un pentolino, aggiungeteci lo scalogno finemente tritato e lasciate rosolare per 5 minuti, quindi aggiungete la panna, sale e pepe. Mescolate, lasciate addensare un pochino, poi versate la salsa sulle patate bollite, che avrete tagliato a fette e disposte su un piatto da portata.

Patate, fagiolini e caprino

INGREDIENTI PER 4 PERSONE:

4 patate lessate
200 g di formaggio caprino fresco
sale e pepe nero

200 g di fagiolini lessati
4 cucchiai di olio extravergine di oliva

Mondate i fagiolini e sbollentateli in acqua salata per circa 15 minuti, poi scolateli. Pulite bene le patate, e mettetele a bollire nella stessa acqua dei fagiolini per una mezz'oretta, scolatele e pelatele.

Riunite in una terrina le patate, tagliate a dadini, i fagiolini tagliati a pezzetti di 2 cm, e il caprino. Condite con olio, sale e pepe nero macinato al momento.

Polpette di patate

INGREDIENTI PER 4 PERSONE:

4-5 grosse patate
100 g di pancetta macinata
2 spicchi d'aglio
1 cipolla
2 pugni di pangrattato
noce moscata
100 g di parmigiano grattugiato
100 g di prosciutto crudo tritato
2 tuorli d'uovo
1 ciuffo di prezzemolo
30 g di burro
olio per friggere
sale e pepe

In abbondante acqua salata fate bollire le patate e, quando saranno tiepide, pelatele, passatele allo schiacciapatate e unitele a un trito di aglio e prezzemolo. In una terrina amalgamate assieme, lavorando bene con le mani, il prosciutto e la pancetta passati nel tritatutto con la purea di patate, sale, pepe, noce moscata, i tuorli delle uova e il parmigiano. Lavorate bene con le mani, e formate delle polpettine che passerete nel pangrattato. Friggetele in olio caldissimo, poi passatele per un attimo nella carta assorbente in modo da togliere l'unto in eccesso, infine mettetele ancora calde in una padella, dove avrete posto un trito di cipolla con un poco di burro.

Polpettine di spinaci

INGREDIENTI PER 4 PERSONE:

1 kg di spinaci
2 uova
1 ciuffo di prezzemolo
sale e pepe
200 g di parmigiano grattugiato
100 g di pane grattugiato
1 noce di burro

Mondate accuratamente gli spinaci e sbollentateli con la sola acqua del lavaggio, poi scolateli e triturateli. Mescolateli con il parmigiano, salate, pepate, aggiungete il prezzemolo tritato e legate il tutto con le uova. Formate delle polpettine che passerete nel pangrattato. Distribuitele su una teglia da forno precedentemente unta con una noce di burro. Riscaldate il forno a 180° e fate cuocere per circa 10 minuti.

Porri fritti

INGREDIENTI PER 4 PERSONE:

8 porri
4 pugni di pangrattato
1 cucchiaio di farina
sale
1 uovo
100 g di burro
1 limone

Pulite bene i porri togliendo loro la parte verde, lavateli, tagliateli in due e lessateli in abbondante acqua salata in cui avrete stemperata la farina, per un'ora circa.

Scolateli, e fateli un poco raffreddare. Sbattete l'uovo con il sale e intingetevi i porri.

Passateli poi nel pangrattato, quindi friggeteli nel burro finché non diventeranno dorati. Serviteli caldi, contornati da spicchi di limone, dopo avere fatto asciugare l'unto in eccesso su un foglio di carta assorbente da cucina.

Romana saltata

INGREDIENTI PER 4 PERSONE:
800 g di insalata romana
1 manciata di capperi di Pantelleria
4 cucchiai di olio extravergine di oliva
2 spicchi d'aglio
1 peperoncino piccante
sale e pepe

Tagliate a striscioline l'insalata. Tagliate a fettine l'aglio e mettetelo per qualche minuto a imbiondire con i capperi nell'olio in una capiente padella antiaderente.

A piacere potete aggiungere un peperoncino piccante. Quando vedrete che l'olio è caldo aggiungete l'insalata e mescolate continuamente finché appassisce, aggiungete sale e pepe.

Verdure cotte all'agro

INGREDIENTI PER 4 PERSONE:
200 g di fagiolini
2 patate
4 cucchiai d'olio extravergine di oliva
4 carote
2 zucchine
4 cucchiai di aceto
sale

Mondate i fagiolini dalle estremità e dal filo, lavateli e scolateli. Gettateli in acqua bollente, ben salata e fateli cuocere per 10 minuti, in modo che diventino teneri ma siano ancora croccanti. Scolateli, sciacquateli con acqua fredda corrente per fermare la cottura e scolateli bene.

Bollite anche le patate e le carote, quindi pelatele e tagliatele a rondelle e a dadini.

Sbollentate per pochi minuti le zucchine, altrimenti diventano troppo morbide, e tagliatele a fettine.

All'ultimo momento, prima di servire, accomodate la verdura bollita nell'insalatiera. Salate, condite con l'aceto e con l'olio emulsionati, e mescolate ancora.

Verdure nel coccio

INGREDIENTI PER 4 PERSONE:
200 g di zucchine
300 g di pomodori
2-3 spicchi d'aglio
100 g di parmigiano grattugiato
sale e pepe
200 g di melanzane
1 ciuffo di timo
1 pugno di pangrattato
4 cucchiai di olio d'oliva

Lavate, spuntate le zucchine quindi tagliatele per il lungo a fettine sottili. Tagliate a fette sottili anche le melanzane e a rondelle i pomodori senza pelarli. Mescolate il pangrattato con sale, pepe, olio e un abbondante trito di aglio e timo.

Ungete una teglia da forno possibilmente di coccio e alternate il pomodoro, le melanzane e le zucchine a strati, cospargendole con la mollica aromatizzata e il parmigiano. Condite con un filino d'olio, terminate con uno strato di parmigiano, quindi passatele nel forno già riscaldato a 200°, per il tempo necessario a gratinare.

DOLCI

Bastoncini alla mora

INGREDIENTI PER 4 PERSONE:
2 albumi 120 g di zucchero
2 cucchiai di sciroppo di mora

Per guarnire:
2 cucchiai di codette di cioccolato

   Montate a neve ben ferma gli albumi, aggiungendo poco alla volta lo zucchero, quindi unite lo sciroppo di mora. Mettete il composto in una tasca da pasticceria con la bocca piuttosto larga. Imburrate delle piastre da forno e spremete sopra queste delle strisce di composto lunghe circa 8-10 cm, tenendole ben distanziate tra loro.

   Guarnite con le codette di cioccolato, poi mettetele a cuocere in forno per un'ora a 140°. Lasciate raffreddare i bastoncini nelle placche.

Biscotti di Gravellona

INGREDIENTI PER 4 PERSONE:
5 albumi *450 g di zucchero a velo*
500 g di mandorle tritate *2 cucchiaini di cannella in polvere*
* molto fini* *4-5 cucchiai di zucchero semolato*
1 cucchiaio di maraschino

   Montate a neve ben ferma gli albumi e unitevi lo zucchero a velo. Lavorate il tutto, mescolando dall'alto verso il basso. Mettete da parte una tazza di questo composto che vi servirà per decorare. Aggiungete al resto le mandorle, la cannella e il maraschino e impastate. Coprite l'impasto e lasciate riposare in frigorifero per circa un'ora.

   Spolverizzate la spianatoia con lo zucchero semolato e stendetevi la pasta, con uno spessore di circa un centimetro. Ritagliate i biscotti con uno stampino della forma che preferite e ricopriteli con la glassa di zucchero e albumi.

   Lasciate riposare i biscotti per una notte intera a temperatura ambiente. Fate scaldare il forno a circa 160°, infornateli e fateli cuocere per 7-8 minuti.

Biscotti di Omegna

INGREDIENTI PER 4 PERSONE:

500 g di farina
2 bicchieri di olio
1 cucchiaino di bicarbonato
1 bicchierino di cognac
1 cucchiaino di cannella in polvere

150 g di zucchero
1 cucchiaio di lievito in polvere
il succo di 1 arancia
50 g di gherigli di noce

Per lo sciroppo:
2 bicchieri d'acqua
100 g di zucchero
1 stecca di cannella

200 g di miele
il succo di 1 limone
il succo e la buccia di 1 arancia

Mescolate lo zucchero con l'olio, il succo dell'arancia, un poco di buccia d'arancia tritata finemente, e il cognac. Unite la farina, il lievito e il bicarbonato, mescolando accuratamente. Con un cucchiaio prendete un po' del composto, che deve essere abbastanza morbido, e mettetelo su una placca da forno appena unta e rigate i biscotti con i rebbi di una forchetta.

Cuocete in forno preriscaldato a 150° per circa mezz'ora, poi toglieteli e fateli raffreddare. A parte scaldate succo di limone, zucchero e miele nell'acqua. Mescolate per far sciogliere il composto, unite la stecca di cannella e le noci triturate e lasciate addensare lo sciroppo per almeno 10 minuti. Servite i biscotti con lo sciroppo caldo.

Biscottini gialli di Stresa

INGREDIENTI PER 4 PERSONE:

300 g di farina di mais macinata
  molto fine
1 bicchiere di cognac
50 g di burro
1 pizzico di sale

100 g di farina di frumento
100 g di uvetta sultanina
50 g di zucchero
20 g di lievito di birra
la scorza di 4 limoni

Mettete a bagno l'uvetta nel cognac e lasciatela rinvenire per un paio d'ore. Sciogliete il lievito di birra in un goccio di acqua calda e mischiatelo con la metà della farina di frumento. Otterrete così una sorta di panino, che avvolgerete in uno straccio e metterete a lievitare vicino a una fonte di calore, per esempio sopra a un calorifero.

Unite la farina di frumento che vi è rimasta assieme a quella di mais e allo zucchero, e impastatela con il burro fuso, il cognac nel quale è stata a bagno l'uvetta e il pizzico di sale. Quando il panino è lievitato, dopo circa un'ora, aggiungetelo all'impasto, lavorate il tutto molto bene, poi unite l'uvetta e la scorza dei 4 limoni finemente triturata.

Dividete l'impasto in tante palline che lascerete lievitare per un'ora, poi cuocetele nel forno preriscaldato a 150° per mezz'ora.

Brottie della Valle Formazza

INGREDIENTI PER 4 PERSONE:

150 g di farina
4 uova
zucchero a velo per guarnire
150 g di zucchero
2 bicchieri di latte
olio per friggere

Mescolate la farina con lo zucchero. Sbattete le uova e unitele al composto di zucchero e farina, allungandolo col latte. Deve venire una pastella non troppo liquida. Scaldate l'olio in una padellina e cuocete l'impasto a cucchiaiate, girando la frittella non appena sarà dorata. Ponete a scolare l'unto in eccesso su un foglio di carta da cucina e, una volta fredde, spolveratele di zucchero a velo.

Budino Gianduia

INGREDIENTI PER 4 PERSONE:

100 g di zucchero
70 g di burro
120 g di biscotti al burro tritati
80 g di cacao amaro
50 g di nocciole sgusciate e tritate
2 uova

Lavorate le uova con lo zucchero, sbattendole bene finché saranno bianche. Aggiungete il cacao e il burro sciolto, le nocciole e i biscotti tritati.

Versate il tutto in una forma da budini e lasciate riposare in frigo per 4 ore almeno.

Cannolini walser

INGREDIENTI PER 4 PERSONE:

200 g di ricotta
100 g di zucchero a velo
40 g di cacao dolce
10 g di burro
4 albumi
1 bicchierino di liquore
30 g di cannella in polvere

Sbattete leggermente 4 albumi, ungete una padellina con un pezzetto molto piccolo di burro e friggetevi 8 frittatine rotonde, come fossero crêpes. Lavorate con un cucchiaio di legno la ricotta assieme a 80 g di zucchero a velo, in modo che risulti un impasto morbido e cremoso.

Unite il liquore e il cacao dolce e amalgamate. Sistemate al centro di ogni frittatina un po' di composto, arrotolatele, chiudetele e disponetele nel piatto da portata. Spolverizzate i cannolini con un po' di cannella in polvere e zucchero a velo, quindi servite.

Ciambelle pasquali

INGREDIENTI PER 4-6 PERSONE:

Per l'impasto:
125 g di burro
2 uova
2 cucchiai di maraschino

125 g di zucchero
10 g di vanillina
4 cucchiai di caffè

Secondo composto:
250 g di farina
10 g di lievito

1 bicchiere di latte

Per decorare:
1 uovo
zucchero in granelli

8-10 ciliegie sotto spirito

Preparate un impasto (il cosiddetto secondo impasto) con farina, lievito e latte, amalgamando bene gli ingredienti, quindi riponetelo in una terrina, coperto con uno strofinaccio umido e lasciatelo lievitare per circa mezz'ora. A parte preparate il primo impasto: sbattete il burro ammorbidito e lo zucchero, aggiungetevi le uova, la vanillina, il maraschino e il caffè. Mescolate bene e unitelo al primo impasto, cercando di amalgamare bene il tutto. Formate delle palle, che rimetterete sotto il canovaccio a lievitare ancora per un'altra mezz'ora, quindi riprendete le palle e formate delle ciambelle piccole, con un buco al centro. Disponetele su una teglia da forno ricoperta di carta forno e fatele ancora lievitare una ventina di minuti. Poi decoratele con le ciliegie sotto spirito, spennellatele con un tuorlo d'uovo sbattuto e decoratele con i granelli di zucchero. Infornate a forno caldo a 180° e lasciate cuocere una mezz'oretta.

Crasanzin della Valle Antrona

INGREDIENTI PER 4 PERSONE:

300 g di farina integrale di segale
300 g di zucchero
100 g di fichi secchi
1 bustina di lievito
100 g di gherigli di noce

200 g di farina bianca
100 g di uva americana appassita
100 g di mandorle pelate
1 bicchiere di vino
granella di zucchero per guarnire

Ponete ad ammorbidire l'uva appassita (se non trovate l'uva americana potete usare quella sultanina) per circa 15 minuti, poi asciugatela, tritate le mandorle e tagliuzzate i fichi secchi. In una terrina mescolate le mandorle, le due farine, lo zucchero, l'uvetta, i fichi secchi, il lievito, aggiungete il vino ed impastate energicamente per una decina di minuti. Se l'impasto risultasse troppo duro aggiungete ulteriore vino.

Ricavate dalla pasta dei panini leggermente appiattiti e allungati sulle estremità. Accendete il forno sui 180°. Rivestite la placca del forno con carta da forno, disponetevi un po' distanziati i crasanzin, che guarnirete con gherigli di noce sbriciolati e granella di zucchero, poi infornate e fateli cuocere fino a che non si seccheranno anche internamente. Fate la prova spezzandone uno.

Crema al mascarpone e marsala

INGREDIENTI PER 4 COPPETTE:

300 ml di latte
4 tuorli
2 bicchierini di marsala
30 g di zucchero a velo
130 g di zucchero
30 g di farina
200 g mascarpone
scaglie di cioccolato amaro

Sbattete i tuorli con lo zucchero finché diventano spumosi e bianchi. Aggiungete poca alla volta la farina, continuando a sbattere e, quando è ben amalgamata, unite il latte a filo, sempre mescolando. Cuocete la crema a fuoco bassissimo per 3-4 minuti sempre mescolando, quindi toglietela dal fuoco e lasciatela intiepidire. A parte mescolate il mascarpone con lo zucchero a velo. Quando la crema è tiepida, aggiungete il marsala e mescolate ancora fino a quando avrete un composto omogeneo. Unite il mascarpone alla crema e amalgamate il tutto. Dividete la crema in 4 coppette e lasciatela raffreddare in frigorifero fino al momento di servire. Decorate con le scagliette di cioccolato prima di servire.

Frittelle walser

INGREDIENTI PER 4 PERSONE:

2 mele
50 g di zucchero + 2 cucchiai per guarnire
50 g di burro
100 g di farina
2 uova intere
1 bicchiere di latte
½ bicchiere di olio extravergine d'oliva

Preparate una pastella lavorando con la frusta le uova, lo zucchero, la farina e un bicchiere di latte. Pelate le mele e tagliatele a fettine sottili, quindi mettetele nella pastella e lasciatele riposare per circa un'ora. Trascorso questo tempo scaldate il burro in una padella e friggete il composto a cucchiaiate nell'olio caldo. Adagiate le frittelle su un vassoio e cospargetele di zucchero.

Fugascina di Mergozzo

INGREDIENTI PER 4 PERSONE:

500 g di farina
150 g di burro
1 bicchiere di marsala
1 bustina di lievito
200 g di zucchero
4 uova
la buccia di 1 limone

Ponete la farina sulla spianatoia, al centro metteteci le uova, lo zucchero, il burro ammorbidito e la buccia del limone finemente tritata. Impastate, allungando con il marsala, e per ultimo unite il lievito. Spianate la focaccia col matterello e ponetela su una teglia unta, quindi infornate a forno caldo a 200° fino a quando sarà dorata. Toglietela dal forno, tagliatela a quadratini e servitela tiepida.

Krussli di carnevale della Valle Formazza

INGREDIENTI PER 4 PERSONE:

300 g di farina
150 g di zucchero
1 bustina di vanillina
150 g di burro
2 uova
1 bicchiere di latte
1 bicchierino di grappa
panna montata a piacere

I "Krussli" sono frittelle simili alle chiacchiere di Carnevale. Un tempo venivano fritte nello strutto, ma si possono friggere tranquillamente nel burro. Impastate la farina con le uova, 100 g di zucchero, la vanillina, 50 g di burro ammorbidito e il latte, unite la grappa e lavorate bene il composto fino a quando otterrete una pasta morbida e liscia. Tiratela più fine che potete con un matterello e ritagliatene dei quadrati di circa 4 dita per lato. Friggete i krussli nel resto del burro, e man mano che sono pronti toglieteli con una schiumarola, passateli in un foglio di carta da cucina per assorbire l'unto in eccesso e serviteli cosparsi di zucchero e, a piacere, panna montata.

Margheritine di Stresa

INGREDIENTI PER 4 PERSONE:

350 g di farina
150 g di zucchero a velo
10 tuorli d'uovo sodo
la scorza di 1 limone grattugiata
150 g di fecola
300 g di burro
1 bustina di vanillina

Passate i tuorli d'uovo attraverso un setaccio per farne un composto finissimo, quindi impastateli con il burro ammorbidito e lo zucchero a velo. Disponete a fontana sulla spianatoia la fecola e la farina, aggiungete la vanillina, la scorza di limone grattugiata ed il composto di burro e tuorli. Impastate accuratamente fino ad ottenere un composto omogeneo. Fatene una palla e mettetelo in frigorifero per almeno mezz'ora. Trascorso questo tempo, staccate dei pezzetti di impasto, fatene delle palline e schiacciatele con il pollice al centro, in modo da ottenere una forma a fiore. Nel centro del buco mettete un po' di zucchero a velo. Foderate con la carta forno una teglia, disponetevi le margheritine, quindi cuocetele in forno preriscaldato a 180° per 10-15 minuti. Quando saranno dorate togliete la teglia dal forno e lasciate raffreddare.

Mattonella farcita con panna

INGREDIENTI PER 4-6 PERSONE:

Per la mattonella:
200 g di burro
200 g di cioccolato fondente in dadoni
200 g di zucchero
150 g di farina
8 uova

Per la farcia:
200 g di panna fresca montata
1 bicchierino di rum
2 arance
2-3 cucchiai di zucchero

Tagliate le arance, senza sbucciarle, a fette molto sottili, mettetele in una terrina e lasciatele macerare un'oretta con un paio di cucchiai di zucchero e il rum. Con uno sbattitore elettrico montate il burro ammorbidito con lo zucchero, unite i tuorli delle uova, il cioccolato fuso, la farina.

Per ultimi, unite gli albumi, che avrete montati a parte a neve ben soda, mescolando dal basso verso l'alto con un cucchiaio di legno.

Versate l'impasto in uno stampo rettangolare a bordi alti, imburrato e infarinato, quindi cuocete in forno preriscaldato a 180° per tre quarti d'ora. Sfornate il dolce, lasciatelo raffreddare su una gratella da pasticcere poi tagliatelo a metà in orizzontale.

Spennellate le due metà con il liquore usato per marinare le arance e poi, sulla metà inferiore, mettete le fettine di arancia e la panna che avrete montata fermissima. Ricoprite la mattonella con l'altra metà e servite.

Millefoglie alla crema

INGREDIENTI PER 4 PERSONE:

1 confezione di pasta sfoglia
80 g di zucchero
1 piccola stecca di vaniglia
1 bustina di zucchero a velo
4 tuorli
20 g di farina
2 bicchieri di latte

In un pentolino fate bollire il latte con la stecca di vaniglia. Con uno sbattitore elettrico sbattete in una terrina i tuorli con lo zucchero, poi unitevi la farina e il latte. Mettete il tutto in una pentola e fate cuocere il composto per qualche minuto a fuoco dolce.

Nel frattempo tirate la pasta sfoglia e dividetela in 4 parti.

Bucherellate la pasta con i rebbi di una forchetta, poi infornate i 4 quadrati di pasta a forno preriscaldato a 180° per circa mezz'ora. Toglieteli dal forno e lasciateli raffreddare completamente.

Distribuite la crema su un quadrato, ricoprite con un altro quadrato, e continuate la farcitura fino ad esaurire i quadrati di sfoglia. Spolverizzate con lo zucchero a velo e servite.

Palline dolci al cioccolato

INGREDIENTI PER 4 PERSONE:

200 g di zucchero
3 cucchiai di cognac
2 cucchiai di panna da cucina
4 dadoni di cioccolato al latte
2 cucchiai di fecola di patata
50 g di burro
1 bustina di vanillina

Fate sciogliere il burro in una casseruola e incorporatevi lo zucchero, la fecola di patata e il cognac, mescolando perché non si formino grumi. Tenete il fuoco molto basso. Unite la panna, mescolando continuamente. Lasciate cuocere il tutto per una decina di minuti, poiché deve essere abbastanza duro. A questo punto aggiungete il cioccolato al latte grattugiato e mescolate bene.

Rovesciate su una superficie di marmo il composto e fatelo parzialmente raffreddare, ma non troppo, altrimenti non riuscirete più a modellarlo.

Tagliate a pezzetti il composto, poi con le mani formate delle palline, che spolverizzerete di vanillina. Lasciate raffreddare in frigorifero mezza giornata prima di servire.

Pan dolce di Cannobio

INGREDIENTI PER 4 PERSONE:

100 g di farina di nocciole
100 g di zucchero
150 g di burro
1 bustina di vanillina
100 g di farina di mandorle
300 g di farina
1 uovo

Fate ammorbidire il burro, amalgamatelo con lo zucchero e impastate con il tuorlo d'uovo. Mettete le farine a fontana su una spianatoia, ponete al centro il composto di burro e mescolate.

A parte, con lo sbattitore elettrico montate a neve ferma l'albume con la vanillina, quindi unitelo all'impasto. Formate una pagnotta e mettetela su una placca unta.

Cuocete in forno preriscaldato a 180° per circa 40 minuti. Lasciate raffreddare prima di tagliarlo.

Pascioch d'oriogn di Alagna

INGREDIENTI PER 4-6 PERSONE:

300 g di farina di mais
150 g di zucchero
50 g di burro
300 g di mirtilli
1 confezione di panna

Portate a ebollizione circa 3 l di acqua con 2 cucchiai di zucchero e aggiungete la farina di mais per preparare una polenta, che terrete molto morbida. Mescolate per non formare grumi almeno una quarantina di minuti, ungete degli stampini da budino e riempiteli con la polenta dolce, quindi poneteli a raffreddare e a consolidare. Ponete il burro in una padella, fatelo sciogliere e aggiungete lo zucchero e i mirtilli, lasciando cuocere non più di 5 minuti.

Unite la panna e mescolate, lasciando addensare qualche minuto. Rovesciate sui singoli piatti i budini di polenta e serviteli ricoperti di crema ai mirtilli.

Pere golose

INGREDIENTI PER 4 PERSONE:
6-8 pere mature
100 g di noci
100 g di scagliette di cioccolato
marmellata di castagne
150 g di zucchero
100 g di uvetta
1 confezione di panna

Sbucciate le pere e tagliatele a metà. Prendete un pentolino, fate sciogliere lo zucchero in un bicchiere d'acqua, fino a quando otterrete uno sciroppo non troppo denso.

Aggiungete le pere, che devono essere completamente coperte dal liquido e infornatele per 10 minuti a forno caldo a 180°.

Giratele e fatele cuocere per altri 10 minuti.

In una terrina unite i gherigli delle noci spezzettati, le scagliette di cioccolato e l'uvetta alla panna, poi amalgamate anche la marmellata di castagne. Versate questo composto sulle pere e servite.

Rose di San Valentino con salsa di mirtilli

INGREDIENTI PER 4 PERSONE:
300 g di farina
50 g di burro
1 bicchiere di latte
2 uova
100 g di zucchero
1 bustina di lievito
la scorza grattugiata di 1 limone
1 pizzico di sale

Per la salsa:
300 g di mirtilli
3 cucchiai di zucchero

Riscaldate il latte in un pentolino e, quando sarà tiepido, scioglietevi il lievito con un cucchiaino di zucchero. Mettete sulla spianatoia la farina a fontana, aggiungete nel centro un pizzico di sale, lo zucchero, le uova, il burro sciolto e la scorza di limone.

Mescolate bene ed unite a filo il latte con il lievito. Lavorate il composto con le mani fino a quando otterrete un impasto liscio e omogeneo.

Lasciate lievitare coperto con un canovaccio per circa 2 ore. Trascorso questo tempo, spianate la pasta con un matterello e ricavatene una larga sfoglia rettangolare lunga circa 40 cm e larga 30 cm.

Ritagliate 6 strisce larghe 6 cm e lunghe 40 cm. Su un lato di ogni striscia fate dei piccoli tagli di circa 2 cm e distanziati 5 cm l'uno dall'altro. Arrotolate le strisce, incastrando la pasta nei tagli, e otterrete delle rose. Mettetele a lievitare in una teglia, abbastanza distanziate tra loro per un'oretta. Preriscaldate il forno a 180° e cuocete le rose per circa 20-25 minuti.

Frullate i mirtilli e uniteli allo zucchero. Spolverate le rose con zucchero a velo, e ricopritele di salsa ai mirtilli.

Stinchett delle Valli Ossolane

INGREDIENTI PER 4-6 PERSONE:
1 kg di farina *½ l di latte intero*
150 g di zucchero *2 uova*
1 confezione di panna

Formate con la farina e lo zucchero una fontana sulla spianatoia, rompeteci dentro le uova e impastate con il latte, aggiungendo mano a mano anche la panna. Dovrete ottenere un composto piuttosto duro.

Per cuocere gli stinchett sono necessari degli appositi stampi, che devono essere scaldati e leggermente unti con un poco di burro.

Fate delle palline con il composto e schiacciatele tra le piastre, quindi ponete a cuocere gli stinchett da entrambi i lati. Serviteli con marmellate varie.

Torta di farina gialla di Domodossola

INGREDIENTI PER 4 PERSONE:
200 g di burro *250 g di zucchero + 4 cucchiai*
4 uova *per guarnire*
300 g di semola di mais *100 g di farina bianca*
1 cucchiaino di lievito *1 bicchiere di latte*

In un'ampia terrina impastate bene le due farine con le uova e lo zucchero, stemperando con il latte. Unite il burro ammorbidito e, per ultimo, il lievito.

Dovete ottenere un impasto abbastanza solido. Ungete una tortiera e riempitela con la pasta, cospargete la torta di zucchero e infornatela a forno caldo a 150° per mezz'oretta.

Torta di pane walser

INGREDIENTI PER 4 PERSONE:

1 l di latte	*500 g di pane raffermo*
4 uova	*3 amaretti*
100 g di uva sultanina	*la scorza di 1 limone*
300 g di zucchero	*1 pizzico di cannella*
50 g di burro	*50 g di pinoli*

Spezzettate il pane, mettetelo in una zuppiera abbastanza capace ed unite gli amaretti sbriciolati, l'uvetta, la scorza di limone grattugiata, e lo zucchero. Portate a ebollizione il latte e versatelo sul pane, in modo che s'imbeva, fate raffreddare quindi aggiungete le uova sbattute.

Lavorate con le mani il tutto, finché il pane non sarà ben spappolato. Ungete con il burro una tortiera e versateci il composto. Spolverate con la cannella e ricoprite con i pinoli. Cuocete nel forno già scaldato a 150° per 2 ore ed abbassate la temperatura a metà cottura. A cottura ultimata, la torta dovrà essere ben dorata. Spegnete il forno e fatela raffreddare.

Torta di ricotta d'Alpe e cioccolato

INGREDIENTI PER 4 PERSONE:

Per la base:

250 g di biscotti secchi	*2 cucchiai di zucchero*
100 g di burro	

Per il ripieno:

500 g ricotta	*300 g cioccolato fondente a dadoni*
2 uova	*1 bustina di vanillina*
zucchero a velo	

Preparate la base della torta frullando i biscotti con lo zucchero ed il burro fuso. Versate l'impasto ottenuto in una tortiera a cerniera, schiacciando bene in modo da ricoprire la base ed i bordi.

Mettete il cioccolato a pezzetti in una casseruola e fatelo sciogliere a bagnomaria. In una terrina sbattete con una frusta elettrica i tuorli con lo zucchero e la vanillina fino a quando saranno diventati quasi bianchi, unitevi la ricotta e, poco per volta, sempre mescolando, aggiungete il cioccolato fuso.

Montate gli albumi a neve con una presa di sale, incorporateli con delicatezza al composto di cioccolato, mescolando dal basso verso l'alto, e versatelo nello stampo. Cuocete la torta di ricotta in forno già caldo a 180° per circa un'ora.

Fatela poi raffreddare, sformatela, spolverizzatela con lo zucchero a velo e servite.

RICETTE DALLA PROVINCIA DI
VERCELLI

ANTIPASTI E PIATTI UNICI

Budino di prosciutto e Macagn della Valle Sessera

INGREDIENTI PER 4 PERSONE:

400 g di prosciutto cotto
60 g di farina
3 uova
150 g di Macagn
della Valle Sessera
6 carciofi
1 pugno di pangrattato
1 bicchiere di latte
90 g di burro
sale e pepe

Fate lessare i carciofi per una ventina di minuti in acqua salata dopo averli privati del gambo e delle foglie più dure, nonché averli tagliati a spicchi. A cottura ultimata scolateli, e fateli insaporire in un tegame in cui avrete fatto sciogliere 40 g di burro per 10 minuti. Preparate una salsa besciamella stemperando la farina nel latte caldo nel quale avrete messo a sciogliere 50 g di burro, sale e pepe. Fate cuocere fino a quando la besciamella si sarà rappresa. Alla salsa ottenuta unite i carciofi a spicchi, il prosciutto cotto passato nel frullatore, il Macagn della Valle Sessera, i tre tuorli e gli albumi montati a neve. Imburrate uno stampo dalla forma desiderata, spolverizzate con il pangrattato, versate il composto e fatelo cuocere in forno a 180° per una ventina di minuti.

Corona di riso con salam d'la duja

INGREDIENTI PER 4 PERSONE:

100 g di burro
2 bicchieri di brodo di carne
200 g di salam d'la duja
sale e pepe
300 g di riso
100 g di parmigiano reggiano
grattugiato

Il salam d'la duja è solitamente preparato con carni suine di prima scelta, e il grasso di pancetta insaccati nel budello torto di manzo. Dopo una prima stagionatura è riposto in un recipiente di terracotta detto duja e coperto con strutto fuso.

In una casseruola fate sciogliere senza rosolare 50 g di burro e aggiungetevi il riso. Appena insaporito nel burro, aggiungete poco più del doppio peso di brodo bollente, salate e pepate. Lasciate riprendere il bollore e mettete subito la casseruola, coperta, in forno preriscaldato, a 180°. Cuocete esattamente per 30 minuti.

Tolta la casseruola dal forno aggiungete il parmigiano reggiano grattugiato e mescolate. Fate sciogliere in una padella l'altra metà del burro e mettetevi a rosolare a fuoco lentissimo il salam d'la duja tagliato a dadini e lasciatelo quasi abbrustolire. Sul piatto da portata sistemate il riso, poi, facendovi un buco in mezzo, aggiungete i pezzettini di salame con il loro sughetto di cottura.

Spolverate ancora di formaggio e portate in tavola.

Crostini al tumin 'd crava e salsiccia

INGREDIENTI PER 4 PERSONE:
8 fette di pane casereccio *150 g di salsiccia fresca*
8 tomini valsesiani (tumin 'd crava) *3 uova*
1 pugno di pangrattato *sale e pepe*
olio per friggere

Togliete la pelle alla salsiccia, pestate l'impasto e spalmatelo sulle fette di pane, quindi ricoprite la carne con un pezzo di tomino spalmato e fatela aderire, pressando bene con le mani. Sbattete le uova con sale e pepe, quindi immergete ogni crostino prima nell'uovo e poi nel pangrattato.

+Friggete i crostini nell'olio caldo fino a quando si formerà una crosticina dorata. Servite subito.

Crostini con bergna della Valsesia

INGREDIENTI PER 4 PERSONE:
8 fette di pane casereccio *200 g di bergna della Valsesia*
80 g di burro

La bergna è carne di pecora essiccata al sole, senza alcun aroma né lavorazione.
Abbrustolite le fette di pane nel forno e spalmatele di burro.
Ricopritele di bergna tagliata a fettine sottili e servite.

Fidighin di Vercelli su letto di riso

INGREDIENTI PER 4 PERSONE:
400 g di riso *100 g di burro*
4 fidighin *1 cipolla*
1 l di brodo *100 g di parmigiano grattugiato*
sale

I fidighin sono piccole mortadelle di fegato del peso di un paio d'etti ciascuna, macinate fini e legate 2 a 2 a ferro di cavallo.

Soffriggete nel burro la cipolla finemente tritata fino a quando sarà dorata. Unite il riso, un pizzico di sale e bagnate con il brodo. Sbollentate in acqua salata i fidighin per una decina di minuti. Spolverate il riso con una manciata di parmigiano grattugiato prima di servirlo, con il fidighin tagliato a metà.

Focaccia di patate

INGREDIENTI PER 4 PERSONE:
2 patate *500 g di farina*
1 panetto di lievito di birra *½ bicchiere d'olio d'oliva*
sale

Lessate le patate, sbucciatele e passatele nello schiacciapatate, riducendole in purea. Impastatele con la farina, il sale e il lievito di birra sciolto in un poco di acqua tiepida. Lasciate lievitare per una mezz'oretta, coprendo l'impasto con un tovagliolo. L'impasto deve più o meno raddoppiare di volume. Stendete la pasta in una teglia unta d'olio e cuocete per 25-30 minuti in forno preriscaldato a 180°.

Frachet di Alagna Valsesia su crostoni

INGREDIENTI PER 4 PERSONE:
8 fette di pane casereccio *400 g di frachet*

Il Frachet anticamente era una preparazione a base di scarti di formaggi freschi, avanzi di ricotta e piccole quantità di cagliata, addizionati con sale, cumino dei prati, pepe, rosmarino ed altre erbe aromatiche, amalgamati in grosse sfere e posti a stagionare lievemente in teli di canapa e a volte affumicati.

Abbrustolite il pane e cospargetelo di Frachet, spalmandolo bene. Servite subito.

Frittata ai dadini di pane

INGREDIENTI PER 4 PERSONE:
8 fette di pancarrè *50 g di burro*
4 uova *50 g di parmigiano grattugiato*
sale e pepe *olio per friggere*

Questo è un piatto povero della tradizione contadina.

Tagliate a dadini il pancarrè e mettetelo a soffriggere in una noce di burro. A parte rompete le uova in una terrina e sbattetele bene, poi aggiungete il parmigiano, sale e pepe e, continuando a mescolare, i dadini di pane fritti nel burro.

Portate l'olio a temperatura nella padella e aggiungetevi il composto. Quando la frittata sarà cotta da una parte rivoltatela con un piatto e fatela dorare dall'altra parte. Passatela in un foglio di carta da cucina per scolare l'unto in eccesso prima di servirla.

Frittelle di ortiche

INGREDIENTI PER 4 PERSONE:

500 g di punte di ortica
olio per friggere
sale e pepe
2 uova
40 g di parmigiano grattugiato

Usate solamente le sommità e le foglioline tenere delle ortiche, lavatele bene e sbollentatele in acqua salata per pochi minuti, quindi strizzatele e tritatele.

A parte sbattete le uova con sale e pepe, incorporate il formaggio grattugiato e le ortiche e, se il composto fosse molto liquido, addensatelo con un cucchiaio di farina.

Portate l'olio a temperatura nella padella e aggiungetevi il composto a cucchiaiate, formando delle frittelline, che rivolterete con una paletta.

Passatele in un foglio di carta da cucina per scolare l'unto in eccesso prima di servirle.

Frittura di rane

INGREDIENTI PER 4 PERSONE:

400 g di rane già spellate
60 g di burro
50 g di farina
sale
3 uova
½ litro di latte
olio per friggere

Private le rane delle interiora, lavatele bene, tagliatele a pezzetti e asciugatele con un canovaccio pulito. Fate soffriggere in un tegame il burro, incorporatevi la farina e mescolate bene per stemperare i grumi, diluite con il latte, salate e cuocete a fuoco lento, sempre mescolando, fino a quando la besciamella si sarà addensata. Mescolatevi le rane e, sempre a fuoco lento, fate amalgamare il tutto. Togliete dal fuoco e lasciate raffreddare. Incorporate al composto i tuorli e, infine, gli albumi montati a neve ben ferma.

Mettete al fuoco la padella con abbondante olio e quando è bollente friggetevi il composto a cucchiaiate. Sgocciolate il fritto ben dorato e croccante e servitelo caldo.

Merenda di pane

INGREDIENTI PER 4 PERSONE:

8 fette di pane casereccio
  abbrustolito
1 ciuffo di salvia
1 ciuffo di prezzemolo
2 filetti di acciughe sott'olio
1 cipolla rossa
2 pomodori maturi
1 rametto di rosmarino
1 spicchio d'aglio
1 ciuffo di basilico
1 ciuffo di timo
1 uovo sodo
400 g di tonno
8 cucchiai di olio extravergine d'oliva
1 pizzico di peperoncino rosso piccante
sale

Sbriciolate con i rebbi della forchetta il tuorlo dell'uovo sodo e tagliate a pezzetti l'albume. Poneteli in una insalatiera assieme alle acciughe, anch'esse triturate. Aggiungete la cipolla rossa tagliata fine e i pomodori maturi a rondelle piccole. Spezzettate il tonno e unitelo al composto.

Tritate finissimamente l'aglio, il basilico, il timo, la salvia, il rosmarino e il prezzemolo, aggiungete un pizzico di peperoncino rosso piccante e amalgamate alle erbe l'olio e il sale. Mescolate accuratamente e lasciate marinare per un'oretta.

Servite spalmando sulle fette di pane questa saporitissima salsa.

Miacce della Valsesia

INGREDIENTI PER 4-6 PERSONE:

1 kg di farina bianca
2 uova intere
200 g di salumi misti
50 g di lardo
½ l di latte intero
1 confezione di panna
200 g di formaggi misti
sale

Formate con la farina un vulcano, rompeteci dentro le uova e impastate con il latte, aggiungendo mano a mano anche la panna. Dovrete ottenere un composto piuttosto duro.

Per fare le miacce sono necessari degli appositi stampi, che devono essere scaldati e leggermente unti con un poco di lardo. Fate delle palline con il composto e schiacciatele tra le piastre, quindi ponete a cuocere le miacce da entrambi i lati. Servitele con salumi e formaggi.

Peperoni alla vercellese

INGREDIENTI PER 4 PERSONE:

6 cucchiai di olio extravergine
  d'oliva
2 grossi peperoni
1 acciuga salata
1 spicchio d'aglio
1 ciuffo di prezzemolo
100 g di riso
sale e pepe nero

Tagliate a metà due grossi peperoni e togliete i semi e i filamenti interni bianchi. Lessate il riso in abbondante acqua salata, tenendolo un po' al dente. In una padella fate soffriggere per pochi minuti nell'olio un trito fine di aglio, l'acciuga dissalata e pulita e prezzemolo. Unite il riso, mescolate, salate, pepate e riempite i peperoni con il composto. Ungete una teglia da forno, sistematevi i peperoni e fateli cuocere in forno caldo a 180° per 40-50 minuti.

Peperoni ripieni con funghi e riso

INGREDIENTI PER 4 PERSONE:

4 peperoni	200 g di riso
100 g di funghi freschi porcini	100 g di burro
½ bicchiere d'olio d'oliva	1 cucchiaio di salsa di pomodoro
1 cipolla	100 g di salsiccia
1 ciuffo di prezzemolo	1 ciuffo di basilico
1 ciuffo di timo	1 bicchiere di brodo
50 g di parmigiano grattugiato	sale e pepe

Pulite bene i funghi, tagliateli a fettine e fateli cuocere con poco olio, sale e pepe per 10 minuti. In un altro tegame rosolate nell'olio la cipolla tritata, e, quando sarà dorata, unite la salsiccia spellata e sminuzzata grossolanamente.

Fate rosolare un poco, poi aggiungete il pomodoro, lasciate insaporire, buttate il riso e fatelo cuocere con un po' di brodo, sale e pepe per 10 minuti.

Lasciate raffreddare un po' il riso, quindi unitelo ai funghi, aggiungete molto parmigiano grattugiato e un trito fine di timo, prezzemolo e basilico.

Mescolate e riempite i peperoni, ben svuotati di semi e filamenti interni e tagliati a metà. Disponete i peperoni in una teglia unta, quindi fateli cuocere per mezz'ora circa in forno caldo a 150°.

Polenta e bisecon con panna

INGREDIENTI PER 4 PERSONE:

Per la polenta:

400 g di farina di mais	2 litri d'acqua
70 g di burro	sale

Per la crema:

1 confezione di panna	250 g di bisecon
50 g di parmigiano grattugiato	sale e pepe nero

Il bisecon è un salame cotto di trippa, simile a quello di Moncalieri, che viene venduto affettato.

In una grossa pentola, portate a ebollizione l'acqua per la polenta, salatela e, quindi, versatevi la farina a pioggia. Mescolando in continuazione con un cucchiaio di legno o l'apposito bastone, lasciate che riprenda l'ebollizione, quindi abbassate il fuoco e cuocete la polenta per almeno 45 minuti.

A fine cottura, aggiungete il burro e mescolate fino a quando non si sarà completamente sciolto; quindi, togliete la polenta dal fuoco, sistematela in una terrina e lasciatela raffreddare. A parte in una terrinetta unite la panna, il parmigiano grattugiato, il bisecon passato al frullatore, un pizzico di sale e pepe. Mescolate fino a ottenere una crema. Tagliate la polenta a fette e disponetele in una teglia da forno unta.

Sopra ogni fetta ponete 2 cucchiai di crema di panna e bisecon e passate il tutto nel forno caldo a 180° per 10 minuti circa.

Polenta nera con bagna bianca

INGREDIENTI PER 4 PERSONE:

Per la polenta:
500 g di patate
100 g di farina di frumento
sale

200 g di farina di grano saraceno
2 litri d'acqua

Per la bagna bianca:
1 confezione di panna
3 porri
sale e pepe

50 g di burro
1 bicchiere di latte

Lavate accuratamente le patate e lessatele con la pelle in un paiolo da polenta in abbondante acqua salata. Appena cotte pelatele, schiacciatele con lo schiacciapatate e rimettetele nel paiolo con l'acqua di cottura; ponete sul fuoco e unite, poco per volta e mescolando bene, la farina di frumento e quella di grano saraceno. Sbattete il composto con una frusta per non far venire grumi. Cuocete per circa 40 minuti, sempre mescolando. A parte fate soffriggere nel burro i porri finemente affettati, a fuoco molto dolce, quindi unite la panna, il latte, sale e pepe e lasciate addensare per qualche minuto a fiamma moderata. Servite la polenta nera ricoperta con la bagna bianca.

Rane fredde in salsa all'aceto

INGREDIENTI PER 4 PERSONE:

800 g di rane già spellate
1 ciuffo di prezzemolo
4 cucchiai di aceto
sale e pepe

300 g di polpa di pomodoro
½ bicchiere di vino bianco secco
4 cucchiai di olio d'oliva

Private le rane delle interiora e lavatele ripetutamente in acqua corrente, quindi asciugatele bene. Scaldate in un tegame qualche cucchiaio di olio, fatevi rosolare le rane da ambedue le parti, quindi sfumatele con mezzo bicchiere di vino e l'aceto. Lasciate evaporare, aggiungete la polpa di pomodoro e condite con sale e pepe.

Portate a termine la cottura a calore moderato, provando con i rebbi di una forchetta per sapere quando saranno morbide. Sgocciolate le rane su un piatto da portata, cospargetele con la salsa di pomodoro e fatele raffreddare. Prima di servirle spolverizzatele con il prezzemolo tritato.

Rane ripiene croccanti

INGREDIENTI PER 4 PERSONE:

800 g di rane già spellate
4 foglie di lauro
1 ciuffo di prezzemolo
3 pugni di pangrattato
50 g di farina
sale e pepe

100 g di pancetta
1 cipolla
2 spicchi d'aglio
1 manciata di bacche di ginepro
abbondante olio per friggere

Private le rane delle interiora, lavatele ripetutamente in acqua corrente e asciugatele.

A parte passate nel frullatore la pancetta, le bacche di ginepro, l'aglio, le foglie di lauro, il prezzemolo, la cipolla affettata e un pizzico di sale e pepe. Addensate con un goccio d'olio e del pangrattato, poi riempite con questo composto le rane, chiudendo l'apertura con un punto di filo bianco o uno stecchino. Passatele velocemente nella farina e friggetele in abbondante olio bollente. Scolate le rane ben dorate e croccanti, facendo asciugare l'unto in eccesso su un foglio di carta assorbente da cucina.

Riso con anguilla al barolo

INGREDIENTI PER 4 PERSONE:

1 anguilla
½ l di barolo
1 ciuffo di prezzemolo
1 cipolla
50 g di formaggio grattugiato

6 cucchiai di olio d'oliva
300 g di riso
1 carota
100 g di burro
sale e pepe

Pulite e tagliate a pezzi l'anguilla, quindi ponetela a rosolare in una casseruola con l'olio d'oliva e un trito fine di prezzemolo, carota, cipolla.

Una volta rosolata, aggiungete il barolo e il sale. Lasciate cuocere l'anguilla a fuoco lento fino a quando sarà tenera e il vino si sarà assorbito. A parte fate lessare il riso e conditelo con burro e formaggio grattugiato, sale e pepe. Sistemate il riso su un piatto da portata e servitelo ricoperto con i pezzi dell'anguilla e il sughetto al barolo.

Salvia fritta

INGREDIENTI PER 4 PERSONE:

una cinquantina di foglie
  di salvia grandi
2 cucchiai di olio
olio d'oliva per friggere

100 g di farina
1 bicchiere d'acqua minerale gassata
2 albumi
sale

Lavate accuratamente la salvia, asciugatela e dividetela a mazzetti, lasciando i gambi attaccati alle foglie. Mettete in una ciotola la farina, il sale, l'olio e l'acqua, mescolate, e per ultimo aggiungete gli albumi montati a neve. Passate nella pastella i ciuffi di salvia e friggete in olio d'oliva molto caldo. Ponete la salvia fritta a scolare su un foglio di carta da cucina prima di servire.

Sanguinaccio con riso

INGREDIENTI PER 4 PERSONE:

4 sanguinacci col riso
100 g di burro
sale
500 g di patate
100 g di toma stagionata grattugiata
pepe nero

I sanguinacci di riso sono salsicciotti a base di sangue di maiale, riso bollito, carne grassa di maiale e spezie, insaccati e venduti freschi.

Lessate le patate, ben lavate, in abbondante acqua salata per una mezz'oretta, scolatele, sbucciatele ancora calde e passatele nello schiacciapatate, riducendole in purea. Mettete la purea in una pentola col burro, conditela con sale e pepe e mescolate affinché il burro si sciolga, quindi insaporite con la toma, sempre mescolando. Portate a ebollizione un'altra pentola di acqua salata e cuocetevi i sanguinacci con riso per almeno una mezz'oretta. Scolateli, tagliateli a metà e serviteli su un letto di purea di patate.

Soma con fegatino sotto grasso di Vercelli

INGREDIENTI PER 4 PERSONE:

4 fegatini sotto grasso
2 spicchi d'aglio
4 fette di pane casereccio
sale e pepe

I fegatini sotto grasso sono salsicciotti a base di fegato di maiale, carne di maiale e grasso, con spezie, insaccati nel budello di manzo e conservati poi sotto strutto.

Prendete del pane casereccio, e tagliatene alcune fette, come per fare una bruschetta.

Ogni fetta deve essere tagliata in due. Prendete uno spicchio d'aglio per ogni fetta e strofinatelo sul pane. Arroventate una griglia e cuocetevi i fegatini sotto grasso tagliati a metà, salate e pepate. Quando saranno abbastanza cotti ma non abbrustoliti toglieteli e metteteli sulle fette di pane. Mettete le some nel forno preriscaldato a 180° per qualche minuto, in modo da far sciogliere il grasso dei fegatini e tostare leggermente il pane.

Soma d'aglio

INGREDIENTI PER 4 PERSONE:

4 fette di pane casereccio
200 g di lardo
4 spicchi d'aglio
sale e pepe

Prendete del pane casereccio, tipo toscano, e tagliatene alcune fette, come per fare una bruschetta. Ogni fetta deve essere tagliata in due. Prendete uno spicchio d'aglio per ogni fetta e strofinatelo sul pane, salate e pepate. Sopra mettete il lardo tagliato a fette sottilissime. Mettete le some nel forno preriscaldato a 180° per qualche minuto, in modo da far sciogliere il lardo e tostare leggermente il pane.

Torta salata di ricotta e asparagi di Borgo d'Ale

INGREDIENTI PER 4 PERSONE:

250 g di pasta brisée
200 g di ricotta d'alpe
60 g di parmigiano grattugiato
salsa besciamella
600 g di punte di asparago
sale e pepe

Sbollentate le punte di asparago in acqua salata per 10 minuti.

Fate cuocere il fondo di pasta per una ventina di minuti in forno preriscaldato a 150°.

Quando il fondo è cotto, mettetevi la ricotta, che avrete condito con sale e pepe, poi sovrapponete le punte di asparagi, ben scolate. Ricoprite con la besciamella e spolverizzate con abbondante parmigiano grattugiato.

Fate gratinare il tutto in forno per una trentina di minuti a 150° e servite molto caldo.

Wiweljeta di Alagna

INGREDIENTI PER 4-6 PERSONE:

150 g di farina di grano tenero
100 g di burro
4 uova
1 bicchiere di latte
50 g di salamella
2 mele
1 pugno di uvetta sultanina
1 confezione di panna
1 bicchiere di vino rosso
80 g di farina di mais
1 bustina di lievito
50 g di toma
3-4 fichi secchi
sale e pepe

Tagliate a pezzetti piccoli sia la salamella che il formaggio, i fichi e le mele. Mettete l'uvetta sultanina a rinvenire un poco in acqua tiepida.

In una terrina sbattete le uova con il latte, poi aggiungete le due farine setacciate e mescolate assieme e battete con la frusta per evitare la formazione di grumi. Aggiungete poi il lievito sciolto in due dita di acqua tiepida, il burro ammorbidito, la panna e il vino, l'uvetta, sale e pepe. Otterrete un impasto morbido. Imburrate una teglia da forno, meglio se antiaderente, quindi distribuitevi il composto e fate cuocere per una ventina di minuti in forno caldo a 180°. Una volta pronta, sfornate questa torta e servitela tiepida.

PRIMI PIATTI

Cannelloni con salsiccia e cotiche

INGREDIENTI PER 4 PERSONE:

*1 confezione di pasta
  per cannelloni*
4 spicchi d'aglio
100 g di parmigiano
salsa besciamella
1 bicchiere di vino bianco

200 g di salsiccia fresca
200 g di cotiche di maiale
50 g di burro
100 g di pancetta
noce moscata
sale e pepe

Raschiate bene le cotiche e mettetele a bollire per una mezz'oretta per sgrassarle.

Passate nel tritacarne sia la salsiccia, privata della budellina, che la pancetta che le cotiche, poi mettete il composto a soffriggere nel burro con uno spicchio d'aglio, sale, pepe e noce moscata.

Bagnate con il vino e lasciate cuocere a fuoco allegro, poi spegnete e fate raffreddare.

Sbollentate i riquadri di pasta dei cannelloni, riempiteli con il composto di salsiccia, pancetta e cotiche, poi allineate i cannelloni in una pirofila imburrata.

Copriteli con uno strato di salsa besciamella, alla quale avrete unito il formaggio.

Passateli in forno preriscaldato a 180° per dieci minuti per farli gratinare e servite caldissimi.

Farfalle al timo e briciole di salsiccia

INGREDIENTI PER 4 PERSONE:

400 g di farfalle
200 g di salsiccia
1 spicchio d'aglio
sale e pepe

1 grosso rametto di timo
*4-6 cucchiai di olio extravergine
  di oliva*

Con la mezzaluna tritate il timo e l'aglio. Togliete il budellino alla salsiccia e sbriciolatela.

Versate il trito in una zuppiera dove avrete emulsionato 4 cucchiai di olio, il sale e a piacere un po' di pepe o di peperoncino.

Mescolate bene e intanto cuocete le farfalle.

Unite due cucchiai di acqua di cottura della pasta alla salsina, mescolate e condite le farfalle ben scolate.

Maccheroni con tonno e piselli

INGREDIENTI PER 4 PERSONE:

400 g di maccheroni
100 g di piselli sgranati (freschi o surgelati)
4 cucchiai di olio extravergine d'oliva
1 spicchio d'aglio
200 g di tonno sott'olio
1 ciuffo di prezzemolo
½ bicchiere di vino bianco secco
sale e 1 pizzico di peperoncino rosso piccante in polvere

Tritate l'aglio e fatelo soffriggere con l'olio in una padella con il tonno sgocciolato e il peperoncino; sfumate con mezzo bicchiere di vino bianco e, una volta ripreso il bollore, unite i piselli. Salate e lasciate cuocere il sugo per 10 minuti.

Portate a ebollizione una pentola con abbondante acqua salata, cuocetevi la pasta, scolatela al dente e fatela saltare nella padella del sugo, quindi servite subito, cospargendo il tutto con abbondante prezzemolo tritato.

Minestra di carni povere

INGREDIENTI PER 4 PERSONE:

200 g di coda di bue
50 g di grasso di prosciutto
100 g di lingua
50 g di parmigiano grattugiato
2 cipolline
2 carote
2 coste di sedano
1 ciuffo di prezzemolo
1 chiodo di garofano
sale e pepe in grani
50 g di burro
50 g di pancetta
300 g di polpa di pomodoro
200 g di fagioli borlotti
1 porro
1 patata
1 pezzetto di cavolo cappuccio
1 spicchio d'aglio
4 cucchiai di olio d'oliva

Lavate e tagliate la coda e la lingua e mettetele in una capiente casseruola ricoperte di acqua fredda salata e aromatizzata con una cipollina (in cui avrete infilato il chiodo di garofano), un gambo di sedano e qualche grano di pepe. Fatele bollire per almeno due ore, scolatele e tagliatele a pezzi. Affettate il porro e tritate l'altra cipolla con le carote e il sedano rimasto, mettete le verdure in una padella antiaderente e fatele soffriggere con il burro, l'olio e la pancetta pestata. Lasciate appassire per qualche minuto, poi aggiungete la polpa di pomodoro, unite la coda e la lingua, mescolate bene e lasciatele insaporire per qualche minuto. A questo punto copritele completamente di acqua e fatele cuocere per circa un'ora. Dopo di che aggiungete i fagioli, il cavolo tagliato a listarelle e la patata a pezzetti e cuocete ancora per un paio d'ore, unendo, se necessario, ancora acqua bollente. Prima di togliere dal fuoco aggiungete il grasso di prosciutto, il prezzemolo e l'aglio tritati. Spolverizzate di parmigiano e servite.

Minestra di ceci e maiale

INGREDIENTI PER 4 PERSONE:

200 g di costine di maiale
1 cipolla
1 cucchiaio di olio d'oliva
60 g di polpa di pomodoro
1 ciuffo di prezzemolo
30 g di cotenna di maiale
200 g di ceci
qualche crostino di pane casereccio abbrustolito
sale e pepe

Lasciate i ceci per 12 ore nell'acqua. In un tegame fate rosolare la cipolla tritata nell'olio, aggiungete le costine, la cotenna e i ceci insieme all'acqua con cui sono stati in ammollo, salate e fate cuocere con il coperchio per un'ora. Unite il pomodoro e il prezzemolo tritato, sale e pepe, e mescolate. Servite con i crostini di pane tostati nel forno.

Minestra di patate e rane

INGREDIENTI PER 4 PERSONE:

4 patate
200 g di rane pulite
50 g di burro
4 fette di pane casereccio
sale e pepe
5 spicchi d'aglio
50 g di formaggio pecorino grattugiato
1 l abbondante di brodo vegetale
1 ciuffo di prezzemolo

Pulite le patate, pelatele, tagliatele a dadini e lessatele in abbondante acqua salata per una mezz'oretta, poi scolatele con una schiumarola e tenetele da parte. Nell'acqua di bollitura mettete a cuocere le rane per una mezz'oretta. Mettete l'aglio tritato con il prezzemolo in una casseruola con il burro e fatelo appassire per pochi minuti, a fuoco lento. Unite le patate per farle insaporire. Mescolate e continuate a cuocere per circa 10 minuti. Versatevi sopra il brodo, portatelo a ebollizione, e aggiustatelo di sale, lasciandolo cuocere per circa un'ora. Pochi minuti prima di servire in tavola aggiungete alla zuppa le rane, la metà del formaggio pecorino, sale e pepe e mescolate. Disponete nelle scodelle le fette di pane, che avrete fatto leggermente tostare nel forno, versatevi sopra la zuppa e cospargete ancora con formaggio e con prezzemolo tritato finemente. Servite subito.

Minestra di riso con castagne

INGREDIENTI PER 4 PERSONE:

200 g di orzo perlato
1 l di latte
sale
200 g di castagne secche
100 g di burro

Fate bollire nell'acqua l'orzo e le castagne secche, che avrete messo a bagno una notte prima, per 3 o 4 ore, schiumando di tanto in tanto. A cottura quasi ultimata aggiungete il latte e il burro e lasciate insaporire per una ventina di minuti. Salate e servite.

Anticamente questa minestra si faceva con il panico al posto dell'orzo.

Minestra di riso e rigaglie alla contadina

INGREDIENTI PER 4 PERSONE:

200 g di cuoricini di pollo
1 spicchio d'aglio
200 g di orzo
1 ciuffo di prezzemolo
sale e pepe

100 g di burro
2 dadi
1 grossa patata
50 g di formaggio grattugiato

Tagliate a fettine i cuoricini e fateli rosolare con aglio e burro in una pentola adatta alla cottura della minestra. Non appena sono coloriti, aggiungete la patata sbucciata e tagliata in piccoli tocchetti, e un litro di brodo preparato con acqua bollente e due dadi.

Fate riprendere il bollore e unite l'orzo, facendo cuocere per un'ora circa semi-coperto. Qualche minuto prima di togliere la minestra dal fuoco unite il prezzemolo tritato fine, eventualmente sale e pepe, e servite ben caldo con abbondante formaggio grattugiato.

Minestra di uova, pane e acetosella

INGREDIENTI PER 4 PERSONE:

200 g di acetosella
2 uova
1 l di brodo vegetale

4 fette di pane casereccio
50 g di formaggio grattugiato
sale e pepe

Tritate grossolanamente le foglioline di acetosella e mettetele a bollire nel brodo per una decina di minuti al massimo.

A parte sbattete le uova con il formaggio, sale e pepe.

Calate l'uovo lentamente nel brodo e sbattete vigorosamente con una forchetta per far stracciare la minestra.

Disponete il pane, lievemente abbrustolito, nelle singole fondine e versatevi sopra la minestra, dopo avere mescolato ancora per far addensare.

Panissa vercellese

INGREDIENTI PER 4 PERSONE:

300 g di riso
50 g di lardo
100 g di cotica di maiale
1 bicchiere di brodo di carne
sale e pepe

300 g di fagioli freschi
1 salamino sotto sugna
1 cipolla
4 cucchiai di olio d'oliva

Raschiate la cotica e mettetela a bollire in una pentola insieme al brodo di carne, ai fagioli e a due bicchieri d'acqua. Fate cuocere i fagioli per 40-50 minuti a fiamma bassa. Mettete intanto a soffriggere in una padella il lardo e il salamino pestati, un po' d'olio, la cipolla affettata e fate soffriggere il tutto. Quando la cipolla sarà appassita versatevi il riso, un mestolo di brodo e un pizzico di pepe. Mescolate e portate a cottura il riso, unendo di tanto in tanto il brodo di carne e fagioli. Quando il riso sarà cotto, unite i fagioli rimasti e servite ben caldo.

Riso alla salsiccia e rosmarino

INGREDIENTI PER 4 PERSONE:

350 g di riso
1 cipolla
1 rametto di rosmarino
100 g di burro
250 g di salsiccia
4 pomodori perini
½ bicchiere di vino bianco secco
sale e pepe

In una pentola capace portate a bollore una buona quantità di acqua, salatela e aggiungete il riso, mescolando e riportando il più velocemente possibile a bollore. In un altro tegame soffriggete una cipolla tagliata molto finemente, con il burro, bagnatela con qualche cucchiaio di acqua perché non si colorisca ma si disfi.

Tagliate la salsiccia in piccoli pezzetti e fateli rosolare con la cipolla e un rametto di rosmarino, salate e pepate.

Tenete il calore vivace e aggiungete dopo circa 10 minuti mezzo bicchiere di vino bianco secco, fate restringere il sugo e aggiungete i pomodori, sbucciati e tagliati in quattro spicchi.

Quando il riso sarà cotto, sarà pronta anche la vostra salsiccia con la quale condirete il riso ben scolato.

Riso con rape e prezzemolo

INGREDIENTI PER 4 PERSONE:

300 g di riso
50 g di burro
2 scalogni
1 l di brodo di carne
sale e pepe
200 g di rape bianche
2 cucchiai di olio di oliva
70 g di parmigiano grattugiato
1 ciuffo di prezzemolo

Pelate le rape, tagliatele a fettine sottili ed immergetele per un'ora in una ciotola con acqua fredda. Poi scolatele. Fate sobbollire il brodo. Tritate finemente lo scalogno e fatelo imbiondire nell'olio in un tegame da risotto.

Aggiungete il riso, rimescolate e bagnate con 4 mestoli di brodo bollente, facendolo assorbire poco alla volta. Unite le fettine di rapa.

Cuocete a fuoco vivace, mescolando di tanto in tanto e aggiungendo brodo ma mano che il riso si asciuga.

Dopo 16 minuti il riso dovrebbe essere al dente.

Accertatevene assaggiandolo. Aggiustate il sale, togliete dal fuoco e mantecate con burro, formaggio grattugiato e prezzemolo. Cospargete con pepe macinato al momento e servite.

Riso e zucca

INGREDIENTI PER 4 PERSONE:

500 g di riso
1 cipolla
100 g di pancetta
4 cucchiai di olio d'oliva
500 g di zucca
1 litro di brodo
70 g di parmigiano grattugiato
sale e pepe

Tagliate a dadini la zucca e tritate la pancetta. Tagliate a rondelle la cipolla e fatela imbiondire nell'olio in una padella abbastanza capiente.

Rosolate il lardo e la zucca insieme alla cipolla per 15 minuti a fuoco dolce. Versate nella padella il riso, allungandolo col brodo. Mescolate e fate cuocere per un quarto d'ora, salate e pepate. Alla fine aggiungete il parmigiano, insaporite con una macinata di pepe nero e servite.

Riso tricolore

INGREDIENTI PER 4 PERSONE:

300 g di riso
1 cipolla
1 manciata di olive verdi denocciolate
2 spicchi d'aglio
sale e pepe
200 g di pomodorini maturi
30 g di burro
1 l di brodo vegetale
1 ciuffo di basilico
4 cucchiai d'olio extravergine di oliva

Tritate la cipolla e fatela rosolare con il burro fino a quando avrà preso colore. Unite il riso e tostatelo, quindi tiratelo a cottura col brodo.

Lavate i pomodori e tritateli grossolanamente. Rosolate l'aglio a fettine con l'olio in una padella antiaderente per pochi minuti. Unite i pomodori, le olive e il sale. Amalgamate con 2 cucchiai di acqua. Quando il riso sarà cotto, conditelo con la salsina. Decorate con foglie di basilico e insaporite con una macinata di pepe.

Risotto ai funghi e pancetta

INGREDIENTI PER 4 PERSONE:

300 g di riso
100 g di burro
80 g di parmigiano grattugiato
1 l di brodo
4 cucchiai di olio d'oliva
1 ciuffo di prezzemolo
300 g di funghi porcini freschi
100 g di pancetta coppata
1 cipolla
1 bicchiere di vino secco
sale e pepe

Pulite i funghi con estrema cura e tagliateli a pezzettini. Fate appassire la cipolla e la pancetta tritate in una padella antiaderente con 50 g di burro e l'olio, unite il riso e i funghi e fateli stufare per un minuto. Bagnate col vino e fatelo evaporare. Versate il brodo bollente poco a poco. Al termine della cottura condite il risotto con il rimanente burro e formaggio grattugiato. Servitelo caldo con una spolverata di prezzemolo finemente tritato.

Risotto alle punte di ortica

INGREDIENTI PER 4 PERSONE:

300 g di riso
100 g di burro
1 cipolla
1 l di brodo di carne
100 g di punte di ortica
½ bicchiere di vino bianco secco
50 g di parmigiano grattugiato
sale

Lavate ed asciugate le punte di ortica, usando i guanti. Tritatele finemente. Fate sobbollire il brodo. Tritate finemente la cipolla e fatela imbiondire leggermente nella metà del burro in un tegame da risotto. Unite l'ortica e fatela insaporire nel soffritto per qualche minuto.

Aggiungete il riso e tostatelo leggermente, rimescolando con il cucchiaio di legno. Sfumate con il vino e lasciatelo evaporare prima di aggiungere 4 mestoli di brodo bollente. Continuate la cottura a fuoco vivace, mescolando di tanto in tanto e aggiungendo brodo man mano che il riso si asciuga.

Dopo 16 minuti il riso dovrebbe essere al dente. Accertatevene assaggiandolo. Aggiustate di sale, togliete dal fuoco il risotto, mantecate velocemente con il resto del burro e formaggio e servite.

Risotto con i fagioli dell'occhio

INGREDIENTI PER 4 PERSONE:

250 g di riso
50 g di burro
1 cipolla
1 bicchiere di vino bianco secco
sale e pepe
200 g di fagioli dell'occhio secchi
4 cucchiai di olio d'oliva
50 g di pancetta affumicata
70 g di parmigiano grattugiato

Mettete a bagno i fagioli la sera prima in una ciotola con acqua fredda. Sciacquateli, metteteli in una pentola con 4 litri di acqua fredda e fateli lessare, salandoli solo alla fine.

Lasciateli raffreddare prima di scolarli dal brodo di cottura, che conserverete per preparare il risotto.

Fate sobbollire il brodo dei fagioli. Tritate finemente la cipolla e fatela imbiondire nell'olio in un tegame da risotto assieme alla pancetta tritata. Aggiungete il riso, rimescolate con il cucchiaio di legno e spruzzate con il vino, salate e pepate. Fate evaporare ed unite 4 mestoli di brodo di fagioli.

Cuocete a fuoco vivace, aggiungendo brodo man mano che il riso si asciuga. Dopo 16 minuti il riso dovrebbe essere al dente. Accertatevene assaggiandolo. Unitevi i fagioli cotti e il burro. Mantecate con burro e formaggio e servite subito.

Risotto con i fagioli e le cotiche

INGREDIENTI PER 4 PERSONE:

250 g di riso
1 spicchio d'aglio
200 g di pomodori maturi
60 g di parmigiano grattugiato
½ bicchiere di vino rosso
sale e pepe

1 cipolla
500 g di fagioli borlotti freschi
1 ciuffo di prezzemolo
100 g di cotenna di maiale già raschiata
4 cucchiai di olio di oliva

Mondate e tagliate a listarelle sottili la cotenna. Lessatela in un pentolino immergendola in 1 litro di acqua bollente e salata.

Dopo 30-40 minuti scolatela e mettetela da parte. Sgusciate i fagioli e metteteli in una pentola con 4 litri di acqua fredda e salata, con lo spicchio d'aglio. Fateli lessare a fuoco dolce.

Mondate e tritate finemente la cipolla.

Lavate, sbucciate e mondate dai semi i pomodori, quindi tagliatene la polpa a pezzetti.

Scaldate l'olio in un tegame da risotto e fatevi rosolare la cipolla. Aggiungete la polpa dei pomodori e i fagioli, conservando al caldo il liquido di cottura. Rimescolate con il cucchiaio di legno in modo che si assorba bene il condimento e cuocete per 10 minuti. Unite il riso e rimescolate, facendolo tostare in maniera uniforme. Sfumatelo con il vino rosso e lasciatelo evaporare.

Aggiungete quindi poco per volta il liquido di cottura dei fagioli. Cuocete a fuoco vivace, mescolando di tanto in tanto.

Dopo 16 minuti il riso dovrebbe essere al dente. Accertatevene assaggiandolo. Aggiustate il sale, togliete dal fuoco e mantecate con il formaggio grattugiato.

Unitevi la cotenna.

Spolverate con il prezzemolo e servite, cospargendo di pepe fresco macinato al momento. Per gustarlo appieno, non mangiatelo caldissimo, ma aspettate che si intiepidisca. L'aggiunta della cotenna di maiale è facoltativa, ma rende il tutto ancora più gustoso.

Risotto con patate

INGREDIENTI PER 4 PERSONE:

300 g di riso	*4 patate*
2 porri	*2 spicchi d'aglio*
1 cucchiaio di passata di pomodoro	*150 g di toma grattugiata*
100 g di burro	*1 grossa cipolla*
sale e pepe	

Mettete in una pentola un litro di acqua salata, e portate a ebollizione. Intanto unite le patate, i porri e l'aglio tagliati a pezzettini piccoli.

Aggiungete il pomodoro e lasciate bollire per una decina di minuti, quindi unite il riso e portatelo a cottura, lasciando evaporare tutta l'acqua.

Nella metà del burro fate rosolare la cipolla finemente tritata e aggiungetela al riso, quindi mescolate. Togliete dal fuoco e mantecate con il resto del burro, la toma grattugiata, sale e pepe. Fate riposare qualche minuto e servite.

Spaghetti al sugo di ricotta e guanciale

INGREDIENTI PER 4 PERSONE:

500 g di spaghetti	*50 g di burro*
150 g di guanciale	*100 g di ricotta*
sale e pepe	

Fate sciogliere il burro in un pentolino e aggiungetevi il guanciale tagliato a pezzettini, facendoli soffriggere a fuoco dolce per un quarto d'ora.

Cuocete a parte gli spaghetti, scolateli, e conditeli con il soffritto. Aggiungete la ricotta, mescolate molto, salate e servite caldissimi, con una generosa macinata di pepe nero.

Strangolapreti

INGREDIENTI PER 4-6 PERSONE:

Per gli strangolapreti:

800 g di pane raffermo	*2 tuorli d'uovo*
1 l di latte intero	*500 g di erbette*
70 g di farina bianca	*1 pizzico di noce moscata*
sale e pepe	

Per il condimento:

150 g di burro	*50 g di formaggio grana*
3-4 foglie di salvia	*sale e pepe*

Spezzettate il pane e fatelo ammorbidire in una bacinella con il latte per almeno un'ora. Lavate accuratamente le erbette, scottatele in poca acqua salata, quindi scolatele, fatele raffreddare, strizzatele e tritatele. Unitele al pane ammorbidito nel latte. Aggiungete i tuorli d'uovo e passate tutto al mixer.

Mettete l'impasto sul tagliere, regolate di sale, pepe e noce moscata e impastate con la farina, aggiungendo, se necessario, un po' di pangrattato.

Formate degli gnocchetti dalla forma un po' allungata, e cuoceteli in acqua salata in ebollizione. Appena vengono a galla, toglieteli con una paletta forata e adagiateli in una zuppiera.

Cospargeteli di grana e burro fuso aromatizzato con la salvia.

Walisschuppa

INGREDIENTI PER 4 PERSONE:

4 cipolle
100 g di burro
1 l di brodo di carne
1 pizzico di cannella
400 g di pancetta tesa
400 g di pane di segale
100 g di toma grattugiata
1 cucchiaio di zucchero

Tagliate a fettine sottili la cipolla e la pancetta. Disponete le fette di pane su una teglia da forno e fatele tostare per renderle croccanti, quindi cospargetele di formaggio grattugiato e disponetele in una pentola di terracotta.

Fate rosolare le cipolle e la pancetta nel burro, in una padella, e quando saranno dorate cospargete le fette di pane e toma.

Ricoprite con un altro strato di fette di pane e ancora con il soffritto di pancetta e cipolla. Ricoprite il tutto con il brodo, condite con lo zucchero e un po' di cannella e uno strato finale di toma grattugiata.

Mettete la pentola di terracotta in forno preriscaldato a 180° il tempo necessario per far gratinare la zuppa, quindi servite subito.

Zuppa di pane raffermo e cipolle

INGREDIENTI PER 4 PERSONE:

4 fette grandi di pane raffermo
1 l e ½ di brodo
100 g di burro
sale e pepe
4 uova
2 cipolle
150 g di formaggio grattugiato

Tagliate a rondelle le cipolle e fatele soffriggere in una padella molto grande con i bordi alti, con il burro, sale e pepe.

Una volta che saranno dorate aggiungete le fette di pane nella padella e aggiungete il brodo caldo.

Rompete un uovo sopra ogni fetta di pane e lasciate cuocere ancora qualche minuto. Cospargete con il formaggio grattugiato e servite.

Zuppa di porri, rape e patate della Valsesia

INGREDIENTI PER 4 PERSONE:

1 l di brodo
300 g di rape
2 porri
50 g di formaggio grattugiato
50 g di burro
1 bicchiere di latte
2-3 patate
1 ciuffo di prezzemolo
1 confezione di panna
sale e pepe

Pelate e tagliate a dadini le rape e le patate e a rondelle i porri, conservando anche un po' di gambo. In una padella ponete a rosolare nel burro il porro, aggiungete rape e patate e fatele colorire. A parte portate a ebollizione il brodo con il latte.

Aggiungete il soffritto di patate, rape e porro, e lasciate cuocere a fiamma dolce per 40 minuti. Aggiustate di sale e di pepe, unite la panna e servite con formaggio grattugiato e prezzemolo tritato.

Zuppa di rape e riso

INGREDIENTI PER 4 PERSONE:

1 l di brodo vegetale
1 cipolla
200 g di orzo perlato
4 grosse rape
200 g di lardo o di pancetta
sale e pepe

Questa è una delle più antiche zuppe contadine "povere". Pulite bene le rape e tagliatele a tocchetti, senza privarle della pelle, che è molto gustosa. Tritate grossolanamente la cipolla con la mezzaluna e buttate il tutto in una bella pentola capiente, assieme al lardo tagliato a striscioline.

Coprite con il brodo, aggiungete l'orzo, salate, pepate, e dimenticatevi la zuppa per almeno due ore.

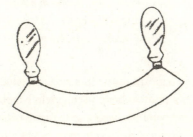

SECONDI PIATTI

Arrosto in dolceforte

INGREDIENTI PER 4 PERSONE:
800 g di fesa di vitello
1 cipolla
1 bicchiere di aceto
1 pizzico di origano
1 spicchio d'aglio
½ bicchiere di olio di oliva
1 confezione di panna
sale

Rosolate la carne ben legata nell'olio d'oliva con aglio e cipolla tritati a fuoco moderato.

Fatela colorire da ogni lato, poi salatela, bagnatela con l'aceto, coprite e fate cuocere per mezz'ora circa, salate. Bagnate con un bicchiere d'acqua e continuate la cottura.

Spolverizzate la carne con l'origano, bagnate con la panna e fate cuocere, sempre coperto e a fuoco moderato, per un'altra mezz'ora controllando di tanto in tanto che la panna non si sia ritirata (in questo case bagnate con qualche cucchiaiata di acqua calda).

La cottura totale non deve essere inferiore alle 2 ore.

A cottura ultimata lasciate intiepidire la carne, tagliatela a fette e servitela ricoperta con il sugo di cottura.

Baccalà al forno

INGREDIENTI PER 4 PERSONE:
800 g di baccalà secco
  (meglio tipo ragno)
1 rametto di rosmarino
sale e pepe
½ bicchiere di olio di oliva
3 spicchi d'aglio
2 bicchieri di vino bianco

Mettete il baccalà a bagno 2 giorni prima in acqua corrente. Una volta pronto lasciatelo scolare un paio d'ore, poi pulitelo bene, asciugatelo e tagliatelo a cubetti.

Ungete una pirofila da forno con l'olio, aggiungete l'aglio tritato grossolanamente, il rosmarino, sale e pepe, e un bicchiere di vino bianco. Sopra a tutto sistemate i dadini di baccalà.

Mescolate bene.

Infornate a freddo e cuocete a 200° per 35-40 minuti, aggiungendo man mano il vino rimasto.

Mescolate almeno un paio di volte. Potete servire il baccalà al forno con contorno di patate lesse.

Batsoà

INGREDIENTI PER 4 PERSONE:

4 zampetti di maiale
½ l di vino bianco
1 carota
1 cipolla
olio per friggere
½ l di aceto di vino bianco
2 uova
1 costa di sedano
1 pugno di pangrattato
sale e pepe

Pulite accuratamente gli zampetti, bruciando le setole sulla fiamma viva e tagliateli a metà.

Mettete in una pentola capiente l'aceto, il vino, 2 l di acqua fredda, sedano, carota e cipolla e portate a ebollizione, salando.

Quando bollirà unite gli zampetti e fateli cuocere fino a quando la carne comincerà a staccarsi dalle ossa.

Scolate gli zampetti e fateli raffreddare completamente. Sbattete le uova con un po' di sale, passatevi gli zampetti, quindi impanateli e friggeteli in olio molto caldo. Quando avranno un bel colore dorato toglieteli e fate scolare l'unto in eccesso su un foglio di carta assorbente da cucina.

Bollito misto alla vercellese

INGREDIENTI PER 4 PERSONE:

600 g di spalla di manzo
300 g di testina di vitello
1 cotechino
1 foglia d'alloro
1 carota
1 costa di sedano
500 g di biancostato
½ gallinella
qualche chiodo di garofano
1 cipolla
1 patata
sale e pepe

Mettete in una pentola le verdure tagliate a grossi pezzi, unite acqua in abbondanza, sale e pepe.

Quando l'acqua inizierà a bollire versate nella pentola la carne di manzo, dopo un'ora quella di vitello.

E di seguito tutte le altre. Man mano che le carni raggiungeranno il giusto punto di cottura, scolatele e tenetele bene al caldo.

Quindi disponete tutte le carni su due piatti da portata molto caldi e cospargetele di sale grosso, unendo un mestolo di brodo bollente.

Caponet vercellese

INGREDIENTI PER 4 PERSONE:
16 foglie grandi di verza

Per il ripieno:
300 g di salamini verzini di maiale freschi
1 cipolla
50 g di parmigiano grattugiato
1 bicchiere di vino rosso
1 rametto di rosmarino
300 g di sanguinacci di maiale
200 g di riso
50 g di burro
2 uova
1 foglia di alloro
sale

Fate cuocere le foglie di verza in abbondante acqua salata, poi scolatele e stendetele su un canovaccio ad asciugare. Fate soffriggere in padella la cipolla tritata con burro, aggiungendo l'alloro ed il rosmarino a mazzetti, legati con uno spago.

Private i salamini della pelle, quindi aggiungeteli al soffritto e fateli cuocere per circa 20 minuti, sfumando con il vino rosso. Versate il riso, cuocete per circa 10 minuti aggiungendo man mano l'acqua di cottura della verza, che avrete conservato.

Aggiungete i sanguinacci e finite la cottura. Mettete il composto in una terrina, lasciatelo intiepidire, unite le uova e il formaggio, mescolando fino ad ottenere un impasto ben amalgamato. Disponete il composto sulle foglie di verza, formando dei fagottini, che chiuderete con un giro di filo bianco. Ungete una teglia da forno e allineatevi i fagottini, quindi fateli cuocere a forno preriscaldato a 180° per 15 minuti, girandoli una volta.

Braciole di maiale alla grappa

INGREDIENTI PER 4 PERSONE:
4 braciole di maiale
50 g di pancetta a fettine
1 rametto di rosmarino
1 bicchierino di grappa
1 confezione di panna
2 spicchi d'aglio
50 g di burro
sale e pepe nero

Spuntate l'osso alle braciole di maiale, poi cospargetele con fettine di aglio, sale, una macinata di pepe e fatele cuocere dolcemente nel burro insieme con la pancetta a pezzettini e un rametto di rosmarino, sale e pepe. Quando le braciole saranno cotte, fiammeggiate con la grappa e, non appena l'alcool sarà evaporato, aggiungete la panna, sale e pepe. Fate restringere il sughetto e servitele.

Capriolo in umido

INGREDIENTI PER 4 PERSONE:
1 kg di coscia di capriolo
4 cipolle
1 ciuffo di prezzemolo
1 rametto di timo
1 ciuffo di salvia
1 bicchierino di grappa
5-6 cucchiai di farina
4 carote
grani di pepe
sale e pepe

1 bottiglia di barbera
½ bicchiere di olio d'oliva
2 coste di sedano
3-4 foglie di alloro
1 rametto di rosmarino
100 g di burro
4 spicchi d'aglio
1 bicchiere di aceto
polenta a fette

    Preparate una marinata con il vino rosso, una cipolla tagliata in due pezzi, uno spicchio d'aglio, una carota, un gambo di sedano, un ciuffo di prezzemolo e foglie di sedano, un pizzico di timo, una foglia di alloro sbriciolata, sale, grani di pepe, un rametto di salvia e di rosmarino, un bicchierino di grappa.

    Dopo aver spellato il cosciotto di capriolo, al giusto punto di frollatura, lavatelo con acqua e aceto e dopo averlo bucherellato con la punta del coltello tagliatelo a pezzi, mettete la carne in un catino di coccio o in una grande insalatiera, versatevi sopra la marinata e lasciate in infusione circa 48 ore in un luogo fresco. Terminato il periodo di infusione, togliete la carne di capriolo dalla marinata e asciugatela in un canovaccio. Mettete al fuoco un tegame con il burro e un battuto di cipolla; appena la cipolla sarà bionda aggiungete i pezzi di carne e fateli rosolare a fuoco vivace. Al momento che la carne sarà ben rosolata, condite con sale e pepe, spolverate di farina rimescolando e versate il vino filtrato della marinata, cuocendo in un tegame coperto a fuoco molto lento per almeno un'ora e mezzo, finché la carne sarà tenera e s'infilerà bene con i rebbi della forchetta.

    Togliete la carne dal tegame, passate la salsa al colino, ed eventualmente addensatela con la farina, quindi rimettetela nel tegame con i pezzi di capriolo e riscaldate bene.

    Servite il capriolo in umido con fette di polenta e ricoperto dal sugo di cottura.

Cervo stufato

INGREDIENTI PER 4 PERSONE:
800 g di carrè di cervo tagliato
  a pezzetti
50 g di burro
1 bicchiere di vino bianco
1 bicchiere di polpa di pomodoro
300 g di funghi freschi

200 g di pancetta
1 mazzetto guarnito con rosmarino,
  salvia, alloro e prezzemolo
1 cucchiaio di farina
1 l di brodo
sale e pepe

    Avvolgete i pezzetti di cervo nelle fette di pancetta e legatelo bene. Mettete nella casseruola il mazzetto di odori, il lardo e il burro. Unite il cervo e fatelo rosolare bene, per circa 10 minuti, poi aggiungete il vino bianco. Quando questo sarà stato completamente assorbito, spolverate con la farina e cuocete per 5 minuti. Unite la polpa di pomodoro e bagnate il cervo con il brodo.

Regolate la salatura e coprite la pentola. Cuocete per un'ora circa. Pulite i funghi, tagliateli a fettine e uniteli al cervo. Fateli cuocere una ventina di minuti. Salate, pepate e servite.

Coniglio alla fiamma

INGREDIENTI PER 4 PERSONE:

1 coniglio
1 rametto di rosmarino
3 bicchierini di cognac
2 spicchi d'aglio
1 bicchiere di olio
sale e pepe

Pulite e tagliate a pezzetti il coniglio. Mettete i bocconcini in una teglia con l'olio d'oliva, aglio e rosmarino, condite con sale e pepe e cuoceteli arrosto in forno ben caldo, a 180° per 20-30 minuti, ungendoli di tanto in tanto con l'olio della teglia.

Quando i pezzetti di coniglio saranno ben rosolati, scolate il sughetto di cottura e filtratelo, mettete il tegame sul fornello e bagnate con un bicchierino di cognac.

Quando il cognac sarà evaporato, sistemate i bocconcini in un vassoio, versatevi sopra il sugo della teglia filtrato, poi due bicchierini di cognac, date fuoco al cognac e portate in tavola fiammeggianti.

Coniglio alla montanara

INGREDIENTI PER 4 PERSONE:

1 coniglio
2 cucchiai di strutto
5-6 foglie di alloro
1 bicchiere di grappa
sale e pepe
100 g di pancetta
1 rametto di rosmarino
1 pugno di bacche di ginepro
1 bicchiere di vino bianco
2 spicchi d'aglio

Pulite bene il coniglio e fasciatelo con le fette di pancetta. Mettetelo a rosolare a fuoco lento con lo strutto (volendo, lo potete sostituire con olio o burro), il rosmarino, l'aglio intero, l'alloro e le bacche di ginepro per una ventina di minuti. Se non dovesse fare abbastanza sugo, aggiungete un goccio d'acqua.

Portatelo a fuoco lento a fine cottura, per altri 20-30 minuti, sfumando col vino, infine aggiungete sale e pepe e la grappa, fate ritirare il liquido e servite.

Coniglio ripieno

INGREDIENTI PER 4 PERSONE:

1 coniglio
100 g di lonza di maiale
50 g di salsiccia
4 cuori di carciofo surgelato
1 bicchiere di latte
la mollica di 1 panino
1 pezzetto di rete di maiale
50 g di burro
1 uovo
100 g di polpa di vitello
50 g di prosciutto crudo
20 g di funghi secchi
1 cipolla
1 confezione di panna
1 ciuffo di prezzemolo
½ bicchiere di olio
1 bicchiere di brodo
sale e pepe

Fatevi disossare dal macellaio il coniglio. Tritate nel mixer il vitello, la lonza, il prosciutto e la salsiccia. Ammorbidite i funghi in acqua tiepida, lavateli bene, strizzateli, tagliateli grossolanamente e fateli insaporire con una noce di burro e un cucchiaio di olio, la cipolla tritata e i carciofi tagliati a fettine sottilissime.

Mettete le carni tritate in una terrina e unitevi la mollica del pane precedentemente ammorbidita nel latte, poi strizzata, l'uovo, il prezzemolo e il composto di funghi e carciofi. Salate, pepate, unite la panna, mescolate e riempite il coniglio con questa farcia.

Cucite l'apertura sul ventre, salate, pepate e avvolgete il coniglio nella rete di maiale. Mettetelo in una pirofila con 3 cucchiai di olio e il resto del burro, coprite con un foglio di alluminio e passate in forno caldo a 200° per 90 minuti circa, togliendo l'alluminio dopo un'ora e bagnando di tanto in tanto con qualche cucchiaio di brodo.

Fagiano al nebbiolo

INGREDIENTI PER 4 PERSONE:

2 fagiani
200 g di prosciutto cotto
1 ciuffo di prezzemolo
2 tomini freschi
1 pizzico di origano
2 uova
100 g di burro
1 mestolo di brodo
2 fette di lonza di maiale
200 g di polpa di vitella di latte
2 spicchi d'aglio
1 ciuffo di timo fresco
4 coccole di ginepro
4 cucchiai di olio d'oliva
1 l di nebbiolo
sale e pepe

Prendete i fagiani e preparateli facendo attenzione di non fare un'apertura troppo larga al buzzo. Passate due volte al tritacarne le due fette di carne di maiale, il prosciutto cotto e la vitella di latte. Aggiungete al macinato un battuto di prezzemolo e gli spicchi d'aglio, i tomini freschi, un pizzico di timo, origano, pepe, sale, le coccole di ginepro pestate e le uova intere. Impastate bene la farcia e adoperatela per imbottire l'interno dei fagiani. Cucite l'apertura del collo e del buzzo. Mettete al fuoco i fagiani in un tegame di coccio, con olio e burro, fateli rosolare bene da tutti i lati, poi condite con poco sale, dato che la farcia è già salata, pepe e bagnate con il nebbiolo, possibilmente vecchio. Quando il vino sarà evaporato aggiungete il brodo e terminate la cottura dei fagiani a fuoco lento in un recipiente coperto. Se il sugo di cottura asciugasse troppo aggiungete di tanto in tanto qualche cucchiaiata di brodo. Servite i fagiani tagliati a pezzi nel recipiente di coccio dove sono stati cotti.

Involtini di maiale

INGREDIENTI PER 4 PERSONE:

400 g di lonza di maiale tagliata a fettine
1 ciuffo di prezzemolo
1 bicchiere di latte
1 bicchiere di vino bianco
1 cucchiaio di parmigiano grattugiato
250 g di carne tritata mista di maiale e manzo
1 pugno di mollica di pane
50 g di farina
50 g di burro
50 g di prosciutto crudo
sale e pepe

Mettere a bagno nel latte la mollica di pane, in modo che se ne imbeva, e strizzatela bene. Tritate finemente il prezzemolo. Mescolate in una terrina la mollica, il prezzemolo e il formaggio grattugiato.

Tritate il prosciutto e unitelo al composto con la carne tritata. Salate e pepate. Battete le fettine di carne sul tagliere, mettere al centro di ciascuna un poco di ripieno, arrotolatela e fissatela con uno stecchino. Infarinate gli involtini.

Scaldate il burro in un tegame e doratevi gli involtini. Bagnateli con il vino, aggiustateli di sale e cuoceteli a fuoco lento per un'ora.

Lumache alla contadina

INGREDIENTI PER 4 PERSONE:

24 lumache già purgate
1 bicchiere di aceto
4 acciughe sotto sale
2 spicchi d'aglio
1 cipolla
noce moscata
1 manciata di sale grosso
70 g di burro
4 cucchiai di olio di oliva
1 ciuffo di prezzemolo
2 cucchiai di farina bianca
1 bicchiere di vino bianco secco
sale e pepe

Lavate in acqua corrente e a lungo le lumache. Ponetele in una terrina, ricopritele d'acqua, unite una manciata di sale grosso e un po' di aceto.

Lasciatele così per circa un'ora, mescolando di tanto in tanto perché emettano la loro schiuma. Lavatele ancora accuratamente, mettetele di nuovo in acqua salata e aceto e rimescolate, continuando così finché non emetteranno più schiuma. A quel punto lavatele in acqua corrente e ponetele a fuoco con altra acqua salata e acidulata con aceto e lasciatele cuocere una decina di minuti. Togliete le lumache dai gusci e levate loro l'estremità scura.

Pulite e lavate il prezzemolo e la cipolla, poi tritatele. Ponete sul fuoco una casseruola con l'olio e il burro. Unite uno spicchio di aglio schiacciato e fate rosolare.

Levate l'aglio, aggiungete il trito di prezzemolo e le acciughe lavate e diliscate, sale e pepe. Lasciate soffriggere, aggiungete poca farina bianca, sistemate nel recipiente le lumache, irrorate il tutto con un bicchiere di vino bianco.

Salate, pepate e unite un pizzico di noce moscata. Cuocete le lumache per circa mezz'ora, mescolandole spesso. Servitele calde.

Mammella di mucca con patate di Alagna

INGREDIENTI PER 4 PERSONE:

800 g di mammella di mucca *1 costa di sedano*
1 cipolla *1 foglia di alloro*
150 g di burro *400 g di patate*
2-3 carote *sale e pepe*

Mettete a bagno la mammella in acqua corrente per un'intera notte. In una grande casseruola con 2 l di acqua fredda mettete la mammella, sedano, alloro, carote, cipolla. Lasciatela cuocere dolcemente fino a quando sentirete che è morbida.

Lasciatela raffreddare nel suo brodo. A parte pelate le patate, tagliatele a fettine sottili e fatele dorare nel burro, quindi aggiungete la mammella di mucca tagliata anch'essa a fettine e fatela rosolare un poco, salando e pepando. Servite ben caldo.

Mula bollita di Vercelli

INGREDIENTI PER 4 PERSONE:

1 mula *500 g di patate*
100 g di burro *100 g di toma stagionata grattugiata*
sale e pepe

La mula è un insaccato di pasta di salame, carne magra di testa di maiale e guanciale, all'interno della quale viene posta la lingua di maiale salata. Ha l'aspetto di un melone e nel vercellese, contrariamente alla zona di Novara, si conserva sotto strutto fuso. Lessate le patate, ben lavate, in abbondante acqua salata per una mezz'oretta, scolatele, sbucciatele ancora calde e passatele nello schiacciapatate, riducendole in purea.

Mettete la purea in una pentola col burro, conditela con sale e pepe e mescolate affinché il burro si sciolga, quindi insaporite con la toma, sempre mescolando. Portate a ebollizione un'altra pentola di acqua salata e cuocetevi la mula per almeno un'oretta. Scolatela, tagliatela a spicchi e servitela su un letto di purea di patate.

Oca in porchetta

INGREDIENTI PER 4 PERSONE:

1 oca
2-3 spicchi d'aglio
1 rametto di salvia
1 ciuffo di timo
1 bicchiere di vino bianco secco
sale e pepe nero
5-6 grosse patate
1 rametto di rosmarino
1 ciuffo di finocchio selvatico
qualche bacca di ginepro
100 g di guanciale

Tritate accuratamente le erbe con l'aglio e il guanciale e mettetele a soffriggere molto lentamente, in modo che si sciolga il grasso del guanciale stesso, oppure aggiungete un poco del grasso che l'oca ha sottocute.

Quando il trito sarà rosolato aggiungetevi le patate pelate e tagliate a pezzi non tanto piccoli. Fate rosolare un poco tutto assieme, poi togliete dal fuoco e riempite l'oca.

Conservate l'olio nel quale avete rosolato le erbe, mettetelo in una grande pirofila da forno, adagiatevi l'oca e infornate a forno freddo, lasciando cuocere per un'oretta a 150°, in modo che si sciolga il grasso dell'oca.

Trascorso questo tempo aggiungete il vino bianco, alzate il forno a 200° e lasciate cuocere per almeno un'ora e mezza, controllando che l'oca sia dorata di fuori ma non troppo abbrustolita.

Polenta walser

INGREDIENTI PER 4 PERSONE:

300 g di farina di mais
1 cucchiaio di olio di oliva
50 g di burro
2 l abbondanti di acqua
300 g di fontina
sale

Mettete sul fuoco una pentola con 2 l di acqua e il cucchiaio di olio, salate e quando bolle buttate la farina di mais.

Se si dovesse indurire troppo, aggiungete un bicchiere di latte caldo. Mescolate continuamente e fate cuocere per una quarantina di minuti a fuoco moderato. Lasciatela intiepidire, dopo averla rovesciata sul tagliere e tagliatela a fette.

Ungete una pirofila da forno, disponete uno strato di fette di polenta, adagiatevi la fontina a fette, ricoprite con un secondo strato di polenta, versate sopra a tutto il burro fuso e mettete ancora qualche fetta di fontina. Infornate per qualche minuto, in modo che la fontina si sciolga.

Polpettone alle erbe fini

INGREDIENTI PER 4 PERSONE:

1 foglia di salvia
2 cucchiai di olio extravergine d'oliva
1 bicchiere di vino bianco
1 ciuffo di timo
800 g di punta di vitello
3-4 bacche di ginepro
1 spicchio d'aglio
1 rametto di rosmarino
25 g di burro
100 g di pancetta arrotolata
sale e pepe nero

Prendete la punta di vitello e battetela fino ad ottenere una grossa fetta piatta. Mettete sopra le fette di pancetta una salsa composta da un rametto di rosmarino, un rametto di timo, una foglia di salvia, una bacca di ginepro e uno spicchio di aglio tritati. Pepate, salate e arrotolate ad involtino, poi legate con lo spago e mettete in un tegame con l'olio e il burro. Fate rosolare e spruzzate con il vino bianco. Continuate la cottura per un'ora, quindi lasciate intiepidire un poco, tagliate a fette il polpettone e servite, irrorando con il sughetto di cottura.

Rane alla pizzaiola

INGREDIENTI PER 4 PERSONE:

400 g di rane pulite
150 g di pomodori pelati in scatola
1 pizzico di origano
100 g di burro
1 spicchio d'aglio
sale e pepe

Mettete in una padella le rane, ben pulite insieme al burro. Fate rosolare per qualche minuto, poi aggiungete i pomodori pelati scolati dal loro liquido e schiacciati con una forchetta, l'aglio tagliato a fettine e l'origano. Salate e pepate e fate cuocere per un quarto d'ora.

Rane fritte alla vercellese

INGREDIENTI PER 4 PERSONE:

1 kg di rane
1 cipolla
il succo di 1 limone
olio per friggere
5-6 cucchiai di farina bianca
2 cucchiai di aceto di vino
sale e pepe
1 ciuffo di prezzemolo

Private della testa le rane, pelatele, sventratele e lavatele sotto l'acqua corrente. Lasciatele a bagno per mezza giornata in acqua fresca con un poco di aceto, cambiandola di tanto in tanto. Fatele poi marinare per altra mezza giornata con l'olio, un trito fine di cipolla e prezzemolo, il succo di limone, sale e pepe.

Asciugatele, infarinatele, e friggetele nell'olio bollente. Sgocciolatele su un foglio di carta assorbente da cucina e servitele caldissime.

Rane in salsa al vino

INGREDIENTI PER 4 PERSONE:
500 g di rane già spellate
3 spicchi d'aglio
1 ciuffo di prezzemolo
½ bicchiere di olio d'oliva
200 g di polpa di pomodoro
1 cipolla
4 cucchiai di farina
sale e pepe

Private le rane delle interiora e lavatele ripetutamente in acqua corrente. Fate scaldare in un tegame mezzo bicchiere circa di olio; salate, pepate e infarinate leggermente le rane, allineatele nel tegame e fatele rosolare da ambedue le parti.

Aggiungete un trito di aglio, cipolla e prezzemolo, fate insaporire per una decina di minuti, quindi unite la polpa di pomodoro e cuocete per circa un quarto d'ora, bagnando, se necessario, con un poco di acqua calda o brodo. Prima di togliere dal fuoco aggiustate il sale e spolverizzate con altro prezzemolo tritato.

Salsiccia alle erbe

INGREDIENTI PER 4 PERSONE:
400 g di salsiccia
½ bicchiere di olio d'oliva
1 barattolo di polpa di pomodoro
1 ciuffo di basilico
1 ciuffo di dragoncello fresco
1 grossa cipolla
½ bicchiere di vino bianco
1 ciuffo di timo fresco
1 ciuffo di maggiorana fresca
sale e pepe

Fate soffriggere in una padella la cipolla tagliata a pezzetti nell'olio d'oliva per una decina di minuti. Aggiungete in un secondo tempo la salsiccia, anch'essa tagliata a pezzi di circa 5 cm di lunghezza e fatela dorare da entrambe le parti. Dopo una decina di minuti irrorate con un bicchiere di vino bianco che farete evaporare a fuoco allegro. Cospargete con timo, dragoncello, maggiorana e basilico tritati e con sale e pepe. Aggiungete la polpa di pomodoro e fate cuocere ancora per una ventina di minuti a fuoco allegro.

Spezzatino di pollo e maiale

INGREDIENTI PER 4 PERSONE:
200 g di polpa di maiale
100 g di prosciutto crudo tutto una fetta
1 bicchiere di vino rosso
4 carote
2 cipolle
3 cucchiai di salsa di pomodoro
2 petti di pollo
100 g di pancetta affumicata tutta una fetta
½ bicchiere di olio d'oliva
1 costa di sedano
½ l di brodo
sale e pepe

Prendete una grossa pentola e fate soffriggere nell'olio d'oliva le cipolle, le carote e il sedano tagliati a pezzetti. Dopo un quarto d'ora circa aggiungete la pancetta, il prosciutto e la polpa di maiale e pollo tagliate a cubetti.

Fate cuocere per una decina di minuti a fuoco basso e bagnate con il vino rosso. Fatelo evaporare e aggiustate di sale e pepe. A questo punto aggiungete qualche cucchiaio di salsa di pomodoro e il brodo. Fate cuocere per un'ora abbondante il tutto fino a quando il sugo non si sarà ristretto.

Potete servire questo piatto con una bella polenta fumante.

Umido di rane e patate

INGREDIENTI PER 4 PERSONE:

500 g di rane pulite
2 cipolle
½ l di vino bianco secco
250 g di pomodori o passata di pomodoro
250 g di patate
4 carote
½ l di brodo di carne
8 cucchiai di olio d'oliva
1 confezione di panna
2 cucchiai di paprika dolce
sale e pepe

In una padellina mettete un poco d'olio d'oliva e fate soffriggere le rane tagliate a pezzi. Tritate le cipolle e le carote, tagliate a pezzetti i pomodori, e aggiungeteli alle rane, bagnando prima con il vino, poi con il brodo nel quale avrete sciolto la paprika, salate e pepate.

Fate cuocere una mezz'oretta, poi alzate il fuoco per far ritirare un poco il sugo, quindi aggiungete le patate e lasciate cuocere a fuoco dolce per altri 40 minuti. Prima di servire amalgamate il tutto con la panna.

CONTORNI

Asparagi di Borgo d'Ale all'aglio

INGREDIENTI PER 4 PERSONE:

500 g di asparagi
4 cucchiai di olio extravergine
 d'oliva
6 spicchi d'aglio
1 cucchiaino di zucchero
sale e pepe

 Pulite gli asparagi, sbollentateli per 10-12 minuti in acqua bollente salata, quindi scolateli bene. Tritate grossolanamente l'aglio e mettetelo a soffriggere in una pentola assieme all'olio, gettatevi gli asparagi e fate rosolare a fuoco dolce.
 Prima di servire aggiungete sale, pepe e lo zucchero, mescolando bene.

Asparagi di Cigliano con porri e indivia

INGREDIENTI PER 4 PERSONE:

400 g di asparagi
2 cespi di indivia riccia
il succo di ½ limone
sale e pepe nero
2 porri
4-5 cucchiai di olio extravergine di
 di oliva

 Pulite gli asparagi, sbollentateli per 20 minuti in acqua bollente salata, quindi scolateli bene e tagliateli a tocchetti.
 Affettate finemente a rondelle il bianco dei porri e metteteli in un'insalatiera.
 Unite i cuori di indivia riccia tagliuzzati. Condite con olio extravergine di oliva, sale, pepe nero e succo di limone. Unite gli asparagi, mescolate e servite.

Asparagi di Alice Castello fritti

INGREDIENTI PER 4 PERSONE:

2 mazzi di asparagi
1 uovo
sale e pepe
200 g di pancetta
50 g di farina
olio per friggere

 Sbollentate per una decina di minuti gli asparagi, togliendo loro la parte dura, poi scolateli e lasciateli asciugare su un foglio di carta da cucina, quindi avvolgeteli a tre a tre con le fette di pancetta.
 Formate una pastella con le uova e la farina, sale e pepe. Sbattete vigorosamente, poi immergetevi gli asparagi e friggeteli in abbondante olio bollente.

Barbabietole al forno in salsa alla senape

INGREDIENTI PER 4 PERSONE:
500 g di barbabietole al forno   *2 cucchiai di aceto*
1 cucchiaio di farina   *4 cucchiai di olio extravergine d'oliva*
1 cucchiaio di senape di Digione   *sale e pepe*

Pelate le barbabietole (si acquistano già cotte al forno, in confezioni sottovuoto), tagliatele a fettine sottili e sistematele su di un piatto da portata. In un pentolino unite l'aceto, l'olio, sale e poco pepe e stemperate il cucchiaio di senape, quindi unite la farina per addensare. Ponetelo sul fuoco e portate il tutto ad ebollizione senza mai smettere di mescolare. Versate la salsina calda sopra le barbabietole, lasciate insaporire il tutto per qualche minuto e servite.

Carciofi ripieni ai peperoni

INGREDIENTI PER 4 PERSONE:
8 carciofi   *200 g di peperoni*
1 pizzico di erbe aromatiche seccate   *80 g di pangrattato*
½ bicchiere d'olio d'oliva   *1 ciuffo di prezzemolo*
sale e pepe

Pulite bene i carciofi, tagliate le punte e le foglie più dure e poneteli a lessare in acqua bollente salata, levandoli quando saranno al dente, è importante che siano ancora molto sodi. Intanto in una terrina mettete il pane grattugiato, unitevi sale, pepe e un po' di prezzemolo tritato, i peperoni ben puliti, privati dei semi e dei filamenti interni e finemente tritati e l'olio.

Mescolate energicamente in modo da amalgamare il tutto molto bene, quindi salate, pepate e aggiungete le erbe aromatiche.

Ora prendete i carciofi che saranno intiepiditi e fate un piccolo spazio al centro schiacciando le foglioline più tenere e con il ripieno ottenuto riempite ogni carciofo. Ungete leggermente una pirofila da forno, metteteci i carciofi ripieni, infornate e fate cuocere a 180° per una buona mezz'ora.

Cipolle al forno in salsa piccantina

INGREDIENTI PER 4 PERSONE:
500 g di cipolline   *3 cucchiai di zucchero*
4 cucchiai di aceto di vino rosso   *4 cucchiai di vino bianco secco*
4 cucchiai di olio extravergine di oliva   *sale e peperoncino rosso piccante*

Portate a ebollizione una pentola con abbondante acqua salata e sbollentate le cipolline per circa dieci minuti, poi scolatele e sistematele in una pirofila da forno. Copritele con lo zucchero e il sale, unite peperoncino piccante a piacere e irroratele con l'olio e l'aceto e il vino mescolati. Ponete la teglia in forno preriscaldato a 180° per dieci minuti, alzando la temperatura a 250° per un attimo prima di toglierle dal forno per farle glassare.

Fagioli di Cigliano con sedano e finocchi

INGREDIENTI PER 4 PERSONE:
200 g di fagioli di Cigliano secchi
4 cuori di sedano bianco
2 cucchiai di aceto rosso
2 finocchi
4 cucchiai di olio extravergine d'oliva
sale e pepe

Mettete a bagno i fagioli la sera prima in una ciotola con acqua fredda. Sciacquateli, metteteli in una pentola con abbondante acqua fredda e fateli lessare per almeno un'oretta e mezzo, pungendoli con i rebbi di una forchetta per controllare se sono morbidi, salandoli solo alla fine. Lasciateli raffreddare prima di scolarli dal brodo di cottura.

Lavate i cuori di sedano e i finocchi e asciugateli, quindi tagliateli alla julienne o a striscioline sottilissime. In una terrina amalgamate l'olio, l'aceto, sale e pepe macinato al momento. In una insalatiera mescolate il sedano, i finocchi e i fagioli, conditeli e servite.

Fagioli rossi e peperoni

INGREDIENTI PER 4 PERSONE:
500 g di fagioli rossi freschi
4 spicchi d'aglio
4 cucchiai di olio extravergine d'oliva
2 peperoni verdi
1 cipolla
sale e peperoncino piccante

Mettete in una pentola i fagioli con acqua fredda, sale, un poco d'olio e mezza cipolla e lasciateli cuocere almeno un'oretta.

Tritate i peperoni verdi assieme all'aglio e alla mezza cipolla rimasta, quindi fate soffriggere il tutto nell'olio. Unite i fagioli scolati, e mescolate il tutto molto bene. Fate insaporire una decina di minuti e servite.

Filetti di peperoni in salsa ai capperi

INGREDIENTI PER 4 PERSONE:
2 peperoni rossi
1 cucchiaio di capperi salati di di Pantelleria
2 spicchi d'aglio
4 cucchiai di olio extravergine d'oliva
sale e pepe

Tagliate a metà i peperoni, adagiateli su una teglia da forno e fateli cuocere per pochi minuti a 180°, quindi toglieteli e lasciateli riposare prima di pelarli, infine tagliateli a strisce larghe un paio di centimetri.

Tritate assieme i capperi e l'aglio, unite l'olio e condite i peperoni con questa salsina, insaporendo con sale e pepe.

Finocchi bolliti con salsa alle nocciole

INGREDIENTI PER 4 PERSONE:

400 g di finocchi
2 spicchi d'aglio
il succo di 2 limoni
sale e pepe

100 g di nocciole delle Langhe sgusciate
2 cucchiai di mollica di pane
2 cucchiai di brodo vegetale

Lessate i finocchi in abbondante acqua salata, pungeteli con i rebbi di una forchetta per controllare che siano cotti ma ancora croccanti, quindi scolateli, tagliateli a pezzetti non troppo piccoli e disponeteli in una terrina.

Spellate le nocciole, poi passatele al frullatore assieme al pane e agli spicchi d'aglio. Unite il succo di limone e il brodo, così da ottenere una salsa sufficientemente liquida. Salate e pepate e condite con questa salsa i finocchi bolliti.

Finocchi ripieni

INGREDIENTI PER 4 PERSONE:

4 finocchi
1 spicchio d'aglio
1 ciuffo di prezzemolo
sale e pepe

100 g di pane casereccio secco
1 cipolla
4 cucchiai di olio extravergine d'oliva

Lessate i finocchi per 10 minuti, quindi tagliateli a metà, levate la parte centrale e allineateli in una pirofila da forno unta.

Tritate i cuori di finocchio assieme alla cipolla, all'aglio e al prezzemolo e fateli saltare in poco olio in una padellina. Bagnate il pane nell'acqua e strizzatelo bene, quindi aggiungetelo al trito, salate, pepate e togliete dal fuoco. Lasciate intiepidire il ripieno, quindi farcite i finocchi e passateli nel forno caldo a 150° per 20 minuti.

Insalata alle noci

INGREDIENTI PER 4 PERSONE:

200 g di finocchi
1 pugno di gherigli di noci
1 pugno di uvetta sultanina

4 carote
4 cucchiai di olio extravergine d'oliva
sale e pepe

Tagliate i finocchi a fettine sottili e le carote alla julienne. Aggiungete l'uvetta già lavata e fatta rinvenire in acqua. Condite con l'olio, sale e pepe e cospargete il tutto con le noci tritate. Mescolate bene e servite.

Insalata di catalogna spigata

INGREDIENTI PER 4 PERSONE:

800 g di cicoria catalogna spigata *2 spicchi di aglio*
1 manciata di capperi salati *4 cucchiai di olio extravergine d'oliva*
2 cucchiai di aceto di vino forte *sale e pepe*

Dopo aver tolto le foglie esterne della cicoria, tagliate a listarelle sottili i germogli centrali, le cosiddette puntarelle.

Preparate la salsa di condimento frullando assieme l'aglio e i capperi, aggiungete l'aceto e l'olio e insaporite con sale e pepe, quindi mescolate il tutto.

Mettete in una terrina le puntarelle, conditele con la marinata, mescolate più volte e servite.

Insalata di champignon e parmigiano

INGREDIENTI PER 4 PERSONE:

100 g di scaglie di parmigiano reggiano *300 g di champignon freschi*
1 limone *8 cucchiai di olio extravergine d'oliva*
sale e pepe bianco *1 ciuffo di prezzemolo*

Pulite i funghi e tagliateli a fettine sottilissime, poi metteteli in una capiente insalatiera assieme alle scaglie di parmigiano reggiano. Conditeli con un'emulsione di olio, sale, pepe e il succo del limone. Prima di servire cospargeteli di prezzemolo tritato.

Insalata di cicorino e fagioli di Livorno Ferraris

INGREDIENTI PER 4 PERSONE:

150 g di cicorino *300 g di fagioli freschi di Livorno Ferraris*
1 spicchio d'aglio
4 cucchiai di olio extravergine d'oliva *sale e pepe*

Pulite bene i fagioli e metteteli a cuocere in una pentola con abbondante acqua salata. Un'oretta di cottura dovrebbe bastare, ma accertatevene pungendoli con i rebbi di una forchetta. Quando saranno morbidi, scolateli.

Lavate il cicorino, scolatelo, tagliatelo fine e mettetelo in una terrina. Tritate l'aglio e amalgamatelo con l'olio, sale e pepe.

Unite i fagioli all'insalata, quindi condite con l'olio aromatizzato all'aglio. Mescolate e servite.

Insalata di patate e fagioli della Valsesia

INGREDIENTI PER 4 PERSONE:
2 patate bollite
200 g di tonno sott'olio
1 costa di sedano
4 cucchiai di olio extravergine di oliva
1 barattolo di fagioli cannellini lessati
1 cipollotto
1 manciata di capperi salati
2 cucchiai di aceto bianco di vino
sale

Riunite in una terrina i fagioli sgocciolati dal liquido di conservazione, le patate, sbucciate e tagliate a dadini, e il tonno sbriciolato.

Dopo averlo mescolato, condite il composto con un'emulsione di olio, aceto, i capperi dissalati, sale, cipollotto e sedano finemente tritati. Mescolate e servite.

Involtini di cavolo ripieni di castagne

INGREDIENTI PER 4 PERSONE:
8 foglie di verza grosse
300 g di castagne
100 g di prosciutto cotto
2 carote
1 costa di sedano
1 spicchio di aglio
1 bicchiere e ½ di vino bianco secco
1 confezione di panna
1 cipolla
100 g di burro
sale, pepe e noce moscata

Pelate le castagne, e buttatele per qualche minuto nell'acqua bollente per rimuovere la pellicina. Mettete il burro in una pentola, aggiungete le castagne, sale, pepe e coprite con acqua. Cuocete per 20 minuti a fuoco lento. Mettete un po' di castagne a pezzi nel mixer, aggiungete la panna e un po' di noce moscata, e frullate fino ad ottenere una purea.

Sbollentate per 2 o 3 minuti in acqua bollente le foglie di cavolo, sgocciolatele, farcitele con fettine di prosciutto cotto e la purea, disponetevi le castagne intere, avvolgete e chiudete alle estremità con stuzzicadenti. Preparate un brodo vegetale con acqua, carote, sedano cipolla, e vino bianco, fatelo ridurre un poco ed immergervi gli involtini di castagne nel cavolo; lasciate cuocere adagio per un quarto d'ora, scolate bene e servite irrorato con burro fuso.

Melanzane fritte

INGREDIENTI PER 4 PERSONE:
1 melanzana
olio per friggere
2 cucchiai di olio d'oliva
4 cucchiai di farina
2 cucchiai di aceto
sale e pepe

Lavate la melanzana, pelatela, tagliatela a pezzetti dello spessore di ½ centimetro circa; passateli nella farina, e friggeteli a calore moderato, in poco olio, finché saranno ben dorati da tutte le parti. Toglieteli dal fuoco e serviteli caldi, con a parte una salsina composta olio e aceto, sale e pepe.

Papavero e patate

INGREDIENTI PER 4 PERSONE:

500 g di rosette di papavero
4 cucchiai di olio extravergine
 d'oliva
1 cucchiaio di farina
sale e pepe nero
400 g di patate
2 spicchi d'aglio
1 confezione di panna
50 g di toma stagionata grattugiata

    Bollite le patate in abbondante acqua salata per una mezz'oretta, poi scolatele, pelatele e tagliatele a fette. Sbollentate le rosette di papavero per pochi minuti. Passate nel mixer la panna e l'aglio, addensando con una punta di farina, salate e pepate. Ungete una pirofila da forno e alternate uno strato di patate, condite con la panna, a uno di papavero, sempre condito con la panna. Sull'ultimo strato spolverizzate la toma stagionata gratinata. Fate grigliare in forno già caldo a 180° per una ventina di minuti, fino a quando si formerà una crosticina dorata.

Patate al tartufo con robiola

INGREDIENTI PER 4 PERSONE:

400 g di patate
120 g di robiola
100 g di parmigiano reggiano
 grattugiato
½ bicchiere di latte
½ l di besciamella molto densa
1 tartufo
3 uova
la mollica di 2 panini
sale e pepe

    Bollite le patate in abbondante acqua salata per una mezz'oretta, poi scolatele, pelatele e tagliatele a fette. Tagliate a dadini la robiola e a lamelle molto sottili il tartufo. Uniteli alla besciamella assieme alle uova, alla metà del parmigiano, alla mollica di pane bagnata nel latte e strizzata, sale e pepe. Mescolate accuratamente per far amalgamare gli ingredienti. Ungete una teglia da forno, disponetevi le patate, ricopritele con la besciamella, alternando gli strati fino a esaurimento degli ingredienti. Terminate l'ultimo strato con una spolverata di parmigiano.

    Fate cuocere in forno caldo per 30 minuti circa a 180°. Servite caldo.

Peperoni verdi fritti

INGREDIENTI PER 4 PERSONE:

8 peperoni verdi piccoli
4 cucchiai di olio extravergine
 d'oliva
1 ciuffo di prezzemolo
sale e pepe
1 cucchiaio di farina
1 spicchio d'aglio
4 cucchiai di pangrattato
olio per friggere

    Tritate finemente l'aglio e il prezzemolo e mescolateli con il pangrattato, amalgamando con l'olio e insaporendo con sale e pepe. Lavate i peperoni, tagliateli a metà nel senso della lunghezza, togliete i semi; riempiteli con il composto di pangrattato, poi passateli, uno per volta, nella farina, e friggeteli dolcemente nell'olio.

Scolateli con una schiumarola e fate assorbire l'unto in eccesso su un foglio di carta da cucina.

Plum-cake di lattuga

INGREDIENTI PER 4 PERSONE:
800 g di lattuga
2 mozzarelle
1 cucchiaio di farina
1 confezione di panna
50 g di parmigiano grattugiato
sale e pepe

Lessate la lattuga e strizzatela, quindi trituratela finemente. In una terrina mischiatela con la panna, la mozzarella a dadini piccoli e il parmigiano, insaporitela con sale e pepe, e addensate il tutto con la farina.

Mettete il composto in uno stampo unto per plum-cake e infornate a forno freddo, lasciando cuocere 20-25 minuti a calore medio, circa 180°. Una volta cotta toglietela e lasciatela completamente raffreddare, prima di tagliarla a fette.

Pomodori al forno al timo

INGREDIENTI PER 4 PERSONE:
4 pomodori
4 cucchiai di olio extravergine
  d'oliva
2 cucchiai di pangrattato
olio per ungere la pirofila
3 spicchi d'aglio
1 ciuffo di timo
50 g di toma stagionata grattugiata
sale e pepe

Tagliate i pomodori a metà in senso orizzontale, cospargeteli di sale e lasciateli riposare per una decina di minuti. Poi metteteli capovolti in uno scolapasta, in modo che ne sgoccioli il liquido. Scaldate l'olio in un tegame, mettetevi i pomodori capovolti e rosolateli leggermente a fuoco vivace. Quindi sistemateli in una pirofila unta d'olio.

Tritate finemente l'aglio, mescolatelo al timo e per 2-3 minuti fate soffriggere leggermente nella padella dove è rimasto un poco d'olio dei pomodori.

Poi distribuite il tutto sui pomodori, pelateli e cospargeteli di pangrattato e toma stagionata grattugiata, aggiungete qualche goccia d'olio e fate gratinare in forno a 200°.

I pomodori saranno pronti quando avranno preso un po' di colore e si saranno leggermente raggrinziti.

Pomodori ripieni alle verdure

INGREDIENTI PER 4 PERSONE:

4 pomodori
100 g di ravanelli
1 ciuffo di erba cipollina
1 cucchiaio di brandy
200 g di sedano
100 g di tomino fresco
1 confezione di panna
sale e pepe

Incidete la parte superiore dei pomodori e togliete il "coperchio". Scavateli all'interno con uno scavino, mettetevi una presa di sale e lasciateli sgocciolare capovolti per una mezz'oretta.

Tagliate alla julienne il cuore di sedano e i ravanelli e amalgamateli con il tomino e l'erba cipollina, che avrete passato nel frullatore, quindi insaporite con sale e pepe. Riempite con il composto di sedano i pomodori e serviteli cosparsi di panna alla quale avrete amalgamato il brandy.

Umido di fagioli di Saluggia e zucca

INGREDIENTI PER 4 PERSONE:

300 g di fagioli di Saluggia
4 cucchiai di salsa di pomodoro
1 dado vegetale
500 g di zucca
4 cucchiai di olio extravergine di oliva
sale

Pulite bene i fagioli e metteteli a cuocere in una pentola con abbondante acqua salata. Un'oretta di cottura dovrebbe bastare, ma accertatevene pungendoli con i rebbi di una forchetta. Quando saranno morbidi, scolateli.

Fate cuocere la zucca, ben pulita e decorticata in acqua e dado a fiamma bassa per circa 20 minuti, poi scolatela. Aggiungete i fagioli, scolati dal loro liquido, la salsa di pomodoro e l'olio d'oliva, e fate cuocere ancora una decina di minuti, quindi servite.

DOLCI

Asianòt di Asigliano Vercellese

INGREDIENTI PER 4 PERSONE:
400 g di farina
300 g di burro
100 g di fecola di patate
la buccia grattugiata di 1 limone
200 g di zucchero a velo
8 tuorli di uovo sodo
1 bustina di vanillina

 Impastate il burro ammorbidito con lo zucchero e i tuorli finemente sbriciolati e passati al setaccio, aggiungete la vanillina e la buccia di limone finissimamente tritata ed unite la farina e la fecola, quindi impastate velocemente per amalgamare. Una volta ottenuto l'impasto, stendetelo con il matterello ad uno spessore di circa 5 mm e tagliate delle forme rotonde. A volte si usa un apposito stampo a forma di fiore. Ponete a cuocere in forno preriscaldato a 180° fino a quando non saranno dorati.

Bicciolani di Vercelli

INGREDIENTI PER 4 PERSONE:
400 g di farina di grano tenero
200 g di zucchero
4 uova intere e 1 tuorlo
1 pizzico di polvere di cannella
1 pizzico di polvere di noce moscata
6 cucchiai di miele
100 g di fecola di patate
200 g di burro
1 pizzico di polvere di chiodi di garofano
1 pizzico di polvere di coriandolo
1 pizzico di sale

 Ponete a fontana sulla spianatoia la fecola e la farina, aggiungete lo zucchero, le spezie, il burro ammorbidito a temperatura ambiente, il miele, il sale e le uova. Lavorate bene l'impasto in modo da ottenere una pasta liscia ed omogenea, quindi lasciatela riposare, per circa 6 ore, in un luogo fresco. Tirate la pasta con il matterello e tagliate dei nastri lunghi circa 10 cm, che annoderete. Ricoprite una teglia con carta da forno e disponetevi i nastri, quindi cuoceteli in forno preriscaldato a 180°, per 10 minuti.

Biscotti al cioccolato e noci

INGREDIENTI PER 4-6 PERSONE:
100 g di gherigli di noci
75 g di zucchero a velo
200 g di gocce di cioccolato
200 g di farina bianca
200 g di burro
50 g di cioccolato fondente a dadoni

 Preriscaldate il forno a 180°. Tritate finemente le noci e mescolatele con la farina, lo zucchero e il sale. Incorporate il burro ammorbidito e lavorate gli ingredienti fino ad ottenere un impasto piuttosto cremoso. Aggiungete le gocce di cioccolato. Con uno stampino ricavate delle forme rotonde e mettete i biscotti sulla placca del forno, ricoperta di carta forno. Cuocete per circa 20 minuti, quindi togliete i biscotti e lasciateli raffreddare. Fate fondere il cioccolato a dadoni preventivamente grattugiato e immergetevi i biscotti, glassandoli bene, metteteli su una gratella per pasticceria, quindi fateli consolidare in frigorifero.

Biscotti con farina di riso del vercellese

INGREDIENTI PER 4 PERSONE:

150 g di farina bianca
200 g di zucchero
1 uovo
2-3 cucchiai di latte
200 g di farina di riso
150 g di burro
10 g di lievito vanigliato

Fate ammorbidire il burro e unitelo allo zucchero, mescolate, poi aggiungete l'uovo e amalgamate bene. Impastate con i due tipi di farina, il lievito e il latte. Lavorate il composto fino quando sarà omogeneo. Stendete la pasta con un matterello allo spessore di circa un centimetro e ritagliate dei biscotti della forma che preferite. Infornate a forno caldo a 180° per circa 15 minuti, finché non saranno dorati.

Biscotti di meliga

INGREDIENTI PER 4 PERSONE:

250 g di farina di mais macinata molto fine
3 tuorli d'uovo
1 noce di burro per ungere
150 g di burro
100 g di zucchero
1 manciata di farina per il tagliere

Mettete la farina di mais, lo zucchero, i tuorli, e il burro che avrete fatto ammorbidire in una terrina e mescolate con forza fino ad ottenere un impasto piuttosto consistente.

Con un matterello stendete la pasta sul tagliere che avrete infarinato e con uno stampino di forma rotonda ritagliate i biscotti, che disporrete sulla placca del forno precedentemente unta di burro. Cuocete i biscotti a 150° per una ventina di minuti.

Biscotti di meliga con nocciole

INGREDIENTI PER 4 PERSONE:

250 g di farina di mais macinata molto fine
100 g di zucchero
1 manciata di farina per il tagliere
150 g di farina di nocciole
200 g di burro
3 tuorli d'uovo
1 noce di burro per ungere

Mettete la farina di mais, la farina di nocciole, lo zucchero, i tuorli, e il burro che avrete fatto ammorbidire in una terrina e mescolate con forza fino ad ottenere un impasto piuttosto consistente. Con un matterello stendete la pasta sul tagliere che avrete infarinato e con uno stampino della forma che preferite ritagliate le melighette alle nocciole, che disporrete sulla placca del forno precedentemente unta di burro. Cuocete i biscotti a 150 ° per una ventina di minuti.

Budino di riso e nocciole

INGREDIENTI PER 4-6 PERSONE:

125 g di riso
200 g di panna fresca
70 g di farina di mandorle
1 bicchierino di brandy
65 g di burro
1 pizzico di sale
½ l di latte
150 g di zucchero
5 uova
25 g di fecola di patate
50 g di uvetta

Preriscaldate il forno a 180°. In un tegame portate a bollore il latte e un pizzico di sale, quindi versate il riso e fatelo cuocere per 15 minuti. Lasciate raffreddare e passate il tutto nel frullatore, in modo da ottenere una crema, quindi unite la panna, i tuorli, metà dello zucchero, e le mandorle tritate. Montate a neve gli albumi, mescolateli alla fecola ed al resto dello zucchero, quindi unite il tutto alla crema di riso. Per ultimo unite il burro fuso e l'uvetta che avrete lasciata a bagno nel brandy. Cuocete il dolce in uno stampo da budino a bagnomaria sul fornello fino a quando la superficie apparirà dorata e, immergendo uno stuzzicadenti nel budino, uscirà asciutto. Lasciate intiepidire, sformate e servite freddo.

Ciambella al limone di Vercelli

INGREDIENTI PER 4 PERSONE:

3 albumi
250 g di farina
150 g di zucchero
1 bustina di lievito in polvere
1 limone non trattato
100 g di fecola di patate
4 cucchiai di olio d'oliva
sale

Montate gli albumi a neve ben ferma con un pizzico di sale, quindi unite la farina, il lievito e la fecola, facendole nevicare da un setaccio perché non si formino grumi, mescolando delicatamente. Aggiungete lo zucchero, il succo e la scorza grattugiata di un limone e l'olio. Amalgamate tutti gli ingredienti, usando una frusta o uno sbattitore a velocità bassa, in modo da ottenere un composto morbido. Versate l'impasto in uno stampo antiaderente, a forma di ciambella, quindi infornate in forno già caldo a 180°, per 25 minuti. Togliete la ciambella dal forno e lasciatela raffreddare su una gratella per pasticceria prima di servirla.

Cioccolata Savoia

INGREDIENTI PER 4 PERSONE:
100 g di cioccolato fondente
¼ di l di panna
ricci di cioccolata
4 tazze di caffè forte
cannella in polvere
chicchi di caffè

Fondete il cioccolato a bagnomaria: diluite la crema ottenuta col caffè bollente ed incorporate un decilitro di panna. Versate la crema in 4 tazze, coprite col resto della panna che avrete montato in precedenza e completate decorando con cannella in polvere, riccioli di cioccolata e chicchi di caffè.

Coppette ai frutti di bosco e ricotta d'Alpe

INGREDIENTI PER 4 PERSONE:
200 g di more
100 g di mirtilli
30 g di zucchero
30 g di lamelle di mandorle
100 g di lamponi
250 g di ricotta d'Alpe
3 cucchiai di rum

Mescolate i tre tipi di frutti di bosco e divideteli in 4 parti. Disponete i frutti in 4 coppette come base. Con il robot da cucina montate la ricotta, lo zucchero e il rum. Con un cucchiaio versate parte della crema ottenuta in ciascuna coppetta. Decorate con le lamelle di mandorla e servite.

Crema dei poveri

INGREDIENTI PER 4 PERSONE:
100 g di cacao amaro in polvere
1 l di latte
150 g di amaretti
80 g di farina bianca
100 g di zucchero

Fate bollire il latte con lo zucchero. In una pentola con i bordi alti mettete il cacao in polvere assieme alla farina bianca, e stemperate lentamente con il latte caldo, mescolando perché non si formino grumi. Fate bollire il composto su fuoco moderato e continuate a mescolare con una frusta per almeno 10 minuti in modo che si addensi bene. Disponete gli amaretti sul fondo di una ciotola e versateci sopra la crema calda, lasciate che s'imbevano bene e fate raffreddare il dolce prima di servirlo.

Croccanti al cioccolato con riso soffiato

INGREDIENTI PER 30 PEZZI:
150 g di cioccolato al latte
15 g di riso soffiato
100 g di mandorle

Tritate grossolanamente le mandorle, disponetele in una teglia da forno e fatele tostare a 100° per 30 minuti. Mettete in un recipiente le mandorle e il riso soffiato e mescolateli insieme. Aggiungete quindi il cioccolato al latte che avrete fuso in un pentolino, a fuoco bassissimo e amalgamate il tutto. Versate il composto a cucchiaiate sul tavolo di marmo e lasciatelo raffreddare completamente.

Croccantini di riso

INGREDIENTI PER 4 PERSONE:
150 g di cioccolato fondente tritato   *100 g di burro*
50 g di riso soffiato

Imburrate una teglia rettangolare a bordi bassi e foderate la base con carta da forno. Sciogliete il cioccolato e il burro a bagnomaria, mescolando fino a ottenere un composto omogeneo. Incorporatevi il riso soffiato e stendete il composto nella placca. Tenete in frigorifero un paio d'ore finché si solidifica.

Crostata alla ricotta di Campertogno

INGREDIENTI PER 4 PERSONE:
1 rotolo di pasta brisée   *300 g di ricotta*
150 g di zucchero   *3 uova*
½ bicchierino di liquore all'arancia   *1 bustina di zucchero vanigliato*

Sbattete bene le uova con lo zucchero e il liquore all'arancia fino a quando il composto sarà bianco e spumoso. Unite la ricotta e mescolate ancora fino ad ottenere una crema omogenea. Foderate con la pasta brisée una tortiera unta, sollevando bene i bordi, quindi riempitela con la crema di ricotta. Fate cuocere la crostata in forno caldo a 170° per 45 minuti circa. Una volta fredda, prima di servirla, spolverizzatela di zucchero vanigliato.

Girella alla crema Gianduia

INGREDIENTI PER 4 PERSONE:
150 g di farina   *150 g di zucchero*
3 uova   *100 g di burro*
1 cucchiaino di lievito in polvere   *crema Gianduia*

Sbattete le uova con lo zucchero, aggiungete il burro ammorbidito, la farina e il lievito e lavorate bene il tutto per ottenere un impasto omogeneo. Imburrate una teglia e versatevi il composto. Cuocete nel forno preriscaldato a 180° per 10-15 minuti. Toglietelo dal forno, ricopritelo di crema Gianduia e arrotolatelo, facendo attenzione che non si rompa. Mettetelo a raffreddare in frigorifero, e prima di servirlo tagliatelo a fette.

Palline di riso dolce di Vercelli

INGREDIENTI PER 4 PERSONE:

200 g di riso
100 g di zucchero
½ arancia
2 bicchieri di latte
1 stecca di vaniglia
4 cucchiai di marmellata di arance

Portate a ebollizione una pentola con abbondante acqua e sbollentate il riso per 5 minuti, quindi scolatelo. Mettetelo in una casseruola con il latte e la stecca di vaniglia. Fate cuocere a fuoco molto dolce finché tutto il liquido sarà stato assorbito.

Togliete il composto dal fuoco, aggiungete lo zucchero, mescolate e lasciate raffreddare completamente, eliminando la stecca di vaniglia. Scaldate a bagnomaria la marmellata, diluendola con il succo della mezza arancia spremuta. Formate con il riso delle palline piccole come noci e disponetele nei singoli piattini. Prima di servire irrorate le palline con la marmellata calda.

Palline dolci walser

INGREDIENTI PER 4 PERSONE:

3 uova
3 cucchiai di farina
½ bicchiere di latte
50 g di zucchero + 2 cucchiai
  per guarnire
½ bicchiere di olio extravergine d'oliva

Preparate una pastella mescolando con la frusta le uova, lo zucchero, la farina e il latte.

Scaldate l'olio in padella e versatevi la pastella a cucchiaiate. Friggete le palline croccanti e fate scolare l'unto in eccesso su un foglio di carta assorbente da cucina, quindi servite cospargendo di zucchero.

Savoiardi farciti con crema e mirtilli

INGREDIENTI PER 4 PERSONE:

24 savoiardi
250 g di crema pasticcera
1 cucchiaio di zucchero a velo
100 g di mirtilli
2 cucchiai di panna montata

Montate in una ciotola la panna, che deve essere molto fredda, con uno sbattitore elettrico, e unite lo zucchero. Mescolate dal basso verso l'alto la panna alla crema pasticcera. Spalmate 12 savoiardi con il composto di crema e panna. Suddividete sui savoiardi i mirtilli. Sovrapponete ai savoiardi farciti i 12 rimasti e premete leggermente per farli aderire. Servite subito.

Torcetti al burro

INGREDIENTI PER 4 PERSONE:
600 g di farina
100 g di burro
1 bicchierino di rum
scorza di limone
300 g di zucchero
4 uova
1 bustina di lievito in polvere
olio per friggere

Montate bene le uova con lo zucchero, unite il rum, la scorza di limone grattugiata, il burro ammorbidito in precedenza. Unite la farina e il lievito in polvere.

Lavorate con cura, impastando il composto omogeneamente. Con pezzi di impasto fate dei "grissini", lavorandoli con i palmi delle mani, non più grossi di un mignolo e tagliateli a pezzetti. Incrociate le parti terminali dei grissini e sovrapponetele, torcendone le estremità per farli restare chiusi. Friggeteli in olio bollente e metteteli a scolare l'unto in eccesso su un foglio di carta assorbente da cucina prima di servirli.

Torta ai lamponi con riso e yogurt

INGREDIENTI PER 4-6 PERSONE:
100 g di riso
1 bicchiere di latte
1 kg di yogurt cremoso
20 g di gelatina in fogli
130 g di zucchero
80 g di burro
100 g di lamponi

Portate a ebollizione il riso con il latte tiepido diluito con mezzo bicchiere d'acqua, fate sobbollire per 10 minuti, quindi spegnete il fuoco e mescolatevi 80 g di zucchero. Ponete il coperchio sulla pentola e lasciate che il riso assorba il liquido per un quarto d'ora. Unite il burro, mescolate bene, quindi ponete il riso sul fondo di uno stampo, possibilmente a cerniera. Ammorbidite i fogli di gelatina in acqua fredda, strizzateli e fateli sciogliere a bagnomaria in due dita di acqua. Frullate i lamponi con 4 cucchiai di yogurt e i rimanenti 50 g di zucchero e mescolatevi la gelatina. Montate lo yogurt rimasto con la frusta elettrica alla massima velocità per un minuto, incorporatevi il composto di gelatina e lamponi (che deve essersi raffreddato nel frattempo) e mescolate. Versatelo sullo strato di riso e ponete il dolce in frigo a consolidare per 6 ore.

Torta di crema alle mandorle

INGREDIENTI PER 4-6 PERSONE:
1 confezione di pasta frolla
100 g di mandorle tritate
2 uova
la scorza grattugiata di 1 limone
230 g di ricotta piemontese
mandorle a lamelle per guarnire
100 g di zucchero
1 pizzico di sale

Mescolate le mandorle tritate con la ricotta, le uova, lo zucchero, la scorza di limone e il pizzico di sale. Srotolate la pasta frolla pronta e foderate uno stampo da crostata.

Riempite con la crema di ricotta. Tagliate la pasta eccedente, riducetela a striscioline e disponetele a grata sulla superficie della torta. Decorate con le mandorle a lamelle e cuocete in forno caldo a 180° per 35-40 minuti.

Torta di riso e cioccolato

INGREDIENTI PER 4 PERSONE:

200 g di riso
4 dadoni di cioccolato al latte
100 g di zucchero
2 uova

½ l di latte
70 g di burro
1 limone
1 pugno di pangrattato

Mettete il latte e l'acqua in una pentola e quando il liquido inizierà a bollire unite il riso; cuocete a fiamma bassa, mescolando spesso perché il riso non si attacchi al fondo, fino a che il liquido non sia stato completamente assorbito. Durante la cottura tenete la pentola scoperta. Togliete dal fuoco e unite il burro, lo zucchero, i dadoni di cioccolato al latte triturati o grattugiati, la scorza e il succo del limone e i tuorli delle uova. Montate a neve ferma gli albumi e incorporate anche questi al composto, poco alla volta, rimescolando lentamente. Imburrate una teglia da forno e spolverizzatela con il pangrattato. Mettete la torta nella teglia e cuocetela a forno già caldo a 180° per circa 25-30 minuti, fino a quando sarà dorata.

Torta di Serravalle Sesia

INGREDIENTI PER 4 PERSONE:

Per la pasta frolla:
500 g di farina
200 g di zucchero
1 pizzico di sale

250 g di burro
2 uova

Per il ripieno:
350 g di zucchero
350 g di gherigli di noci

2 dl di panna

Preparate la pasta frolla impastando con delicatezza gli ingredienti assieme ad un pizzico di sale. Quando sarà liscia e soda, formate una palla, mettendola a lievitare, infarinata ed avvolta in un tovagliolo umido. In una padella antiaderente fate caramellare lo zucchero al quale, appena biondo, aggiungerete la panna, mescolando il composto fino a quando sarà ben amalgamato. Quindi, unite i gherigli delle noci, spezzettati grossolanamente. Tirate la pasta, formate due dischi, foderate con il primo una tortiera, versateci dentro il ripieno di noci e coprite con l'altro disco di pasta. Cuocete in forno caldo a 200° per mezz'ora.

DOLCI

Torta fra' Dolcino

INGREDIENTI PER 4 PERSONE:

500 g di ricotta
200 g di biscotti
4 uova
la buccia grattugiata di
  1 limone
250 g di panna liquida
200 g di zucchero
1 bustina di vanillina
1 vasetto di marmellata ai frutti
  di bosco

Tritate bene i biscotti, aggiungete 4 cucchiai di panna poi mescolate e schiacciateli in uno stampo foderato di carta forno per formare la base del dolce. Sbattete le uova intere con lo zucchero, la vaniglia, la buccia grattugiata del limone e la panna, poi unite la ricotta e mescolate accuratamente per amalgamare il tutto.

Infornate a forno preriscaldato a 180° per 40 minuti circa.

Togliete la torta dal forno quando vedrete che è leggermente dorata, quindi lasciatela intiepidire per 10 minuti. Ricopritela con la marmellata ai frutti di bosco e servite.

Torta Gianduia

INGREDIENTI PER 6-8 PERSONE:

350 g di zucchero
200 g di cioccolato fondente
100 g di panna liquida
90 g di fecola di patate
9 uova
1 bustina di vanillina
burro e farina per la tortiera
250 g di cioccolato al latte
125 g di burro
90 g di farina
50 g di nocciole tostate
1 cucchiaio di miele
1 bicchierino di cognac

Versate in una pentolina una cucchiaiata di zucchero, fatelo sciogliere dolcemente sul fuoco, unite le nocciole, mescolate per farle caramellare, spegnete il fuoco e mettete il tutto in un mortaio, quindi pestate bene fino ad ottenere una pasta.

Sbattete in un pentolino 6 uova intere, 3 tuorli e 250 g di zucchero. Una volta che avrete ottenuto un composto spumoso ponetelo a cuocere pochi minuti a bagnomaria e, sempre sbattendo, levate il recipiente dal fuoco, unite il miele e continuate a sbattere finché non si sarà raffreddato.

Grattugiate 70 g di cioccolato fondente, fatelo sciogliere in una pentolina con il burro, la vanillina e la pasta di nocciole, poi fatelo scaldare a bagnomaria fino a quando sarà perfettamente sciolto. Mescolate insieme la fecola e la farina e incorporatele delicatamente alle uova, facendole nevicare da un setaccio e mescolando continuamente.

Aggiungete anche il cioccolato al latte, la panna, il cognac e la pasta di nocciole che avete fatto fondere a bagnomaria, mescolate ancora e quando tutto sarà stato ben amalgamato, versare in una tortiera imburrata ed infarinata. Livellate delicatamente il dolce con il palmo bagnato della mano e cuocetelo in forno preriscaldato a 90° per 50 minuti.

INDICE ALFABETICO DELLE RICETTE

Antipasti e piatti unici

Acciughe al verde, 11
Agliata verde monferrina, 11
Agoni di Orta san Giulio in carpione, 233
Albese, 179
Alborelle del lago d'Orta al forno, 233
Anguilla con funghi e peperoni su letto di riso, 234
Antipasto ai peperoni, 71
Antipasto di cervella, 127
Antipasto di cicoria di Frassineto Po, 12
Antipasto di fagioli all'astigiana, 71
Antipasto di patate e castagne di Albera Ligure, 12
Antipasto piemontese di Ivrea, 289
Asparagi al gorgonzola, 234
Asparagi saraceni di Vinchio con uova gratinate, 72
Bagna caoda, 289
Bomba al formaggio, 345
Budino di funghi di Castelletto Cervo, 127
Budino di grasso d'alpe di Formazza, 345
Budino di Montegranero dell'alta Val Pellice, 290
Budino di prosciutto e macagn della valle Sessera, 401
Cannoli di Mörtrett di Quincinetto ripieni di prosciutto, 290
Cappelle di funghi gratinate di Piedicavallo, 128
Caramelle di salame di cinghiale di Corio e tomini, 290
Cardi di Isola d'Asti con le olive, 72
Carne cruda trita, 179
Carote di San Rocco Castagnaretta gratinate al nostrale d'Alpe, 179
Carpaccio di manzo affumicato con castelmagno, 180
Cartocci di verze di Borgo Ticino, 234
Càsoeûla novarese, 235
Cavedano al forno con patate brasate all'aceto balsamico, 345
Cavoletti di Bruxelles gratinati con prosciutto di Cossombrato, 72
Cavolfiore alle noci di Quaregna, 128
Cervella fritta di Biandrate, 235
Cestini di pane di Candelo, 129
Cipollata di Castagnole Monferrato, 73
Cipolle ripiene alla canavesana, 291
Cipolle ripiene alle noci e tomini di capra della Valle Cervo, 129
Cipolle ripiene di Testun della Valle Erro, 12
Corona di riso con polpette di formaggio, 236
Corona di riso con salam d'la duja, 401
Crema di toma fresca e peperoni, 73
Crocchette di cavedano del lago d'Orta, 236
Crocchette di zucchine e ricotta della Valfenera, 73
Crostini ai tartufi, 180
Crostini al bruss, 180
Crostini al tumin 'd crava e salsiccia, 402
Crostini con bergna della Valsesia, 402
Crostini con bresaola di cervo, 237
Crostini con filetto baciato di Ponzano Monferrato, 13
Crostini con la bundiola della Val Susa, 291
Crostini con lavarello al burro e salvia, 346
Crostini con Montébore cumudò di Dernice, 13
Crostini con peperoni alla griglia e bagnet ross, 14
Crostini con prosciutto crudo dell'alta Val Susa, 291
Crostini con prosciutto crudo della Valle Gesso, 181
Crostini con salame d'asino di Moncalvo, 74
Crostini con toma e cipolle abbrustoliti, 129
Crostini con violino di agnello dell'Ossola, 346
Crostini di polenta con lumache, 347
Crostini di toma e funghi di Sordevolo, 130
Crostoni con coppa cotta bieleisa, 130
Crostoni di pane abbrustolito con bagnet 'd tômatiche, 74
Fagiolata ai peperoni di Albera Ligure, 14
Farinata di Ovada, 14
Fegatini e spadone di Nizza Monferrato, 74
Fegato d'oca all'albese, 181
Fidighin di Vercelli su letto di riso, 402
Finanziera, 292
Flan di asparagi di Valmacca, 15
Focaccia di patate, 403
Focaccine al grasso d'Alpe, 347
Frachet di Alagna Valsesia su crostoni, 403
Frisse di Baldissero Canavese, 292
Frittata ai dadini di pane, 403
Frittata alle erbette con beddo di Pralungo, 130
Frittata cuneese gratinata alla toma, 181
Frittata di castagne, 182
Frittata rognosa al filetto baciato di Ponzone, 15
Frittata rognosa, 292
Frittelle con i germogli di luppolo, 347
Frittelle con le cime di ortica, 348
Frittelle di ortiche, 404
Frittelle di patate e gioda di Mondovì, 182
Frittelle di riso con salame e Nostrale d'Alpe, 237
Frittelle di sambuco, 348
Frittelle di tarassaco, 131
Fritto misto di Varallo, 237
Frittura di rane e pesce persico, 238
Frittura di rane, 404
Galantina di cappone di Morozzo, 183
Insalata di bietola rossa di Castellazzo Bormida in salsa piccantina, 15
Insalata di bollito, 16
Insalata di cappone ruspante di Nizza Monferrato, 75
Insalata di carne cruda ai tartufi d'Alba, 183
Insalata di coniglio di Carmagnola, 293
Insalata di gallina bianca di Saluzzo in maionese, 183
Insalata di gianchetti, 293
Involtini di mocetta ossolana, 349
Involtini di peperone di Isola d'Asti, 75
Lavarello carpionato di Baveno, 349
Lingua di vitello al vino bianco, 131
Lingua di vitello con salsa rossa, 16
Lumache di Cherasco fritte, 184
Lumache su letto di patate, 238
Merenda di pane, 404
Miacce della Valsesia, 405
Miasse con salgnun dell'eporediese, 293

INDICE ALFABETICO DELLE RICETTE

Mustardela della Val Pellice, 294
Niçoise vecchia Torino, 294
Ossibuchi con riso, funghi e fagioli, 239
Palline di cevrin di Coazze, 294
Peperone quadrato d'Asti farcito, 76
Peperoni alla vercellese, 405
Peperoni ripieni con funghi e riso, 406
Piatto freddo di lingua, 76
Polenta con crema di castelmagno, 184
Polenta con fegato alla grappa, 132
Polenta con mortadella d'Orta, 239
Polenta con salsiccia e peperoni, 77
Polenta con stufato d'asino, 240
Polenta e bisecon con panna, 406
Polenta e cotiche di Ghemme, 240
Polenta e fegatini al peperone di Capriglio, 77
Polenta e murtarat, 132
Polenta e zampetti di maiale al peperone di Motta di Costigliole, 78
Polenta nera con bagna bianca, 407
Polenta rustica pasticciata, 241
Polenta saltata con fagiolana di Borghetto di Borbera, 17
Pollo all'albese, 184
Polpette di mollana della Val Borbera, 17
Polpettine di boves con le noci, 185
Polpettone di lingua all'astigiana, 78
Pomodori all'aglio alla brace con scaglie di toma stagionata, 132
Pomodori ripieni di riso e salame di turgia delle Valli di Lanzo, 295
Previ e fagioli, 18
Rane fredde in salsa all'aceto, 407
Rane ripiene croccanti, 408
Rape ripiene di robiola di Bossolasco, 185
Riso con anguilla al barolo, 408
Rombi fritti al bettelmatt di Baceno, 350
Rustici di segale al lardo della doja, 18
Salame di Giora alla griglia, 133
Salame di tacchino di san Marzanotto con patate, 79
Salame di tonno, 295
Salamini con patate al burro, 350
Salsiccia di riso di Curino, 133
Salvia fritta, 408
Sancarlin, 296
Sanguinaccio con patate, 350
Sanguinaccio con riso, 409
Sautissà'd coi di Mattie bollita con polenta, 296
Savoiarda, 296
Sedano al gorgonzola, 241
Sformato con le gambesecche, 186
Sformato di ceci e zucca di Novi Ligure, 19
Sformato di prosciutto in salsa di funghi, 79
Sformato di riso e salame d'oca, 241
Soma con 'l mlon di Saluzzo, 186
Soma con fegatino sotto grasso di Vercelli, 409
Soma con salame d'oca, 242
Soma con tripa d'Muncale', 297
Soma d'aglio, 409
Spianata astigiana con cipolla bionda, 80
Spianatine con carn seca dell'Ossola, 350
Susiccia d'crava della Valsesia su crostone, 351
Tartelette di Oropa, 134
Tartine con agliata del Monferrato, 19
Tasca fredda ripiena di salame del cios di Calosso, 80
Terrina monferrina di uova al pomodoro, 20
Testa in cassetta con polenta abbrustolita, 351

Testina di vitello ripiena, 242
Toma fritta di Campiglia Cervo, 134
Tomini al verde alla torinese, 297
Tomini asciutti di Rocca Canavese in salsa piccante, 297
Tomini elettrici, 186
Tomino di langa in padella, 187
Tonno di coniglio, 20
Torta di cardi, 81
Torta di cicoria di Borgo San Martino, 21
Torta di erbe selvatiche di Balma Biellese, 134
Torta di fiori di zucca di Canelli, 81
Torta di patate e bresaola della Val d'Ossola, 351
Torta di patate e toma con mocetta, 352
Torta di riso con prosciutto e spinaci, 243
Torta povera di riso ed erbe selvatiche, 135
Torta salata di ricotta e asparagi di Borgo d'Ale, 410
Torta salata di spinaci e toma, 21
Torta salata di verze, 243
Tortino di coregone del verbano, 352
Tortino di patate con spinaci e uova, 353
Trote al burro su letto di riso, 353
Tumin 'd crava alle erbe, 187
Umido di castagne di Venasca e fagioli di Boves, 187
Uova fritte e cupa delle valli ossolane, 353
Uova ripiene alle acciughe, 135
Violino di camoscio della Val d'Ossola con pane di segale e burro alle 354erbe,
Wiweljeta di Alagna, 410
Zampetto di maiale fritto con patate e rosmarino, 135
Zucca fritta, 136
Zucchine e riso gratinati alla biellese, 136

Primi piatti

Agliata (tagliatelle con noci ed aglio), 22
Agnolotti al tartufo, 189
Agnolotti alessandrini tradizionali, 22
Agnolotti alla biellese, 137
Agnolotti alla Casalese, 24
Agnolotti alla monferrina, 25
Agnolotti astigiani, 82
Agnolotti del plin al sugo di arrosto, 299
Agnolotti della Val Cerrina, 26
Agnolotti di Fubine, 27
Agnolotti di magro, 355
Agnolotti di Novi Ligure, 28
Agnolotti torinesi, 298
Agnolotti verdi con fonduta di castelmagno, 190
Bavette con sugo alle verdure, 355
Brudera, 137
Cabiette della Val Susa, 299
Caiettes occitane con salsiccia, 300
Calhetas occitane, 190
Cannelloni con salsiccia e cotiche, 411
Cannelloni con salsiccia e spinaci, 138
Cannelloni di carne, 356
Cisrà (minestra alessandrina di ceci e costine di maiale), 29
Conchiglie al pomodoro e fidighin, 356
Corsetins di segale alla occitana, 191
Crema di cardo di Andezeno, 301
Crema di cavolfiore e toma ossolana, 357
Crema di funghi e brusso, 244
Crema di patate di montagna della Val Chisone, 301
Crema di porri, 138

Crema di zucca, 83
Crema walser di grasso d'Alpe, 357
Crespelle alla fonduta, 244
Crespelle con il castelmagno, 191
Crosets occitane, 192
Donderets rossi occitani, 192
Farfalle ai fiori di zucca e prosciutto della Val Vigezzo, 357
Farfalle ai funghi di Giaveno, 301
Farfalle al timo e briciole di salsiccia, 411
Fesqueiròls occitans, 193
Fonduta di Oropa, 139
Fonduta di robiola di Cocconato, 83
Gnocchetti alla Val Germanasca, 302
Gnocchetti con la verza di Cerro Tanaro, 83
Gnocchetti di patate alla montanara, 139
Gnocchetti di patate con Murianengo di Exilles, 302
Gnocchi al castelmagno, 193
Gnocchi all'ossolana, 358
Gnocchi alla bava, 29
Gnocchi con la sora di Ormea, 194
Gnocchi di castagne di Pralungo, 140
Gnocchi di grano saraceno con salame e toma, 140
Gnocchi di spinaci con ricotta e formaggio, 84
Gnocchi di Verbania, 358
Gnocchi di zucca al profumo di rosmarino e toma, 303
Gnocchi gratinati, 141
Gnocchi walser alle erbe spontanee, 359
Gobbi con piselli e carciofi, 359
Gobelin (agnolotti di Tortona), 30
Lasagne al tartufo, 195
Lasagne alessandrine per la vigilia di Natale, 30
Lasagne campagnole dell'Avvento, 31
Lasagne povere della Val di Lemme, 32
Lenzuolino del bambino (Lasagne natalizie), 32
Maccheroni ai peperoni di Ghemme, 245
Maccheroni al cavolfiore e bresaola di cervo, 245
Maccheroni alla contadina con beddo della Valle Cervo, 141
Maccheroni con cavolo e zucchine, 360
Maccheroni con panna e salsiccia di Bra, 195
Maccheroni con patate e funghi, 360
Maccheroni con tonno e piselli, 412
Malfatti, 33
Maltagliati in sugo di funghi, 361
Minestra con l'asparago saraceno di vinchio, 84
Minestra di cardi, 85
Minestra di carni povere, 412
Minestra di carote di San Rocco Castagnaretta, 196
Minestra di castagne con riso alla cuneese, 196
Minestra di ceci e maiale, 413
Minestra di fagiolini verdi alla piemontese, 361
Minestra di fiori, 142
Minestra di patate e rane, 413
Minestra di riso con castagne, 413
Minestra di riso e rigaglie alla contadina, 414
Minestra di sant'Antonio, 246
Minestra di uova, pane e acetosella, 414
Minestra di zucca verde alla contadina, 142
Minestra monferrina con legumi, trippa e carni povere, 33
Minestrone al lardo del basso monferrato, 34
Minestrone alessandrino detto "amnestron ancarasò", 34
Minestrone artigiano, 85
Olla al forno, 246
Panada, 35

Paniscia di Novara, 247
Panissa vercellese, 414
Pappardelle al radicchio rosso in salsa di tomino, 303
Pasta alla macugnaghese, 362
Pasta con verza e zucchine, 142
Pasta e fagioli di Casale Popolo, 35
Penne ai porri, 247
Penne al gorgonzola e noci, 86
Penne gratinate con prosciutto crudo della Val Susa, pinoli e mascarpon304e,
Pennette alla panna con violino di capra, 362
Polenta di patate e grano saraceno, 362
Rabatòn bianchi dell'alessandrino, 36
Ravioles di Blins, 196
Ravioli di Gavi, 36
Ravioli di pesce di lago, 363
Ravioli di seirass del fen con ragù di capriolo, 304
Raviolini di magro di Candelo, 143
Ravioloni agli spinaci e toma fresca, 305
Riso alla biellese con toma di Macagno, 143
Riso alla salsiccia e rosmarino, 415
Riso con bresaola della Val d'Ossola, 364
Riso con funghi e menta della Valle Grana, 197
Riso con la fonduta di toma e peperoni, 144
Riso con pancetta e rosmarino, 144
Riso con rape e prezzemolo, 415
Riso e ortiche, 86
Riso e rane, 247
Riso e zucca, 416
Riso filante alla verza, 144
Riso tricolore, 416
Riso, salsiccia e funghi, 86
Risotto ai formaggi di Varallo Pombia, 248
Risotto ai funghi e formaggio d'alpe, 248
Risotto ai funghi e pancetta, 416
Risotto al barolo, 306
Risotto al gorgonzola di Biandrate, 249
Risotto al Montébore e crema di zucca, 37
Risotto al radicchio di Cortazzone, 87
Risotto al tartufo d'Alba, 197
Risotto alla novarese, 249
Risotto alla Oleggio, 249
Risotto alla zucca di Pettenasco, 250
Risotto alle punte di ortica, 417
Risotto coi peperoni di Marano Ticino, 250
Risotto con bresaola di cervo, 251
Risotto con chiocciole di Borgo San Dalmazzo, 197
Risotto con fiori di zucca e toma, 87
Risotto con gli agoni, 251
Risotto con i fagioli dell'occhio, 417
Risotto con i fagioli e le cotiche, 418
Risotto con i finocchi e il rosmarino, 88
Risotto con il cardo di Isola d'Asti, 88
Risotto con la salsiccia, 89
Risotto con le verdure, 251
Risotto con patate, 419
Risotto con pere e nostrale d'alpe, 198
Risotto con porcini e carne d'oca, 364
Risotto con salsiccia di Carpignano Sesia, 252
Risotto con taleggio e cipolline di Ivrea, 306
Risotto rosso di Buttigliera d'Asti, 89
Risotto rosso di Gattico, 252
Sformato di riso al tartufo bianco, 198
Spaghetti al sugo di ricotta e guanciale, 419
Spaghetti con la cipolla bionda astigiana, 89
Spaghetti con la toma, 90
Strangolapreti, 419

INDICE ALFABETICO DELLE RICETTE

Supa barbetta, 306
Supa d'auiche del canavese, 307
Tagliarini occitani di Roaschia, 199
Tagliatelle agli asparagi e salsiccia, 145
Tagliatelle al prosciutto crudo della Valle Gesso, 199
Tagliatelle alla robiola con erba cipollina, 253
Tagliatelle astigiane alla finanziera, 90
Tagliatelle con funghi ossolani e prosciutto, 253
Tagliatelle con ricotta di monte e salsiccia, 364
Tagliatelle della Val Formazza, 365
Tagliatelline in brodo con le rigaglie, 253
Taglierini alle verdure, 145
Tagliolini ai fegatini di pollo, 145
Tagliolini al ragù di oca, 365
Tagliolini alla crema di tartufo, 199
Tagliolini con piselli di Casalborgone, 307
Tagliolini con ricotta e fave, 90
Tagliolini funghi e panna, 146
Tajarin al sugo di salsiccia, 146
Tajarin con fegatini, 91
Tundiret (gnocchetti occitani alla panna), 200
Vellutata di zucca al frachet della Val Susa con lamelle di mandorle, 308
Walisschuppa, 420
Zucca e pan bagnato, 147
Zuppa alla trippa, 92
Zuppa canavesana, 308
Zuppa d'orzo e piatli-na di Andezeno, 310
Zuppa d'orzo walser, 366
Zuppa dei Savoia, 308
Zuppa della Val Pellice, 309
Zuppa di castagne di Corio, 309
Zuppa di ceci di morella, 37
Zuppa di lenticchie e zucca, 254
Zuppa di navoni (rape) e patate, 92
Zuppa di pane e toma di montagna, 200
Zuppa di pane raffermo e cipolle, 420
Zuppa di pane, patate e rape, 92
Zuppa di porri, rape e patate della Valsesia, 421
Zuppa di rape e riso, 421
Zuppa di trippa di Piazza Tanaro, 38
Zuppa di trippa e fagioli, 147

Secondi piatti

Agnello al forno alla pinerolese, 311
Agnello al lardo e funghi, 255
Agnello biellese alle erbe, 148
Agnello di Stura con funghi in salsa d'aglio, 201
Agnello in crosta alle erbe, 255
Agnello sambucano al forno con cipolline, 201
Agnellone tardoun di Demonte in teglia, 202
Agoni al tegame, 367
Ali di pollo fritte con salsa di aceto, 367
Anguilla in umido, 367
Anguille arrosto, 368
Animelle in umido di San Giorgio Monferrato, 39
Anitra alle mele, 256
Anitra arrosto con cipolla, 368
Anitra farcita di Rocca Grimalda, 39
Arista di maiale con asparagi saraceni di Vinchio, 93
Arrosticini di merli, 368
Arrostini di quaglie tartufate, 202
Arrosto ai funghi, 203
Arrosto al peperone di Capriglio, 94
Arrosto di coniglio al latte, 148

Arrosto di maiale all'uva moscato, 93
Arrosto di maiale di Masserano, 148
Arrosto di manzo alla panna, 94
Arrosto di vitello all'arneis, 311
Arrosto in dolceforte, 422
Baccalà al forno, 422
Baccalà con polenta, 149
Bale d'aso di Monastero Vasco, 203
Batsoà, 423
Batsoà di Asti, 95
Bistecca di maiale con mostarda di mele della Valle Elvo, 149
Bistecche ai capperi di Villanova d'Asti, 95
Bistecche in salsa, 369
Bistecchine di tacchino alla piemontese, 311
Bocconcini di maiale al cartoccio, 369
Bocconcini di maiale con le rape, 256
Bocconcini di vitello con bietola rossa di Oviglio, 39
Bollito di capodanno, 369
Bollito misto alla torinese, 312
Bollito misto alla vercellese 423
Caponet vercellese, 424
Bottatrice con cipolle, 370
Braciole di maiale alla grappa, 424
Braciole di maiale alla senape, 150
Braciole di maiale con fagioli, 203
Brasato al barolo, 312
Brasato d'asino di Calliano, 96
Brasato di capriolo all'aceto, 370
Brasato di piemontese in salsa di radicchio, 96
Caponèt del Monferrato, 97
Caponet torinese, 313
Cappone di Monasterolo di Savigliano coi funghi, 204
Cappone di san Damiano d'Asti ripieno, 97
Cappone di Vesime alle mele, 98
Cappone ripieno, 150
Capriolo in umido, 425
Carne cruda all'albese, 204
Carpa al coccio, 371
Carpaccio di bresaola di cavallo di Borgomanero, 257
Carpaccio di manzo di Carrù al Caso di Elva, 204
Cavedano al forno con patate in intingolo, 371
Cervo in umido marinato, 372
Cervo stufato, 425
Civet di coniglio di Carmagnola, 314
Civet di lepre con cipolline, 257
Coniglio al tartufo, 205
Coniglio all'astigiana, 98
Coniglio alla fiamma, 426
Coniglio alla montanara, 426
Coniglio con aglio di Molino dei Torti, 40
Coniglio con i peperoni, 99
Coniglio di carmagnola alla cacciatora, 314
Coniglio in fricassea, 257
Coniglio in salsa al limone, 258
Coniglio ripieno, 427
Coppa di maiale arrosto alla freisa, 258
Coppa di maiale arrosto, 40
Coregoni in salsa all'agro, 372
Cosce di pollo alla bagna, 315
Cosciotto di capretto cotto nel fieno maggengo e patate alla cenere, 151
Costine di maiale e ceci di Novi Ligure, 40
Costine di maiale in umido, 258
Cotoletta al tartufo d'Alba, 205
Cotoletta alla monferrina, 99
Cotolette di prosciutto al Tenero di Bra, 206

Cuore e salsiccia con polenta, 372
della Valle Cervo,
Fagiano al nebbiolo, 427
Fagiano alle castagne di Carrega, 41
Fagiano ripieno alla savoiarda, 315
Fagottini di pollo al lardo, 259
Fagottino di vitello farcito al tartufo, 316
Faraona al cartoccio, 151
Faraona alla crema con tartufo d'Alba, 206
Fegatino sotto grasso con polenta, 259
Fegato di vitello al nebbiolo, 41
Fegato in salsa al tomino di Casalborgone, 316
Filetti di cavedano al timo, 373
Filetti di pesce persico di Arona, 259
Filetti di trota alle verdurine e cognac, 373
Filetto alle mele, 152
Filetto di bue di Carrù con toma di Celle Macra, 206
Filetto di bue di Carrù in salsa di scalogno all'agro, 207
Filetto di maiale ai funghi e brandy, 316
Filetto di sanato piemontese alle prugne, 99
Filetto di vitello in salsa agra, 42
Filetto saltato al verde, 152
Finanziera astigiana, 100
Frisse novaresi, 260
Frittata alla savoiarda, 317
Frittata di asparagi, 42
Frittata di robiola di Roccaverano e salame, 100
Fritto misto alla torinese, 317
Gallina bollita in salsa verde, 42
Griva monferrina, 101
Il prete nei fagioli, 207
Insalata calda di gallina bianca di Saluzzo, 208
Involtini con tomini del bot della Val Varaita, 208
Involtini di cicoria pan di zucchero di Villanova Monferrato, 43
Involtini di maiale, 428
Lavarelli al vino bianco, 373
Lenticchie con mortadella di fegato, 374
Lepre in civet di Volpedo, 43
Lingua di sanato con salsa verde, 318
Lingua di vitello in salsa aiolì, 44
Lombo di maiale alle erbe, 152
Lonza al macagn, 153
Lonza di maiale al miele, 101
Lumache al tegame, 374
Lumache all'alessandrina, 44
Lumache alla contadina, 428
Maiale caramellato al limone di Massazza, 153
Mammella di mucca con patate di Alagna, 429
Manzo piccante, 101
Manzo piemontese in casseruola all'astigiana, 102
Merluzzo in umido al latte, 45
Merluzzo in umido con cipolle, 45
Mula bollita con purè, 260
Mula bollita di Vercelli, 429
Muscolo di vitello in fricassea, 45
Oca arrosto con le verze, 260
Oca farcita alla novarese, 261
Oca in porchetta, 430
Ossibuchi con funghi e piselli, 375
Pasticcio di polenta alla contadina, 261
Petto d'anitra ai mirtilli, 318
Petto di pollo agli asparagi di Santena, 319
Petto di pollo alla panna, 153
Petto di pollo alla valligiana, 154
Petto di tacchino con funghi e aceto, 375
Piccioni alla cuneese, 208

Piccioni alla monferrina, 102
Polenta conscia d'Oropa, 154
Polenta walser, 430
Pollo alla Marengo, 46
Pollo ripieno con verdure, 155
Pollo ripieno di castagne di Corio, 319
Polpette alla cuneese, 209
Polpette alla ossolana, 376
Polpette della balia, 319
Polpettone alle erbe fini, 431
Polpettone di maiale in fascia, 262
Prosciutto farcito al profumo di bosco, 155
Punta di vitello alle erbe, 102
Quaglie farcite al tartufo d'Alba, 209
Quagliette ripiene, 156
Rane alla pizzaiola, 431
Rane fritte alla vercellese, 431
Rane fritte, 262
Rane in guazzetto, 263
Rane in salsa al vino, 432
Rane in umido, 263
Rolate di tacchino di Castellazzo Bormida, 46
Rolatine ripiene alla torinese, 320
Salsiccia al formentino di Cossano Belbo, 209
Salsiccia alle erbe, 432
Salsiccia e funghi della Valle Cervo, 156
Salsiccia in salsa bianca di Pontecurone, 46
Sanato ai funghi, 376
Scaloppine con la robiola, 47
Spezzatino alle verdure di Casalvolone, 263
Spezzatino di pollo e maiale, 432
Stinco di maiale al forno, 156
Stracotto al barolo, 320
Stufato di cavallo del Monferrato, 47
Tacchino ripieno di castagne di Cantalupo, 48
Tacchino ripieno di castagne, 210
Tapulon di Moncalvo (carne trita d'asino), 103
Tofeja biellese, 157
Trippa con patate, 321
Trippa e fagioli di Boves, 210
Trippa fritta con cipolle, 157
Trota della Val Germanasca, 321
Uccelletti con porcinelli neri di Giaveno, 322
Umido di maiale con cardi di Isola d'Asti, 103
Umido di rane e patate, 433
Vitello con funghi alla contadina, 157
Vitello in casseruola, 264
Vitellone arrosto alla Visconti, 264
Zampetti di maiale arrostiti, 48

Contorni

Antica insalata di porri, 49
Asparagi al forno con tomino della Valmala, 211
Asparagi alla senape, 265
Asparagi bolliti con salsa di tomino di Rivalta, 323
Asparagi di Alice Castello fritti, 434
Asparagi di Borgo d'Ale all'aglio, 434
Asparagi di Cigliano con porri e indivia, 434
Asparagi di Santena al prezzemolo, 323
Asparagi di Valmacca al burro fuso e toma, 49
Asparagi di Valmacca all'olio e limone, 49
Asparagi e funghi, 211
Asparagi in salsa alle acciughe, 50
Asparagi in salsa aurora, 50
Asparago saraceno di Vinchio in salsa al verde, 104

INDICE ALFABETICO DELLE RICETTE

Barbabietole al forno in salsa alla senape, 435
Barbabietole al forno ripiene di cipolle e Tenero di Brà, 212
Barbabietole rosse alle acciughe, 212
Bietola rossa di Masio con aceto di lamponi, 50
Bietola rossa di Sezzadio in salsa agra, 51
Bietole in teglia, 265
Borlotti di Castelletto Stura in salsa all'acciuga, 212
Budino di erbette, 265
Cappelle di porcini grigliate al timo, 324
Carciofi al Nostrale d'alpe, 213
Carciofi alla boscaiola, 213
Carciofi fritti con prosciutto e tomino fresco, 377
Carciofi in agrodolce con le acciughe, 377
Carciofi in fricassea, 51
Carciofi in padella, 266
Carciofi ripieni ai peperoni, 435
Carciofi ripieni alla toma, 104
Carciofi saltati in padella, 378
Cardi al forno, 51
Cardi dorati in pastella di noci, 378
Cardi fritti, 105
Cardi gratinati alla toma, 266
Cardi ripieni di formaggio, 105
Cardo di Motta di Costigliole in umido, 106
Cardo di Motta di Mostigliole in salsa all'aglio e noci, 106
Carote al forno, 266
Carote con crema di aglio e tomino, 378
Carote gratinate alla toma, 52
Carote in salsa al tomino di san Giacomo di Boves, 213
Carote piccanti di san Rocco Castagnaretta, 214
Carotine al vino bianco, 324
Carotine novelle al forno, 107
Castagne di Corio all'agliata, 324
Cavolfiore al forno con toma e tartufo, 158
Cavolfiore al pomodoro, 267
Cavolfiore alla ossolana, 379
Cavolfiore di Moncalieri in salsa ai funghi ed Erbaluce, 325
Cavolfiore di Nichelino in crema al gorgonzola e funghi, 325
Cavolfiore di Santena in crema al tartufo, 325
Cavolfiore di Trofarello, 326
Cavolfiore e patate al forno, 107
Cavolo piccantino alle erbe, 379
Cavolo verza di Montalto Dora, 326
Cavolo verza di Settimo ai tomini, 326
Ceci al forno con cipolla, 267
Cetrioli alla panna, 379
Cicoria in umido di Villanova Monferrato, 52
Cicorie selvatiche in insalata, 267
Cipolle agrodolci, 108
Cipolle al forno con la toma, 52
Cipolle al forno in salsa piccantina, 435
Cipolle bionde astigiane ripiene, 108
Cipolle bionde di Castelnuovo Scrivia al forno, 108
Cipolle brasate al Barbera, 158
Cipolle ripiene di funghi, 159
Cipolle ripiene di toma, 159
Crocchette di funghi al prezzemolo, 268
Crocchette di porcini, 380
Crocchette verdi, 380
Crostini di patate ai funghi, 327
Fagioli al ginepro, 159
Fagioli al tegame alla cuneese, 214
Fagioli alla biellese, 160

Fagioli alle spezie, 380
Fagioli di Boves in umido con timo della Valle Grana, 214
Fagioli di Cigliano con sedano e finocchi, 436
Fagioli e patate al barbera, 381
Fagioli e peperoni, 268
Fagioli e zucca stufati, 160
Fagioli rossi e peperoni, 436
Fagiolini al pomodoro e grappa, 160
Fagiolini all'aglio, 268
Fagiolini con le olive, 269
Fagiolini in agrodolce, 269
Fagiolini saltati burro e salvia, 161
Filetti di peperoni in salsa ai capperi, 436
Finocchi al forno in salsa di parmigiano, 381
Finocchi alla campagnola, 327
Finocchi alla crema di porro, 215
Finocchi bolliti con salsa alle nocciole, 437
Finocchi ripieni, 269
Finocchi ripieni, 437
Flan di cavolfiore e finferli, 327
Funghi di Brondello alla panna, 215
Funghi di Castellar alla crema, 215
Funghi di giaveno al prezzemolo, 328
Funghi di Pagno in umido, 216
Germogli di luppolo in insalata, 270
Gratin di cavolfiore con toumin del mel, 216
Gratin di patate e porcini, 328
Insalata alle noci, 437
Insalata con soncino e cipollotti, 382
Insalata di catalogna spigata, 438
Insalata di ceci di Novi Ligure, 53
Insalata di champignon e parmigiano, 438
Insalata di cicorino e fagioli di Livorno Ferraris, 438
Insalata di fagioli, cipolle e cavolo, 161
Insalata di fave, patate e fagiolini, 161
Insalata di funghi e noci, 162
Insalata di patate e fagioli della Valsesia, 439
Insalata di patate e tartufi, 382
Insalata di sedano e finocchi, 270
Insalata di sedano e funghi, 109
Insalata di sedano, noci e rape, 109
Insalata di spinaci e pere, 382
Insalata di tarassaco ed erbe, 53
Insalata di verza con cipolla, uvetta e noci, 162
Insalatona di Piedicavallo, 162
Involtini di cavolo ripieni di castagne, 439
Involtini di peperoni, 162
Mazze di tamburo alla salvia, 328
Melanzane fritte, 439
Melanzane in insalata, 270
Padellata di patate e noci, 383
Palline di spinaci, 53
Papavero e patate, 440
Patate al forno alle erbe, 54
Patate al marsala, 163
Patate al miele, 54
Patate al tartufo con robiola, 440
Patate alla menta della Valle Grana, 216
Patate con panna e prezzemolo, 270
Patate e funghi al marsala, 271
Patate e lenticchie in salsa rossa, 163
Patate fritte alla salsiccia, 163
Patate gratinate ai funghi, 164
Patate in salsa allo scalogno, 383
Patate in salsa di capperi, 109
Patate in salsa di cipolle, 164

Patate in umido alla cipolla, 164
Patate lesse con aglio di Molino dei Torti, 54
Patate sfogliate con tomino di Barge, 217
Patate, fagiolini e caprino, 383
Peperonata ai funghi, 329
Peperoni brasati all'agro, 55
Peperoni in salsa di acciughe, 110
Peperoni in salsa di capperi, 271
Peperoni ripieni di Candelo, 165
Peperoni verdi fritti, 440
Piselli brasati alle erbe, 110
Piselli di Casalborgone in guazzetto, 329
Piselli in agrodolce, 55
Pisellini con punte di asparagi, 217
Plum-cake di lattuga, 441
Polpette di Lamon di Centallo, 217
Polpette di patate, 384
Polpettine di spinaci, 384
Pomodori al forno al timo, 441
Pomodori al forno, 272
Pomodori alla contadina, 110
Pomodori brasati, 55
Pomodori costoluti di Cambiano in intingolo, 329
Pomodori ripieni alle verdure, 442
Porri di Carmagnola in salsa alla Favorita, 330
Porri e patate in tortiera, 330
Porri fritti, 384
Porri gratinati, 56
Porri in salsa di tomino di Vermenagna, 218
Purè di patate con i porcini, 330
Purea di fave, 56
Purea di rape alla maggiorana della Valle Grana, 218
Purea di zucca, 272
Rape alle cipolle, 218
Rape gratinate, 219
Rape in salsa agra, 111
Ratatuia alessandrina, 56
Romana saltata, 385
Sedano saltato, 111
Spadone di Castelnuovo Belbo al burro, 111
Spinaci al burro, 112
Spinaci brasati, 57
Stregonta di Caraglio stufati con pancetta, 219
Taccole al bianco, 112
Taccole al pomodoro, 112
Taccole alla royale, 331
Umido di fagioli di Saluggia e zucca, 442
Verdure con salsa alle nocciole, 273
Verdure cotte all'agro, 385
Verdure miste al pomodoro, 113
Verdure miste in salsa, 273
Verdure nel coccio, 386
Verze stufate alla biellese, 165
Zucca e castagne in umido, 165
Zucca in umido coi funghi, 166
Zucchine all'aceto di barolo, 331
Zucchine ripiene, 113

Dolci

Amaretti alla crema Gianduia, 167
Amaretti di Pinerolo, 332
Antico dolce della cattedrale di Novara, 274
Arance in salsa Gianduia, 274
Asianòt di Asigliano vercellese, 443
Aspic al melone e arneis, 167

Baci di Cherasco, 220
Baci di dama di Tortona, 58
Bastoncini alla mora, 387
Bavarese al profumo di Moscato di Asti, 114
Bicciolani di Vercelli, 443
Bignole (bignè farciti al cioccolato e caffè), 167
Biscotti al cioccolato e noci, 443
Biscotti con farina di riso del vercellese, 444
Biscotti della salute di Ovada, 58
Biscotti di Barolo, 220
Biscotti di Campiglia Cervo, 168
Biscotti di Gravellona, 387
Biscotti di meliga biellesi, 168
Biscotti di meliga con nocciole, 444
Biscotti di meliga, 444
Biscotti di Omegna, 388
Biscotti Giolitti di Dronero, 220
Biscottini al burro, 275
Biscottini di Arona, 275
Biscottini di Novara, 275
Biscottini gialli di Stresa, 388
Biscotto della duchessa di San Giorgio Canavese, 332
Bounet alessandrino, 59
Bounet biellese, 169
Bounet con amaretti, 276
Brottie della Valle Formazza, 389
Brutti ma buoni alle nocciole, 169
Brutti ma buoni di Borgomanero, 276
Budino al cioccolato e menta di Pancalieri, 332
Budino cuneese al cioccolato, 221
Budino di latte, 276
Budino di riso e nocciole, 445
Budino Gianduia, 389
Bugie di carnevale, 59
Bùsie al freisa, 277
Bùsie di Chieri, 333
Canestrej, 59
Canestrelli biellesi, 169
Canestrelli del Canavese, 333
Canestrelli di Ovada, 60
Cannoli torinesi, 334
Cannolini walser, 389
Castagnaccio cuneese, 221
Castagne caramellate (marrons glacés), 221
Castagne col barolo, 170
Castagne matte, 60
Cestini di pere, 60
Charlotte ai savoiardi, 61
Charlotte di torroncino, 277
Ciambella al limone di Vercelli, 445
Ciambella della nonna di Cantalupo, 61
Ciambella delle Langhe, 222
Ciambella montanara di Villaretto Chisone, 334
Ciambelle pasquali, 390
Ciambelline occitane, 222
Ciciu d'capdan di Cuneo, 223
Cioccolata Savoia, 446
Colombelle alle uova, 278
Coppette ai frutti di bosco e ricotta d'Alpe, 446
Coppette al kiwi e menta di Pancalieri, 335
Coppi di Langa di Canelli, 114
Crasanzin della Valle Antrona, 390
Crema al latte di Barbaresco, 223
Crema al mascarpone e marsala, 391
Crema caramellata, 278
Crema cotta alla cannella di Casale Monferrato, 62
Crema dei poveri, 446

INDICE ALFABETICO DELLE RICETTE

Crema di latte fritta di Cossato, 170
Cremini alla menta di Pancalieri, 335
Croccanti al cioccolato con riso soffiato, 446
Croccanti del ciavarin di Candelo, 170
Croccantini di riso, 447
Crostata alla crema di zucca di Alessandria, 62
Crostata alla ricotta di Campertogno, 447
Crumiri di Casale Monferrato, 63
Cuneesi al rum, 224
Dessert alla panna di Castelnuovo Belbo, 115
Diablottini, 336
Dolce di albicocche alla vaniglia, 279
Dolce di mascarpone e caffè, 115
Dolce di mascarpone e savoiardi, 279
Dolce di polenta al cioccolato, 171
Dolce di polenta, 115
Dolce di zucca di Cortazzone, 116
Dolce giallo di Basaluzzo, 63
Dolce regina Elena, 336
Dolce Savoia, 336
Dolce Torino, 337
Dolcetti di Biella, 171
Dolcetti di Langa, 224
Dolcetti di nocciole delle Langhe, 225
Dolcetti novaresi natalizi, 281
Duchesse, 338
Fiacà di Andorno Micca, 172
Finocchini di Refrancore, 116
Focaccia di Susa, 338
Friceu 'd fiur 'd gasia (frittelle di fiori di acacia), 172
Frittelle di san Giuseppe, 64
Frittelle dolci, 281
Frittelle walser, 391
Fugascina di Mergozzo, 391
Fugassa d'la befana di Cuneo, 225
Gâteau di meringa alle pere, 282
Giacometta al barolo, 172
Gialletti al cacao, 117
Girella alla crema Gianduia, 447
Krussli di carnevale della Valle Formazza, 392
Lose golose di Susa, 339
Margheritine di Stresa, 392
Mattonella farcita con panna, 393
Meringhe di Acqui, 64
Millefoglie alla crema, 393
Mousse alle albicocche con crema di cioccolato fondente, 282
Mustaccioli cuneesi, 225
Nocciolini di Chivasso, 339
Nocciolini di Cuneo, 226
Ossa da mordere di Borgomanero, 283
Palline di riso dolce di Vercelli, 448
Palline dolci al cioccolato, 395
Palline dolci walser, 448
Pan d'Oropa, 173
Pan de mej, 65
Pan della marchesa di Susa, 339
Pan dolce di Cannobio, 395
Pane di san Gaudenzio di Novara, 283
Pane dolce di meliga e mele di Villar Focchiardo, 340
Panetti dei morti, 117
Panna cotta ai lamponi, 118
Panna cotta al cioccolato, 65
Panpepato della Val Maira al cioccolato, 226
Pascioch d'oriogn di Alagna, 395
Paste di meliga di Massazza, 173
Pere golose, 396

Pere martin sec al moscato d'Asti, 118
Pesche bianche alla gelatina di alchermes, 119
Polenta dolce biellese, 174
Polentina dolce con miele e noci, 65
Quaquare di Genola, 227
Ravioli di Boves con ripieno di marroni, 227
Ravioloni alla ricotta, 119
Rose di San Valentino con salsa di mirtilli, 396
Savoiardi farciti con crema e mirtilli, 448
Sbattüèla astigiana, 120
Semifreddo di melone e amaretti, 120
Stinchett delle valli ossolane, 397
Subric occitani, 340
Tartufi torinesi al cioccolato, 340
Tartufini di Torino, 341
Tirà di Rocchetta Tanaro, 121
Tirulën di Isola d'Asti, 121
Torcetti al burro, 449
Torcetti di Tortona, 66
Torrone di Gavi, 66
Torta ai frutti del bosco di Andorno Micca, 174
Torta ai lamponi con riso e yogurt, 449
Torta al mascarpone di Roccaverano, 121
Torta al miele, 122
Torta alle carote della provincia di Novara, 284
Torta biellese di nocciole, 174
Torta del buscajet di Gaglianico, 175
Torta del cappuccino, 284
Torta del Palio di Asti, 122
Torta di Arignano, 341
Torta di castagne secche di Boves, 228
Torta di crema alle mandorle, 449
Torta di fagioli di Casorso, 123
Torta di farina gialla di Domodossola, 397
Torta di frumentino di Cuneo, 228
Torta di mele di Cavour, 342
Torta di mele di Mondovì, 228
Torta di nocciole, 175
Torta di pan di Spagna e crema pasticcera, 285
Torta di pane e frutta secca delle valli occitane, 342
Torta di pane walser, 398
Torta di ricotta d'Alpe e cioccolato, 398
Torta di ricotta e nocciole, 123
Torta di riso al miele cuneese, 229
Torta di riso e cioccolato, 450
Torta di robiola di Roccaverano, 123
Torta di Serravalle Sesia, 450
Torta di tagliolini di Asti, 124
Torta di uva e crema, 124
Torta farcita alla crema di burro di Brà, 229
Torta fra' Dolcino, 451
Torta Gianduia451
Torta matsafam biellese, 176
Torta paesana cuneese, 230
Torta paesana di farina gialla, 67
Torta paesana di noci e nocciole, 285
Torta palpiton di Mongrando Biellese, 176
Torta Vittoria, 285
Tortelloni dolci di riso con amarene di Arquata Scrivia, 67
Tortino con prugne e robiola al miele di acacia, 68
Zabaione di Gavi, 68

INDICE

p. 7 *Introduzione*

RICETTE DALLA PROVINCIA DI ALESSANDRIA

Antipasti e piatti unici

11	Acciughe al verde
11	Agliata verde monferrina
12	Antipasto di cicoria di Frassineto Po
12	Antipasto di patate e castagne di Albera Ligure
12	Cipolle ripiene di Testun della Valle Erro
13	Crostini con filetto baciato di Ponzano Monferrato
13	Crostini con Montébore cumudò di Dernice
14	Crostini con peperoni alla griglia e bagnet ross
14	Fagiolata ai peperoni di Albera Ligure
14	Farinata di Ovada
15	Flan di asparagi di Valmacca
15	Frittata rognosa al filetto baciato di Ponzone
15	Insalata di bietola rossa di Castellazzo Bormida in salsa piccantina
16	Insalata di bollito
16	Lingua di vitello con salsa rossa
17	Polenta saltata con fagiolana di Borghetto di Borbera
17	Polpette di mollana della Val Borbera
18	Previ e fagioli
18	Rustici di segale al lardo della doja
19	Sformato di ceci e zucca di Novi Ligure
19	Tartine con agliata del Monferrato
20	Terrina monferrina di uova al pomodoro
20	Tonno di coniglio
21	Torta di cicoria di Borgo San Martino
21	Torta salata di spinaci e toma

Primi piatti

22	Agliata (tagliatelle con noci ed aglio)
22	Agnolotti alessandrini tradizionali
24	Agnolotti alla Casalese
25	Agnolotti alla monferrina
26	Agnolotti della Val Cerrina
27	Agnolotti di Fubine
28	Agnolotti di Novi Ligure
29	Cisrà (minestra alessandrina di ceci e costine di maiale)
29	Gnocchi alla bava
30	Gobelin (agnolotti di Tortona)
30	Lasagne alessandrine per la vigilia di Natale
31	Lasagne campagnole dell'Avvento
32	Lasagne povere della Val di Lemme
32	Lenzuolino del bambino (Lasagne natalizie)
33	Malfatti

INDICE

p. 33 Minestra monferrina con legumi, trippa e carni povere
33 Minestrone al lardo del basso monferrato
34 Minestrone alessandrino detto "amnestron ancarasò"
35 Panada
35 Pasta e fagioli di Casale Popolo
36 Rabatòn bianchi dell'alessandrino
36 Ravioli di Gavi
37 Risotto al Montébore e crema di zucca
37 Zuppa di ceci di morella
38 Zuppa di trippa di Piazza Tanaro

Secondi piatti

39 Animelle in umido di San Giorgio Monferrato
39 Anitra farcita di Rocca Grimalda
39 Bocconcini di vitello con bietola rossa di Oviglio
40 Coniglio con aglio di Molino dei Torti
40 Coppa di maiale arrosto
40 Costine di maiale e ceci di Novi Ligure
41 Fagiano alle castagne di Carrega
41 Fegato di vitello al nebbiolo
42 Filetto di vitello in salsa agra
42 Frittata di asparagi
42 Gallina bollita in salsa verde
43 Involtini di cicoria pan di zucchero di Villanova Monferrato
43 Lepre in civet di Volpedo
44 Lingua di vitello in salsa aiolì
44 Lumache all'alessandrina
45 Merluzzo in umido al latte
45 Merluzzo in umido con cipolle
45 Muscolo di vitello in fricassea
46 Pollo alla Marengo
46 Rolate di tacchino di Castellazzo Bormida
46 Salsiccia in salsa bianca di Pontecurone
47 Scaloppine con la robiola
47 Stufato di cavallo del Monferrato
48 Tacchino ripieno di castagne di Cantalupo
48 Zampetti di maiale arrostiti

Contorni

49 Antica insalata di porri
49 Asparagi di Valmacca al burro fuso e toma
49 Asparagi di Valmacca all'olio e limone
50 Asparagi in salsa alle acciughe
50 Asparagi in salsa aurora
50 Bietola rossa di Masio con aceto di lamponi
51 Bietola rossa di Sezzadio in salsa agra
51 Carciofi in fricassea
51 Cardi al forno
52 Carote gratinate alla toma
52 Cicoria in umido di Villanova Monferrato
52 Cipolle al forno con la toma
53 Insalata di ceci di Novi Ligure
53 Insalata di tarassaco ed erbe
53 Palline di spinaci
54 Patate al forno alle erbe
54 Patate al miele

p. 54 Patate lesse con aglio di Molino dei Torti
55 Peperoni brasati all'agro
55 Piselli in agrodolce
55 Pomodori brasati
56 Porri gratinati
56 Purea di fave
56 Ratatuia alessandrina
57 Spinaci brasati

Dolci

58 Baci di dama di Tortona
58 Biscotti della salute di Ovada
59 Bounet alessandrino
59 Bugie di carnevale
59 Canestrej
60 Canestrelli di Ovada
60 Castagne matte
60 Cestini di pere
61 Charlotte ai savoiardi
61 Ciambella della nonna di Cantalupo
62 Crema cotta alla cannella di Casale Monferrato
62 Crostata alla crema di zucca di Alessandria
63 Crumiri di Casale Monferrato
63 Dolce giallo di Basaluzzo
64 Frittelle di san Giuseppe
64 Meringhe di Acqui
65 Pan de mej
65 Panna cotta al cioccolato
65 Polentina dolce con miele e noci
66 Torcetti di Tortona
66 Torrone di Gavi
67 Torta paesana di farina gialla
67 Tortelloni dolci di riso con amarene di Arquata Scrivia
68 Tortino con prugne e robiola al miele di acacia
68 Zabaione di Gavi

RICETTE DALLA PROVINCIA DI ASTI

Antipasti e piatti unici

71 Antipasto ai peperoni
71 Antipasto di fagioli all'astigiana
72 Asparagi saraceni di Vinchio con uova gratinate
72 Cardi di Isola d'Asti con le olive
72 Cavoletti di Bruxelles gratinati con prosciutto di Cossombrato
73 Cipollata di Castagnole Monferrato
73 Crema di toma fresca e peperoni
73 Crocchette di zucchine e ricotta della Valfenera
74 Crostini con salame d'asino di Moncalvo
74 Crostoni di pane abbrustolito con bagnet 'd tômatiche
74 Fegatini e spadone di Nizza Monferrato
75 Insalata di cappone ruspante di Nizza Monferrato
75 Involtini di peperone di Isola d'Asti
76 Peperone quadrato d'Asti farcito
76 Piatto freddo di lingua
77 Polenta con salsiccia e peperoni

p. 77 Polenta e fegatini al peperone di Capriglio
78 Polenta e zampetti di maiale al peperone di Motta di Costigliole
78 Polpettone di lingua all'astigiana
79 Salame di tacchino di san Marzanotto con patate
79 Sformato di prosciutto in salsa di funghi
80 Spianata astigiana con cipolla bionda
80 Tasca fredda ripiena di salame del cios di Calosso
81 Torta di cardi
81 Torta di fiori di zucca di Canelli

Primi piatti

82 Agnolotti astigiani
83 Crema di zucca
83 Fonduta di robiola di Cocconato
83 Gnocchetti con la verza di Cerro Tanaro
84 Gnocchi di spinaci con ricotta e formaggio
84 Minestra con l'asparago saraceno di vinchio
85 Minestra di cardi
85 Minestrone artigiano
86 Penne al gorgonzola e noci
86 Riso e ortiche
86 Riso, salsiccia e funghi
87 Risotto al radicchio di Cortazzone
87 Risotto con fiori di zucca e toma
88 Risotto con i finocchi e il rosmarino
88 Risotto con il cardo di Isola d'Asti
89 Risotto con la salsiccia
89 Risotto rosso di Buttigliera d'Asti
89 Spaghetti con la cipolla bionda astigiana
90 Spaghetti con la toma
90 Tagliatelle astigiane alla finanziera
90 Tagliolini con ricotta e fave
91 Tajarin con fegatini
92 Zuppa alla trippa
92 Zuppa di navoni (rape) e patate
92 Zuppa di pane, patate e rape

Secondi piatti

93 Arista di maiale con asparagi saraceni di Vinchio
93 Arrosto di maiale all'uva moscato
94 Arrosto di manzo alla panna
94 Arrosto al peperone di Capriglio
95 Batsoà di Asti
95 Bistecche ai capperi di Villanova d'Asti
96 Brasato d'asino di Calliano
96 Brasato di piemontese in salsa di radicchio
97 Caponèt del Monferrato
97 Cappone di san Damiano d'Asti ripieno
98 Cappone di Vesime alle mele
98 Coniglio all'astigiana
99 Coniglio con i peperoni
99 Cotoletta alla monferrina
99 Filetto di sanato piemontese alle prugne
100 Finanziera astigiana
100 Frittata di robiola di Roccaverano e salame
101 Griva monferrina

p. 101 Lonza di maiale al miele
101 Manzo piccante
102 Manzo piemontese in casseruola all'astigiana
102 Piccioni alla monferrina
102 Punta di vitello alle erbe
103 Tapulon di Moncalvo (carne trita d'asino)
103 Umido di maiale con cardi di Isola d'Asti

Contorni

104 Asparago saraceno di Vinchio in salsa al verde
104 Carciofi ripieni alla toma
105 Cardi fritti
105 Cardi ripieni di formaggio
106 Cardo di Motta di Mostigliole in salsa all'aglio e noci
106 Cardo di Motta di Costigliole in umido
107 Carotine novelle al forno
107 Cavolfiore e patate al forno
108 Cipolle agrodolci
108 Cipolle bionde astigiane ripiene
108 Cipolle bionde di Castelnuovo Scrivia al forno
109 Insalata di sedano e funghi
109 Insalata di sedano, noci e rape
109 Patate in salsa di capperi
110 Peperoni in salsa di acciughe
110 Piselli brasati alle erbe
110 Pomodori alla contadina
111 Rape in salsa agra
111 Sedano saltato
111 Spadone di Castelnuovo Belbo al burro
112 Spinaci al burro
112 Taccole al bianco
112 Taccole al pomodoro
113 Verdure miste al pomodoro
113 Zucchine ripiene

Dolci

114 Bavarese al profumo di Moscato di Asti
114 Coppi di Langa di Canelli
115 Dessert alla panna di Castelnuovo Belbo
115 Dolce di mascarpone e caffè
115 Dolce di polenta
116 Dolce di zucca di Cortazzone
116 Finocchini di Refrancore
117 Gialletti al cacao
117 Panetti dei morti
118 Panna cotta ai lamponi
118 Pere martin sec al moscato d'Asti
119 Pesche bianche alla gelatina di alchermes
119 Ravioloni alla ricotta
120 Sbattüèla astigiana
120 Semifreddo di melone e amaretti
121 Tirà di Rocchetta Tanaro
121 Tirulën di Isola d'Asti
121 Torta al mascarpone di Roccaverano
122 Torta al miele
122 Torta del Palio di Asti

p. 123 Torta di fagioli di Casorso
123 Torta di ricotta e nocciole
123 Torta di robiola di Roccaverano
124 Torta di tagliolini di Asti
124 Torta di uva e crema

RICETTE DALLA PROVINCIA DI BIELLA

Antipasti e piatti unici

127 Antipasto di cervella
127 Budino di funghi di Castelletto Cervo
128 Cappelle di funghi gratinate di Piedicavallo
128 Cavolfiore alle noci di Quaregna
129 Cestini di pane di Candelo
129 Cipolle ripiene alle noci e tomini di capra della Valle Cervo
129 Crostini con toma e cipolle abbrustoliti
130 Crostini di toma e funghi di Sordevolo
130 Crostoni con coppa cotta bieleisa
130 Frittata alle erbette con beddo di Pralungo
131 Frittelle di tarassaco
131 Lingua di vitello al vino bianco
132 Polenta con fegato alla grappa
132 Polenta e murtarat
132 Pomodori all'aglio alla brace con scaglie di toma stagionata
133 Salame di Giora alla griglia
133 Salsiccia di riso di Curino
134 Tartelette di Oropa
134 Toma fritta di Campiglia Cervo
134 Torta di erbe selvatiche di Balma Biellese
135 Torta povera di riso ed erbe selvatiche
135 Uova ripiene alle acciughe
135 Zampetto di maiale fritto con patate e rosmarino
136 Zucca fritta
136 Zucchine e riso gratinati alla biellese

Primi piatti

137 Agnolotti alla biellese
137 Brudera
138 Cannelloni con salsiccia e spinaci
138 Crema di porri
139 Fonduta di Oropa
139 Gnocchetti di patate alla montanara
140 Gnocchi di castagne di Pralungo
140 Gnocchi di grano saraceno con salame e toma
141 Gnocchi gratinati
141 Maccheroni alla contadina con beddo della Valle Cervo
142 Minestra di fiori
142 Minestra di zucca verde alla contadina
142 Pasta con verza e zucchine
143 Raviolini di magro di Candelo
143 Riso alla biellese con toma di Macagno
144 Riso con la fonduta di toma e peperoni
144 Riso con pancetta e rosmarino
144 Riso filante alla verza
145 Tagliatelle agli asparagi e salsiccia

p. 145 Taglierini alle verdure
145 Tagliolini ai fegatini di pollo
146 Tagliolini funghi e panna
146 Tajarin al sugo di salsiccia
147 Zucca e pan bagnato
147 Zuppa di trippa e fagioli

Secondi piatti

148 Agnello biellese alle erbe
148 Arrosto di coniglio al latte
148 Arrosto di maiale di Masserano
149 Baccalà con polenta
149 Bistecca di maiale con mostarda di mele della Valle Elvo
150 Braciole di maiale alla senape
150 Cappone ripieno
151 Cosciotto di capretto cotto nel fieno maggengo e patate alla cenere della Valle Cervo
151 Faraona al cartoccio
152 Filetto alle mele
152 Filetto saltato al verde
152 Lombo di maiale alle erbe
153 Lonza al macagn
153 Maiale caramellato al limone di Massazza
153 Petto di pollo alla panna
154 Petto di pollo alla valligiana
154 Polenta conscia d'Oropa
155 Pollo ripieno con verdure
155 Prosciutto farcito al profumo di bosco
156 Quagliette ripiene
156 Salsiccia e funghi della Valle Cervo
156 Stinco di maiale al forno
157 Tofeja biellese
157 Trippa fritta con cipolle
157 Vitello con funghi alla contadina

Contorni

158 Cavolfiore al forno con toma e tartufo
158 Cipolle brasate al Barbera
159 Cipolle ripiene di funghi
159 Cipolle ripiene di toma
159 Fagioli al ginepro
160 Fagioli alla biellese
160 Fagiolini al pomodoro e grappa
160 Fagioli e zucca stufati
161 Fagiolini saltati burro e salvia
161 Insalata di fagioli, cipolle e cavolo
161 Insalata di fave, patate e fagiolini
162 Insalata di funghi e noci
162 Insalata di verza con cipolla, uvetta e noci
162 Insalatona di Piedicavallo
162 Involtini di peperoni
163 Patate al marsala
163 Patate e lenticchie in salsa rossa
163 Patate fritte alla salsiccia
164 Patate gratinate ai funghi
164 Patate in salsa di cipolle

p. 164 Patate in umido alla cipolla
165 Peperoni ripieni di Candelo
165 Verze stufate alla biellese
165 Zucca e castagne in umido
166 Zucca in umido coi funghi

Dolci

167 Amaretti alla crema Gianduia
167 Aspic al melone e arneis
167 Bignole (bignè farciti al cioccolato e caffè)
168 Biscotti di Campiglia Cervo
168 Biscotti di meliga biellesi
169 Bounet biellese
169 Brutti ma buoni alle nocciole
169 Canestrelli biellesi
170 Castagne col barolo
170 Crema di latte fritta di Cossato
170 Croccanti del ciavarin di Candelo
171 Dolce di polenta al cioccolato
171 Dolcetti di Biella
172 Fiacà di Andorno Micca
172 Friceu 'd fiur 'd gasia (frittelle di fiori di acacia)
172 Giacometta al barolo
173 Pan d'Oropa
173 Paste di meliga di Massazza
174 Polenta dolce biellese
174 Torta ai frutti del bosco di Andorno Micca
174 Torta biellese di nocciole
175 Torta del buscajet di Gaglianico
175 Torta di nocciole
176 Torta matsafam biellese
176 Torta palpiton di Mongrando Biellese

RICETTE DALLA PROVINCIA DI CUNEO

Antipasti e piatti unici

179 Albese
179 Carne cruda trita
179 Carote di San Rocco Castagnaretta gratinate al nostrale d'Alpe
180 Carpaccio di manzo affumicato con Castelmagno
180 Crostini ai tartufi
180 Crostini al bruss
181 Crostini con prosciutto crudo della Valle Gesso
181 Fegato d'oca all'albese
181 Frittata cuneese gratinata alla toma
182 Frittata di castagne
182 Frittelle di patate e gioda di Mondovì
183 Galantina di cappone di Morozzo
183 Insalata di carne cruda ai tartufi d'Alba
183 Insalata di gallina bianca di Saluzzo in maionese
184 Lumache di Cherasco fritte
184 Polenta con crema di Castelmagno
184 Pollo all'albese
185 Polpettine di boves con le noci
185 Rape ripiene di robiola di Bossolasco

p. 186 Sformato con le gambesecche
186 Soma con 'l mlon di Saluzzo
186 Tomini elettrici
187 Tomino di langa in padella
187 Tumin 'd crava alle erbe
187 Umido di castagne di Venasca e fagioli di Boves

Primi piatti

189 Agnolotti al tartufo
190 Agnolotti verdi con fonduta di castelmagno
190 Calhetas occitane
191 Corsetins di segale alla occitana
191 Crespelle con il castelmagno
192 Crosets occitane
192 Donderets rossi occitani
193 Fesqueiròls occitani
193 Gnocchi al castelmagno
194 Gnocchi con la sora di Ormea
195 Lasagne al tartufo
195 Maccheroni con panna e salsiccia di Bra
196 Minestra di carote di San Rocco Castagnaretta
196 Minestra di castagne con riso alla cuneese
196 Ravioles di Blins
197 Riso con funghi e menta della Valle Grana
197 Risotto al tartufo d'Alba
197 Risotto con chiocciole di Borgo San Dalmazzo
198 Risotto con pere e nostrale d'alpe
198 Sformato di riso al tartufo bianco
199 Tagliarini occitani di Roaschia
199 Tagliatelle al prosciutto crudo della Valle Gesso
199 Tagliolini alla crema di tartufo
200 Tundiret (gnocchetti occitani alla panna)
200 Zuppa di pane e toma di montagna

Secondi piatti

201 Agnello di Stura con funghi in salsa d'aglio
201 Agnello sambucano al forno con cipolline
202 Agnellone tardoun di Demonte in teglia
202 Arrostini di quaglie tartufate
203 Arrosto ai funghi
203 Bale d'aso di Monastero Vasco
203 Braciole di maiale con fagioli
204 Cappone di Monasterolo di Savigliano coi funghi
204 Carne cruda all'albese
204 Carpaccio di manzo di Carrù al Caso di Elva
205 Coniglio al tartufo
205 Cotoletta al tartufo d'Alba
206 Cotolette di prosciutto al Tenero di Bra
206 Faraona alla crema con tartufo d'Alba
206 Filetto di bue di Carrù con toma di Celle Macra
207 Filetto di bue di Carrù in salsa di scalogno all'agro
207 Il prete nei fagioli
208 Insalata calda di gallina bianca di Saluzzo
208 Involtini con tomini del bot della Val Varaita
208 Piccioni alla cuneese
209 Polpette alla cuneese
209 Quaglie farcite al tartufo d'Alba

p. 209 Salsiccia al formentino di Cossano Belbo
210 Tacchino ripieno di castagne
210 Trippa e fagioli di Boves

Contorni

211 Asparagi al forno con tomino della Valmala
211 Asparagi e funghi
212 Barbabietole al forno ripiene di cipolle e Tenero di Brà
212 Barbabietole rosse alle acciughe
212 Borlotti di Castelletto Stura in salsa all'acciuga
213 Carciofi al Nostrale d'alpe
213 Carciofi alla boscaiola
213 Carote in salsa al tomino di san Giacomo di Boves
214 Carote piccanti di san Rocco Castagnaretta
214 Fagioli al tegame alla cuneese
214 Fagioli di Boves in umido con timo della Valle Grana
215 Finocchi alla crema di porro
215 Funghi di Brondello alla panna
215 Funghi di Castellar alla crema
216 Funghi di Pagno in umido
216 Gratin di cavolfiore con toumin del mel
216 Patate alla menta della Valle Grana
217 Patate sfogliate con tomino di Barge
217 Pisellini con punte di asparagi
217 Polpette di Lamon di Centallo
218 Porri in salsa di tomino di Vermenagna
218 Purea di rape alla maggiorana della Valle Grana
218 Rape alle cipolle
219 Rape gratinate
219 Stregonta di Caraglio stufati con pancetta

Dolci

220 Baci di Cherasco
220 Biscotti di Barolo
220 Biscotti Giolitti di Dronero
221 Budino cuneese al cioccolato
221 Castagnaccio cuneese
221 Castagne caramellate (marrons glacés)
222 Ciambella delle Langhe
222 Ciambelline occitane
223 Ciciu d'capdan di Cuneo
223 Crema al latte di Barbaresco
224 Cuneesi al rum
224 Dolcetti di Langa
225 Dolcetti di nocciole delle Langhe
225 Fugassa d'la befana di Cuneo
225 Mustaccioli cuneesi
226 Nocciolini di Cuneo
226 Panpepato della Val Maira al cioccolato
227 Quaquare di Genola
227 Ravioli di Boves con ripieno di marroni
228 Torta di castagne secche di Boves
228 Torta di frumentino di Cuneo
228 Torta di mele di Mondovì
229 Torta di riso al miele cuneese
229 Torta farcita alla crema di burro di Brà
230 Torta paesana cuneese

Ricette dalla provincia di Novara

Antipasti e piatti unici

p. 233 Agoni di Orta san Giulio in carpione
233 Alborelle del lago d'Orta al forno
234 Anguilla con funghi e peperoni su letto di riso
234 Asparagi al gorgonzola
234 Cartocci di verze di Borgo Ticino
235 Càsoeûla novarese
235 Cervella fritta di Biandrate
236 Corona di riso con polpette di formaggio
236 Crocchette di cavedano del lago d'Orta
237 Crostini con bresaola di cervo
237 Frittelle di riso con salame e Nostrale d'Alpe
237 Fritto misto di Varallo
238 Frittura di rane e pesce persico
238 Lumache su letto di patate
239 Ossibuchi con riso, funghi e fagioli
239 Polenta con mortadella d'Orta
240 Polenta con stufato d'asino
240 Polenta e cotiche di Ghemme
241 Polenta rustica pasticciata
241 Sedano al gorgonzola
241 Sformato di riso e salame d'oca
242 Soma con salame d'oca
242 Testina di vitello ripiena
243 Torta di riso con prosciutto e spinaci
243 Torta salata di verze

Primi piatti

244 Crema di funghi e brusso
244 Crespelle alla fonduta
245 Maccheroni ai peperoni di Ghemme
245 Maccheroni al cavolfiore e bresaola di cervo
246 Minestra di sant'Antonio
246 Olla al forno
247 Paniscia di Novara
247 Penne ai porri
247 Riso e rane
248 Risotto ai formaggi di Varallo Pombia
248 Risotto ai funghi e formaggio d'alpe
249 Risotto al gorgonzola di Biandrate
249 Risotto alla novarese
249 Risotto alla Oleggio
250 Risotto alla zucca di Pettenasco
250 Risotto coi peperoni di Marano Ticino
251 Risotto con bresaola di cervo
251 Risotto con gli agoni
251 Risotto con le verdure
252 Risotto con salsiccia di Carpignano Sesia
252 Risotto rosso di Gattico
253 Tagliatelle alla robiola con erba cipollina
253 Tagliatelle con funghi ossolani e prosciutto
253 Tagliatelline in brodo con le rigaglie
254 Zuppa di lenticchie e zucca

Secondi piatti

p. 255 Agnello al lardo e funghi
255 Agnello in crosta alle erbe
256 Anitra alle mele
256 Bocconcini di maiale con le rape
257 Carpaccio di bresaola di cavallo di Borgomanero
257 Civet di lepre con cipolline
257 Coniglio in fricassea
258 Coniglio in salsa al limone
258 Coppa di maiale arrosto alla freisa
258 Costine di maiale in umido
259 Fagottini di pollo al lardo
259 Fegatino sotto grasso con polenta
259 Filetti di pesce persico di Arona
260 Frisse novaresi
260 Mula bollita con purè
260 Oca arrosto con le verze
261 Oca farcita alla novarese
261 Pasticcio di polenta alla contadina
262 Polpettone di maiale in fascia
262 Rane fritte
263 Rane in guazzetto
263 Rane in umido
263 Spezzatino alle verdure di Casalvolone
264 Vitello in casseruola
264 Vitellone arrosto alla Visconti

Contorni

265 Asparagi alla senape
265 Bietole in teglia
265 Budino di erbette
266 Carciofi in padella
266 Cardi gratinati alla toma
266 Carote al forno
267 Cavolfiore al pomodoro
267 Ceci al forno con cipolla
267 Cicorie selvatiche in insalata
268 Crocchette di funghi al prezzemolo
268 Fagioli e peperoni
268 Fagiolini all'aglio
269 Fagiolini con le olive
269 Fagiolini in agrodolce
269 Finocchi ripieni
270 Germogli di luppolo in insalata
270 Insalata di sedano e finocchi
270 Melanzane in insalata
270 Patate con panna e prezzemolo
271 Patate e funghi al marsala
271 Peperoni in salsa di capperi
272 Pomodori al forno
272 Purea di zucca
273 Verdure con salsa alle nocciole
273 Verdure miste in salsa

Dolci

p.	274	Antico dolce della cattedrale di Novara
	274	Arance in salsa Gianduia
	275	Biscottini al burro
	275	Biscottini di Arona
	275	Biscottini di Novara
	276	Bounet con amaretti
	276	Brutti ma buoni di Borgomanero
	276	Budino di latte
	277	Bùsie al freisa
	277	Charlotte di torroncino
	278	Colombelle alle uova
	278	Crema caramellata
	279	Dolce di albicocche alla vaniglia
	279	Dolce di mascarpone e savoiardi
	281	Dolcetti novaresi natalizi
	281	Frittelle dolci
	282	Gâteau di meringa alle pere
	282	Mousse alle albicocche con crema di cioccolato fondente
	283	Ossa da mordere di Borgomanero
	283	Pane di san Gaudenzio di Novara
	284	Torta alle carote della provincia di Novara
	284	Torta del cappuccino
	285	Torta di pan di Spagna e crema pasticcera
	285	Torta paesana di noci e nocciole
	285	Torta Vittoria

RICETTE DALLA PROVINCIA DI TORINO

Antipasti e piatti unici

289	Antipasto piemontese di Ivrea
289	Bagna caoda
290	Budino di Montegranero dell'alta Val Pellice
290	Cannoli di Mörtrett di Quincinetto ripieni di prosciutto
290	Caramelle di salame di cinghiale di Corio e tomini
291	Cipolle ripiene alla canavesana
291	Crostini con la bundiola della Val Susa
291	Crostini con prosciutto crudo dell'alta Val Susa
292	Finanziera
292	Frisse di Baldissero Canavese
292	Frittata rognosa
293	Insalata di coniglio di Carmagnola
293	Insalata di gianchetti
293	Miasse con salgnun dell'eporediese
294	Mustardela della Val Pellice
294	Niçoise vecchia Torino
294	Palline di cevrin di Coazze
295	Pomodori ripieni di riso e salame di turgia delle Valli di Lanzo
295	Salame di tonno
296	Sancarlin
296	Sautissa'd coi di Mattie bollita con polenta
296	Savoiarda
297	Soma con tripa d'Muncale'
297	Tomini al verde alla torinese
297	Tomini asciutti di Rocca Canavese in salsa piccante

Primi piatti

p. 298 Agnolotti torinesi
299 Agnolotti del plin al sugo di arrosto
299 Cabiette della Val Susa
300 Caiettes occitane con salsiccia
301 Crema di cardo di Andezeno
301 Crema di patate di montagna della Val Chisone
301 Farfalle ai funghi di Giaveno
302 Gnocchetti alla Val Germanasca
302 Gnocchetti di patate con Murianengo di Exilles
303 Gnocchi di zucca al profumo di rosmarino e toma
303 Pappardelle al radicchio rosso in salsa di tomino
304 Penne gratinate con prosciutto crudo della Val Susa, pinoli e mascarpone
304 Ravioli di seirass del fen con ragù di capriolo
305 Ravioloni agli spinaci e toma fresca
306 Risotto al barolo
306 Risotto con taleggio e cipolline di Ivrea
306 Supa barbetta
307 Supa d'auiche del canavese
307 Tagliolini con piselli di Casalborgone
308 Vellutata di zucca al frachet della Val Susa con lamelle di mandorle
308 Zuppa canavesana
308 Zuppa dei Savoia
309 Zuppa della Val Pellice
309 Zuppa di castagne di Corio
310 Zuppa d'orzo e piatli-na di Andezeno

Secondi piatti

311 Agnello al forno alla pinerolese
311 Arrosto di vitello all'arneis
311 Bistecchine di tacchino alla piemontese
312 Bollito misto alla torinese
312 Brasato al barolo
313 Caponet torinese
314 Civet di coniglio di Carmagnola
314 Coniglio di carmagnola alla cacciatora
315 Cosce di pollo alla bagna
315 Fagiano ripieno alla savoiarda
316 Fagottino di vitello farcito al tartufo
316 Fegato in salsa al tomino di Casalborgone
316 Filetto di maiale ai funghi e brandy
317 Frittata alla savoiarda
317 Fritto misto alla torinese
318 Lingua di sanato con salsa verde
318 Petto d'anitra ai mirtilli
319 Petto di pollo agli asparagi di Santena
319 Pollo ripieno di castagne di Corio
319 Polpette della balia
320 Rolatine ripiene alla torinese
320 Stracotto al barolo
321 Trippa con patate
321 Trota della Val Germanasca
322 Uccelletti con porcinelli neri di Giaveno

Contorni

p. 323 Asparagi bolliti con salsa di tomino di Rivalta
323 Asparagi di Santena al prezzemolo
324 Cappelle di porcini grigliate al timo
324 Carotine al vino bianco
324 Castagne di Corio all'agliata
325 Cavolfiore di Moncalieri in salsa ai funghi ed Erbaluce
325 Cavolfiore di Nichelino in crema al gorgonzola e funghi
325 Cavolfiore di Santena in crema al tartufo
326 Cavolfiore di Trofarello
326 Cavolo verza di Montalto Dora
326 Cavolo verza di Settimo ai tomini
327 Crostini di patate ai funghi
327 Finocchi alla campagnola
327 Flan di cavolfiore e finferli
328 Funghi di giaveno al prezzemolo
328 Gratin di patate e porcini
328 Mazze di tamburo alla salvia
329 Peperonata ai funghi
329 Piselli di Casalborgone in guazzetto
329 Pomodori costoluti di Cambiano in intingolo
330 Porri di Carmagnola in salsa alla Favorita
330 Porri e patate in tortiera
330 Purè di patate con i porcini
331 Taccole alla royale
331 Zucchine all'aceto di barolo

Dolci

332 Amaretti di Pinerolo
332 Biscotto della duchessa di San Giorgio Canavese
332 Budino al cioccolato e menta di Pancalieri
333 Bùsie di Chieri
333 Canestrelli del Canavese
334 Cannoli torinesi
334 Ciambella montanara di Villaretto Chisone
335 Coppette al kiwi e menta di Pancalieri
335 Cremini alla menta di Pancalieri
336 Diablottini
336 Dolce regina Elena
336 Dolce Savoia
337 Dolce Torino
338 Duchesse
338 Focaccia di Susa
339 Lose golose di Susa
339 Nocciolini di Chivasso
339 Pan della marchesa di Susa
340 Pane dolce di meliga e mele di Villar Focchiardo
340 Subric occitani
340 Tartufi torinesi al cioccolato
341 Tartufini di Torino
341 Torta di Arignano
342 Torta di mele di Cavour
342 Torta di pane e frutta secca delle valli occitane

Ricette dalla provincia di Verbania, Cusio, Ossola

Antipasti e piatti unici

p. 345 Bomba al formaggio
345 Budino di grasso d'alpe di Formazza
345 Cavedano al forno con patate brasate all'aceto balsamico
346 Crostini con lavarello al burro e salvia
346 Crostini con violino di agnello dell'Ossola
347 Crostini di polenta con lumache
347 Focaccine al grasso d'Alpe
347 Frittelle con i germogli di luppolo
348 Frittelle con le cime di ortica
348 Frittelle di sambuco
349 Involtini di mocetta ossolana
349 Lavarello carpionato di Baveno
350 Rombi fritti al bettelmatt di Baceno
350 Salamini con patate al burro
350 Sanguinaccio con patate
350 Spianatine con carn seca dell'Ossola
351 Susiccia d'crava della Valsesia su crostone
351 Testa in cassetta con polenta abbrustolita
351 Torta di patate e bresaola della Val d'Ossola
352 Torta di patate e toma con mocetta
352 Tortino di coregone del verbano
353 Tortino di patate con spinaci e uova
353 Trote al burro su letto di riso
353 Uova fritte e cupa delle valli ossolane
354 Violino di camoscio della Val d'Ossola con pane di segale e burro alle erbe

Primi piatti

355 Agnolotti di magro
355 Bavette con sugo alle verdure
356 Cannelloni di carne
356 Conchiglie al pomodoro e fidighin
357 Crema di cavolfiore e toma ossolana
357 Crema walser di grasso d'Alpe
357 Farfalle ai fiori di zucca e prosciutto della Val Vigezzo
358 Gnocchi all'ossolana
358 Gnocchi di Verbania
359 Gnocchi walser alle erbe spontanee
359 Gobbi con piselli e carciofi
360 Maccheroni con cavolo e zucchine
360 Maccheroni con patate e funghi
361 Maltagliati in sugo di funghi
361 Minestra di fagiolini verdi alla piemontese
362 Pasta alla macugnaghese
362 Pennette alla panna con violino di capra
362 Polenta di patate e grano saraceno
363 Ravioli di pesce di lago
364 Riso con bresaola della Val d'Ossola
364 Risotto con porcini e carne d'oca
364 Tagliatelle con ricotta di monte e salsiccia
365 Tagliatelle della Val Formazza
365 Tagliolini al ragù di oca
366 Zuppa d'orzo walser

Secondi piatti

p. 367 Agoni al tegame
367 Ali di pollo fritte con salsa di aceto
367 Anguilla in umido
368 Anguille arrosto
368 Anitra arrosto con cipolla
368 Arrosticini di merli
369 Bistecche in salsa
369 Bocconcini di maiale al cartoccio
369 Bollito di capodanno
370 Bottatrice con cipolle
370 Brasato di capriolo all'aceto
371 Carpa al coccio
371 Cavedano al forno con patate in intingolo
372 Cervo in umido marinato
372 Coregoni in salsa all'agro
372 Cuore e salsiccia con polenta
373 Filetti di cavedano al timo
373 Filetti di trota alle verdurine e cognac
373 Lavarelli al vino bianco
374 Lenticchie con mortadella di fegato
374 Lumache al tegame
375 Ossibuchi con funghi e piselli
375 Petto di tacchino con funghi e aceto
376 Polpette alla ossolana
376 Sanato ai funghi

Contorni

377 Carciofi fritti con prosciutto e tomino fresco
377 Carciofi in agrodolce con le acciughe
378 Carciofi saltati in padella
378 Cardi dorati in pastella di noci
378 Carote con crema di aglio e tomino
379 Cavolfiore alla ossolana
379 Cavolo piccantino alle erbe
379 Cetrioli alla panna
380 Crocchette di porcini
380 Crocchette verdi
380 Fagioli alle spezie
381 Fagioli e patate al barbera
381 Finocchi al forno in salsa di parmigiano
382 Insalata con soncino e cipollotti
382 Insalata di patate e tartufi
382 Insalata di spinaci e pere
383 Padellata di patate e noci
383 Patate in salsa allo scalogno
383 Patate, fagiolini e caprino
384 Polpette di patate
384 Polpettine di spinaci
384 Porri fritti
385 Romana saltata
385 Verdure cotte all'agro
386 Verdure nel coccio

Dolci

p. 387 Bastoncini alla mora
387 Biscotti di Gravellona
388 Biscotti di Omegna
388 Biscottini gialli di Stresa
389 Brottie della Valle Formazza
389 Budino Gianduia
389 Cannolini walser
390 Ciambelle pasquali
390 Crasanzin della Valle Antrona
391 Crema al mascarpone e marsala
391 Frittelle walser
391 Fugascina di Mergozzo
392 Krussli di carnevale della Valle Formazza
392 Margheritine di Stresa
393 Mattonella farcita con panna
393 Millefoglie alla crema
395 Palline dolci al cioccolato
395 Pan dolce di Cannobio
395 Pascioch d'oriogn di Alagna
396 Pere golose
396 Rose di San Valentino con salsa di mirtilli
397 Stinchett delle valli ossolane
397 Torta di farina gialla di Domodossola
398 Torta di pane walser
398 Torta di ricotta d'Alpe e cioccolato

RICETTE DALLA PROVINCIA DI VERCELLI

Antipasti e piatti unici

401 Budino di prosciutto e macagn della valle Sessera
401 Corona di riso con salam d'la duja
402 Crostini al tumin 'd crava e salsiccia
402 Crostini con bergna della Valsesia
402 Fidighin di Vercelli su letto di riso
403 Focaccia di patate
403 Frachet di Alagna Valsesia su crostoni
403 Frittata ai dadini di pane
404 Frittelle di ortiche
404 Frittura di rane
404 Merenda di pane
405 Miacce della Valsesia
405 Peperoni alla vercellese
406 Peperoni ripieni con funghi e riso
406 Polenta e bisecon con panna
407 Polenta nera con bagna bianca
407 Rane fredde in salsa all'aceto
408 Rane ripiene croccanti
408 Riso con anguilla al barolo
408 Salvia fritta
409 Sanguinaccio con riso
409 Soma con fegatino sotto grasso di Vercelli
409 Soma d'aglio
410 Torta salata di ricotta e asparagi di Borgo d'Ale
410 Wiweljeta di Alagna

Primi piatti

p. 411 Cannelloni con salsiccia e cotiche
411 Farfalle al timo e briciole di salsiccia
412 Maccheroni con tonno e piselli
412 Minestra di carni povere
413 Minestra di ceci e maiale
413 Minestra di patate e rane
413 Minestra di riso con castagne
414 Minestra di riso e rigaglie alla contadina
414 Minestra di uova, pane e acetosella
414 Panissa vercellese
415 Riso alla salsiccia e rosmarino
415 Riso con rape e prezzemolo
416 Riso e zucca
416 Riso tricolore
416 Risotto ai funghi e pancetta
417 Risotto alle punte di ortica
417 Risotto con i fagioli dell'occhio
418 Risotto con i fagioli e le cotiche
419 Risotto con patate
419 Spaghetti al sugo di ricotta e guanciale
419 Strangolapreti
420 Walisschuppa
420 Zuppa di pane raffermo e cipolle
421 Zuppa di porri, rape e patate della Valsesia
421 Zuppa di rape e riso

Secondi piatti

422 Arrosto in dolceforte
422 Baccalà al forno
423 Batsoà
423 Bollito misto alla vercellese
424 Caponet vercellese
424 Braciole di maiale alla grappa
425 Capriolo in umido
425 Cervo stufato
426 Coniglio alla fiamma
426 Coniglio alla montanara
427 Coniglio ripieno
427 Fagiano al nebbiolo
428 Involtini di maiale
428 Lumache alla contadina
429 Mammella di mucca con patate di Alagna
429 Mula bollita di Vercelli
430 Oca in porchetta
430 Polenta walser
431 Polpettone alle erbe fini
431 Rane alla pizzaiola
431 Rane fritte alla vercellese
432 Rane in salsa al vino
432 Salsiccia alle erbe
432 Spezzatino di pollo e maiale
433 Umido di rane e patate

Contorni

p. 434 Asparagi di Borgo d'Ale all'aglio
434 Asparagi di Cigliano con porri e indivia
434 Asparagi di Alice Castello fritti
435 Barbabietole al forno in salsa alla senape
435 Carciofi ripieni ai peperoni
435 Cipolle al forno in salsa piccantina
436 Fagioli di Cigliano con sedano e finocchi
436 Fagioli rossi e peperoni
436 Filetti di peperoni in salsa ai capperi
437 Finocchi bolliti con salsa alle nocciole
437 Finocchi ripieni
437 Insalata alle noci
438 Insalata di catalogna spigata
438 Insalata di champignon e parmigiano
438 Insalata di cicorino e fagioli di Livorno Ferraris
439 Insalata di patate e fagioli della Valsesia
439 Involtini di cavolo ripieni di castagne
439 Melanzane fritte
440 Papavero e patate
440 Patate al tartufo con robiola
440 Peperoni verdi fritti
441 Plum-cake di lattuga
441 Pomodori al forno al timo
442 Pomodori ripieni alle verdure
442 Umido di fagioli di Saluggia e zucca

Dolci

443 Asianòt di Asigliano vercellese
443 Bicciolani di Vercelli
443 Biscotti al cioccolato e noci
444 Biscotti con farina di riso del vercellese
444 Biscotti di meliga
444 Biscotti di meliga con nocciole
445 Budino di riso e nocciole
445 Ciambella al limone di Vercelli
446 Cioccolata Savoia
446 Coppette ai frutti di bosco e ricotta d'Alpe
446 Crema dei poveri
446 Croccanti al cioccolato con riso soffiato
447 Croccantini di riso
447 Crostata alla ricotta di Campertogno
447 Girella alla crema Gianduia
448 Palline di riso dolce di Vercelli
448 Palline dolci walser
448 Savoiardi farciti con crema e mirtilli
449 Torcetti al burro
449 Torta ai lamponi con riso e yogurt
449 Torta di crema alle mandorle
450 Torta di riso e cioccolato
450 Torta di Serravalle Sesia
451 Torta fra' Dolcino
451 Torta Gianduia

Le mie ricette

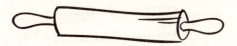

Le mie ricette

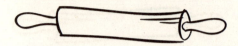

Le mie ricette

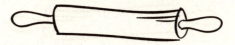

Le mie ricette

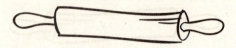

Le mie ricette

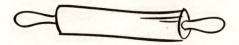

Le mie ricette

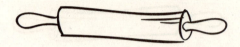

Le mie ricette

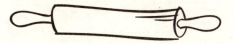

Le mie ricette

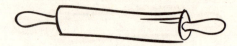

Le mie ricette

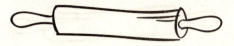

Le mie ricette

Le mie ricette

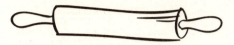

Cucina Italiana Newton

Laura Rangoni, *La cucina piemontese*
Laura Rangoni, *La cucina milanese*
Emilia Valli, *La cucina del Veneto*
Emilia Valli, *La cucina del Friuli*
Laura Rangoni, *La cucina bolognese*
Giuliano Malizia, *La cucina romana e ebraico-romanesca*
Luigi Sada, *La cucina pugliese*
Alba Allotta, *La cucina siciliana*
Eduardo Estatico - Gerardo Gagliardi, *La cucina napoletana*
Giovanni Righi Parenti, *La cucina toscana*
Alessandro Molinari Pradelli, *La cucina sarda*
Emilia Valli, *La cucina della Val D'Aosta*
Petra Carsetti, *La cucina delle Marche*
Laura Rangoni, *La cucina dell'Emilia*
Laura Rangoni, *La cucina della Romagna*
Alba Allotta, *La cucina siciliana di mare*
Luciano Pignataro, *I dolci napoletani in 300 ricette*
Maria Adele Di Leo, *I dolci siciliani in 450 ricette*
Laura Rangoni, *I dolci piemontesi in 350 ricette*

Manuali di cucina

Carlo Cambi, *Le ricette d'oro delle migliori osterie e trattorie italiane del Mangiarozzo*
Maurizio Di Mario, *Torte per tutte le occasioni*
Martha Swift - Lisa Thomas, *Le deliziose ricette di cupcake, torte e biscotti*
Juliette Sear, *Cake Design*
1000 ricette di pasta
Giovanni Luca Pappalardo, *Cucina facile di pesce*
Emilia Valli, *Un tranquillo weekend di verdura*
Robert Rose, *La cucina sana e leggera*
George Geary, *Le migliori ricette di cheesecake*
Deb Roussou, *La cucina vegana*
Pat Crocker, *Frullati e smoothies sani ed energetici*
Pat Crocker, *Succhi e centrifughe*
Pat Crocker, *La cucina vegetariana*
Karen Adler - Judith Fertig, *Ricette per il barbecue*
Marilyn Linton - Tanya Linton, *350 ricette di gelati e sorbetti*
Camilla V. Saulsbury, *750 ricette per il muffin perfetto*
Paola Balducchi, *Cucinare con la nutella®*
Lorena Fiorini, *Le incredibili virtù degli agrumi*
Lorena Fiorini, *Il grande libro del pane*
Lorena Fiorini, *Il peperoncino*
Laura Rangoni, *Le ricette della nonna*
Donna Washburn - Heather Butt, *Le migliori ricette senza glutine*
Alba Allotta, *Ricette cioccolatose*
Laura Rangoni, *Ammazzaciccia*
Alessandra Tarissi De Jacobis - Francesca Gualdi, *La cucina veloce*
Carlo Cambi, *Le migliori ricette della cucina regionale italiana*
George Hummel, *È facile fare la birra a casa tua se sai come farlo*
Rangoni Laura, *Le migliori ricette di pizze, focacce e torte salate*
Alessandra Tarissi De Jacobis - Francesca Gualdi, *Le migliori ricette di piatti unici*
AA.VV., *1000 ricette di pasta*

Laura Rangoni, *1000 ricette di mare*
Emilia Valli, *500 ricette con le verdure*
Alba Allotta, *500 ricette senza grassi*
D. Bastin - J. Ashton - G. Nixon, *Le migliori ricette per il tuo cane*
Jan Main, *Le migliori ricette senza lattosio*
J. Williams - M. Haugen, *Spaghetti vegetariani. Inventa la tua cucina con lo spiralizzatore*
Camilla V. Saulsbury, *500 ricette con la quinoa*
Laura Rangoni, *500 ricette con i cereali*
Pat Crocker, *Le migliori ricette con lo yogurt*
Clara Serretta, *Centrifughe, estratti e succhi rigeneranti*
Clara Serretta, *Centrifughe, estratti e succhi verdi*
Alba Allotta, *500 ricette di polpette*
Donna Washburn - Heather Butt, *Le migliori ricette per dolci senza glutine*
Emilia Valli, *501 ricette di biscotti e dolcetti*
Camilla V. Saulsbury, *Le miracolose virtù del cocco*
Paola Balducchi, *500 ricette di marmellate*
Yuki Gomi, *Sushi a casa mia*
Jolanta Gorzelana, *Vegan è chic*
Steve Prussack - Julie Prussack, *Una centrifuga al giorno toglie il medico di torno*
Alba Allotta, *500 ricette di riso e risotti*
Alba Allotta, *500 ricette con i legumi*
Olga Tarentini Troiani, *1000 ricette di dolci e torte*
Laura Rangoni, *500 ricette di zuppe e minestre*
Julie Hasson, *Le migliori ricette di cupcake*
Marie-Claude Morin, *Cucinare vegetariano in 30 minuti*
Camilla V. Saulsbury, Una ricetta al giorno per mangiare senza glutine
Aya Imatani, *Sushi per principianti*
Pat Crocker, *Mangio sano, cucino vegano*
Laura Rangoni, *I dolci della nonna*
Pellegrino Artusi, *La scienza in cucina e l'arte di mangiar bene*
Jolanta Gorzelana, *Dolci vegani*
Clara Serretta, *Estratti, centrifughe e succhi per vivere cent'anni*
Douglas McNish, *Mangia crudo vivi a lungo*
Francesc Fossas, *Come curarsi con il limone*

Montserrat Mulero, *Ricette e rimedi naturali con l'aloe vera*
Cinda Chavich, Cucinare con la pentola a pressione
Alba Allotta, *500 ricette di insalate e insalatone*
Emilia Valli, *1000 ricette di antipasti*
Laura Rangoni, *1000 ricette di carne bianca*
Emilia Valli, *1000 ricette di carne rossa*
Ippolita Douglas Scotti, *Zenzero e Curcuma*
Clara Serretta, *Estratti, centrifughe e smoothies con i superfood*
Clara Serretta, *Acque aromatizzate e detox*

Laura Rangoni
I dolci piemontesi
In 350 ricette

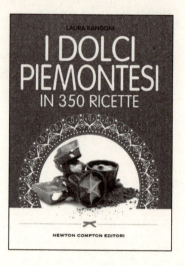

Volume rilegato di 216 pagine + 16 t.f.t., € 4,90

Il Piemonte è particolarmente famoso, e non solo in Italia, per i dolci. Le radici storiche della passione per i dolciumi da parte dei piemontesi sono in parte sconosciute, ma sembra che siano legate alla dinastia dei Savoia, i cui membri pare fossero tutti degli inguaribili golosi… In questo libro, accanto ai dolci della tradizione, più semplici e poveri, sono riportate alcune delle più famose ricette che hanno reso il Piemonte, e in particolare Torino, la "capitale" italiana della golosità. Dai celebri marrons glacés ai tartufi al cioccolato, alle torte povere occitane, un panorama esaustivo e completo dell'arte dolciaria piemontese, con particolare attenzione alle preparazioni tradizionali delle singole zone e ai prodotti tipici.

NEWTON COMPTON EDITORI

Laura Rangoni
La cucina milanese
In oltre 500 ricette

Volume rilegato di 256 pagine + 48 t.f.t.. € 4,90

Milano, capoluogo lombardo, è per definizione la città più europea d'Italia e ha sempre dimostrato una grande disponibilità alle contaminazioni socio-culturali, dall'Italia e dal mondo. Tuttavia, nonostante la sua modernità e la sua dinamica frenesia, Milano, proprio in virtù della sua apertura verso l'esterno, ha conservato una ricca e complessa tradizione gastronomica, a fianco della quale ha contemporaneamente accolto ed elaborato nuove sperimentazioni culinarie che oggi caratterizzano la cucina quotidiana milanese. La raccolta che presentiamo include le ricette più classiche ed elaborate e quelle più semplici e moderne, in una varia e gustosa galleria di piatti che rende giustizia alle due facce della medaglia di una città da sempre in perfetto equilibrio tra conservazione e innovazione.

NEWTON COMPTON EDITORI

Laura Rangoni
Ammazzaciccia
Oltre 450 ricette per mangiare con gusto e mantenere la linea

Volume rilegato di 288 pagine + 32 t.f.t.. € 4,90

Cosa distingue una ricetta light da una che non lo è? Essenzialmente un ridotto valore calorico che, come è noto, consente di prevenire il sovrappeso e l'obesità, causa di patologie piuttosto serie. A parte questo può non esserci nessuna differenza: il gusto e la bontà dei piatti dipendono da come vengono cucinati. Mangiare in modo leggero deve dunque diventare uno stile di vita per tutti coloro che tengono alla propria salute ma che, giustamente, non vogliono rinunciare al piacere della buona tavola. Ammazzaciccia è un libro di ricette che insegna a calcolare l'apporto calorico (segnalato accanto a ogni ingrediente) per riuscire a mantenere una dieta bilanciata senza rinunciare al gusto, perché dietetico non vuole dire necessariamente scondito o insapore. Le gustosissime ricette contenute in questo volume, facili e rapide da preparare, vi aiuteranno a mantenere la linea e la salute senza alcun sacrificio.

NEWTON COMPTON EDITORI

Laura Rangoni
Le ricette della nonna
Piatti che vi faranno tornare bambini

Volume rilegato di 576 pagine + 32 t.f.t.. € 4,90

In un periodo come questo, di forti insicurezze alimentari, si sente il bisogno di tornare alla tradizione, riscoprendo antichi sapori, ricette semplici, rustiche, patrimonio della cultura gastronomica degli italiani, da sempre buoni intenditori in fatto di cibi. Ecco quindi una selezione delle migliori ricette della tradizione del nostro Paese, divise per aree geografiche: mare, montagna e campagna. Tre tipologie non solamente di territorio, ma di prodotti tipici, di metodologie di cottura, di abbinamenti. Dalle Alpi alle isole, i piatti tipici delle varie regioni sono accomunati dalla stagionalità, che garantisce la freschezza dei prodotti, e dalla preparazione tradizionale, erede di una millenaria sapienza ai fornelli.

NEWTON COMPTON EDITORI

Laura Rangoni
La cucina sarda di mare

Volume rilegato di 256 pagine + 48 t.f.t., € 4,90

Grazie al turismo, la cucina di mare della Sardegna è andata incontro a una veloce evoluzione che, ispirandosi agli usi locali, ha permesso all'isola di toccare le vette assolute del gusto. Accanto a una cucina povera, basata sull'utilizzo di pesci meno pregiati, tipica delle popolazioni che abitano la costa, si è andata sviluppando una cucina estremamente raffinata, per accontentare i palati fini dei villeggianti. La materia prima non manca: dai crostacei della zona di Alghero ai tonni di Carloforte, fino alle grigliate di pesce di Palau, della Maddalena o di Cala Gonone, le preparazioni gastronomiche si sono diversificate sempre più, accogliendo elementi innovativi senza però mai rinnegare la tradizione isolana.

NEWTON COMPTON EDITORI

Laura Rangoni
Le migliori ricette di pizze, focacce e torte salate

Volume rilegato di 512 pagine + 32 t.f.t.. € 4,90

Gustosa, semplice da realizzare ed economica: la pizza, ambasciatrice della cucina italiana nel mondo, è protagonista di questo libro insieme ad altre preparazioni tipiche della tradizione mediterranea, come focacce, farinate, torte salate e tutto ciò che può essere contenuto in una pasta lievitata da cuocersi al forno. È facile ottenere eccellenti risultati anche tra le mura domestiche, con il forno di casa. L'importante è seguire alcune regole, a cominciare dalla selezione degli ingredienti migliori: formaggio, frutti di mare, prosciutto, verdure, funghi, crostacei, legumi, frutta secca, cioccolato. Passando in rassegna gustose ricette – dalla classica margherita alle più fantasiose e divertenti sperimentazioni, come la pizza ai fegatini, al chili, all'arancia, alle cinque spezie, ai maccheroni, con mele e zenzero – o ancora illustrando le infinite varietà di focacce, torte e salati da forno – dalle quiches ai soufflé, da specialità regionali come vincisgrassi, sartù alla napoletana, scarpaccione, tiedda calabrese, a salatini e finger food – Laura Rangoni propone un manuale pratico e in perfetto equilibrio tra tradizione e innovazione, per fare della vostra cucina una fucina di meravigliose sorprese culinarie.

NEWTON COMPTON EDITORI

Laura Rangoni
I dolci della nonna

Volume rilegato di 360 pagine + 32 t.f.t. € 4,90

Le nonne dovrebbero essere patrimonio dell'umanità. Da loro, da quella saggezza ed esperienza, dalla sapienza di gesti ripetuti milioni di volte, nasce un'arte del fare quotidiano che, sempre più raramente, viene trasmesso di generazione in generazione. Questo libro raccoglie ricette antiche collezionate nel corso di decenni, frutto di migliaia di ore trascorse a chiacchierare con una nonna, davanti a un camino acceso e a una tazza di tè. Troverete ricette ormai universalmente conosciute ed entrate a far parte del nostro orizzonte gastronomico, e altre, un po' più rare e desuete, che spesso portano il nome di chi le ha inventate o modificate. Sta a voi, lettori, farne buon uso, affinché la sapienza di quelle antiche mani non venga dimenticata.

NEWTON COMPTON EDITORI

Eduardo Estatico - Gerardo Gagliardi
La cucina napoletana
In oltre 200 ricette tradizionali

Volume rilegato di 256 pagine + 32 t.f.t.. € 4,90

Quella della cucina napoletana, più che una tradizione, è un'arte che richiede passione: ci sono ingredienti da scegliere con cura e tempi da rispettare scrupolosamente. La preparazione di ogni piatto è un vero e proprio rito, soprattutto nei giorni di festa, e ogni ricetta è tramandata con amore e sapienza. Questo libro ripropone i classici della gastronomia napoletana conditi con aneddoti, proverbi, curiosità e cenni storici, per accompagnare il lettore alla scoperta dell'anima più autentica della città. Più di duecento facili ricette per portare in tavola i sapori di Napoli: dal casatiello alla pastiera, dal ragù al babà, passando per il sartù di riso e le mozzarelle in carrozza, senza dimenticare la pizza, un vero capolavoro di semplicità esportato in tutto il mondo.

NEWTON COMPTON EDITORI